408587

D1610705

**Niggli**

**Jost Hochuli**

# Drucksachen, vor allem Bücher

# Printed matter, mainly books

Texte *texts* J. Christoph Bürkle, Hans Peter Willberg, Robin Kinross, Jost Hochuli

Der Verlag dankt den folgenden Institutionen für namhafte Beiträge an die Druckkosten:
Pro Helvetia, Schweizer Kulturstiftung, Zürich; Kanton St.Gallen; Stadt St.Gallen.

Übersetzungen aus dem Deutschen von Charles Whitehouse, aus dem Englischen von Jost Hochuli.

 ISBN 3-7212-0399-2

## Inhalt / Contents

## Vorwort des Verlegers

Jost Hochuli ist ein Mann des Wortes. Er ist es vielleicht nicht im direkten Sinne, ist er doch Typograf und Buchgestalter oder Gebrauchsgrafiker, wie er sich selbst gerne nennt. Hochuli ist jedoch nicht nur Gestalter. Wer seinen Aufsatz ‹Buchgestaltung als Denkschule› liest, erfährt schon im programmatischen Titel, dass Hochuli nicht nur mit der Wortgestaltung, sondern auch mit der Bedeutung der Dinge differenziert umzugehen weiß. Tiefgründig hinterfragt er scheinbar längst Bewiesenes und durchdenkt gesetzte Regeln neu – kurzum: Hochuli ist ein Mann der Aufklärung, der den ‹Mut zum Denken› im Kant'schen Sinne vorbehaltlos vertritt.

Wenn Jost Hochuli über Symmetrie und Asymmetrie reflektiert – ein Kardinalthema nicht nur der Schweizer Typografie und Buchgestaltung der Nachkriegszeit, sondern der Moderne schlechthin –, so kommt er in klarer Dialektik zum Schluss, dass es sich nicht um ein Gegensatzpaar handelt, wie es die Moderne so gerne ideologisiert hat, sondern um sich ergänzende, historisch entstandene Gestaltungsprinzipien. Es schien dem Niggli Verlag deshalb richtig, nicht nur ein Buch über Hochulis Werk herauszugeben, sondern zugleich ein Buch von ihm selbst: Er hat seine wichtigsten Arbeiten zusammengestellt, die Autoren ausgewählt und die Gestaltung besorgt.

Obwohl Buchgestaltungen nur einen Teil seiner umfangreichen Tätigkeit ausmachen, ist er doch vor allem mit ihnen bekannt geworden. Wenn in dieser Publikation auch einige seiner gebrauchsgrafischen Arbeiten sowie der in Holz und Linol geschnittenen Schriften vorgestellt werden, so geschieht das vor allem deswegen, weil dadurch zwei scheinbar unvereinbare Gestaltungsauffassungen belegt werden können, die in vielen seiner Bücher zur Synthese gefunden haben: eine traditionelle, mittelaxiale, sich auch am geschriebenen Vorbild orientierende, und eine moderne, asymmetrische, auf die sich die Schweizer Typografie beruft, und die letztlich ihre Wurzeln im Bauhaus und im Konstruktivismus hat.

Kenntnisreich charakterisiert zunächst Hans Peter Willberg die Entwicklung Hochulis als Büchermacher, von seiner frühen Prägung durch die Schweizer Typografie über einen langen ‹typografischen Lebensweg›, der ihn schließlich zu seinen für ihn charakteristischen Arbeiten führte. Diese sind kaum geprägt vom jeweiligen Zeitgeschmack oder gerade vorherrschenden Moden, vielmehr haben sie sich über die langen Jahre des Büchermachens nur langsam geändert und finden ihren Ausdruck in der angemessenen Form für das jeweilige Projekt.

Robin Kinross setzt Anschauungen und Arbeiten von Jost Hochuli in Bezug zur englischen Typografie und – allgemeiner – zur ‹Englishness›; er kommt zum Schluss, dass das Werk Hochulis viel verständlicher wird, wenn man es ‹im Lichte jener Dinge sieht, die sich in England zugetragen haben›.

Abschließend geht Jost Hochuli der Frage nach, inwieweit neue Techniken des Satzes und der typografischen Bearbeitung die Form beeinflussen. Diese Schlüsselfrage, die in der Architektur vergleichbar ist mit dem zumeist missverstandenen Diktum von Louis H. Sullivan – ‹form follows function› – untersucht Hochuli und folgert, dass neue Techniken durchaus neue Sehgewohnheiten evozieren, sich mit der Zeit tradieren und die Gestaltung in einem gewissen Grad verändern können.

Sowohl Hochulis Arbeiten als auch seine Texte stellen das Resultat einer analytischen Beschäftigung mit der jeweiligen Problemstellung dar. Die Fülle und die Hintergründigkeit der abgebildeten Werke zeigen einerseits, dass für den Autor die ‹Buchgestaltung als Denkschule› zum Lebensmotto geworden ist; andererseits wird in der Disziplin der Umsetzung und der angemessenen Reduktion auf das Wesentliche deutlich, dass Jost Hochuli sich zeitlebens nicht von Sensationen, sondern von Reflexionen leiten ließ.

*J. Christoph Bürkle*

## Publisher's preface

Jost Hochuli is a man of words. Not perhaps literally, for he is a typographer, a book designer, and a graphic designer, as he is happy to describe himself. But Hochuli is not just a designer. Reading his essay 'Book design as a school of thought', one becomes aware – from the title alone – that Hochuli is capable of taking a differentiated approach not only to the design of words, but also to the significance of things. He subjects what appears to be common knowledge to intensive scrutiny, and rethinks old rules. In brief: Hochuli is a man of the Enlightenment, who unreservedly advocates Kant's 'courage to think for oneself'.

When Hochuli reflects on symmetry and asymmetry – a key topic not only for post-war Swiss typography and book design, but for Modernism as a whole – his clear dialectic leads him to the conclusion that these are not opposites, as in the ideology of Modernism, but complementary design principles that have developed over time. It thus seemed to Niggli publishers appropriate to publish not just a book about Hochuli's work, but a book by him himself – he has gathered his most important work, selected the authors, and designed the book.

Although book design is only a part of his activities, it is this in particular that has made him well-known. If this book also contains some of his graphic design work, as well as his lettering cut in wood and lino, this is above all so that two apparently irreconcilable design approaches can be displayed, that have achieved a synthesis in many of his books. They are the traditional, symmetrical approach, derived from written archetypes, and a modern, asymmetrical approach, that lies at the source of 'Swiss typography', and has its own roots in the Bauhaus and Constructivism.

Hans Peter Willberg first provides an insightful review of Hochuli's development as a book designer, from the early impact of 'Swiss typography' throughout a long typographical journey that has led to the work that is so characteristic of him. This work is virtually unaffected by current trends or prevailing fashions; rather, it has developed slowly over long years of the making of books, and always finds expression in a form appropriate for the project concerned.

Robin Kinross establishes the relationship between Jost Hochuli's approach and work and English typography – and 'Englishness' in general. Kinross concludes that Hochuli's work becomes much more comprehensible when viewed 'in the light of things that have happened in England'.

Lastly, Hochuli considers what influence new techniques of composition and typographical processing have on form. He investigates this key question, which in architecture is comparable with Louis H. Sullivan's usually misunderstood dictum that 'form follows function', and concludes that new technologies certainly can give rise to new ways of seeing things, can exert influence over time, and can change design approaches to a certain extent.

Both Hochuli's work and his writing are the result of rigorous analysis of the matter concerned. The breadth and depth of the work here presented are evidence that for him, 'Book design as a school of thought' has become a way of life. And furthermore, the discipline of implementation, and the always appropriate reduction to the essential reveal clearly that, all his life, Jost Hochuli's work has been based not on sensation, but on reflection.

*J. Christoph Bürkle*

## Jost Hochuli, Büchermacher

Über Jost Hochuli ist schon viel Gescheites geschrieben worden, er selbst hat schon viel Gescheites über seine Sicht des Büchermachens, über Schrift und Typografie, und über seine eigene Entwicklung geschrieben. Man brauchte nur alle die Texte nochmals zu bringen und hätte ein umfassendes Bild des J.H.

Nun ist aber ein Fachkollege, ein Buchgestalter aus Deutschland, damit befasst worden, über Jost Hochuli und seine Arbeit zu schreiben. Ich kann nicht all das Gescheite komprimiert wiederholen, ich kann nur meine subjektive Sicht seines Werkes aufschreiben.

Anstatt einer kontinuierlichen Abhandlung habe ich die Form einzelner Abschnitte über verschiedene Aspekte seines Büchermachens gewählt. Das Gesamtbild muss sich im Kopf des Lesers zusammensetzen.

*Ausgangspunkte*

Jost Hochulis Vita beginnt im Jahre 1933 in St.Gallen. Kindheit, Schulzeit, Jugend ebendort. Das ist eine für das ganze Leben entscheidende Basis, die Verbundenheit mit dem Ort, den Menschen, der Landschaft, dort, wo die Bergwelt sich zur Weite der Bodensee-Landschaft öffnet. Das ist der erste Bezugs- und Ausgangspunkt nicht nur seines Lebens, sondern auch seiner Arbeit.

Jost Hochulis fachliche Vita beginnt so: 1952 (da war er 19 Jahre alt) bis 1954 Kunstgewerbeschule St.Gallen, Ausbildung zum Gebrauchsgrafiker. 1954 bis 1955 Volontär bei Rudolf Hostettler in der Druckerei Zollikofer & Co. St.Gallen. 1955 bis 1958 Lehre als Schriftsetzer bei Zollikofer (die Lehre nach der Schule!) und an der Setzerfachklasse der Kunstgewerbeschule Zürich. 1958 bis 1959 Ecole Estienne, Paris (Kurse bei Adrian Frutiger).

Das sind die frühen Jahre der beruflichen Prägung. Für viele bestimmend fürs ganze Leben, für manche ist es eine lebenslange Aufgabe, diese Prägung zu überwinden. Der junge Jost Hochuli war in dieser Zeit verschiedenen Einflüssen ausgesetzt.

Der erste, der ihn an Schrift und Typografie heranführte, war Willi Baus, ein Werkbund-Mann, den Ideen des Bauhauses und der Moderne zugetan. Er war allerdings, seinerseits als junger Mann, für kurze Zeit Schüler Rudolf Kochs in Offenbach am Main gewesen. Von dessen expressiv-subjektiver Formsprache hat sich zwar kaum etwas in seiner, Willi Baus', Lehre ausgewirkt, wohl aber von dessen handwerklicher Ehrlichkeit. Dieses Arbeits-Ethos wusste Willi Baus auf manche seiner Schüler zu übertragen.

Der nächste Einfluss, dem J.H. sich aussetzte, war von der Art, wie er viele andere Grafiker zeitlebens geprägt hat, so massiv und entschieden trat er auf: die Schule der ‹Schweizer Typografie› Basler und Zürcher Provenienz, vertreten durch die schulbildenden Lehrer- und Vorbildpersönlichkeiten Emil Ruder, Richard P. Lohse, Max Bill. Keine Kompromisse, Rastertypografie, Groteskschriften, grundsätzlich anaxiale Anordnung, genannt ‹Funktionalismus› (damit hat J.H. sich später sehr kritisch auseinander gesetzt). Anders zu arbeiten und zu denken war verpönt. Das konnte man als fest gefügte Basis für die eigene Entwicklung annehmen, aber auch – wie viele schwächere Charaktere – als Rezeptsammlung, die zu dünnen Gerichten führte. Diesen Einfluss einfach abstreifen, das konnte keiner.

Jost Hochuli berichtet von einem Schlüsselerlebnis, das ihn befähigte, diesen massiven Einfluss in Frage zu stellen. Er habe ein ganzes Jahr lang am gleichen Doppelpult mit Rudolf Hostettler gearbeitet, dem Redaktor der *TM,* der *Typografischen Monatsblätter,* den er, J.H., als engen Freund von Emil Ruder und Verfechter der anaxialen Typografie kennen lernte. Später, als selbstständiger Grafiker, hatte J.H. ein medizinisches Fachbuch typografisch zu planen – mit den erlernten Gestaltungsmitteln war das nicht zu bewältigen. Er unterbreitete Rudolf Hostettler sein Problem. ‹Das wurde für mich zum typografischen Damaskus›, berichtet J.H. ‹Ich sehe heute noch vor mir, wie er mit feinem Lächeln aus seiner Schublade einige von ihm für den Huber-Verlag in Bern eingerichtete Bücher zur Medizingeschichte holte …›, das waren im Sinne klassischer Typografie gestaltete Mittelachsen-Bücher, ‹er meinte, er hätte diese Bücher mit voller Überzeugung so und nicht anders gestaltet, doch hätte er es im Verschämten getan, um nicht von seinen Basler und Zürcher Freunden als Traditionalist gescholten zu werden›. – Jost Hochuli hat 1988 ein *Epitaph für Rudolf Hostettler,* den hochgeschätzten, vorgelegt (s. S. 106/107).

Mit diesem Schlüsselerlebnis war für Hochuli eine Tür geöffnet. Jetzt konnte er auch das Werk und die Lehren des späten Jan Tschichold und die Arbeit von Max Caflisch würdigen, jetzt hatte er Zugang zur Welt der englischen Typografie-Tradition. Nicht dass er die Fronten gewechselt hätte, zum Doktrinär taugte er in keiner Richtung, aber er hatte Offenheit gewonnen. Das war die Basis, der Ausgangspunkt für seine weitere Entwicklung.

Hochuli ist nicht nur Buch*gestalter.* Man kann nachlesen, dass er 1979 Gründungsmitglied der VGS, der Verlagsgemeinschaft St. Gallen, war und seither deren Präsident ist. Und von 1983 bis 1998 hat er die jährlich erscheinenden Hefte der Typotron AG in St. Gallen nicht nur gestaltet, sondern ‹herausgeberisch betreut›, wie es im Impressum heißt (s. S. 104–141). Dahinter steckt das Bedürfnis, Bücher als Ganzes zu machen, für die Wahl der Themen und Autoren, die Beschaffung der Bilder und der Daten mit zuständig oder gar verantwortlich zu sein. Büchermachen ab ovo, das ist der Grund für die Überzeugungskraft seiner Arbeiten. (Welcher Buchgestalter wünscht sich das nicht, aber kaum einer macht sich bewusst, dass der Weg von der Idee bis zum fertigen Manuskript oft mühseliger ist und mehr Energie verschlingt als die Etappe vom Manuskript zum fertigen Buch.)

Ein nicht zu unterschätzender Ansatz- und Ausgangspunkt für Hochulis Lebenswerk ist seine Unterrichtstätigkeit. 1967 bis 1980 als Nachfolger von Walter Käch nebenamtlicher Lehrer für Schrift, später auch für formale Basisausbildung von Grafikern an der Kunstgewerbeschule (Schule für Gestaltung) Zürich. 1980 bis 1996 nebenamtlicher Lehrer für Schrift an der Schule für Gestaltung St. Gallen und Leiter des berufsbegleitenden Weiterbildungskurses ‹Typografischer Gestalter›. Die Tätigkeit des Lehrens lehrte ihn die Kunst der Vermittlung, nicht nur im geschlossenen Unterrichtsraum, sondern im ‹Hörsaal mit offenen Fenstern› (wie es über den Lehrer Jan Tschichold gesagt worden ist), in ‹zahlreichen Vorträgen und Seminaren im In- und Ausland zu Fragen des Schriftunterrichts, der Typografie und der Buchgestaltung›, wie er es in seiner Vita geschrieben hat. Und in zahlreichen Artikeln und in seinen Büchern, wie zu ergänzen wäre.

Aus dem Hintergrund all dieser Ausgangspunkte erkläre ich mir die Eigenart des Werkes von Jost Hochuli.

*Gebrauchsgrafik*

Als Gebrauchsgrafiker – er verwendet sympathischerweise diesen, von Grafikdesignern, die bestrebt sind, up to date zu sein, verpönten Begriff – als Gebrauchsgrafiker erweist sich Jost Hochuli als gestandener Schweizer Grafiker. Die Prägnanz der formalen Umsetzung der vorgegebenen Inhalte oder des vorgegebenen Materials verbindet ihn mit den hochkarätigen Vertretern dieser Zunft.

Aggressive Konsumwerbung kann man mit diesen Mitteln nicht machen, das entspräche ihm auch in keiner Weise, wohl aber gute Grafik. Damit hatte er Erfolg, er musste Mitarbeiter einstellen und für deren Arbeit sorgen – und unverhofft war er kein praktizierender Grafiker mehr, sondern Atelierleiter und Akquisiteur. Und das für Aufträge, die eigentlich nicht seine Sache waren, tiefinnerlich nicht. So hat er eines Tages eine Weiche gestellt und sich voll dem zugewandt, was eigentlich seine Aufgabe ist, was ihn innerlich beschäftigt: Büchermachen. Der Unterschied ist nicht das spezielle Medium, der Unterschied ist die Beziehung zur Substanz der Sache. Ob man eine Zigarettenpackung entwirft (und das als Pfeifenraucher!) oder ein Buch über historische Bauten – die Gestaltungsmittel mögen verwandt sein, der Bezug zur Sache nicht.

Das bedeutet aber nicht, dass J. H. sich nun gar nicht mehr gebrauchsgrafischen Aufgaben widmet. Seine schönsten Signete stammen aus den neunziger Jahren. Die

j.s.bach

100 jahre kantonsschule

öffentliche aufführung
des festkonzertes

donnerstag, 20. september 20.00 uhr
in der st. laurenzenkirche

plätze zu 5.50, 4.40, 3.30, 2.20
bei hug & co. und an der abendkasse

orgeltoccata in f-dur
orchestersuite in c-dur
magnificat für soli, chor und orchester

solisten:
nata tüscher, sopran irma keller, alt
heinz huggler, tenor werner heim, bass
martin lüthy, orgel

leitung: paul huber max heitz

chor und orchester sind durch
ehemalige verstärkt

Bei allen angegebenen Maßen steht Breite vor Höhe. Wo nichts anderes vermerkt ist, sind die Drucksachen im Offsetverfahren hergestellt.

All dimensions are height x width. Unless otherwise specified, printing is offset.

*1929–1959, 30. Jahresbericht, Schreibstube für Stellenlose St. Gallen, Adressen- und Werbezentrale,* 1959. A5. Buchdruck. Abb.: Umschlag.

*1929–1959, 30. Jahresbericht, Schreibstube für Stellenlose St. Gallen, Adressen- und Werbezentrale,* 1959. A5. Letterpress. Ill.: cover.

Plakat, gesetzt mit Blei- und Holzbuchstaben. Es entstand 1956 während der Lehre, in der Freizeit. ‹Schweizer Typografie› – der Einfluss Ruders ist unverkennbar. 70 x 100 cm.

Poster, set with metal and wood type. Produced in J.H.'s own time during his apprenticeship, 1956. 'Swiss typography' – the influence of Ruder is unmistakeable. 100 x 70 cm.

sind auf klassisch-bewährte ‹schweizerische› Art durchdacht und ausgeformt. Eines aber ist ‹modern› gedacht. Sein Signet für die Büchergilde Gutenberg in Frankfurt am Main, eine stilisierte Gutenbergpresse, ist keine im Gestaltungsdetail festgelegte Form, sondern eine Gestaltungsidee, die variabel ist. Die sieben Linien, aus denen die Presse zusammengesetzt ist, können dicker oder dünner sein, präzis gesetzt oder mit einem beliebigen Werkzeug ‹hingeschrieben›. Das Signet kann sich auf diese Weise der jeweiligen Typografie anpassen. Es ist kein statischer Eigen- und Fremdkörper (wie sie die Buchgestalter zu ihrer Verzweiflung so häufig einzusetzen gezwungen sind), es bleibt beweglich und lebendig und dennoch – Voraussetzung für jedes gute Signet – auf den ersten Blick wieder erkennbar (s. S. 44). So wirkt sich die Denkschule des Büchermachers auf die Nachbardisziplin aus.

*Schrift*

Fast monatlich werden uns neue Schriften präsentiert und von den Herstellern wärmstens empfohlen. Wie soll sich ein armer Typograf da noch zurechtfinden, wie einen Maßstab finden? Wie soll er Schrift beurteilen können?

Jost Hochulis Maßstab ist der sicherste: Er hat Schrift geschrieben, gezeichnet, entworfen und in Holz geschnitten. Wer, sagen wir ein Antiqua-Versal R, negativ schneidet (das ist viel heikler, als der Positiv-Schnitt, weil jede nachträgliche Korrektur den Schriftkörper fetter werden liesse), muss verstanden haben, wie dessen Form entstanden ist, wie es ursprünglich geschrieben wurde, wie die Bögen der äußeren und inneren Kontur gespannt sind, wie und wo das ‹Bein› ansetzt und wie es ausschwingt. Er muss die Proportionen bedacht haben und muss – das ist wohl das Wichtigste – die sichtbare Form und die scheinbar unsichtbare Binnenform als gleichwertige Bestandteile des Buchstabens auszuwiegen wissen (s. S. 56–64).

Wer mit der Breitfeder eine Schrift schreibt – sagen wir in der Art der Humanistischen Kursiven – erlebt, wie die Buchstabenformen nicht vorgegebenen Vorbildern folgen, sondern wie sie sich beim Schreiben entwickeln. – Nebenbei gesagt, ein derartiges formstudierendes Schreiben hat nichts mit der auf kunstvolle Schriftblätter zielenden virtuosen Kalligrafie zu tun. Mit derlei hat J.H nichts im Sinn. Er hat auch Schriftblätter gemacht, die nur um ihrer selbst willen da sind, streng komponierte Zeilen in straffen Holzschnitten, doch die sind in ihrer Formsprache weit entfernt von der virtuosen Schreibartistik der heutigen Neo-Kalligrafen.

Es wird erzählt, dass Rudolf Serkin, der große Pianist, gefragt, wie er noch im hohen Alter über eine derart sichere Technik verfügen könne, geantwortet habe: ‹Man muss einmal sehr viel geübt haben›. Man muss einmal Schrift sehr genau studiert haben, dann kann man Schriften durchschauen. J. H. kann einen belächeln, der, um eine Schrift zu identifizieren, nach spezifischen Merkmalen, nach besonderen Buchstaben und Details sucht. Er schaut eine Schrift einfach an, um sie zu erkennen.

Diese Übersicht und Einsicht berechtigt ihn zu kritischer Beurteilung. Zum Beispiel auch zu verhaltener Kritik der gegenwärtigen Tendenz, bei Satzschriften immer mehr handschriftliche Elemente und Spuren zu erhalten oder gar Handschriften als Satzschriften zu imitieren. Der Schriftschnitt in Metall hat die Formen stabiler gemacht als die heutige Technik, Schriftzeichnungen am Bildschirm zu überarbeiten. Oder die Beobachtung, dass die berühmte Gill gegenüber anderen, konkurrierenden Schriften, die den heutigen Ansprüchen gemäß überarbeitet und erweitert wurden, ein wenig ins Hintertreffen gerät. Sie bedarf – so J. H. – erneuter Pflege. Nicht Glättung, aber sorgfältigerer Zurichtung, einer besser abgestimmten Strichstärkenskala, Revision der zufälligen Ergänzungen, die sie erfahren musste.

Das sind Beispiele für Einsichten, die tiefer in das Verständnis einer Schrift eindringen als es einem blossen ‹Schrift-Anwender› möglich ist – wenngleich auch der eine Schrift viel besser kennen lernen kann als jemand, der eine Schrift nur von der Schriftprobe her glaubt beurteilen zu können.

*Schriften*

Welche Satzschriften hat Jost Hochuli, der Schriftkenner und Schriftberater, in seiner Eigenschaft als Buchgestalter eingesetzt? Ergibt sich aus dieser Frage ein Schriften-Profil, gar ein Profil des Typografen J. H.? Vielleicht im Groben und Ganzen.

Ich habe 55 Bücher, die er gestaltet hat, durchgesehen. Das ist, denke ich, eine repräsentative Auswahl. Dabei habe ich 20 verschiedene Grundschriften gefunden – ohne die Auszeichnungsschriften. Mein Hochuli-Schriftgefühl hätte mir gesagt, dass dabei die Groteskschriften in der Mehrzahl sein oder doch die beiden Haupt-Schriftgruppen ausgewogen vertreten sein müssten. Doch gefehlt: Es sind 16-mal Groteskschriften, eine Egyptienne und 38-mal Antiquaschriften verwendet worden.

Meine Fehleinschätzung rührt wohl daher, dass Hochuli die Antiqua nicht in betulicher Wärme einsetzt, sondern in distanzierter Klarheit – doch das ist ein anderes Thema.

Differenzieren wir. Grotesk: Die Univers kommt zehnmal vor, die Futura zweimal, je einmal die Franklin Gothic, die Frutiger, die Neue Syntax und die Vectora. Egyptienne: es ist die Serifa. Antiqua: siebenmal Baskerville, sechsmal Trump Mediäval, je fünfmal Bembo und Times, dann folgen Centaur, Ehrhardt, Galliard, Joanna, Janson, Minion, Trinité und Walbaum. Für den Schriftlaien mag das eine überflüssige Aufzählung sein, für den Fachmann ist sie erhellend.

Unter den Antiquaschriften findet man eine einzige klassizistisch-statische Schrift, die Walbaum. Hätte die soldatische Strenge der Bodoni nicht zu Hochulis strengen Konzeptionen gepasst? Offensichtlich nicht. Sieben ‹seiner› Antiquaschriften sind dynamische Leseschriften. Erprobte Klassiker (Bembo) oder deren Nachfahren (wie z. B. die Trump Mediäval oder die Trinité). Vier der Antiquaschriften sind aus dem Zwischenreich, die von den Schrifthistorikern (für mein Empfinden irreführend) ‹Barock-Antiqua› genannt werden. Vorab die Baskerville und die ganz anders geartete Times.

Was lässt sich daraus schließen? In erster Linie wohl, dass es J. H. vor allem auf das Lesen ankommt. Seine Präferenzen liegen offensichtlich bei den bewährten Leseschriften.

Betrachtet man seine Auswahl der Groteskschriften, sieht es etwas anders aus. Da dominiert die Univers, in weitem Abstand gefolgt von der Futura. Beides Schriften, die eines guten Typografen, wenn nicht eines Meisters bedürfen, um gut lesbar zu sein. Die unter dem Lesbarkeits-Aspekt allgemein als überlegen betrachtete Gill hat J. H. nicht eingesetzt, die ähnlich lesegerechte Syntax nur ein einziges Mal. Die Schrift der ‹Schweizer Typografie›, die Akzidenz-Grotesk, hat der Buchgestalter Hochuli (im Gegensatz zum Gebrauchsgrafiker J. H.) nie verwendet.

Das muss Gründe haben. Sind es stilistische Gründe? Nicht nur, sondern ganz praktische. J. H. war jahrelang, wenn nicht jahrzehntelang mit einer Setzerei/Druckerei verbunden, die ihren Fotosatz-Schriftbestand von Compugraphic bezog. Auf die war er angewiesen, und das waren vor allem mehr oder weniger gelungene Nachschnitte der bewährten alten Bleisatzschriften. In den ‹Bleisatzzeiten› des Buchgestalters J. H. sah das anders aus. Da verwendete er gern die Gill, doch die hat in den Fotosatz-Versionen ihre Kraft eingebüßt. Umgekehrt bei der Trump Mediäval. Die hat er früher kaum, dann aber häufig eingesetzt, weil sie eine der wenigen Schriften ist, die den neuen Techniken widerstanden hat.

Seit etwa zehn Jahren ist der Fotosatz vom ‹Computersatz›, (für die Grafiker und Buchtypografen speziell vom Mac), abgelöst, und es gibt immer mehr neue Schriften, die für die neue Satztechnik geschaffen wurden – schlechte und gute, sogar sehr gute Schriften. Sie stehen jetzt auch J. H. zur Verfügung. Nutzt er sie?

Ich habe 16 mittels des Mac gesetzte Titel aus dieser Zeit vor mir. Wenn ich recht zähle, hat er dreimal die Baskerville, zweimal die Bembo, aber auch je zweimal die Minion und die Trinité gewählt, die Centaur, Ehrhardt, Futura, Joanna, Syntax, Times und Walbaum je einmal. Die Klassiker dominieren also weiterhin, aber eine vergleichsweise neue Schrift, die Trinité des Holländers Bram de Does, hat einen bedeutenden Platz eingenommen. Sie ist die Schrift des großen Unternehmens des Frankfurter S. Fischer Verlages, der kommentierten Thomas-Mann-Ausgabe (s. S. 200–203).

In die Auswahl der Schriften für den grafischen Großbetrieb Clausen & Bosse, die J. H. beratend beeinflusst hat, wurden eine ganze Reihe von guten ‹neuen› Schriften aufgenommen, so z.B. die Lexicon, die Officina, Proforma, Stone Print, Swift, Wilson (s. S. 196–199). Von ihnen hat J. H. (bislang?) keine eingesetzt, und auch nicht ‹klassische Perlen› wie die Perpetua, Fairfield oder Fleischmann, auch nicht die von ihm so sehr geschätzte Méridien – Frutigers schönste und eigenständigste Schrift, wie er gesprächsweise anmerkt.

Ließe sich aus diesen Beobachtungen doch ein ‹Schriften-Psychogramm› des Typografen Jost Hochuli zimmern? Es müsste wohl etwa so beschrieben werden: Da steht einer fest auf dem Boden der abendländischen Schriftgeschichte, hat seine Prägung in den sechziger Jahren erfahren, ist theoretisch offen für alle seriösen neuen Entwicklungen, kann aber in der Praxis nur ausnahmsweise über seinen Schatten springen. Das subjektive Schriftempfinden, der Bauch, ist offenbar entscheidend, nicht der Kopf, nicht die intellektuelle Analyse.

In Hochulis Werk kommen die Schriftmischungen häufig vor. Immer entschieden: fette Grotesk zu normalstarker Antiqua. Oft raffiniert: fette Groteskinitialen im gleichen kleinen Schriftgrad der Grundschrift. Seine Schriftmischungen könnte man ausnahmslos in einem Lehrbuch als Beispiele für ‹richtige› Mischung verwenden. Entweder ‹in der Familie› bleiben (Eric Gills Joanna gemischt mit der fetten Gill); stilistisch-formale Verwandtschaft (die statische Baskerville mit der statischen Univers gemischt, die dynamische Minion mit Legenden aus der dynamischen Syntax) oder aber entschiedener, harter Kontrast (z. B. Centaur oder Trinité mit Futura fett). Wie auch immer – Hochulis Schriftmischungen sehen aus, als könne es gar nicht anders sein.

*Materialien*

Die Wirkung der Typografie hängt wesentlich davon ab, auf welchem Papier gedruckt wurde. Die Wirkung eines Buches hängt ebenso wesentlich davon ab, in welches Material es gebunden ist.

Bei der Wahl des Papiers müssen das Gewicht, das Volumen, die Oberfläche, die Färbung und vor allem der Stoff, aus dem das Papier besteht, bedacht und aufeinander abgestimmt werden. Vor allem muss berücksichtigt werden, *was* auf dem Papier gedruckt werden soll.

Bei Jost Hochuli sieht das so aus: Für reine Textbücher wählt er Papiere mit leichter Tönung (nur ein einziges Buch mit rein weißem Papier habe ich gefunden, das sieht aber nicht so aus, als ob er das zu verantworten hätte), mit geschlossener Oberfläche, häufig mit einem leichten Strich, das fühlt sich ziemlich glatt an, mit geringem Volumen (nicht aufgeblasen-dick, wie es viele Verleger wünschen, ‹viel Buch fürs Geld›), meist im Gewicht von 100 bis 120 gm², immer in hoher Qualität. Er weiß, dass kaum einer sich Gedanken über das Papier macht, aber dass ein billiges Papier das ganze Produkt ‹billig› wirken ließe.

Bei den meisten Büchern mit Schwarzweiß-Abbildungen hält er es ebenso und nimmt in Kauf, dass Fotos nicht brillant, mit kontrastierend tiefem Schwarz und leuchtend hellem Weiß erscheinen, sondern weich, in den Tiefen noch etwas grau, in den Lichtern mit der Tönung des Papiers. Offensichtlich liegt ihm mehr an der gesamten Atmosphäre als an einer strahlenden Fotopapier-Wirkung. Wobei anzumerken wäre, dass gerade farbige Abbildungen (wie z.B. die der *Sitterkiesel*) auf solchen, leicht getönten Papieren besonders gut stehen (s. S. 184/185).

Wenn es aber um die Wiedergabe von strahlend leuchtenden Glanzlichtern und feinsten Nuancen bei Farbfotos geht, scheut J. H. nicht vor echtem Kunstdruckpapier zurück. So bei dem Typotron-Heft über Christbaumschmuck. Das ist allerdings auch der einzige Kunstdruck-Druck Hochulis, den ich kenne, und auch hier ist das Papier nicht grellweiß, sondern ganz zart gebrochen (s. S. 134/135).

**Wahlpropaganda der Freisinnig-demokratischen Partei und Jungliberalen Bewegung der Stadt St. Gallen. Konzept Peter Mächler und J. H., Text Peter Mächler, 1960. S. 15–17: Prospekte, 14,8 x 22 cm und 21,2 x 32,2 cm. S. 18: drei von acht Inseraten, 19 x 25 cm.**

**Die beiden Parteien repräsentierten damals als Mitteparteien alle Bevölkerungsschichten. (Die einzigen Arbeiter im st.gallischen Kantonsparlament saßen in ihren Reihen und nicht bei den Sozialdemokraten. Das hat sich seither grundlegend geändert.) Weder Peter Mächler noch J. H. waren Mitglieder der Partei, fühlten sich von ihr aber am ehesten vertreten und ärgerten sich über deren notorisch schlechte Wahlwerbung. Die kontaktierten Parteiverantwortlichen ließen sich vom vorgelegten Konzept überzeugen und erteilten den Auftrag ohne irgendwelche Änderungswünsche. Der Erfolg war bedeutend, nicht nur wegen des ungewohnten Auftritts, sondern auch, weil in der ganzen Werbung keine negativen Äußerungen über andere Parteien zu finden waren.**

Election publicity material for the Freisinnig-demokratische Partei and the Jungliberale Bewegung der Stadt St. Gallen. Concept Peter Mächler and J.H., text Peter Mächler, 1960. Pp. 15–17: leaflets, 22 x 14,8 cm and 32,2 x 21,2 cm. P. 18: three of eight advertisements, 25 x 19 cm.

As centre parties, the two parties then represented all sections of the populace. (The only workers in the St. Gallen cantonal parliament

? Was ist
?? die Stadt
?? ? St.Gallen
? wert ?
?

Was ist
die Stadt
St.Gallen
??? Ihnen
wert ?

Was ist
die Stadt
St.Gallen
??? Ihnen
wert ?

| | |
|---|---|
| Am 2. Oktober | entscheidet der Bürger über die zukünftige Entwicklung unserer Stadt. Nicht nur einige wenige, alle Bürger sollen mitreden. St.Gallen ist einen Gang zur Urne wert. |
| Am 2. Oktober | ist Zahltag, denn jeder Wahltag ist zugleich Zahltag. Gute Leistungen, die der ganzen Stadt vorwärts halfen, müssen anerkannt werden. |
| Am 2. Oktober | wird der Gemeinderat der Stadt St.Gallen neu gewählt. 57 Männer umfaßt das städtische Parlament, 29 vom Kreis Centrum, 16 vom Kreis Ost und 12 vom Kreis West. |
| Am 2. Oktober | wird entschieden, welche 57 Männer während der nächsten vier Jahre über Budget und Steuerfuß, Bauvorlagen, Subventionen, Schulhausbauten, Tarife, Gebühren usw. entscheiden. |
| Am 2. Oktober | Bahn frei für eine rationelle, freiheitliche und fortschrittliche Gemeindepolitik. |
| Am 2. Oktober | Liste der Freisinnig-demokratischen Partei und der Jungliberalen Bewegung St.Gallen. |

St.Gallen
ist einen
Urnengang
wert!
!!!

Hochuli Zollikofer & Co. AG. St Gallen

? Was ist
?? die Stadt
?? ? St.Gallen
? wert ?
?

were members of these parties, and not of the social democratic party. This has since changed fundamentally.) Neither Peter Mächler nor J.H. was a member of theses parties, but they felt themselves best represented by them, and were irritated by their notoriously poor election material. The party managers were contacted , were convinced by the concept presented, and accepted it without any changes. It was a significant success, not only on account of its unconventional appearance, but also because there were no derogatory comments about the other parties anywhere in the whole material.

**Die Zukunft unserer Stadt St.Gallen ist einen Gang an die Urne wert!**

!!!

**Mehr Lärmbekämpfung! Mehr Wohnungen! Mehr Solidarität mit den Betagten!**

!!!

**Mehr Lärmbekämpfung! Mehr Wohnungen! Mehr Solidarität mit den Betagten!**

Der Schlüssel zu billigem Wohnen: Freisinn!

Der Freisinn setzt sich für die Erschließung von Bauland ein. Dazu ist die Erstellung von Kläranlagen erforderlich. Ist einmal genügend preiswertes Bauland vorhanden, so ist es auch den privaten Baugenossenschaften möglich, ohne Subvention und staatliche Kontrollmaßnahmen billigere Wohnungen zu erstellen. Aber noch warten die Baugenossenschaften auf preiswertes Bauland. Der Freisinn verlangt billige Wohnungen!

Solidarität mit den Betagten: Freisinn!

Für die Betagten wird es immer schwieriger, eine günstige Wohnung mit dem nötigsten Komfort zu finden. Abhilfe kann der Bau von Alterswohnungen und Alterssiedlungen schaffen.
Dadurch werden viele der großen Altwohnungen für kinderreiche Familien frei.
Benötigt werden billiges Bauland und eine finanzielle Starthilfe durch die Stadt. Freisinnige Gemeinderäte werden dafür Sorge tragen!

Für aktive Lärmbekämpfung: Freisinn!

Die Motorfahrzeuge werden leiser; Ausnahmen werden von der Polizei gebüßt. Der Baulärm aber wird von Jahr zu Jahr schlimmer! Wochenlang stehen Dieselmotoren und Preßlufthämmer am gleichen Ort und vollführen einen ungeheuren Lärm.
Die meisten dieser Bauten werden mit Steuergeldern bezahlt.
Oft läßt sich Lärm mit geringen Kosten vermeiden. Die Stadt soll mit dem guten Beispiel in der Lärmbekämpfung vorangehen!

**Für eine verantwortungsbewußte freiheitliche fortschrittliche Gemeindepolitik!**

Freisinnig-demokratische Partei und Jungliberale Bewegung St.Gallen

Hochuli / Zollikofer & Co. AG, St.Gallen

!!
!!!!!!! !!
!!!!
!!

**Die Zukunft unserer Stadt St.Gallen ist einen Gang an die Urne wert!**

**Unser
Kreis Centrum
ist
einen Gang
an die Urne
wert
!!**

Felix Baerlocher Kurt Buchmann Ernst Lanz Fritz Lendi Willi Maurer Hans Steinlin Martin Eberle Andreas Höchner

Hans Keller Fredy Schlaepfer Hans Brunner Ludwig Gehringer Paul Hotz Werner Schlegel Georg Weber

Wahlkandidaten Kreis Centrum

Felix Baerlocher
1915, dipl. Arch. ETH, Greifenstr. 13, Teilhaber im Architekturbüro Baerlocher und Unger, Mitglied des Gemeinderates seit 1951

Kurt Buchmann
1923, Landwirt, «zum Oelberg», Bodanstr. 12a, Mitglied des Gemeinderates seit 1957

Ernst Lanz
1907, Geschäftsführer des städtischen und kantonalen Hauseigentümerverbandes, Geschäftsführer der Hypotheken-Bürgschaftsgenossenschaft, Ekkehardstr. 3, Mitglied des Gemeinderates seit 1948

Fritz Lendi
1922, Redaktor am St.Galler Tagblatt, Uli-Rotach-Straße 1, Mitglied des Gemeinderates seit 1957

Willi Maurer
1909, Bäcker- und Konditormeister, St. Leonhard-Straße 75, Inhaber einer Bäckerei-Konditorei, Kantonalpräsident des Bäcker- und Konditormeisterverbandes, Mitglied des Gemeinderates seit 1951

Hans Steinlin
1906, Dr. med., Goethestr. 22, Spezialarztpraxis, Präsident der st.gallischen Liga gegen die Tuberkulose, Mitglied des Gemeinderates seit 1957

Martin Eberle
1919, Kassenleiter AHV, Nestweiherstr. 8, Leiter der Ausgleichskasse AHV und der Familienausgleichskasse der Stickereiindustrie und des Kaufmännischen Directoriums, Sekretär der Sektion St.Gallen-Ostschweiz und Zentralvorstandsmitglied des Bundes Schweiz. Militärpatienten

Andreas Höchner
1918, Lehrer, Fellenbergstr. 77, Vizepräsident des städtischen Lehrervereins

Hans Keller
1915, Textilkaufmann, Bleichestr. 9, Inhaber des Textilexportgeschäftes Hugo Wachs AG, Präsident der Vereinigung für freies Unternehmertum

Fredy Schlaepfer
1925, Dr. iur., Museumstr. 33 Anwaltsbüro, Präsident des Bankpersonalverbandes Sektion St.Gallen-Appenzell

Ersatzkandidaten Kreis Centrum

Hans Brunner
1929, Dr. iur., Rechtsanwalt, Weiherweidstr. 4, Kantonalobmann der Jungliberalen Bewegung

Ludwig Gehringer
1928, Dr. oec., Wiesenstr. 47, Sekretär des Kaufmännischen Directoriums

Paul Hotz
1918, Schulabwart, Dufourstr. 40

Werner Schlegel
1925, kantonaler Kontrollbeamter, St.Georgen-Straße 186, Vorstandsmitglied im Verband des Personals der st.gallischen Zentralverwaltung

Georg Weber
1917, Dachdeckermeister Burggraben 6, Präsident der Sektion St.Gallen des Dachdeckermeisterverbandes

**Freisinnige
Männer
für eine
verantwortungs-
bewußte
Gemeinde-
politik !**

Freisinnig-demokratische
Partei und
Jungliberale Bewegung
St.Gallen

**Unser
Kreis Centrum
ist
einen Gang
an die Urne
wert
!!**

Legende auf S. 14.

Caption on p. 14.

erstickt ? erstickt ? ?
die Stadt ? ?

erstickt
die Stadt
im
Verkehr ?

4

am 2. Oktober
entscheiden Sie, ob der Ausbau der Verkehrswege St.Gallens unsystematisch als Stückwerk mit Notlösungen und kostspieligen Provisorien erfolgen wird oder koordiniert nach wohlüberlegtem Plan.

am 2. Oktober
entscheiden Sie, ob den vielen freisinnigen Vorstößen, die eine Gesamtkonzeption zum Ausbau des Verkehrswesens verlangen, endlich Folge geleistet werden muß, ob ein städtisches Straßenbauprogramm, wie es die Motion Schlatter verlangt, ausgearbeitet wird.

am 2. Oktober
wird von Ihnen mitentschieden, ob mehr Parkplätze geschaffen werden, die vorhandenen besser signalisiert (Motion Bruderer), ob die Fußgänger besser geschützt und ob die gefährlichen Zufahrtsstraßen zur Stadt endlich verbessert werden (Interpellation Sauder).

am 2. Oktober
Bahn frei für eine rationelle, freiheitliche und fortschrittliche Verkehrspolitik!

Schutz vor
dem Verkehr !
Platz für
den Verkehr

Freisinnig-demokratische
Partei und
Jungliberale Bewegung
St.Gallen

links ? rechts ?
links ?

vorwärts !
aufwärts
!!!

5

am 2. Oktober
entscheiden Sie über Entwicklung und Wohlstand in unserer Stadt. Um die Abwanderung der interessanten Steuerzahler zu verhindern, muß für Ein- und Zweifamilienhäuser mehr Boden erschlossen werden. Um mehr Verdienst in die Stadt zu bringen, müssen wir mehr neue Industrie haben; also Baulanderschließung für Industrieneubauten. Nur durch den Zuzug neuer Industrien und das Verbleiben der großen Steuerzahler in der Gemeinde kann eine dauerhafte Steuersenkung erreicht werden.

am 2. Oktober
entscheiden Sie, ob die Forderungen der freisinnigen Motionen F. Baerlocher 1957/60 nach vermehrter Baulanderschließung und rechtzeitiger Regionalplanung erfüllt werden.

am 2. Oktober
bestimmen Sie, ob die Stadt St.Gallen gegen den Ausverkauf an ausländische Spekulanten sich zur Wehr setzen wird, wie das die freisinnige Interpellation Lendi vom Juli 1960 verlangt.

am 2. Oktober
an die Urne! St.Gallen ist einen Urnengang wert!

Freisinnig-demokratische
Partei

und
Jungliberale Bewegung
St.Gallen

Fortschritt!
Freisinn

Undank ?
Dank ?

Dank dem !
Steuerzahler !

dank dem
Steuerzahler
vorwärts mit
der Stadt

6

am 2. Oktober
wählen Sie die Männer, die in den nächsten vier Jahren über die städtischen Finanzen entscheiden. Oft reichen ihre Entscheidungen aber noch weit in die Zukunft hinein und bestimmen die Höhe der Gemeindeausgaben, und damit die Höhe des Steuerfußes.

am 2. Oktober
bestimmen Sie, ob jene Männer in den Gemeinderat einziehen, die sich in allen Angelegenheiten um sparsame und weitsichtige Lösungen bemühen werden, auch wenn die zukunftssicheren Lösungen im Augenblick mehr kosten könnten.

am 2. Oktober
bestimmen Sie darüber, ob der Steuerzahler durch eine rationelle und sparsame Verwaltung den wohlverdienten Dank in Form von Steuerermäßigungen erhält und seine großen Leistungen in den letzten Jahren anerkannt werden. Der Freisinn wird sich für den Steuerabbau einsetzen.

am 2. Oktober
entscheiden Sie, ob unsere Stadt mit der Zeit wieder steuerlich konkurrenzfähig werden wird oder ob wir weiterhin zusehen müssen, wie die großen Steuerzahler in die steuergünstigen Nachbargemeinden abwandern.

am 2. Oktober
Bahn frei für eine rationelle, weitsichtige und fortschrittliche Steuerpolitik!

vorwärts mit
dem Dank
an alle
Steuerzahler !

Freisinnig-demokratische
Partei und
Jungliberale Bewegung
St.Gallen

Legende auf S. 14.

Caption on p. 14.

Bei den Umschlag- und Einbandmaterialien ist seine Stoffwahl reicher. Auch hier dominieren matte Papier- und Kartonoberflächen, sowohl bei den Überzügen der Sachbücher wie bei den Umschlägen der Hefte und Broschuren. Die Broschüren zum Thema Büchermachen sind allerdings einheitlich in glatte, glänzende, papierfarben-beige Kartonumschläge gehüllt. Doch daneben sind zu finden: mattes Transparentpapier, glatte Glanzfolie, raue Packpapiere unterschiedlichen Charakters, Blindprägung in Kunstdruckpapier, Stanzung, die den Durchblick auf den farbigen Innenumschlag freigibt. Die Broschur-Umschläge haben fast ausnahmslos große, fast den gesamten inneren Karton-Umschlag abdeckende Klappen. Der innere Umschlag harmoniert oder kontrastiert bewusst mit dem Material des äußeren Umschlages und beide haben es zu tun mit dem dritten Element der Umschlagkomposition, dem Vorsatzpapier.

Neben dieser materialsensiblen Vielfalt nehmen sich die wenigen Leinenbände mit Schutzumschlag schier ein wenig konventionell aus.

*Farbe*

In der Fachliteratur zur Typografie wird ein Thema kaum angesprochen, dabei ist es von großer Bedeutung: die Farbe. Das gilt nicht so sehr für die Typografie im strengeren Sinn. Dort gibt es seit alters die klassische Auszeichnungsfarbe Rot und mitunter ein lichtes Blau. Doch deren Verwendung ist kein Gestalten mit farbigen Elementen, sondern lediglich ein deutliches Unterscheiden von der schwarzen Schrift, eine Auszeichnung, vergleichbar der Kursiven oder Halbfetten. Das klassische Rot setzt Jost Hochuli – man möchte sagen ‹natürlich› – immer wieder ein, vor allem bei seinen Büchern über Bücher.

Erst seit wenigen Jahre kann man in der typografischen Landschaft farbige Schrift finden, die nicht nur auszeichnet, sondern deren farbige Nuancierung ein selbstständiges Gestaltungsmittel ist. Die Technik des ‹ctp›, die Datenübertragung direkt vom Computer auf die Druckplatte, ermöglicht es, nicht nur die Bilder, sondern auch die Buchstaben zur gewünschten Farbigkeit aus Rasterpunkten zusammenzusetzen. Das setzt allerdings einen durchwegs vier- oder mehrfarbigen Druck voraus. Hochulis Sache ist das nicht. Bei ihm stehen die Buchstaben immer rein und fest auf dem Papier, ohne den Schleier einer zweiten oder dritten Druckfarbe.

Farbige Schrift aber ist durchaus Jost Hochulis Sache. In seinen Typotron-Büchlein etwa ist leuchtend blaue oder dunkelblaue, rote und grüne Schrift zu entdecken, nicht häufig, aber das jeweilige typografische Gesamtbild entscheidend beeinflussend. Das sind keine durch Rasterpunkte zusammengesetzten, sondern ‹echte›, in einem eigenen Druckgang gedruckte Farben. Immer stark, kein Farbgesäusel, sondern ein kräftiger Auftritt.

Und dann gibt es mitunter ein Element, das subtil bei der typografischen Seite mitspricht: der Heftfaden, der in der Mitte der Lage (der gefalzten Seiten) sichtbar ist. Meist will er sich verstecken, indem er sich dem Weiß des Papiertones anpasst. Manchmal fällt er unangenehm auf, wenn er bläulich-weiß mit Kunststoffglanz hervorblitzt – das kommt bei Büchern, die J.H. konzipiert, selbstverständlich nicht vor. Doch manchmal darf bei ihm der Heftfaden mitspielen. Beim Typotron-Heft 17, *Andalusien im Appenzellerland,* z.B. oder bei Heft 10 bildet er eine durchlaufende schwarze Linie, die man sogar anfassen kann und die – versteht sich – mit dem Stand der Bilder korrespondiert (s.S. 140/141, 126/127). (Nach einem kühn-roten Heftfaden sucht man – nebenbei bemerkt – vergebens, so sehr er sich angeboten hätte.)

Dennoch: Das Thema Farbe ist bei der Typografie im strengeren Sinne von untergeordneter Bedeutung. Nicht aber bei der Buchgestaltung im weiteren Sinn, vor allem nicht bei Hochulis Buchgestaltung. Viele seiner Bücher treten auf, indem sie scheinbar schlicht und einfach eine klare Farbfläche zeigen, der ein kleines Element in einer anderen Farbe oder Farbnuance eingefügt ist. Ein Balken, ein Rahmen, positive oder negative Schrift oder ein kleines Dreieck, das hervorlugt. Doch öffnest du das Buch, wird dieser zweite Farbton oder die zweite Nuance als neue große sprechende Fläche dominant. Und manchmal bleibt sie nicht allein. Es entsteht ein Wechselspiel von Farben oder von Farbe und Schwarz. Meist kräftig und aktiv, manchmal zart und fein, immer aufs Sorgfältigste abgestimmt. Die Träger des Farbspiels sind das Vorsatzpapier, die Klappe des äußeren Umschlages, die Farbe des inneren Umschlages oder die Umschlag-Innenseite, sei es bedrucktes oder durchgefärbtes Material. Ein solches Entree schafft die Einstimmung ins Buch.

Es kann noch weiter gehen. Bei der feinen Ausgabe *Der du die Regenpfeifer gemacht hast* aus dem Jahr 2000 bleibt das Tiefblau des äußeren und das Schwarz des inneren Umschlages nicht draußen im Entree. Sie bleiben beim Lesen ständig gegenwärtig, nicht als knappe Kante, sondern als breiter Rand, als Passepartout für die Typografie der Gedichtseiten und für die Gedichte. Und weiter: Außen auf dem tiefblauen Umschlag steht in sehr kleiner präziser Schrift und in einer Anordnung, die so zu lesen ist, wie man die Verszeile sprechen möchte, der Titel, gedruckt in einem feinen, bestimmten Farbton (für den ich keine Bezeichnung weiß). Diese Farbe begleitet als kräftig-zarter Balken die Gedichte durch die Seiten. Das könnte gar zu fein sein, doch die Schrift, in der die Gedichte zu lesen sind, ist die Futura. So werden die Farben zum Bestandteil der Gesamtinterpretation (s. S. 72/73).

*Das Detail in der Typografie*

Unter dieser Überschrift veröffentlichte Jost Hochuli im Jahre 1987 eine intensive kleine Arbeit von 48 Seiten, in der er aufschließt und zusammenfasst, was eigentlich selbstverständlich ist – oder doch war (s. S. 142).

1987, das war die Zeit, als der Fotosatz seinen Höhepunkt erreicht hatte, als wieder guter Satz möglich war. Doch das, was wieder möglich war, wurde nicht mehr praktiziert. Deshalb schrieb J. H. dieses Büchlein: um den Fotosetzern und den Fotosatz-Schriftherstellern ins Gewissen zu reden. Zuvor, zu Bleisatzzeiten – so sagen wir gern – war das nicht nötig, weil die Bleisatz-Schriftgießer und die Bleisatzsetzer ihr Handwerk verstanden. Aber warum verstanden sie ihr Handwerk? Weil C. E. Poeschel, Paul Renner, Jan Tschichold oder ‹Davidshofer/Zerbe› ihnen gezeigt hatten, wie es gemacht werden muss und ihnen ins Gewissen geredet hatten. In deren Nachfolge steht Jost Hochuli.

Seit 1987 hat sich eines entschieden geändert. Damals konnte man einen Text für Fachleute schreiben und so ein wenig Einfluss ausüben. Heute, 2002, machen Nichtfachleute nicht nur Typografie, sie setzen auch, ohne eine Ahnung von der Bedeutung des Details in der Typografie zu haben. ‹Das macht der so›, ist das oft gehörte Argument bei der Wahl von Laufweite und Durchschuss. Mit ‹der› sind der Computer und sein Programm gemeint.

Wie 1987 der Fotosatz, so hat 2000 der Computersatz einen Höhepunkt erreicht, der jedem Qualitätsanspruch genügen könnte – nur wissen die Setzenden nicht, wie sie das nachvollziehen sollen. Deshalb sind Leute wie J. H. so wichtig, die nicht nur durch die Sorgfalt ihrer Arbeit, sondern durch Begründung und anschauliche Darstellung Beispiel geben, wie mit ‹Buchstabe, Buchstabenabstand, Wort, Wortabstand, Zeile, Zeilenabstand, Kolumne› (so der Untertitel des *Detail*-Büchleins) umzugehen ist.

Dahinter steckt nicht trockenes Lehrmeisterwissen, sondern inneres Engagement. Wie konnte J. H., nein, wie kann er sich empören über die detailtypografische Verhunzung der Typografie in der englischen Ausgabe ‹seines› Zürcher Tschichold-Kataloges von 1974! Wie kann er sich kritisch über das Lehrwerk eines Kollegen äußern, weil die Beispiele, die den kreativen Umgang mit der Schrift darstellen sollen, handwerklich, d.h. detailtypografisch, so schlecht gemacht sind.

Hilfreich ist Hochulis Nachdenken über die Detail-Zusammenhänge auch für den Fachkollegen. Hochuli schlägt vor, beim Buchstabenausgleich den Begriff ‹Fläche› durch den Begriff ‹Licht› zu ersetzen, das Messbare durch das Erlebbare, Anschauliche. ‹Licht› ist ein Begriff, der nicht nur in der Detailtypografie, sondern in der Typografie allgemein das Verständnis für die Zusammenhänge erhellen kann. Statt ‹Durchschuss› oder ‹ZAB› ‹Das Licht zwischen den Zeilen›, statt ‹Zwischenschlag› ‹Das Licht zwischen den Spalten›, statt ‹bedruckte und unbedruckte Flächen› der Seite ihr ‹Licht›, das Licht in Tabellen – und so weiter, so kann man beschreiben und damit nicht Setzerregeln festschreiben (J.H.: Rezepte …: ‹der schöpferische Typograf wehrt sich dagegen›), sondern für alle verständlich und nachvollziehbar Einsichten eröffnen.

*Der Autor*

Bücher machen ist eines. Über das Büchermachen nachdenken, die Gedanken auf den Punkt bringen und so aufschreiben, dass andere es verstehen, ist ein anderes.

Jost Hochuli ist Autor mehrerer wichtiger Fachbücher. Er muss wohl so etwas wie ein pädagogisches Eros haben, sonst hätte er die Strapazen des Bücherschreibens nicht gleich mehrfach auf sich genommen. Oder ist auch ein wenig Selbstzweck dabei? Eine Arbeit wie *Buchgestaltung als Denkschule* schult ja zuallererst das eigene Denken. Nebenbei bemerkt: Beim Bücherschreiben beweist sich ein Phänomen. Da kann einer so schöne und überzeugende Bücher *gestalten,* wie er mag. Erst wenn er überzeugende Bücher *schreibt,* bekommt er Gewicht, Einfluss und einen Namen.

Hochulis Themen sind natürlich Schrift, Typografie und Buchgestaltung. Man erkennt seine Fachbücher auf den ersten Blick an der Art der Abbildungen. Die Typografie ist als ‹Strich› wiedergegeben, d.h. ohne Rasterreproduktion der Papierfläche. Deren Format ist durch eine feine rote Linie angegeben. Lediglich Halbtonabbildungen sind gerastert. Die Buchabbildungen sind meist sehr klein, die Schrift ist nicht so leicht zu erkennen, wohl aber der typografische Aufbau. Er zeigt also den Gegenstand seiner Betrachtungen und Analysen nicht als Gegenstand, wie man ihn in die Hand nehmen könnte, sondern gewissermaßen abstrahiert von seiner Körperlichkeit. Die Abbildungen sind so weit wie möglich im jeweils gleichen Verkleinerungsmaßstab gehalten, das erleichtert das Vergleichen. Seine Bücher sind zum Hinschauen und Mitdenken da, nicht zum durchblätternden Konsumieren, das sind keine Buchgestaltungs-Magazine, das sind anschauliche Arbeitsmittel.

Das Buch, das den Autor Jost Hochuli auf Anhieb zu einer Fachautorität gemacht hat, ist *Das Detail in der Typografie,* erschienen 1987 (s.S.142). Seine zentrale Arbeit ist *Bücher machen* (1996), die kleinere Veröffentlichung gleichen Titels von 1989 wurde dort eingearbeitet. Wie es zu diesen Büchern kommt, kann ich leicht nachempfinden. Es ist die Zusammenfassung jahrzehntelanger praktischer Erfahrung und jahrzehntelangen Nachdenkens über das eigene Metier.

Aber wie kommt er zu anderen Büchern? Die *Kleine Geschichte der geschriebenen Schrift* (1991) – da entpuppt sich J.H. als fundierter Schrifthistoriker, der sich einen Überblick über 2000 Jahre Schriftentwicklung erarbeitet hat und diese in typischen, also mühsam zusammengesuchten Abbildungen mit kurzen klaren Einführungen und knappen informativen Legenden darzustellen weiß. Das kann man nicht aus der praktischen Erfahrung des Büchermachens schöpfen, das ist Arbeit ad hoc. Woher nimmt ein engagierter Praktiker dafür die Kraft und die Zeit? Ich habe das Büchlein aufs Neue durchstudiert, wiederum mit Gewinn. Am Schluss gibt mir endlich das Impressum Auskunft. Das ist eine überarbeitete Fassung der Texte von Heft I und VIII (1985 und 1989) der *Paläographie des 13. bis 20. Jahrhunderts aus dem Stadtarchiv (Vadiana) St. Gallen.* J.H. hat die acht Hefte gestaltet und inhaltlich mitbearbeitet. Ein guter Typograf steigt ein bei den Themen, die er zu gestalten hat, erst recht, wenn sie ‹sein› Thema, die Schrift, betreffen. Also auch das ist ihm zugewachsen, auch das hatte er ‹im Bauch›, bevor er es aufgeschrieben hat (s.S.94/95).

Die Aufgabe kann auch von außen herangetragen werden. 1993 erschien *Buchgestaltung in der Schweiz,* herausgegeben von Pro Helvetia, der Schweizer Kulturstiftung. Jost Hochuli bekam den Auftrag, die Bücher auszuwählen, einen historischen und aktuellen Abriss der Entwicklung der Buchgestaltung in der deutschen, französischen, italienischen und romanischen Schweiz zu geben, die derzeit wichtigsten Buchgestalter vorzustellen und das Ganze in Form zu bringen.

Von einer solchen Arbeit lernt der Leser und Betrachter viel, *bei* einer solchen Arbeit lernt der Betrachter unendlich viel. Sonst schauen wir die Arbeiten der Kollegen meist mehr aus der Ferne an, wir nehmen sie in Augenschein, aber wir lernen sie nicht wirklich kennen. Hier aber musste J. H. die Bücher in die Hand nehmen, vergleichen, auswählen (das heißt auch werten) und die Auswahl vor sich selbst und vor anderen Fachleuten begründen. Das verändert in heilsamer Weise auch den Blick auf die eigene Arbeit. Besonders aufregend wird das durch die spezielle Schweizer Situation, das Nebeneinander verschiedener Kulturtraditionen, gerade auch verschiedener Traditionen der Buchgestaltungs-Kultur. Da muss der Autor seine eigene Prägung überwinden und Objektivität auf höherer Ebene gewinnen. Das Ergebnis ist eine konzentrierte, unaufdringlich selbstsichere Studie. Keinerlei Repräsentationsbombast, wie er von Kulturinstitutionen anderer Länder wohl gefordert worden wäre.

Natürlich hat Hochuli, Pädagoge, der er nun mal ist, auch hier die Gelegenheit genutzt, um die Kriterien guter Buchgestaltung auch für den Laien nachvollziehbar darzustellen. Das Eingangskapitel hat die Abschnitte: Das Buch als Gebrauchsgegenstand, Kriterien zur Beurteilung, Das typografische Detail, Das Layout. Das sind auch die Themen seines Hauptwerks *Bücher machen,* sie werden dort erweitert und vertieft. In diesem Buch stecken eine Menge praktischer Hinweise und Beispiele und eine Menge theoretischer, ja philosophischer Gedanken. Deren Quintessenz ist – nach so vielen Hinweisen, was alles zu beachten ist und nach so vielen Beispielen, wie andere es gemacht haben – der Schlusssatz des Aufsatzes ‹Buchgestaltung als Denkschule›, der in das Buch aufgenommen wurde. Der Satz zitiert Kant und lautet: ‹Habe Mut, dich deines eigenen Verstandes zu bedienen›.

Nach diesem grundlegenden Essay werden in prägnanten Texten die verschiedenen Schritte und Aspekte des Büchermachens beschrieben und erklärt und durch zahlreiche Beispiele begleitet, die ihrerseits durch knappe Legenden erläutert werden.

Hochulis Formulierungen deuten manchmal an, dass er sich nicht nur an Fachleute, sondern auch an interessierte ‹Anfänger und Laien› wenden will. Das müssen schon ganz schön versierte Anfänger und Laien sein, die dieses Buch durcharbeiten, sie müssen sehr konzentriert mitdenken wollen. Auch die Fachleute müssen sich ganz schön konzentrieren beim Mitdenken.

Die Abbildungen, die er ausgewählt hat, sind nicht begleitende Illustrationen, die nochmals zeigen, was gesagt wurde, sondern Erweiterung des Textes. Das Schlusskapitel, ‹Von Jost Hochuli gestaltete Bücher›, ist die nochmalige Erweiterung, die persönliche Nutzanwendung dessen, was er bedacht und beobachtet hat, geschrieben hat es Robin Kinross. Der interessierte Fachmann, erst recht der Fachkollege, nicht nur des Büchermachens, sondern des Bücherschreibens, liest und betrachtet das mit Gewinn und Genuss.

Mit subtilem Genuss, wenn er Hochulis Texte über Typografie mit Hochulis typografischer Arbeit vergleicht und zugleich prüft, ob diese seinen Auffassungen und Forderungen entspricht. Das wird meistens durch Erklärungen unterbaut und plausibel gemacht. Manchmal erschrickt man aber durch apodiktisch anmutende Aussagen. Seite 87: ‹Der Schmutztitel kann heute, weil im Grunde funktionslos, weggelassen werden.› Empfiehlt Hochuli wirklich, den Haupttitel auf die erste Seite zu stellen, die doch durch das Vorkleben des Vorsatzpapiers ‹behindert› ist? Erst beim Nachdenken über den Text von Seite 92, wo einem gesagt wird, dass man die Seite 4 eines Buches vom Impressum entlasten und dieses auf die zweitletze Seite des Buches stellen könne, wird mir klar: die Seite 1 kann vacat bleiben, ohne Schmutztitelzeile, so ist das gemeint. Ich prüfe schnell nach: Hochulis Bücher haben fast ausnahmslos auf der ersten Seite einen Schmutztitel – abgesehen von den Sonderfällen der Typotron-Reihe. Aber in der Tat: bei allen seinen Büchern ist die letzte Seite frei, unbedruckt. Das gibt ihnen Geschlossenheit und Ruhe. (Ich muss oft genug darum kämpfen, dass auf dieser Seite nicht noch ein Textrest steht, ich bin schon froh, wenn dort allein das Impressum stehen darf.)

‹Wie der Haupttitel, so steht auch das Inhaltsverzeichnis auf einer Recto-Seite›, so heißt es auf Seite 94, Punktum. Auf einer rechten Seite also. Darf ich selber denken und anmerken, wie angenehm es für den Leser ist, wenn er bei einem Inhaltsverzeichnis, das auf einer einzigen Seite nicht unterzubringen ist, sondern nur auf zwei Seiten, wenn er dann den Überblick ohne Umblättern gewinnen kann, d. h., dass es ‹verso›, auf einer linken Seite beginnt?

Zum Thema ‹Haupttitel›: ‹...hier, auf dem Titelblatt, zeigt sich der Gestalter› (S. 88), und ‹Ist der Haupttitel das Tor zum Buch, so ist der Schmutztitel sozusagen die Gartenpforte›. Ich sehe Hochulis diverse Haupttitel an. Ein ‹Tor› finde ich kaum, nie ein Portal, manchmal eine Tür, mitunter eine Gartenpforte, oft aber nur ein Türschild, ein Klingelknopfschildchen. Das ist aber aufs Sorgfältigste gestaltet. Ich sehe ihm kaum an, was dahinter steckt, ich werde zum Eintreten eingeladen und erlebe beim Weiterblättern nicht, wie so oft bei extraschöner Innentiteltypografie, eine Enttäuschung über die Kargheit der Innenräume, auch nicht nur eine Bestätigung meiner Erwartung, vielmehr öffnet sich der zuvor nur bescheiden angekündigte Reichtum des ‹eigentlichen› Buches.

Einmal, auf Seite 76, lese ich als Kriterium die Formulierung ‹geschmacklos›. Sonst wird immer so präzis begründet, was soll ich mir als interessierter Laie darunter vorstellen? Wer hat den ‹guten Geschmack› gepachtet? (Lieber Jost, gönn' mir das Vergnügen an solchen kollegialen Sticheleien. Ich darf das, denke ich, weil ich die Präzision deiner Argumente und deiner Arbeit so bewundere.)

Ein Glück auch, dass Jost Hochuli nicht gar zu genau die Satzspiegel-Konstruktionen (Seite 40ff.) anwendet, sondern – selber denkend – kühn den Satzspiegel mal schmal und lang über die Seite zieht oder ein andermal einen scheinbar klassisch-symmetrischen Satzspiegel kaum merklich nach aussen schiebt, sodass – horribile dictu – der Bundsteg größer ist als der äußere Rand. Nun, er hat es ja selbst gesagt: für manche Fälle eignen sich die Satzspiegel-Schemata nicht und der Typograf muss einen anderen Satzspiegel suchen. ‹In diesem Fall ist seine Sensibilität sowohl als Buchgestalter wie auch als Buchbenutzer gefordert.› Das ist ein Schlüsselsatz für den Umgang mit allen unseren Fachbüchern.

Die sorgfältige Betrachtung der Einzelaspekte und Einzelteile der Buchgestaltung ist gut und wichtig. Am wichtigsten für mich sind die Betrachtungen zur Symmetrie, die der Kodexform des Buches immanent zugrunde liegt, und die kritischen Gedanken zu Funktionalismus und Funktion, deren Quintessenz die entschiedene Ablehnung jeglicher Doktrin, jeglicher Ideologie als Gestaltungsmaxime ist. Doch das ist ein weites Feld und ein weiteres Thema.

Statt weiterer eingehender Besprechungen die Feststellung: Wer sich – als Anfänger oder Profi – mit Schrift und Buchgestaltung beschäftigt, braucht Jost Hochulis Bücher.

*Arbeitsmittel*

Normalerweise benützen Büchermacher die Schrift, um ihre Bücher zu machen. Jost Hochuli hat aber einige Bücher gemacht, die anderen zum Büchermachen dienen: Schriftmusterbücher. 1964 für die Buchdruckerei Tschudy & Co., St. Gallen (das waren noch Buchdruckzeiten, Offset war Neuland), 1967 ein Schriftmuster-Folder für die Layout-Press Carlo Pedrazzoli (ein Fotosatzbetrieb, das war Neuland), 1979 für die Setzerei Typotron in St. Gallen, 1985/86 drei Bände für Compugraphic, Wilmington (Mass.), USA, zeitgleich für NiedermannDruck St. Gallen, und 2001 für den grafischen Großbetrieb Clausen & Bosse in Leck (s. S. 196–199).

Die ersten sind zu Zeiten des Blei- und des Fotosatzes entstanden. Sie wurden benötigt, damit der Typograf beurteilen und wählen kann, mit welchem Schriftmaterial er arbeiten will. Viele historische Schriften hatten ja ihren Namen behalten, aber ihr Aussehen verändert. Die Gründe hierfür – technische Zwänge, Zeitdruck, Nachlässigkeit – zu diskutieren, ist hier nicht der rechte Ort.

Hochulis Schriftdarstellungen in diesen Schriftmusterbüchern sind wohltuend unaufgeregt und sachlich. Bei den Compugraphic-Bänden waren ihm aber tausend Seiten Sachlichkeit offenbar gar zu trocken. Da hat er 240 (ich habe sie gezählt) typografische Schmankerln erfunden und eingebaut, die dem Benutzer bei der Suche nach der richtigen Schrift das Herz erwärmen. Aus dieser Fülle ist dann das bezaubernde Büchlein *Alphabugs* komprimiert worden, mit den witzigsten Typo-Spielereien und deren Schriften (s. S. 143).

Diese Schriftmusterbücher mussten sein, weil man in den Zeiten des Fotosatzes als Typograf die Schriften während des Setzens nicht sehen und beeinflussen konnte, sondern erst, wenn alles ‹gelaufen› war.

Heute ist das anders. Braucht man heute, in Zeiten des Computersatzes, noch Schriftmuster? Die meisten Schrifthersteller und Schriftvertreiber verneinen das. Sie listen ihre Alphabete und Zeichen samt den Bestellnummern auf und damit fertig. Wie die Schriften in der Anwendung wirken, kann ja jeder am Mac schnell ausprobieren. Das ist einer der Gründe für die zahlreichen Satzkatastrophen. Die Laiensetzer (und nicht nur die) nehmen es hin, wie es kommt. Sie wissen ja nicht, wie ihre Schrift aussehen könnte und müsste. Das ist der Grund, warum Clausen & Bosse, der große, auf Buchherstellung spezialisierte Betrieb, die Kosten nicht gescheut hat, im Jahr 2001 ein neues, umfassendes Schriftmusterbuch vorzulegen. Jost Hochuli hat nicht nur das Werk gestaltet, er hat als Moderator maßgeblich in dem Team mitgearbeitet, das die Schriftauswahl komponiert hat (s. S. 196–199).

Vor die Darstellung der Schriften ist Hochulis grundlegende Arbeit ‹Das Detail in der Typographie› geschaltet. Und nochmals davor gibt es einen kurzen Abschnitt, in dem unter der Überschrift ‹Satzstandards› u.a. zu lesen ist: ‹Kapitälchen und Versalien werden leicht gesperrt; die Satzzeichen : ; ! ? werden in vielen Schriften mit einem Spatium vom Text getrennt; mehr als drei Trennungen werden in der Hauskorrektur bereinigt, bei schmalem Satz gilt die Regel: ca. 37–50 Anschläge 4 Trennungen,

**Cigarettenbox ‹american club› für die Cigarettenfabrik Sullana in Zürich, 1961.**

'American club' cigarette box for Cigarettenfabrik Sullana, Zurich, 1961.

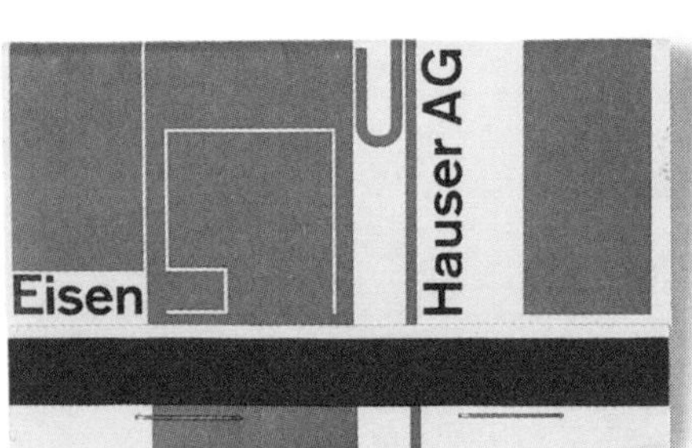


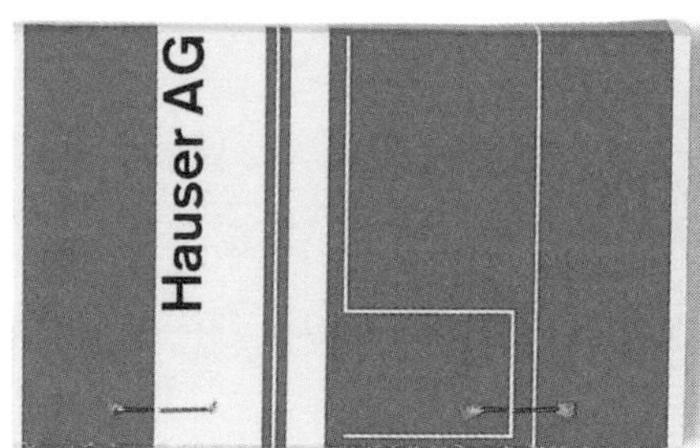


**Zündholzbriefchen, Vorder- und Rückseite, für die Hauser AG, St.Gallen, 1961, 8 x 4,8 cm.**

Matchbooks, front and back, for Hauser AG, St.Gallen, 1961, 4,8 x 8 cm.

ca. 28–36 Anschläge 5 Trennungen ...; viele Schriften sind individuell ästhetisiert worden.› So muss das sein – und da spürt man die Hand des ‹Moderators›.

Dass die Musterseiten gebrauchsgerecht, übersichtlich und schön gestaltet sind, bedarf dabei kaum der Erwähnung. Vielleicht aber das auf den ersten Blick bewundernswerte Gleichmaß der Musterseiten. Beim zweiten Blick wird der Trick erkannt: die Zeilen sind ohne Rücksicht auf Silben und Trennregeln gebrochen. Bei einem Buch ginge das nicht, bei einem Musterbuch wohl. Das nur nebenbei.

Zusammenfassend: Hier wurde ein beispielgebendes, ein vorbildliches Arbeitsmittel geschaffen.

*Den Ton treffen*

Jost Hochuli hat es gut. Während andere (wie der Autor dieser Betrachtungen) sich mit Handbüchern zum Steuerrecht oder einem Leitfaden der Urologie plagen müssen oder mit wissenschaftlichen Themen, von denen sie rein gar nichts verstehen können, konnte er Bücher machen, zu deren Inhalt er einen persönlichen Bezug hat, ja mehr noch: deren Inhalt er manchmal sogar auswählen konnte und durfte. Das strahlen seine Bücher aus. Sie sind ‹von innen nach außen› gestaltet. Nicht lehrbuchgerecht von der Textdoppelseite über die Titelei zum Umschlag, sondern von der Sache zur Form. Das aber auf eigene, auf seine eigene Weise.

Ein paar Beispiele, Lyrik etwa. Hat Lyrik nicht ‹lyrisch› auszusehen, mit Pseudo-Bütten in zarten Farben umhüllt, mit schönen kursiv gesetzten Überschriften zu einer schwingenden Grundschrift? Seine Typografie für das Bändchen ‹Momentaufnahme Lyrik› der *Schreibwerk Stadt St. Gallen* (1986) ist straff und kühl, heller glatter Umschlag, alles durchweg in einer Schrift (Trump Mediäval) und einem Schriftgrad gesetzt, lediglich die fette Groteskpagina scheint aus der Rolle zu fallen. Die 46 Autorennamen mit einem ‹Hochuli-Balken› unterstrichen (worauf sich die Pagina bezieht!). Das Ganze in einer Spannung von Asymmetrie und Symmetrie (s. S. 70).

Oder *Der du die Regenpfeifer gemacht hast* (2000). Da spielen die Farbigkeit, die freie Anordnung der Gedichte, die feinen farbigen Balken und der große dunkle Kartonrand mit der strengen Ausgangssubstanz, mit der konstruktiv angelegten Futura – wahrlich keine ‹lyrische› Schrift. Lyrik ist die freieste Form der Sprache und die strengste zugleich. Das hat J. H. verstanden, man kann es seiner Typografie ansehen (s. S. 72/73).

Ein anderes Beispiel, die Bücher über die Stadt St. Gallen, nehmen wir *Altstadt St. Gallen*. Das sind neben klassizistischen und Bauten der Gründerjahre vor allem Fachwerkhäuser und ähnliche Gebäude, denen man ihr hohes Alter ansieht. Würden da nicht Garamond als Grundschrift und Alte Schwabacher als Überschrift genau passen? J. H. nimmt eine leichte Grotesk, die Univers, mit fetten Überschriften und Initialen in der Grundschriftgröße. Nüchtern und entschieden. Nicht nur das: Die Typografie folgt einem strengen Rasterschema, der gleichmäßigen Hälftung der Seiten. Daraus ergibt sich die Höhe der Bilder und die Höhe des Kapitelbeginns. Die Proportionen der Bilder sind aber nicht vom Raster diktiert, der Raster hat sich vielmehr aus den Proportionen der Bilder entwickelt. Der Leser merkt von alledem nichts, die Seiten sehen aus, als könne es nicht anders sein. Trotz der kühlen Schrift und trotz des strengen Aufbaus strahlt das Buch Wärme aus. Das liegt an der Tönung des glatten Papiers, an der sandfarbenen Kante des Einbandes, die alle Seiten einschliesst, am ‹warmen› Griff des Einbandpapiers, das den Pappband umgibt und an der Farbigkeit von Einbandpapier (sandfarben mit umlaufendem rotem Streifen) und Vorsatzpapier. Auf diese Weise gelingt es J. H., die Atmosphäre der Altstadt und die sachliche Klarheit der Betrachtungsweise zusammenzubringen (s. S. 82/83).

*Sicht bar,* ein großes Heft. Die Dokumentation von Installationen und einer Performance anhand zahlreicher Fotos. Verlangen Fotos nicht grundsätzlich nach einem hellen, glatten Papier, das ihren Kontrast und ihre Feinheiten zur Wirkung bringt? Und verlangen Fotos nicht nach größtmöglicher Zurückhaltung der Typografie, damit

madame

fährt heute in die Stadt.

Parkverbot und Blaue Zone,
Blaue Polizei – pass auf!
Hier, ein Platz. Zu klein, fahr' weiter!

Weiter, weiter, 1000 Meter,
Bäcker, Kaffee, Migros, Haushalt,
warten, rennen, suchen, halt!
Vorsicht: Randstein, Pfützen, Pflaster,

Wo ist Wagen? Viel zu tragen!
Schlüssel, Tasche; da das Auto.
Stellt die Last im Regen ab.
Grüner Zettel. Oh, die Zeit:

? Einkaufsfreude ??

Noch vor Ostern erleben Sie: Einkaufsfreude!

Inserate für die Eröffnung eines Einkaufszentrums in St. Gallen. Text Peter Mächler, 1963, 17,6 x 25 cm.

Advertisement for the opening of a shopping centre in St. Gallen. Text Peter Mächler, 1963, 25 x 17,6 cm.

mademoiselle

geht in die Stadt.

Regen, Kälte, Nebel, hasten.
Metzger – warten, warten, warten.
1000 Schritte, trip, trip, trap.

Handschuh, Tasche, Schirm und Mantel,
Autos spritzen, Schwellen drohen,
stossen, drängen, Feuchtigkeit.
'was vergessen, nochmals warten.

Langts, den Mantel noch zu holen
Danke, merci, wiederluege.
Schwer der Korb und Bus ist weg.
Frieren und im Freien warten:

? Einkaufsfreude ??

Noch vor Ostern erleben Sie: Einkaufsfreude!

madame

mademoiselle,

was wünschen Sie denn?

Ich wünsche den Kauf ohne 1000 Türen,
ich wünsche mehr Zeit für meine Familie,
ich wünsche den Kauf nahe Bus, Bahn und Post,
ich wünsche den Einkauf vor Wetter geschützt.

Ich wünsche den Kauf, der mit Zeit und Geld spart,
ich wünsche ein Café, die Freundin zu treffen,
ich wünsche den Kauf ohne Parkverbot,
ich wünsche . . . . , ich wünsche mir

! Einkaufsfreude!

Noch vor Ostern erleben Sie: Einkaufsfreude!

# madame mademoiselle

Sie wünschen den Einkauf an einem Platz?
Sie wünschen den Einkauf in kurzer Zeit?

Sie wünschen den Einkauf vor Wetter geschützt?
Sie wünschen den Kauf ohne Parkverbot?
Sie wünschen den Einkauf preiswert und gut?

! Sie finden dies alles im Neumarkt St.Gallen!

madame,

## mademoiselle

was suchen Sie denn?

Ich suche Gemüse, Getränke und Fleisch,
ich suche Eier, Butter und Zucker,
ich suche Kaffee, Schokolade, Tabak,
ich suche Kleider, Strümpfe und Schuhe.

Ich suche ein Kettchen, Keramik und Glas,
ich brauche die Dienste der Wäscherei,
ich suche Uhren, Schmuck, Porzellan,
ich suche Lampen, Spielzeug und Bücher.

Ich suche Radio, Fernsehen, Kühlschrank,
ich suche Haushaltartikel, Papier,
ich suche dies alles am gleichen Platz,
ich suche – und finde mehr Einkaufsfreude

! Mehr Einkaufsfreude im Neumarkt St.Gallen!

Noch vor Ostern erleben Sie: Einkaufsfreude!

ihre eigene Bildsprache ungestört bleibt? J.H. wählt ein leicht raues, leicht getöntes Naturpapier, auf dem noch die tiefsten Tiefen der Fotos grau erscheinen, und die typografische Gestaltung bleibt nicht im Hintergrund, sie spricht entschieden mit, in Form von schweren schwarzen Balken und feinen Linien und von fetten schwarzen, auffallenden Seitenzahlen. Das ist nicht typografischer Selbstzweck. Ich habe beim Aufblättern das Gefühl, verschiedene, merkwürdige Innenräume zu betreten, Räume, in denen ich eingefangen bin, um zu erleben, was da geschieht. Mir ist dabei nicht ganz behaglich zumute. Nichts da von einem klaren, kühlen, distanzierenden Ausstellungsraum, sondern dichte Atmosphäre, die dich umgibt. Das Ganze ist eingeleitet von einer Aura farbiger Papiere. Seltsam: das alles ist zusammengefasst in einem Layout, das von einer Mittelachsen-Konzeption bestimmt ist, von einer durchaus unklassischen Mittelachse (s. S. 166–169).

‹Den Ton treffen›, ist das die Aufgabe des Buchgestalters bei einer historisch-kritischen literarischen Werkausgabe, bei wissenschaftlicher Typografie? Speziell: bei der ‹Grossen kommentierten Frankfurter Ausgabe der Werke von Thomas Mann›? Kommt es da nicht vor allem auf gute Lesbarkeit der größeren und kleinen Schriftgrade, auf Übersichtlichkeit, die verständliche Zuordnung der Fußnoten und Anmerkungen, auf die eigens hierfür zu erarbeitende Mikrotypografie, kurz auf das Funktionieren an? Das alles ist entscheidend wichtig, das muss erfüllt sein, bei jeder derartigen Aufgabe. Doch für J.H. ist das zu wenig, da könnte ja eine Ausgabe wie die andere aussehen, Kleist wie Brecht oder Grass. Ein engagierter Typograf wird dafür sorgen, dass überdies die Eigenart des Autors, die Aura seines Werks und seiner Person spürbar wird.

‹Hochulis Thomas Mann› ist in der Trinité gesetzt, einer Schrift unserer Tage, die aus einem humanistischen Hintergrund erwachsen ist (das ist schrifthistorisch wie geistesgeschichtlich zu verstehen). Mittelachse – Thomas Mann war schließlich ein Konservativer –, eine Farbgebung von Umschlag, Einband und Vorsatz – grünlich-beige, Titelschrift rot und blau, Vorsatzpapier und Lesebändchen blau –, die die Ästhetik der Jahrhundertmitte anklingen lässt (die hellblaue Rückenzeile des Einbandes wäre damals allerdings in Gold geprägt worden). Kurz: der Thomas-Mann-Ton ist getroffen, eine Brecht- oder Grass-Ausgabe im gleichen Erscheinungsbild – undenkbar (s. S. 200–203).

‹Den Ton treffen› bei der vielbewunderten Reihe der Typotron-Hefte. Das ist kein Einzelklang, das ist der Klang eines ganzen Orchesters, eines Kammerorchesters. Über jedes einzelne Heft könnte man eine Betrachtung schreiben (s. S. 104–141).

Das verzaubernde Spiel mit den grazilen *Vogelkäfigen des Alfons J. Keller,* die straff über die Seiten hin zu tanzen scheinen; die zarten Stickereien, bei denen – vom Kontrast einer wenig zarten Schrift eingeleitet – der Bund der Seite, die symmetriestiftende gebrochene Mitte der Doppelseite, außer Funktion gesetzt wird, die Stickereien breiten sich leicht über alles hinweg aus; die achtungs- und respektvollen und zugleich so lebendigen Charakterisierungen der Persönlichkeiten und des Lebenswerks der Lehrer und Freunde, Willi Baus und Rudolf Hostettler – Typografie für Typografen, das ist immer besonders schwierig.

Vollends schwierig, ja eigentlich unmöglich ist die Wiedergabe von Bucheinbänden, bei denen es nicht nur um Form und Typografie geht, sondern auch um das Material. Die Gestaltung des gelben Heftes, bei dem die kleine abgeschnittene Ecke links oben das Schwarz des inneren Umschlages freigibt, vermag durch die prägnante Leichtigkeit von Typografie und vor allem durch den Duft der Abbildungen die sensible Feinheit der Bucheinbände des Franz Zeier spürbar zu machen.

Ein ganz anderer Ton findet sich bei den *26 farbigen Buchstaben von Ursula Hochuli-Gamma,* der Partnerin von J.H., die als Gestalterin ihre eigenen Wege geht, hier aber treffen sie zusammen. Das sind leuchtende, fröhliche, starke und starkfarbige Gebilde aus Buchstabenformen; darunter gestellt die geistreich-verzwickten ABC-Sentenzen von Philipp Luidl (‹Das Alphabet gehört zweien:

dem der schreibt und dem der liest›, oder ‹Das Ypsilon gibt wenig Sinn, bei Bayern ist es mittendrin›) in einem munteren kräftigen Blau, das der Farbigkeit der Grafiken Paroli bietet.

Oder die *Sitterkiesel*, in der Edition ‹Ostschweiz› erschienen, aber aus gleichem Geist wie die Typotron-Hefte. Das sind Steine, keine Frage, aber sie purzeln so zart – so zart gezeichnet von Urs Hochuli, Josts Bruder, und so fein gedruckt – durchs Buch, die Schrift ist die leichte feine menschliche Syntax-Grotesk, die geologischen Schnitte, Grafiken und Tabellen sind so sachlich wie nötig und doch so schön – das ist eine wissenschaftliche Veröffentlichung, aber ich denke zugleich an Poesie. Da ist nicht ein falscher Ton angeschlagen, sondern genau der richtige: das Studium heimatlicher Natur unter Beteiligung des Herzens (s. S. 184/185).

Ein ums andere Heft könnte man hernehmen und feststellen, dass die Form immer aus der Sache kommt, die Sache gar überhöht und erlebbar macht, jedes auf seine Weise. Und dennoch ist das alles als Jost-Hochuli-Typografie zu erkennen.

Wie gesagt: J. H. hat es leicht, er muss sich bei diesen glücklichen Heften nicht gegen die Auffassungen von Verlegern, Sponsoren oder Autoren (das sind oft die Schwierigsten) wehren und durchsetzen. Er hat die Themen gewählt, die Autoren gesucht (so er nicht selbst zum Autor wurde), das Bildmaterial beschafft. Er steckt tief in den Themen dieser Hefte. Das verringert die Arbeit nicht, im Gegenteil, aber es verhindert, dass es einen typografischen Missklang geben könnte. Er hat in jedem Fall den rechten Ton getroffen.

*Stil*

Jost Hochulis Bücher sind auf den ersten Blick zu erkennen. Ist das seine Absicht, pflegt er bewusst einen ‹Hochuli-Stil›, so wie es z. B. bei Otl Aicher oder Gotthard de Beauclair – um Exponenten unterschiedlichster Auffassungen zu nennen – der Fall war? Wenn dem so wäre, was charakterisiert diesen Stil? Hochuli kennt die reichen Möglichkeiten der Buchtypografie, professioneller Typografie-Kommentator und Fachhistoriker, der er ist. Dennoch greift er nicht ins Volle, reizt nicht die Extreme aus, weder in dekorativer noch in ästhetischer Richtung. Er bleibt in seiner eigenen Welt.

Aus formalem Blickwinkel könnte man die so beschreiben: Jost Hochuli baut zwar spannungsvolle Seiten, d. h. er vermag die Seiten aus der Spannung von bedruckter und unbedruckter Fläche zu gewinnen, er kann das exakt richtige Verhältnis von Schrift, Schriftgröße, Zeilenlänge und Durchschuss finden – von der sicheren Detail-Typografie ganz abgesehen, das versteht sich bei ihm von selbst – und die passenden Materialien suchen und auswählen. Doch das ist ihm nicht genug, da fehlt ihm das Tüpfelchen auf dem i, selbst bei einer so stillen Arbeit wie bei dem Typotron-Heft über Franz Zeier. Da sind die Zwischenüberschriften der vielen kurzen Textabschnitte ganz zurückgenommen, sie erscheinen in der Schrift und dem Schriftgrad der Grundschrift, doch das war ihm zu grau, die Sache stimmte für ihn erst, als er jeden Abschnitt mit einem fetten kleinen Initial aus einer kontrastierenden Schrift versehen hatte.

Typografischen Kontrast braucht er, häufig sind das Schriftmischungen oder Fett-mager-Kombinationen ein und derselben Grundschrift. Das können kleine fette Seitenzahlen zu einer lichten Seite sein, und häufig sind es Balken. Die scheint er besonders zu lieben, sie akzentuieren die Seiten, mit ihnen kann man Gliederungen deutlich machen, Hinweise verstärken; sie treten angeschnitten am Kopf der Seite oder am Seitenrand auf, als Unterstreichung von Kapiteltiteln oder Autorennamen, im Inneren der Bücher und auch außen beim Einband. Das ist aber nie beliebige Dekoration. Die Balken und fetten Linien haben immer einen Anlass, einen inhaltsbezogenen oder einen formal-kompositorischen.

Im Einsatz der Gestaltungsmittel Schrift und Bild ist J. H. im Lauf seiner Entwicklung immer freier geworden. Der Satzspiegel hat seine maßgebliche Dominanz aufgegeben, Fußnoten und Marginalien bewegen sich immer freier im Verhältnis zu ihm, selbst das Maß der Einzelseite ist nicht mehr allein gültig, Bilder können sich über den Bund inmitten der Doppelseite hinwegsetzen. Der ‹Klang› seiner Typografie, seiner Bücher, verändert sich, er ist immer heller geworden. Doch verlässt er nie sicheren Boden.

Ich versuche einen anderen Blickwinkel zu gewinnen. Was macht die Besonderheit von Hochulis Typografie gegenüber den ‹Traditionalisten›, nennen wir als Beispiel Max Caflisch, und gegenüber den ‹Konstruktivisten› der Schweizer (oder Ulmer) Schule aus? Von beiden ‹Schulen› unterscheidet er sich, wohin gehört er?

Jost Hochuli hat die programmierte Typografie, den strengen Plan der Gestaltung mit dem Raster, im Blut, das ist ihm in jungen Jahren eingeimpft worden. Und zugleich hat er das Gefühl für die Typografie, die aus den Lese-Erfahrungen von Generationen gewachsen ist, erworben – durch Beobachten, Nachvollziehen und Nachdenken. Diese Polarität (so sie denn eine ist) verleiht seinen scheinbar traditionellen Arbeiten eine innere Sicherheit und Solidität, wie sie nicht bei vielen ‹traditionellen› Kollegen zu finden ist; und sie verleiht seinen strengen Planungen (die man mehr spürt als nachvollziehbar sieht) Wärme, Lebendigkeit und Sensibilität, wie sie bei den Arbeiten der strengen Kollegen kaum zu erleben ist.

Nun wäre zu fragen, ob die Polarität der beiden Ansätze nicht eine Scheinpolarität ist. Bereits in den zwanziger Jahren, als der junge Tschichold auf die Traditionalisten eindrosch, haben kluge Leute dieses ‹Lagers›, wie C.E. Poeschel, die ‹Neue Typografie› nicht schlankweg abgelehnt, sondern die Möglichkeiten, die in ihr stecken, erkannt oder doch erahnt. Und der Stilstreit der Jahrhundertmitte, der in der Auseinandersetzung von Max Bill und dem späten, dem gewendeten Jan Tschichold sich manifestierte, erweist sich aus heutiger Sicht als geradezu kuriose Scheinauseinandersetzung um Mittelachsen- oder anaxiale Typografie. Denn beiden Lagern ging es um das Gleiche, und das ist auch Jost Hochulis Basis: um Nachprüfbarkeit, um Sicherheit, gegen Beliebigkeit. Aus dieser Sicht erweist sich Jost Hochuli als Vertreter der

**Plakate; zweifarbiger Vordruck Offset und drei verschiedene Eindrucke Hochdruck, schwarz, 1961/62/63, 50 x 50 cm.**

Poster; two-colour offset overprinted with three letterpress impressions, black, 1961/62/63, 50 x 50 cm.

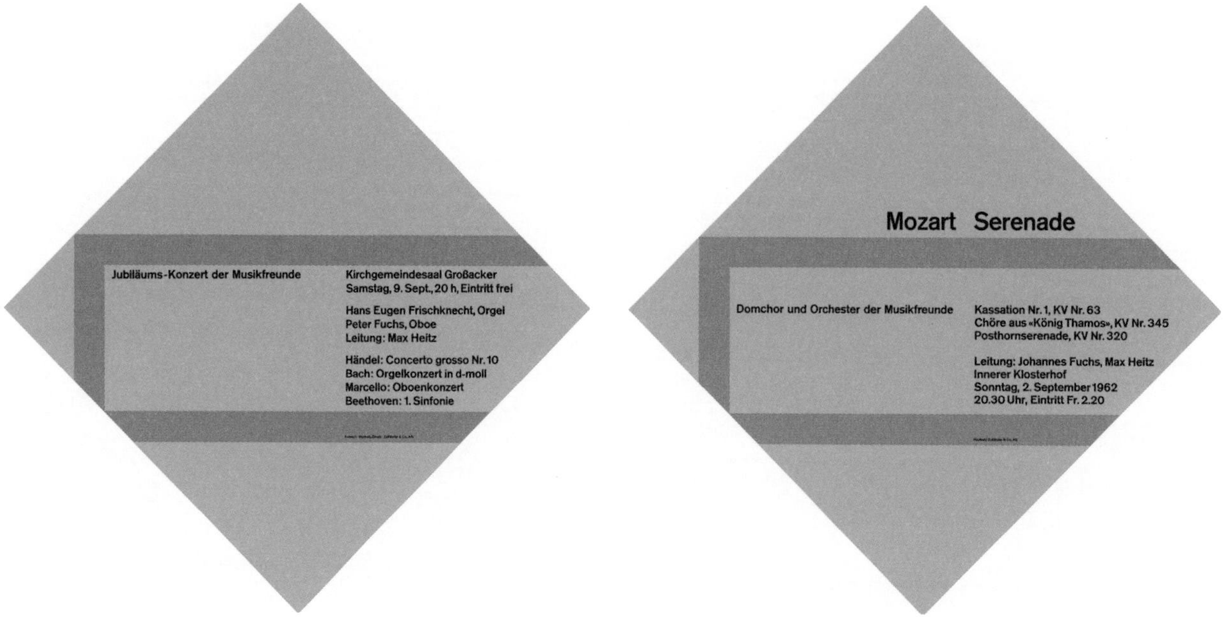

Werke von Haydn

Orchester der Musikfreunde
Leitung: Max Heitz Solist: Klaus Heitz, Cello

Sinfonie Nr. 26 «Lamentatione»
Konzert für Violoncello und Orchester
Sinfonie Nr. 102 in B-Dur

Samstag, 5. Dez., 20 Uhr:
Evangelische Kirche Winkeln
Sonntag, 6. Dez., 20 Uhr:
Kirchgemeindesaal Großacker

Freiwillige Kollekte

Hochuli / Zollikofer & Co. AG

Schubert Serenade

Domchor und Orchester der Musikfreunde
Leitung: Johannes Fuchs, Max Heitz

Chöre aus Rosamunde
Ouvertüre im italienischen Stil, 5. Sinfonie

8., 9. oder 10. September, 20.30 Uhr
Innerer Klosterhof,
Eintritt Fr. 2.20, Auskunft: Telefon 11

Vorverkauf:
Heimatwerk, Hinterlauben 6
Pillinini, Poststraße 13

Moderne (sofern man diesen Begriff weit fasst und nicht auf die formale Konkretisierung der sechziger Jahre beschränkt). Andersherum gesagt: Jost Hochuli hat in seiner Typografie mit der Postmoderne nichts zu tun, er will damit nichts zu tun haben, nicht das Geringste. Nicht mit der Doktrin des ‹anything goes›, nichts mit Dekonstruktivismus, nichts mit der Auffassung, Design könne und dürfe sich wie bei den Magazinen auch in der Buchtypografie vor den Inhalt schieben, Typografie könne Selbstzweck werden. Das ist schwankender Boden, das ist nichts für J. H., er braucht sicheren Boden.

In seinen Schriften und in seiner Typografie ist auch nichts davon zu lesen oder zu spüren, dass man den eigenen Ansatz infrage stellen könnte – der Gesellschafts- und Ästhetikkritik der ‹68er› hat er sich nicht ausgesetzt. Hat die ihn, den Schweizer Typografen, nicht erreicht und nicht getroffen, oder hat ihn seine doppelt gesicherte Basis vor Anfechtungen geschützt?

Bei Jost Hochuli glaube ich auch ein tiefes Misstrauen gegenüber den ‹Künstler-Büchern› zu spüren. Damit sind nicht die großen französischen Malerbücher gemeint und auch nicht die Werke der früheren und gegenwärtigen bibliophilen Pressen – obwohl ich noch nicht erlebt habe, dass er über diese Richtung des Büchermachens in Jubel ausgebrochen wäre. Sein Missbehagen gilt der ständig ansteigenden Zahl von mehr oder weniger handgemachten Experimenten oder Pseudo-Experimenten, die vorgeben, Neuland erobern zu wollen und doch meist im harmlosen Kunstgewerbe stecken bleiben. Man könnte ihm antworten, dass es doch zu begrüßen sei, wenn Buchgestaltung – welcher Art auch immer – wieder ein Thema ist und dass erst aus dem Humus zahlreicher und vielseitiger Bemühungen etwas Neues wachsen könne. Es ist der Anspruch, der ihn verärgert. Wenn auf der Frankfurter Buchmesse solche Produkte in Masse als Buchkunst ausgestellt werden, schadet das dem Buch, weil Maßstäbe verschoben werden – sonst aber lass' doch die Leute auf ihre Art Bücher machen, wenn es ihnen Spaß macht. Doch Jost Hochulis Aversion gegenüber schlechtem Handwerk ist gar zu groß, als dass er sich mit derlei überhaupt befassen möchte. Wie mag er wohl über die durch den PC bewirkte weltweite ‹Demokratisierung› der Typografie denken? Ist das der totale Absturz oder der Humus für künftige Entwicklungen?

Von allgemeinen Betrachtungen und spekulativen Fragen zurück zum Ausgangsthema, dem typografischen Lebenswerk des Jost Hochuli, zurück zur Eingangsfrage, ob er wohl einen persönlichen Stil anstrebe und pflege. Nützt er manche Gestaltungsmöglichkeiten deshalb nicht, weil sie nicht in sein Gesamtbild passen, ist ein persönlicher Gesamtrahmen vorgegeben?

Ich habe das Gefühl, dass das anders läuft. Wie beim alten Max Ernst, der gesagt haben soll, er könne sich vornehmen, was er wolle, am Ende würde immer ein Vögelchen daraus. Ich könnte mir z. B. vorstellen, dass sich J. H. einmal vornimmt, einen reichen und prächtigen Innentitel zu machen, wie er ihn ja in manchen seiner Bücher abgebildet hat. Er skizziert und klärt und ordnet und reduziert, stimmt die Zeilen nach Bedeutung und Form aufeinander ab und am Schluss ist es wieder eine kleine feine wohlausgewogene Gruppe geworden. Er zwingt die Zeilen nicht in ein Hochuli-Konzept, sie müssen sich nicht fügen, wie er will, dass sie sein sollen, sondern er lässt die Sache wachsen und werden, wie sie wird – nämlich so, wie Jost Hochuli ist.

Sein Lieblings-Typograf ist keiner der großen Typografiekünstler und -stars der Vergangenheit und Gegenwart, es ist der Verleger Jakob Hegner, der deshalb zum Typografen wurde, zum Typografen einer ganz und gar unaufdringlichen Buchform, weil er wusste, dass die Form mitspricht, dass sie ein Bestandteil der Buchaussage ist. Das ist sein Vorbild, das ist ein gutes Vorbild. Für die Jüngeren ist Jost Hochulis Arbeit ein Vorbild, ein gutes Vorbild.

*Hans Peter Willberg*

## Jost Hochuli, maker of books

Much of interest has already been written about Jost Hochuli, and he himself has written very well about his own perspective on the making of books, about lettering, type and typography, and about his own development. All that would be needed is to bring these texts together, and they would provide a comprehensive picture of J.H.

Now, though, we have a professional colleague, a book designer from Germany, writing about Jost Hochuli and his work. There is no way that I can reproduce – even in compressed form – everything of interest that has already been recorded. All I can do is provide a subjective perspective on his work.

Rather than a single text, I have chosen to write individual pieces on various aspects of his work with books. The overall picture will have to come together in the mind of the reader.

*Starting points*

Jost Hochuli's story begins in 1933, in St. Gallen, where he spent his childhood, his schooldays and his youth. This is the defining basis for his whole life, these ties to the place, the people, the landscape – where the mountains open out on the breadth of the country round Lake Constance. This is the first starting point, and point of reference, not only for his life but also for his work.

Jost Hochuli's professional career begins thus: from 1952 (when he was 19) to 1954, Kunstgewerbeschule St. Gallen, training as graphic designer. From 1954 to 1955, trainee with Rudolf Hostettler at Druckerei Zollikofer & Co., St. Gallen. From 1955 to 1958, apprenticeship as compositor at Zollikofer (apprenticeship after college!) and in the composition class at the Kunstgewerbeschule Zurich. From 1958 to 1959, courses with Adrian Frutiger at the Ecole Estienne, Paris.

These are the early years of professional character formation. For many people, they can determine a whole life; for some, overcoming their effects is a life-long task. During just this period, the young Jost Hochuli was exposed to various influences.

The first person to introduce him to lettering, type and typography was Willi Baus, a member of the Werkbund, and a supporter of the theories of the Bauhaus and Modernism. He had, though, as a young man, briefly been a pupil of Rudolf Koch in Offenbach am Main. While virtually nothing of Koch's expressive-subjective design approach found its way into Baus' teaching, the honesty of his craftsmanship did leave its mark, and Baus was able to pass on this work ethic to many of his own students.

The next influence that J.H. was exposed to was as massive and decisive as it was for many other graphic designers, on whom it exerted a life-long influence. This was the school of 'Swiss typography', with its origins in Basle and Zurich, personified by Emil Ruder, Richard P. Lohse and Max Bill, as both teachers and exemplars. No compromise; grid typography; sans-serif types; asymmetrical layouts; 'functionalism', as it was known (with which J.H. was later to take highly critical issue). Other ways of working, or of thinking, were despised. This might become a firm basis for one's own development, but it could also – for many weaker characters – become a collection of recipes that resulted in bland dishes. But what no-one could do was to remain unaffected.

Jost Hochuli recounts the key event that enabled him to question this massive influence. For a whole year he shared a desk with Rudolf Hostettler, the editor of *TM*, the *Typografischen Monatsblätter,* whom J.H. got to know as a close friend of Emil Ruder and an advocate of asymmetrical typography. Later, as a freelance graphic designer, J.H. had to lay out a medical textbook – and this proved impossible with the design techniques he had learnt. He explained the problem to Rudolf Hostettler. 'That was my typographical Damascus Road', J.H. recalls, 'I can still see him now, with a gentle smile, taking out of a drawer some of the books on medical history that he had designed for Huber Verlag in Berne'. They were designed using the symmetrical axis of classic typography. 'He said that he had designed these books like this, and not differently, with complete conviction, but that he had done it shamefacedly, so as not to be scolded by his friends in Basle and Zurich'. In 1988, Jost Hochuli published an *Epitaph für Rudolf Hostettler,* his highly esteemed colleague (see pp. 106/107).

This key event opened a door for Hochuli. Now he could also appreciate the later work and teaching of Jan Tschichold and the work of Max Caflisch; now, he had access to the English typographical tradition. Not that he changed sides – he was never suitable as a doctrinarian, in any direction – but he gained openness. This was the basis, the starting point, for his subsequent development.

Hochuli is not just a designer of books. In 1978 he became a founder member of the VGS, the Verlagsgemeinschaft St. Gallen, of which he has since been President. And from 1983 to 1998 he not only designed the booklets published annually by Typotron AG in St. Gallen, but was also their publisher, as stated in the colophon (see pp. 104/141). This grew out of the need to make books as a whole, to be involved in, if not responsible for, the choice of subject and author, the gathering of information and illustrations. The making of books *ab ovo;* this is the reason his work is so convincing. (What book designer would not want that – but hardly any realize that the journey from the idea to the finished manuscript is often more difficult and laborious than the step from manuscript to finished book.)

A point of departure, and an impulse for Hochuli's work that should not be underestimated is his teaching. From 1967 to 1980 he was Walter Käch's successor as supplementary lecturer on lettering and type, and later for the basic formal training of graphic designers at the Kunstgewerbeschule (Schule für Gestaltung), Zurich. From 1980 to 1996, he was a supplementary lecturer on lettering and type at the Schule für Gestaltung in St. Gallen and head of the vocational training course for typographical designers. His teaching work taught him how to communicate information, not just in closed lecture theatres, but also in a 'lecture hall with open windows' (as was said of Jan Tschichold as a teacher), in 'numerous lectures and seminars at home and abroad, on teaching issues concerning lettering and type, typography and book design', as he puts it in his curriculum vitae. And in numerous articles and in his books, as should also be mentioned.

It seems to me that all these various starting points come together to explain the individuality of Jost Hochuli's work.

*Graphic design*

As a graphic designer (*Gebrauchsgrafiker*) – engagingly, he uses this term, much looked down upon by graphic designers who are keen to appear state-of-the-art – Jost Hochuli has established himself as a successful Swiss designer. The effectiveness with which he transmits the given content or material sets him among the leading practitioners of this trade.

Aggressive consumer advertising is not possible with such means – and nor would that suit him at all – but good graphic design is possible. His success meant that he had to employ people, and ensure that they had work to do. Unexpectedly, he had become a studio manager and salesman. And all this for commissions that were not really his thing at all – not deep inside him. So, one day, he changed direction, and devoted himself fully to what was his real mission, to what really mattered to him: the making of books. The difference is not the medium itself; the difference is in the relationship to the material. Whether one is designing a cigarette packet (and that as a pipe smoker!) or a book on historic buildings, the design methods may be similar, but not the relationship to the material.

This does not mean that J. H. gave up commercial design entirely. His most attractive logos date from the 1990s. They are thought through and crafted in a classic, proven 'Swiss' fashion. One of them, though, is 'modern' in concept. His logo for the Büchergilde Gutenberg in Frankfurt am Main – a stylized wooden printing press – is not a form determined by detailed design, but a design concept that is variable. The seven lines that make up the press may be thicker or thinner; they may be sharply contoured or 'sketched' with any writing tool. In this way, the logo can be harmonized with the typography, rather than being a static, independent foreign body (of the sort that book typographers are so often obliged to incorporate, to their despair). It remains flexible and lively, but still – essential for any good logo – recognizable at first glance (see p. 44). In this we see the impact of the intellectual rigour of a maker of books on a related discipline.

*Type*

Almost monthly, we are confronted by new types, all warmly recommended by their manufacturers. How are poor typographers to find their way around, to find a yardstick? How should they be able to assess all these types?

Jost Hochuli's yardstick is the most reliable. He has written letters, and drawn them; he has designed them and cut them in wood. Anyone who wishes to incise a capital roman R (which is far harder than relief cutting, as every subsequent correction makes the letter thicker) must have understood how its form developed, how it was originally written, how the curves of the internal and external contours are held in tension, how and where the 'tail' is attached and how it should be curved. He or she must have considered the proportions, and must – surely most important – understand how to balance the visible form against the apparently invisible interior shape as two equally valuable components of the letter (see pp. 56–64).

Anyone who writes letters with a lettering pen – in the style of the humanist italic hand, let us say – will experience how the forms of the letters do not follow preordained patterns, but develop in the course of writing. Incidentally, writing like this, studying the form of the letters, has nothing to do with that calligraphic virtuosity that aims to produce artistic lettering. That is not J. H.'s intention. He has produced lettering sheets that stand alone, rigorously composed lines of precise woodcut lettering, but their expression is far removed from the artistic virtuosity of today's neo-calligraphers.

The story is told that, when he was asked how it was that he still had such sure technique at his advanced age, Rudolf Serkin, the great pianist replied 'You have to have practised a great deal at some time'. If one has studied letters very closely at some time, then one can understand them. If he sees someone trying to identify a type by searching for specific characteristics, particular letters or details, J. H. looks on with a quiet smile – he can identify a type just by looking at it.

This combination of overview and insight entitles him to make critical judgements. For example, to restrained criticism of the current tendency to retain more and more elements of writing in typefaces, and even to design typefaces that imitate writing. The cutting of letters in metal made their form more stable than is the case with the modern technology of revising drawn letters on screen. Or to the observation that the famous Gill Sans is at somewhat of a disadvantage compared to other, competing types that have been revised and expanded to meet the current requirements. It needs, in J. H.'s eyes, some renewed attention. Not smoothing it out, but refining the justification, balancing the weights better, revising the incidental additions that it has suffered.

These are examples of insights that go deeper into the understanding of a type than is possible for a mere user of type – although the mere user can also get to know a type much better than someone who thinks they can assess a type just from a specimen sheet.

*Typefaces*

What are the typefaces that Jost Hochuli, connoisseur of and adviser on type, uses for his own book designs? Could the answer to this question produce a profile in type – even a profile of J. H. as typographer? Taken all in all, perhaps it can.

I have inspected 55 books designed by him – a representative selection, it seems to me. They contain 20 different typefaces, excluding display types. My feeling for Hochuli's use of type would have led me to expect that sans-serif types would be in the majority, or at least that the two main groups of types would balance out. But no: sans-serifs are used 16 times, a slab-serif once, and romans 38 times.

My error is surely due to the fact that Hochuli uses roman type not cosily or fussily, but with distanced clarity (but that is another story).

Let us differentiate. Sans-serif: Univers appears ten times, Futura twice, Franklin Gothic, Frutiger, New Syntax and Vectora once each. The slab-serif is Serifa. Roman: Baskerville seven times, Trump Mediaeval six times, Bembo and Times five times each, followed by Centaur, Ehrhardt, Galliard, Joanna, Minion, Trinité and Walbaum. To non-specialists this list might seem superfluous, but for specialists it is enlightening.

Among the roman types, there is only one static, classical revival type, Walbaum. Would the military rigour of Bodoni not suit Hochuli's rigorous design approach? Obviously not. Seven of 'his' romans are dynamic text types. Proven classics (Bembo) or their successors (such as Trump Mediaeval or Trinité, for example). Four of the romans come from the transitional style known to type historians (misleadingly, in my view) as the Baroque roman; above all Baskerville and the quite differently natured Times.

What can we conclude from this? First, surely, that what matters above all to J. H. is readability. His preference is obviously for the proven text types.

When we turn to his selection of sans-serif faces, things look rather different. Univers dominates here, with Futura following well behind. Both are types that need a good typographer, if not a master, if they are to be easily readable. Gill Sans, generally regarded as being superior in terms of readability, is not used at all, and the equally readable Syntax only once. *The* typeface of 'Swiss typography', Akzidenz-Grotesk, has never been used by Hochuli the book designer (unlike Hochuli the graphic designer).

There must be reasons for this. Are they stylistic reasons? Not only; also entirely practical ones. For years, if

Je mehr Gedankenstriche
in einem Buche,
desto weniger Gedanken.
*Schopenhauer*

Fehr'sche Buchhandlung

Es kommt nicht auf die Menge,
sondern auf den Wert der Bücher an.
*Seneca*

Fehr'sche Buchhandlung

Man liest manches Buch mit einem
Gefühl, als ob man dem Verfasser ein
Almosen erteile. *Hebbel*

Fehr'sche Buchhandlung

Mitunter las ich ein Buch
mit Vergnügen
und verwünschte den Autor.
*Swift*

Fehr'sche Buchhandlung

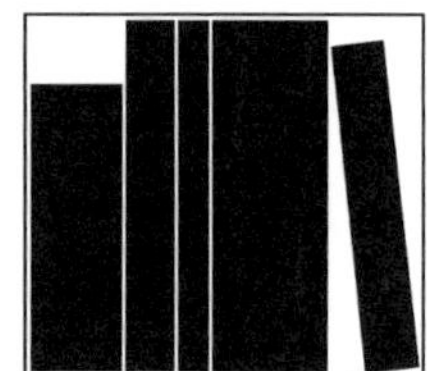

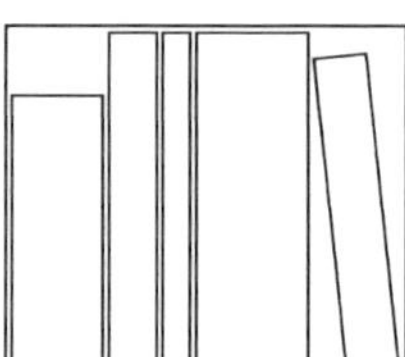

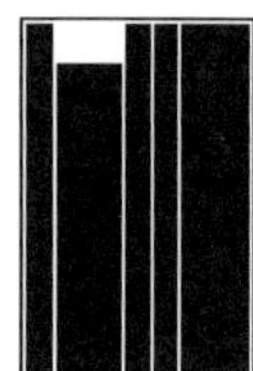

**Signete für (v. l. n. r.) die Fehr'schen Buchhandlungen St. Gallen und Herisau sowie für die Fehr'sche Taschenbuchhandlung St. Gallen. Kleininserate für die Fehr'sche Buchhandlung St. Gallen, 1963/64.**

Logos for (from left to right) the Fehr'sche Buchhandlung St. Gallen and Herisau, and for the Fehr'sche Taschenbuchhandlung St. Gallen. Small ads for the Fehr'sche Buchhandlung St. Gallen, 1963/64.

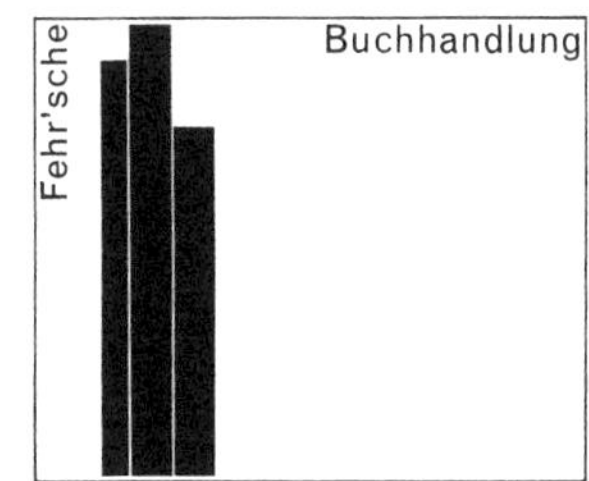
Fehr'sche
Buchhandlung

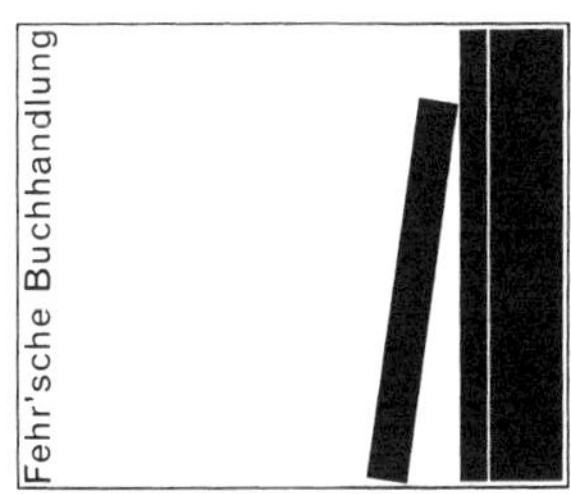
Fehr'sche Buchhandlung

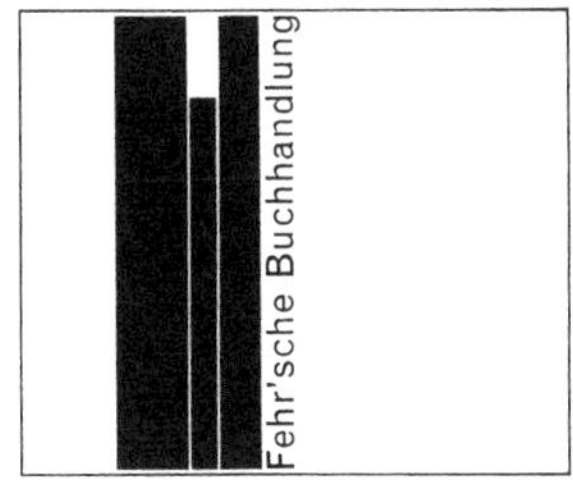
Fehr'sche Buchhandlung

Fehr'sche Buchhandlung

Den Duden braucht jeder
Fehr'sche Buchhandlung

Diogenes-
Erzählerbibliothek
Fehr'sche
Buchhandlung

Libri italiani Fehr'sche
Buchhandlung

English Books
Fehr'sche Buchhandlung

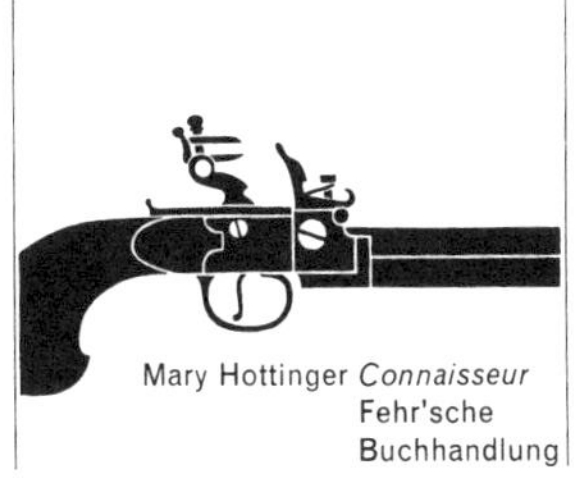
Mary Hottinger *Connaisseur*
Fehr'sche
Buchhandlung

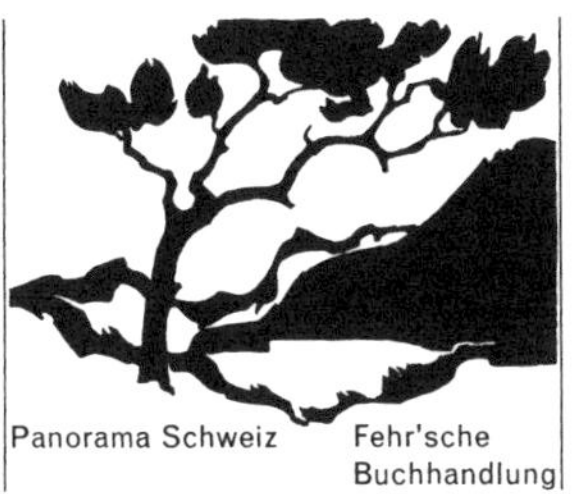
Panorama Schweiz
Fehr'sche
Buchhandlung

Inglin
*Schweizerspiegel*
Fehr'sche
Buchhandlung

Livres français
Fehr'sche Buchhandlung

Kunstbücher
Fehr'sche Buchhandlung

Kinderbücher
Fehr'sche
Buchhandlung

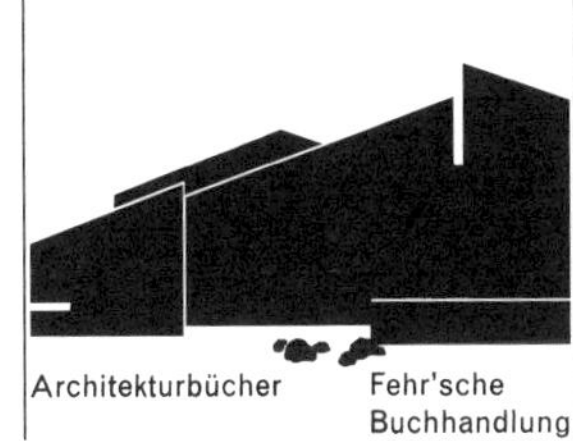
Architekturbücher
Fehr'sche
Buchhandlung

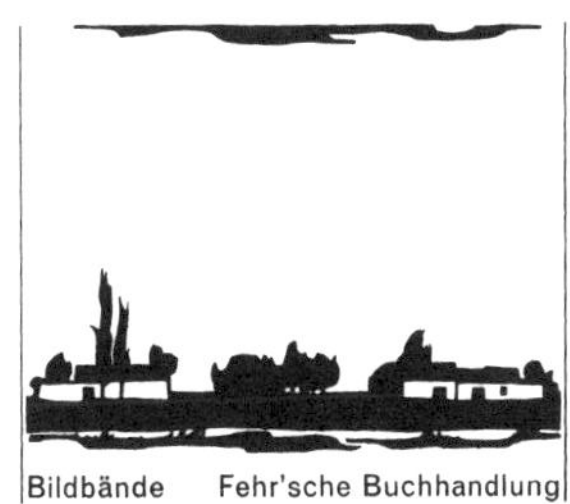
Bildbände
Fehr'sche Buchhandlung

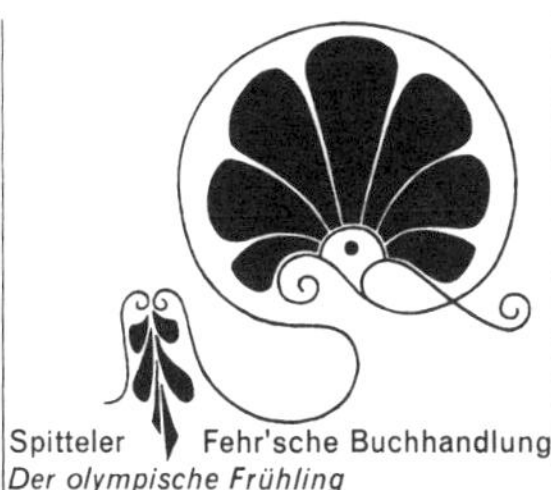
Spitteler
Fehr'sche Buchhandlung
*Der olympische Frühling*

not decades, J.H. was connected with a typesetting/printing works that obtained its photosetting types from Compugraphic. These were the types he had to rely on – mostly more or less successful recuttings of tried and tested metal types. In J.H.'s 'metal type' days as a book designer, things were different. Then, he enjoyed using Gill Sans, which lost its strength in the photosetting versions. The opposite was the case with Trump Mediaeval; hardly used at all in the past, it has become an increasingly frequent choice, because it is one of the few faces that has been able to stand up to the new technology.

It is now about ten years since photosetting was replaced by computer typesetting (and particularly for graphic designers and book typographers by the 'Mac'), and there are more and more new typefaces that have been created for this new technology – some bad, some good and some excellent. They too are available to J.H. Does he make use of them?

I have before me 16 books from this period, all set with a Mac. If I have counted correctly, he chose Baskerville three times, Bembo, Minion and Trinité twice each, and Centaur, Ehrhardt, Futura, Joanna, Syntax, Times and Walbaum once each. The classic faces are thus still dominant, but a relatively new type, Trinité, by the Dutchman Bram de Does, has taken a significant position. It is the type used for that great enterprise of S. Fischer Verlag in Frankfurt, the annotated edition of Thomas Mann (see pp. 200–203).

The types selected for Clausen & Bosse, a large graphics company that J.H. has advised, include many good 'new' types, such as Lexicon, Officina, Proforma, Stone Print, Swift and Wilson (see pp. 196–199). Of these types, J.H. has (so far?) made no use, nor of the classics like Perpetua, Fairfield or Fleischmann, nor indeed of Méridien which he esteems so highly – Frutiger's most attractive and original type, as he remarks in conversation.

From these observations, can we after all put together a 'psychogram in type' of the typographer Jost Hochuli? It would have to sound something like this: someone firmly based in Western type history, with the 1960s as his formative years, theoretically open to all serious new developments, but in practice only able by way of exception to overcome his own nature. Clearly, the decisive factor is a subjective feeling for type, not intellectual analysis.

Combinations of type occur frequently in Hochuli's work. Always decided ones: a bold sans-serif with a normal weight of roman. Often refined: bold sans-serif initials in the same small size as the text type. Without exception, his type combinations could be used in a textbook as examples of 'correct' combination. Either 'keeping it in the family' (Eric Gill's Joanna combined with Gill Sans bold); or a formal, stylistic relationship (the static Baskerville combined with the static Univers, the dynamic Minion with captions in the dynamic Syntax); or a deliberate, harsh contrast (for example, Centaur or Trinité with Futura bold). Whatever they are, Hochuli's type combinations always look absolutely natural, as if they were the obvious choice.

*Materials*

The impact of typography depends largely on what paper it is printed on. The impact of a book depends no less on what material it is bound in.

In choosing the paper, its weight, its bulk, its surface, its colour, and above all the material it is made of must all be considered and coordinated. And in particular, attention must be paid to what will be printed on the paper.

For Jost Hochuli, the approach is as follows: for straight textbooks he chooses a lightly toned paper (I have found only one single book with white paper, and its does not look as if he was responsible for that) with an even surface, frequently lightly coated, that feels pretty smooth, with low bulk (not bulked up, as many publishers wish – 'lots of book for the money'), mostly between 100 and 120 gsm in weight, always of high quality. He knows that virtually no-one stops to think about the paper, but that a cheap paper makes the whole product appear 'cheap'.

He takes the same approach with most books with black-and-white illustrations, accepting that photographs will not be very contrasty, with deep black against gleaming white, but soft, with the solids still slightly grey and the tone of the paper showing through the light areas. The overall atmosphere is obviously more important to him than a radiant, photographic print-like effect. And it should be noted that colour illustrations in particular (like, for example, those in *Sitterkiesel*) look particularly well on such very lightly toned papers (see pp. 184/185).

When, though, it is a matter of reproducing the brilliant highlights and the finest nuances of colour photography, J.H. does not shrink from genuine high-gloss art paper – as, for example, in the Typotron booklet on Christmas tree ornaments. This is, however, the only piece of art printing of Hochuli's that I know, and here too, the paper is not a harsh and brilliant white, but very slightly toned (see pp. 134/135).

His choice of cover and binding material is richer. Here too, matt paper and board surfaces are predominant, both for the bindings of textbooks and the wrappers of soft-cover books. The booklets on the making of books are, though, all bound in smooth, glossy, beige-coloured, stiff paper wrappers. Also to be found, however, are matt transparent paper, glossy foil, rough packing papers of differing characters, blind embossing on art paper, cut-outs that reveal the colour of the inner cover. The soft-cover bindings almost invariably have large flaps, that cover almost the whole of the inside of the cover material. The inner cover harmonizes or contrasts deliberately with the material of the outer cover, and both then match the third component of the binding design, the endpapers.

Set against this sensitive use of a wide variety of materials, the few cloth bindings with jackets make a slightly conventional impression.

*Colour*

A subject that is hardly mentioned in the specialist literature on typography, but which is of great importance, is colour. This applies not so much for typography in the stricter sense; for this the classic second colour, red, and from time to time a clear blue, have been established for ages. But using them is not designing with colour; rather, simply making a clear distinction from the black text, a form of emphasis similar to the use of italic or bold type. Hochuli makes frequent – one might say 'natural' – use of the classic red, particularly in his books on books.

For a few years now, it has been possible to encounter in the typographic environment coloured type that is not just there for emphasis, but whose nuanced colouring is an autonomous design element. CTP technology, the direct transfer of data from computer to printing plate, makes it possible to give not only the illustrations but also the type the desired colour, made up through colour process screening. This does, of course, require four or more colour printing throughout. It is not Hochuli's thing. With him, the type always stands clear and sharp on the paper, unblurred by any second or third colour.

Coloured type, however, certainly is Hochuli's thing. In his Typotron booklets, for example, we find brilliant blue, dark blue, red and green type; not frequently, but always with a decisive influence on the overall typographic impression. These colours are not put together with process dots, but are 'genuine' colours, printed as a separate impression. Always strong, never muddy; a powerful presence.

And then there is another component that makes a subtle contribution to the typographic page: the thread of the sewing, that is visible in the centre of the section (the folded pages). It mostly tries to hide, by matching the white of the paper. Sometimes it makes a disagreeable impression, when it gleams out with a blue-white synthetic shine – this obviously does not occur in books designed by J.H. But sometimes he does let the thread play a role. In Typotron booklet 17, *Andalusien im Appenzellerland,* for example, or in booklet 10, it appears as a black line, that one can even touch, and that – naturally – corresponds to the position of the illustrations (see pp. 140/141, 126/127). (We look in vain, by the way, for a bold red thread, however much it might have suggested itself.)

**Signet für die Evangelisch-reformierte Kirchgemeinde Bischofszell, 1965.**

Logo for the Evangelisch-reformierte Kirchgemeinde Bischofszell, 1965.

**Signet für das Johannes-Zentrum St.Gallen, 1966 (nicht ausgeführt).**

Logo for the Johannes-Zentrum St.Gallen, 1966 (not carried out).

Nevertheless, colour is of lesser importance in typography in the stricter sense. Not, however, in book design in the broader sense, and particularly not in Hochuli's book design. It is characteristic of many of his books that they show an apparently simple and straightforward, clear area of colour, in which a small component in another colour or tone is integrated. A bar, a frame, positive or negative type, or a small triangle peeping out. But when you open the book, this second colour or tone becomes dominant as a new, expressive area. And sometimes it does not remain alone. There is an interplay between colours, or between a colour and black – mostly strong and energetic, sometimes delicate, always coordinated with the utmost care. This interplay takes place on the endpapers, the flaps of the outer wrapper and the inner cover, whether it is printed or coloured material. Such a point of entry puts the reader in tune with the book.

And it can go further. In the excellent edition of *Der du die Regenpfeifer gemacht hast,* published in 2000, the deep blue of the outer wrapper and the black of the inner cover do not stop at the threshold of the book. They remain continuously present during its reading, not as a narrow edge, but as a broad border, a frame for the typography of the pages of poetry, and for the poems. And further: outside on the deep blue cover, the title is printed, in very small, precise type, laid out so it can be read as one would speak the verses, in a particular, fine tone (for which I can find no adequate description). This tone accompanies the poems, in the form of a strong but gentle bar, through the pages of the book. This could almost seem too much, but the type in which the poems are set is Futura. And so, the colours become an integral part of the overall interpretation (see pp. 72/73).

*Detail in Typography*

In 1987 Jost Hochuli published a small but intense book of 48 pages with this title, in which he reviews and summarizes matters that are actually self-evident – or were, at one time (see p. 142, German edition).

**Aus drei Inseratserien für Fachzeitschriften. Konzepte, Texte und Gestaltung J. H.**

**Keller-Metallbau, St.Gallen, 1970, 23 x 29,7 cm. Gebrüder Bühler, Metalldruckguss und Plastikspritzguss, 1962/63, 14,6 x 22 cm.**

From three series of advertisements for professional journals. Concept, texts and design J. H.

Keller-Metallbau, St.Gallen, 1970, 29,7 x 23 cm. Gebrüder Bühler, metal die casting and plastic injection moulding, 1962/63, 22 x 14,6 cm.

Gebrüder Bühler
Metalldruckguß
und Plasticspritzguß
St.Gallen-Winkeln

Wir verarbeiten alle thermoplastischen Spritzgußmaterialien; der Möglichkeiten sind viele! Kommen Sie mit Ihren Problemen zu uns.

BÜHLER

# Kunststoff

Gebrüder Bühler
Metalldruckguß
und Plasticspritzguß
St.Gallen-Winkeln

Wir verarbeiten alle thermoplastischen Spritzgußmaterialien; der Möglichkeiten sind viele! Kommen Sie mit Ihren Problemen zu uns.

BÜHLER

# Kunststoff

Gebrüder Bühler
Metalldruckguß
und Plasticspritzguß
St.Gallen-Winkeln

Wir verarbeiten alle thermoplastischen Spritzgußmaterialien; der Möglichkeiten sind viele! Kommen Sie mit Ihren Problemen zu uns.

BÜHLER

# Kunststoff

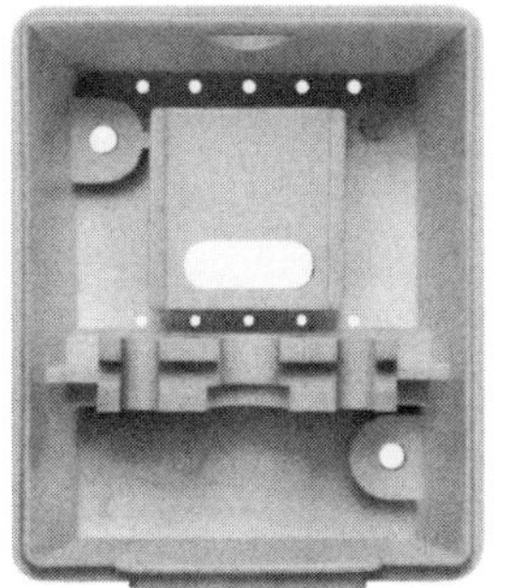

Gebrüder Bühler
Metalldruckguß
und Plasticspritzguß
St.Gallen-Winkeln

Wir verarbeiten alle thermoplastischen Spritzgußmaterialien; der Möglichkeiten sind viele! Kommen Sie mit Ihren Problemen zu uns.

BÜHLER

# Kunststoff

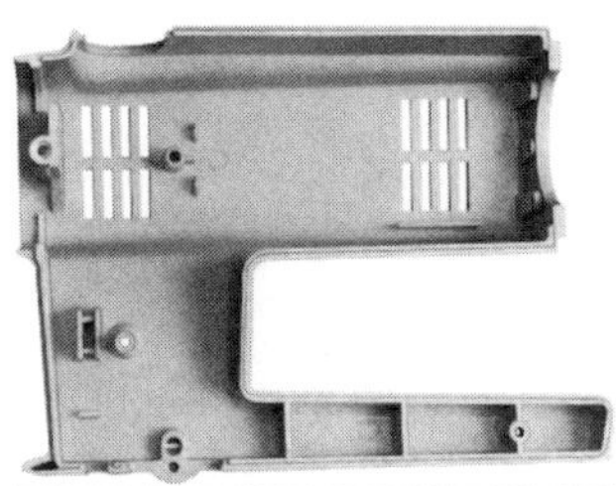

Gebrüder Bühler
Metall-Druckguß
und Plastic-Spritzguß
St.Gallen-Winkeln

Hohe Präzision, Homogenität, Dünnwandigkeit, minimale Bearbeitung saubere Oberfläche, große Festigkeit: Bühler Druckguß.

BÜHLER

**Wie man's betrachtet: höchste Präzision!**

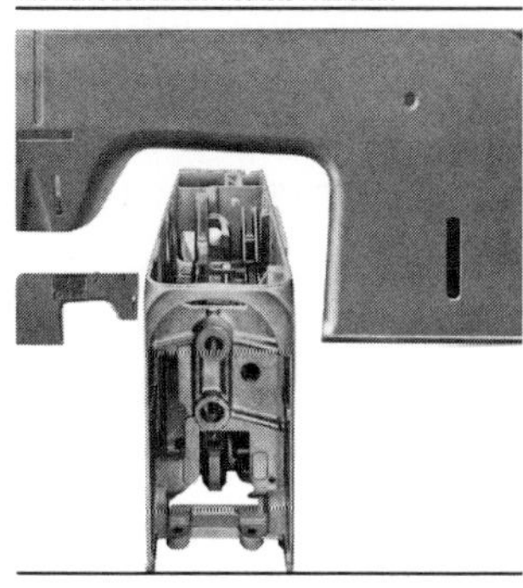

Gebrüder Bühler
Metall-Druckguß
und Plastic-Spritzguß
St.Gallen-Winkeln

Trotz Serienherstellung: vollkommene Präzision bei jedem einzelnen Stück. Bühler Druckguß ist rationell und günstig im Stückpreis.

BÜHLER

**Jedes Stück: höchste Präzision!**

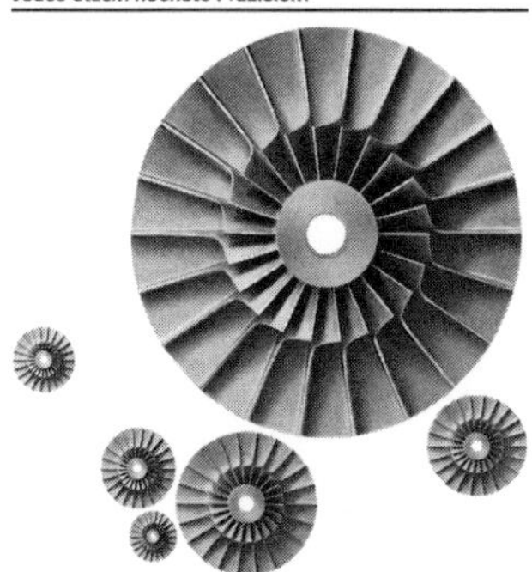

Gebrüder Bühler
Metall-Druckguß
und Plastic-Spritzguß
St.Gallen-Winkeln

Wir fertigen größte Serienstücke sowie kleinste Teile im Einzelgewicht von weniger als 1g, beides aber in gleich hoher Qualität.

BÜHLER

**Ob groß, ob klein: höchste Präzision!**

Gebrüder Bühler
Metall-Druckguß
und Plastic-Spritzguß
St.Gallen-Winkeln

Kleine Teile, die sich tausendfach wiederholen, die präzis und solid hergestellt sein müssen, fertigt man aus Bühler Druckguß.

BÜHLER

**Kleinste Teile, höchste Präzision!**

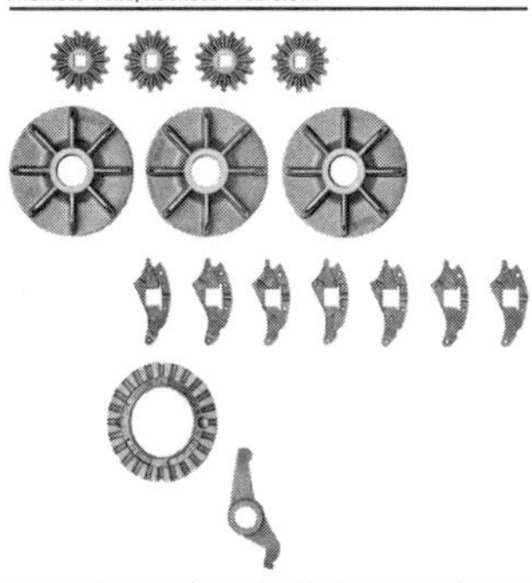

1987 was the time when photosetting had reached its peak, and good composition was again possible. But what was again possible was no longer practised, which is why J. H. wrote this book, as an appeal to the conscience of phototypesetters and the manufacturers of types for photosetting. Previously, in the days of metal type – as we gladly remark – this was not necessary, because metal typefounders and typesetters were masters of their craft. But how did they become masters of their craft? Because C. E. Poeschel, Paul Renner, Jan Tschichold or 'Davidshofer/Zerbe' had shown them how things were to be done, and had appealed to their professional consciences. Jost Hochuli follows in their line of succession.

There has been one decisive change since 1987. Then, it was possible to write a text for professionals, and by doing so to have some effect. Today, in 2002, not only do non-professionals do typography, they also set type, without having any idea of the importance of detail in typography. 'That's the way it does it' is the often-heard explanation for the choice of character set and leading. By 'it' is meant the computer and its program.

Like photosetting in 1987, computer typesetting has today reached a level that can satisfy any quality requirements. The problem is that those who use it do not know how. This is why people like J. H. are so important – people who set an example, not just by the meticulousness of their work but also through clear presentation and reasoned argument, of how to handle 'letters, letterspacing, words, wordspacing, lines, interlinear spacing, columns' (the subtitle of the *Detail* book).

Behind this there lies not dry pedagogic theory but personal commitment. How J. H. could – no, how he can – be scandalized by the typographical bungling of the details in the English edition of 'his' Zurich Tschichold catalogue of 1974! How critically he can comment on a colleague's textbook because the detail typography of the examples that are supposed to show the creative use of type is so poor.

Hochuli's thoughts on detail relationships are also helpful for his professional colleagues. He recommends, when talking about the even spacing of letters, using the term 'light' rather than 'area' – replacing what can be measured by what can be seen, experienced. 'Light' is an expression that can illuminate relationships not only in detail typography but also in typography in general. Instead of 'leading' or 'interlinear space', 'the light between the lines'; instead of 'printed and unprinted area', the 'light' in the page, in tables. This is a way of describing, but not prescribing, the rules of composition (J. H.: Formulas …: 'The creative typographer resists them'), of opening up insights that are accessible and comprehensible to everyone.

*The author*

It is one thing to make books. It is quite another to think about the making of books, to crystallize your thoughts and then to write them down so that others can understand them.

Jost Hochuli is the author of several important professional textbooks. He must be possessed by some love of teaching, otherwise he would not have taken on the pains and strains of authorship, not just once but often. Or is this to some extent for his own benefit? The first function of a work like *Buchgestaltung als Denkschule* is to train one's own thinking. And – in passing – there is a phenomenon about authorship: you can *design* as many elegant and convincing books as you like; only when you *write* convincing books do you acquire weight, influence and a name.

Naturally enough, Hochuli's subjects are type, typography and book design. His books can be recognized at a glance by their illustrations. The typography is reproduced in 'line'; that is, with no screened reproduction of the paper surface. The format is defined by a fine red line, and only half-tone illustrations are screened. The illustrations are mostly very small; the type is not easily identifiable but the typographic structure is. Thus, he shows the object under consideration and analysis not as an object that one could take in one's hand, but in a certain sense abstracted from its physical reality. The illustrations are, as far as possible, all reduced in proportion, which makes comparisons

**Signet für die Naturwissenschaftlichen Sammlungen St. Gallen, 1976.**

Logo for the Naturwissenschaftliche Sammlungen St. Gallen, 1976.

easier. His books are there to be looked at and thought about, not to be leafed through and 'consumed'. They are not book design magazines, but graphic and expressive working tools.

The book that made Jost Hochuli the author into an authority overnight is *Das Detail in der Typographie*, published in 1987 (see p. 142). His key work is *Bücher machen* (1996), into which the smaller work with the same title published in 1989 is integrated. I can easily understand how these books came about. They are the summary of decades of practical experience, and decades of thinking about his own profession.

But how did the other books come about? The *Kleine Geschichte der geschriebenen Schrift* (1991) – here, J.H. reveals himself as a soundly based historian of letters, who has achieved an overview of 2,000 years of development in lettering, and can present it in typical form – that is, through laboriously gathered illustrations with clear, short introductions and brief, informative captions. This is not the result of practical experience of the making of books; it is a work in and of itself. Where does the committed practitioner find the time and the energy for something like this? I went through the book once again, and once again with profit. Finally, I found the answer to this question in the colophon. It is a revised version of the text of volumes I and VIII (1985 and 1989) of the *Paläographie des 13. bis 20. Jahrhunderts aus dem Stadtarchiv (Vadiana) St.Gallen*. J.H. designed, and collaborated on the content of the eight volumes. A good typographer gets involved in the subject matter of the work he is designing, and particularly if it concerns 'his' subject – letters. This too, then, he has made his own; this too, had become part of him before he wrote it down (see pp. 94/95).

Commissions can also come from outside. *Buchgestaltung in der Schweiz* appeared in 1993, published by Pro Helvetia, the Swiss foundation for culture. Jost Hochuli was given the task of selecting the books, providing a historical and contemporary sketch of the development of book design in German, French, Italian and Romansch-speaking Switzerland, of presenting the most important contemporary book designers, and of giving form to the whole.

From such a work, the reader can learn a good deal; *through* such a work, an immeasurable amount. Otherwise, we generally see the work of our colleagues from a distance; we get a glimpse of it, but we never really get to know it. Here, though, J.H. had to take the books in his hands, to compare them, to select them (which also means to evaluate them), and to justify the selection to himself and other professionals. This produces a healthy change of perspective on one's own work. The process was made particularly exciting by the special situation of Switzerland – the coexistence of various cultural traditions, and in particularly the various traditions of book design. Here, the author must overcome his own inclinations, and attain a high level of objectivity. The result is a concentrated, unobtrusive but self-confident study, with no trace of bombastic representation, such as might have been encouraged by the cultural institutions of other countries.

Naturally enough, Hochuli the teacher, as he now is, also took the opportunity to set out the criteria of good book design in a way that makes them accessible to non-professionals. Chapter one includes the following sections: The book as practical object, Criteria for judgement, Detail typography, Layout. These are also the themes of his chef d'oeuvre, *Bücher machen*, in which they are treated in greater breadth and depth. It is a book that contains a vast amount of practical information and examples, and also a great deal of theoretical, even philosophical, content. Its quintessence – after so many indications of what needs to be taken into account, and so many examples of how other people have done things – is the final sentence of the essay on 'Buchgestaltung als Denkschule', which is included in the book. It is a quotation from Kant: 'Have the courage to apply your own reasoning'.

After this essay on the basics, the various stages and aspects of making books are described and explained in pithy texts, accompanied by numerous examples, themselves commented on in brief captions.

**Signet für das Rencontre Internationale du Jeune Talent, St.Gallen (Wettbewerb von Studentinnen und Studenten internationaler Modeschulen), 1982.**

Logo for the Rencontre Internationale du Jeune Talent, St.Gallen (competition for students of international fashion colleges), 1982.

**Signet für die Bau- und Möbelschreinerei Agosti, Waldkirch, 1991.**

Logo for Bau- und Möbelschreinerei Agosti, Waldkirch, 1991.

The way Hochuli writes sometimes indicates that he wants to address not only professionals but also interested beginners and non-professionals. It will be fairly experienced beginners and non-professionals who will work their way through this book, and ones who can bring a high degree of concentration to thinking through it. Professionals too need to concentrate hard when working through it.

The illustrations he has chosen are not just accompanying pictures, that show once again what has already been said, but an extension of the text. The final chapter, 'Books designed by Jost Hochuli', is a further extension – the personal application of all that he has observed and thought, written by Robin Kinross. This all can be read and considered with pleasure and profit by the interested professional, and particularly by a professional colleague who is both book designer and author.

With subtle pleasure, when he compares Hochuli's texts on typography with Hochuli's typographical work, and also checks whether this reflects his opinions and his demands. These are mostly supported and made plausible by explanations. Sometimes though, one is shocked by apparently dogmatic assertions: on page 87, 'The half-title can be omitted nowadays as it basically has no function'. Is Hochuli really suggesting that the book title should be on the first page, obstructed as it is by the glued-down edge of the endpaper? Only after consideration of the text on page 92, which states that the colophon can be removed from page 4 of a book, and placed on the penultimate page, do things become clear: what is meant is that page 1 can be a blank, with no half-title printed on it. A quick check reveals that, almost without exception, Hochuli's books do have a half-title on page 1 – apart from the special case of the Typotron series. But it is also true that the last page of all his books is blank, unprinted. This makes a well-rounded, tranquil impression (too often, I have to fight to ensure that no last few lines of text appear on this page; I am happy enough if only the colophon appears).

On page 94 it states 'Like the title page, the contents page too should appear on a recto page' – full stop. On a right-hand page then. May I think for myself, and remark how convenient it is for the reader if a contents list that cannot be fitted onto one page, but needs two, starts on a left-hand, or verso, page so the reader can see it whole without having to turn the page?

On the subject of the title page: '... here, on the title page, the designer shows his mettle' (p. 88), and 'If the title page is the gateway to the book, the half-title is, so to speak, the garden gate'. I inspect Hochuli's various title pages. I find hardly any 'gateways', never a portal, sometimes a door, sometimes a garden gate, but often just a doorplate, or even just a small bellplate. But this is designed with the utmost care. It tells me virtually nothing of what lies behind it; I am invited to enter, and as I leaf through the book, I do not experience – as so often with extra-beautiful title-page typography – disappointment at the barrenness of what lies inside, nor even just the confirmation of my expectations. Rather, there opens before me the richness of the book itself, no more than hinted at to begin with.

Once, on page 76, I encounter the formulation 'tasteless' as a criterion. Otherwise, precise reasons are always given for everything, so what can I, as an interested non-professional, make of this? Has someone cornered the market on 'good taste'? (Dear Jost, allow me the pleasure of a bit of needling between colleagues. I think I might be permitted this as such an admirer of the precision of your arguments and your work).

It is also fortunate that Jost Hochuli does not apply the rules for constructing type areas (pp. 40 ff.) rigidly, but – thinking for himself – sometimes boldly stretches the type area long and narrow down the page, or pushes an apparently classic symmetrical type area almost imperceptibly outwards, so that – horribile dictu – the gutter is wider than the fore-edge. Well, as he himself says, standard type areas are not suitable for all cases, and then the typographer must find a different one. 'In this case he must rely on

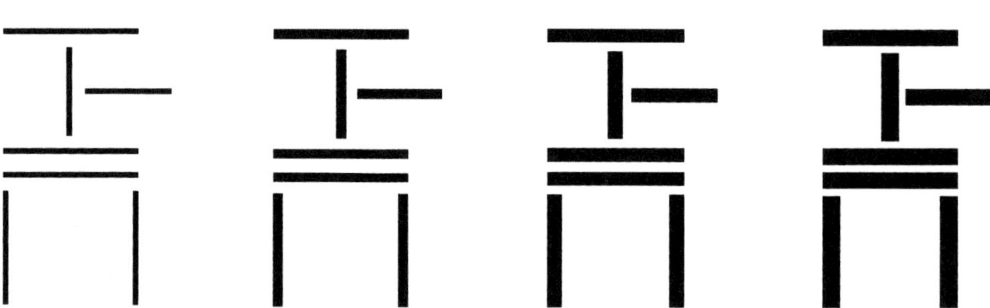

his sensitivity as both a designer and a user of books.' This is a key sentence for our approach to all our textbooks.

The meticulous consideration of the individual aspects and elements of book design is right and proper. The most important for me, though, are his considerations on symmetry, which is inherent in the codex form of the book, and his critical thinking on functionalism and function, whose quintessence is the decided rejection of any dogma or ideology as maxims for design. But this is a broad area, and another subject.

Instead of further detailed review, this remark: anyone who is involved with type or book design – as beginner or professional – needs Jost Hochuli's books.

*Tools*

Makers of books normally use type to make their books. Jost Hochuli, however, has made a few books that serve others in the making of their books: type specimen books. In 1964 for Tschudy & Co., printers in St.Gallen (still in the days of letterpress; offset was new territory), in 1967 a type specimen folder for Layout-Press Carlo Pedrazzoli (a photosetting operation – that too was new territory), in 1979 for Typotron, compositors in St.Gallen, in 1985/86 three volumes for Compugraphic, Wilmington, Mass., USA, and at the same time for NiedermannDruck, St.Gallen, and in 2001 for Clausen & Bosse, a large graphics company in Leck (see pp. 196–199).

The first of these appeared in the days of metal typesetting and photosetting. They were needed to enable typographers to decide what type they wished to use. For while many historical types had retained their names, their appearance had changed. This is neither the time nor the place to discuss the reasons for this – technical constraints, time pressure, or negligence.

In these specimen books, Hochuli sets out the type in an agreeably dry and matter-of-fact fashion. However, in the Compugraphic volumes, one thousand pages of matter-of-factness obviously proved a bit too dry for him. He invented and included 240 (I have counted them) typographical trouvailles that warm the heart of the user in search of the right type. These were later condensed into *Alphabugs,* an enchanting booklet that contains the wittiest of these typo-tricks and their types (see p. 143).

These specimen books were needed because in the days of photosetting typographers could not see or influence the type while it was being set, but only when it was all done.

Things are different today. Do we still need type specimens today, with computer setting? Most manufacturers and distributors of type would say not. They just list the alphabets and symbols with their order numbers, and that's it. If you want to see what they look like in use, you can try them out quickly on the Mac. This is one of the reasons for the large number of compositional catastrophes. Nonprofessional typesetters (and not only they) just take the type as it comes. They have no idea what their type could and should look like. This is why Clausen & Bosse, a large company specialized in book production, was prepared, in 2001, to spend the money on bringing out a new, comprehensive type specimen book. Jost Hochuli not only designed the book, he also played a significant role as the facilitator of the team that selected the types (see pp. 196–199).

The presentation of the types is preceded by Hochuli's fundamental work 'Das Detail in der Typographie'. And before that there is a brief section, entitled Composition Standards, which includes the following: 'Capitals and small caps will be slightly spaced; in many typefaces the punctuation marks ; : ! ? will be separated from the text by a space; more than three consecutive wordbreaks will be adjusted during in-house corrections; for narrow measures the rule is: approx. 37–50 characters, 4 consecutive wordbreaks; approx. 28–36 characters, 5 consecutive wordbreaks [...]; individual improvements have been made to the appearance of many typefaces.' This is the right approach, and this is where the hand of the 'facilitator' can be detected.

It need hardly be mentioned that the pages are clearly set out, easy to use and well designed. But their remarkable

**Redesign des Signets für die Büchergilde, Frankfurt am Main, 1994.**

**Je nach typografischer Anlage kann das Zeichen in passender Stärke verwendet werden. Das Konzept sieht auch vor, dass vom Gestalter oder von der Gestalterin mit einem geeigneten Computerprogramm individuelle Stärken generiert oder dass das Zeichen mit Bleistift, Feder, Pinsel oder einem andern Werkzeug den jeweiligen Illustrationen angepasst werden kann. (Links oben einige der Signete, die von 1924 bis 1993 verwendet wurden.)**

Redesign of logo for the Büchergilde, Frankfurt am Main, 1994.

The logo can be used in the appropriate strength for the typography. The concept also enables the designer to generate individual strengths, with a suitable computer program, or to make the logo appear drawn with pencil, pen or brush to match the illustrations. (Left above, some of the logos used from 1924 to 1993.)

evenness – obvious at first glance – might be mentioned. A second glance reveals the trick: the lines are broken without regard for the rules of word division. This cannot be done in a book, but it can in a specimen book. This just in passing.

In conclusion: this is an exemplary tool for typographers.

*Striking the right note*

Jost Hochuli is a lucky man. Where others (including the author of these remarks) have to battle with manuals of tax law, urology textbooks or scientific works of whose content they can understand nothing whatsoever, he can make books with whose content he can identify, or even better, whose content he can sometimes define himself. And this radiates from his books; they are designed from the inside outwards. Not according to the textbooks – from the double-page spread via the prelims to the binding – but from the material to the form. And this in his own fashion.

A couple of examples; poetry, for instance. Should poetry not look 'poetic'? Should it not be enveloped in mould-made paper, set with beautiful italic titling and a resonant text type? His typography for 'Momentaufnahme Lyrik' from the *SchreibwerkStadt St. Gallen* (1986), is lean and cool, with a smooth, pale cover, set throughout in a single size of a single type (Trump Mediaeval); only the bold sans-serif page numbers seem out of place. The 46 authors' names underlined with a 'Hochuli bar' (which is what the page numbers relate to). The whole held in a tension between symmetry and asymmetry (see p. 70).

Or *Der du die Regenpfeifer gemacht hast* (2000). Here, the colourfulness, the free arrangement of the poems, the fine bars of colour and the large, dark border of the binding, with its stark material, all play together with the constructivist Futura – certainly no 'poetic' type. Poetry is at the same time the freest and the most rigorous form of language; J. H. has understood this, and it is reflected in his typography (see pp. 72/73).

Another example, the books about the town of St. Gallen; *Altstadt St. Gallen,* for instance. Here, next to the buildings of the classical revival and the mid-nineteenth century are above all the half-timbered houses, and similar buildings, whose great age is obvious. Would not Garamond be ideal as the text type, with Alt-Schwabacher for display? J. H. selects a light sans-serif, Univers, with bold titling and initials in the same size as the text. Sober and decisive. And not only that: the typography follows a rigid grid system, with the pages divided into equal halves. This defines the height of the illustrations and the chapter drop. However, the proportions of the illustrations are not dictated by the grid; rather, the grid has developed out of the proportions of the illustrations. The reader notices nothing of all this; the pages just look as if they could have been no different. Despite the cool type and the severe structure, the book radiates warmth. This comes from the shade of the smooth paper, the sand-coloured edge of the binding, that encloses all the pages, the 'warm' feel and the colours of the binding paper (sand-coloured, with an encircling red stripe) and the endpapers. In this manner, J. H. succeeds in bringing together the atmosphere of the old town and the matter-of-fact clarity of his approach (see pp. 82/83).

*Sicht bar,* a large-format brochure. The documentation of installations and a performance, based on numerous photographs. Do not photographs in principle require a smooth, pale paper, that gives effect to their contrasts and their fine detail? And do not photographs require the greatest possible restraint in the typography, so that their own statements remain undisturbed? J. H. chooses a slightly rough paper, with a slight natural tone, on which even the deepest solids of the photographs appear grey, and the typography does not remain in the background, but also makes its contribution, in the form of heavy black bars, fine black rules and striking bold, black page numbers. This is not typography as an end in itself. Leafing through the book, I have the feeling of entering various remarkable interior spaces, spaces that I am enclosed in, in order

**Plakat, 1993, 45 x 63 cm.**

Poster, 1993, 63 x 45 cm.

**Einladungskarte, Vorder- und Rückseite, 1993, A5.**

Invitation, front and back, 1993, A5.

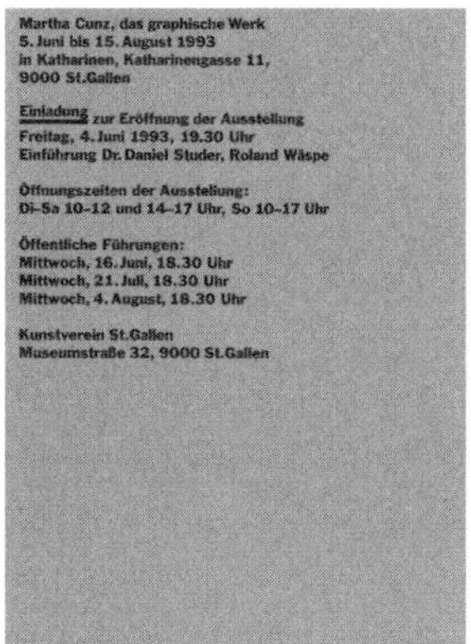

Martha Cunz

1876–1961

Das graphische Werk

MARTHA CUNZ

5. Juni–15. August 1993
Kunstverein St.Gallen
in Katharinen, Katharinengasse 11
Di–Sa 10–12 und 14–17 Uhr
So 10–17 Uhr

Martha Cunz, das graphische Werk
5. Juni bis 15. August 1993
in Katharinen, Katharinengasse 11,
9000 St.Gallen

Einladung zur Eröffnung der Ausstellung
Freitag, 4. Juni 1993, 19.30 Uhr
Einführung Dr. Daniel Studer, Roland Wäspe

Öffnungszeiten der Ausstellung:
Di–Sa 10–12 und 14–17 Uhr, So 10–17 Uhr

Öffentliche Führungen:
Mittwoch, 16. Juni, 18.30 Uhr
Mittwoch, 21. Juli, 18.30 Uhr
Mittwoch, 4. August, 18.30 Uhr

Kunstverein St.Gallen
Museumstraße 32, 9000 St.Gallen

**Umschlag für die *Typografischen Monatsblätter, TM,* Nr. 5, St.Gallen, 1985, 23 x 29,7 cm.**

**Das Heft enthält eine Beilage mit Arbeiten von J. H.**

Cover for *Typografische Monatsblätter, TM,* no. 5, St.Gallen, 1985, 29,7 x 23 cm.

This issue contains a supplement with work by J. H.

**Plakate für die Ausstellungen von J. H. in London (1996) und St.Gallen (1997) sowie Rückseite des Londoner Plakats, 42 x 60 cm. Gefalztes Plakat als Einladungskarte, 21 x 15 cm.**

Posters for J. H.'s exhibitions in London (1996) and St.Gallen (1997) and back of the London poster, 60 x 42 cm. Folded poster as invitation, 15 x 21 cm.

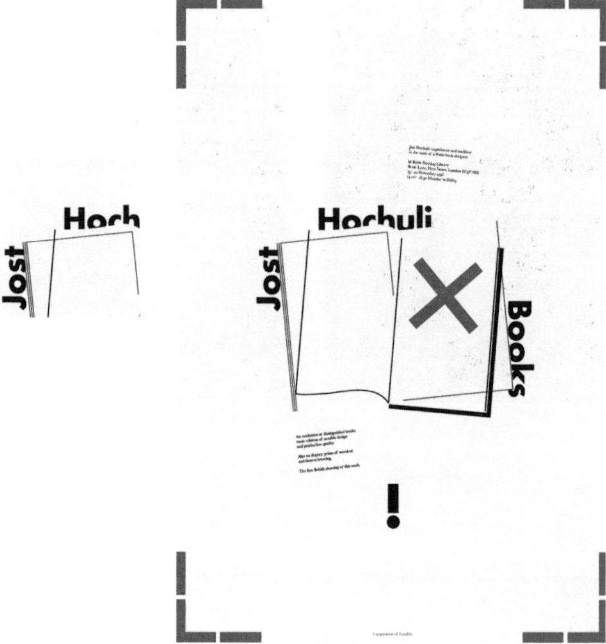

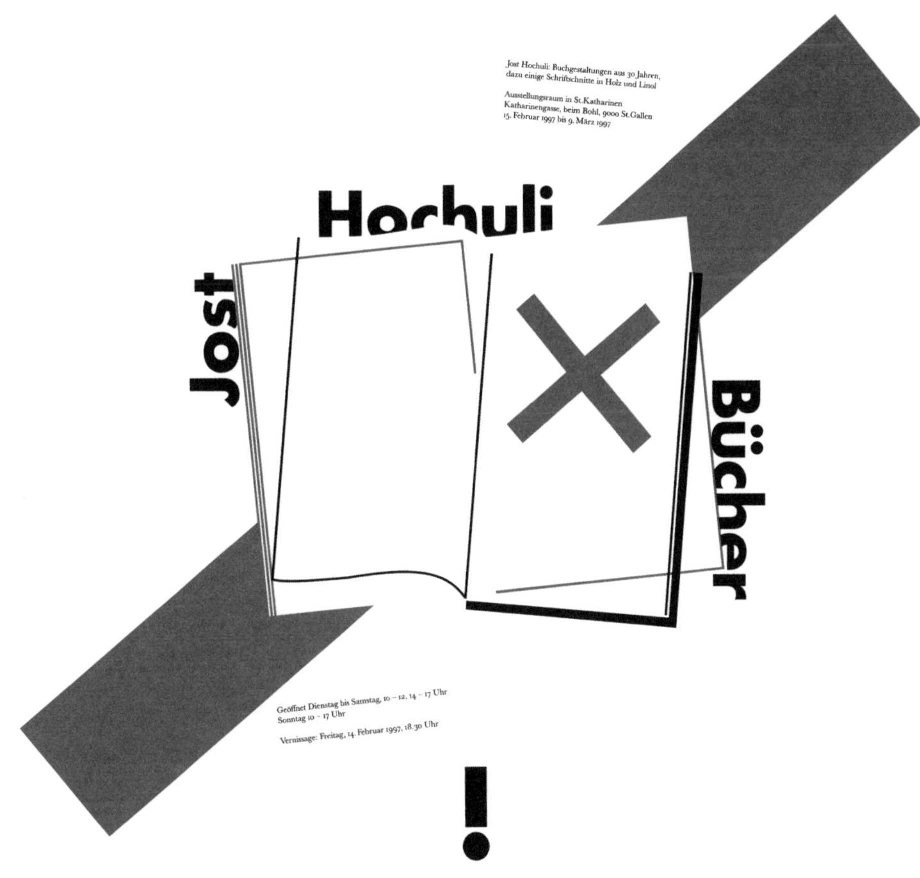

Jost Hochuli: Buchgestaltungen aus 30 Jahren, dazu einige Schriftschnitte in Holz und Linol
Ausstellungsraum in St.Katharinen
Katharinengasse, beim Bohl, 9000 St.Gallen
15. Februar 1997 bis 9. März 1997
Hochuli
Jost
Bücher
Geöffnet Dienstag bis Samstag, 10 – 12, 14 – 17 Uhr
Sonntag 10 – 17 Uhr
Vernissage: Freitag, 14. Februar 1997, 18.30 Uhr
!

experiment and tradition
in the work
of a Swiss book designer
Jost Hochuli

to experience what is happening within them. And I do not feel entirely comfortable. There is nothing here of the clear, cool, distanced exhibition space; one is surrounded by a dense atmosphere. The entry to the whole is through an aura of coloured paper. Remarkable: it is all brought together in a layout defined by a symmetrical concept, a thoroughly unclassic symmetry (see pp. 166–169).

'Striking the right note' – is that the book designer's task with historical/critical literary editions, with academic typography? In particular: with the 'major annotated Frankfurt edition of the works of Thomas Mann'? Is not what matters here above all the readability of the larger and smaller sizes of type, the accessibility, the logical positioning of the footnotes and comments, the microtypography developed specifically for this work, in short, the functionality of the book? This is all of decisive importance; it must be in place, for any such work. But for J.H. this is not enough; that would just result in an edition that looked like many others – Kleist like Brecht or Grass. A typographer who is involved will ensure that the uniqueness of the author, the aura of his work and his person, are also felt.

'Hochuli's Thomas Mann' is set in Trinité, a type of our time, developed out of a humanist background (in both historical and intellectual terms). Symmetrical typography – Thomas Mann was, after all, a conservative; the colours of the jacket, binding and endpapers – greenish beige, titling in red and blue, endpapers and page marker in blue – that evoke the aesthetics of the mid-twentieth century (though the pale blue blocking on the spine would then have been blocked in gold). In short, the right note for Thomas Mann – an edition of Brecht or Grass looking like this would be inconceivable (see pp. 200–203).

'Striking the right note' in the much-admired Typotron series. This is not a single note, but the notes of a whole orchestra, a chamber orchestra. One could write a review of each individual volume (see pp. 104–141).

The entrancing play with the delicate *Vogelkäfige des Alfons J. Keller,* that seem to dance tensely across the pages; the graceful embroidery, through which – introduced by contrast with a not so delicate type – the back margin, the symmetry-inducing centre of the double page, is put out of operation; the embroidery spreads itself gently over all. The respectful, but at the same time lively characterization of the personality and work of his mentors and friends, Willi Baus and Rudolf Hostettler – typography for typographers; this is always particularly difficult.

Extremely difficult, in fact really impossible, is the reproduction of bindings, where it is a matter not just of the form and the typography, but also of the material. The design of the yellow paperback, in which the small cutaway corner at the upper left reveals the black of the inner cover, is able, through the striking lightness of the typography and above all through the redolence of the illustrations, to make tangible the sensitivity and elegance of Franz Zeier's bindings.

A quite different tone finds expression in the *26 farbigen Buchstaben von Ursula Hochuli-Gamma,* J.H.'s partner. As a designer she goes her own way, but here the two ways meet. These are radiant, joyous, strong and strongly coloured constructions with letterforms, with below them Philip Luidl's witty and tricky alphabetical aphorisms ('The alphabet belongs to two people: the one who writes it and the one who reads it', or 'Das Ypsilon macht wenig Sinn; bei Bayern ist es mittendrin'[1], in a bold and striking blue that is a match for the colourful nature of the graphics.

Or the *Sitterkiesel,* published in the 'Edition Ostschweiz' series, but in the same spirit as the Typotron books. These are indeed stones, no question. But they tumble so gently through the book – so delicately drawn by Urs Hochuli, Jost's brother, and so finely printed. The type is the refined and humane Syntax sans-serif, the geological sections, the diagrams and tables are as scientific as necessary, but still so beautiful. This is an academic book, but at the same time, I think of poetry. There is not a false note struck here, but exactly the right one: the heartfelt study of the nature of one's own place (see pp. 184/185).

You can pick up any one of these books, and discover

1
Translator's note: This particular jeu d'esprit is not translatable. It hinges on the y in the middle of *Bayern.* Thus 'Y makes little sense; it's in the middle of Bavaria'.

that the form always derives from the subject matter; that it indeed accentuates the subject matter and renders it tangible – each in its own way. And yet, it is always recognizable as Jost Hochuli's typography.

Yes, indeed, J.H. is a lucky man; with these fortunate books, he has not had to fight against and overcome the opinions of publishers, sponsors or authors (who are often the most difficult). He has chosen the subjects, found the authors (or become the author himself), gathered the illustrations. He is deeply involved in the subject matter of these books. That does not reduce the amount of work; on the contrary. But it does prevent him from striking the wrong typographical note. And he has struck the right note in every case.

*Style*

Jost Hochuli's books are recognizable at first glance. Is this his intention? Does he deliberately cultivate a 'Hochuli style', as was the case with Otl Aicher or Gotthard de Beauclair, to name two practitioners with widely differing approaches? If this were so, what would characterize this style? Hochuli the professional commentator on typography and typographical historian is familiar with the rich possibilities of book typography. But he does not make use of their full extent; he does not exploit the extremes, in either decorative or aesthetic terms. He remains within his own world.

From a formal perspective, one might describe this as follows: Jost Hochuli creates pages with their own tension. That is to say, he can create pages out of the tension between the printed and unprinted areas; he can find the precise relationship between type, type size, line length and leading – not to mention the assured detail typography; with him, that goes without saying – and he can find and select the appropriate materials. But for him, this is not enough; he needs to add that extra something, even with such a tranquil book as the Typotron book on Franz Zeier. Here the subtitles to the many short sections of text are very subdued; they appear in the same size and typeface as the text – but this seemed to him to be too grey. It only all came together for him when he added a small bold initial in a contrasting typeface at the start of each section.

He needs typographical contrasts – often typeface combinations, or combinations of the bold and light versions of a typeface. This may be small bold page numbers with a light text page, and he often uses bars. He seems to be particularly fond of these; they accentuate the pages, they can be used to make the structure clear, and to reinforce allusions. They may appear bled off at the head or the fore-edge, underlining chapter titles or authors' names, within the book and also on the outside, on the binding. But this is never arbitrary decoration: the bars and bold rules always have a reason, related either to the content or to the formal structure.

In the course of his development, J.H. has become ever freer in the way he deploys type and illustration as design elements. The type area has lost its determinative, dominant role; footnotes and side notes move around it with increasing freedom. Even the dimensions of the individual page are no longer the only yardstick: illustrations spread across the gutter into the double page. The 'tone' of his typography, his books, has changed, becoming ever lighter. But he has never left firm ground.

Let me try a different perspective. What distinguishes Hochuli's typography from that of the 'traditionalists', Max Caflisch, for instance, and that of the 'constructivists' of the Swiss (or Ulm) School? It is different from that of both schools: where does he belong?

Jost Hochuli has programmatic typography, rigorous grid-based design, in his blood: he was inoculated with it in his youth. And at the same time he has – through observation, study and application – acquired that feel for typography that has grown out of generations of reading experience. This polarity (if indeed it is one) lends his apparently traditional work an internal certainty and soundness that is lacking with many of his 'traditional' colleagues. And it lends his rigorous planning (which is felt rather

Michael Rast, Fotograf

Geltenwilenstrasse 2
bei der Leonhardbrücke
CH-9000 St.Gallen
Telefon 071 223 37 66
Fax 071 223 37 73

Werbung, Architektur

Michael Rast, Fotograf

Geltenwilenstrasse 2
bei der Leonhardbrücke
CH-9000 St.Gallen
Telefon 071 223 37 66
Fax 071 223 37 73

Werbung, Architektur

Michael Rast, Fotograf

Geltenwilenstrasse 2
bei der Leonhardbrücke
CH-9000 St.Gallen
Telefon 071 223 37 66
Fax 071 223 37 73

Werbung, Architektur

Michael Rast, Fotograf

Geltenwilenstrasse 2
bei der Leonhardbrücke
CH-9000 St.Gallen
Telefon 071 223 37 66
Fax 071 223 37 73

Werbung, Architektur

Michael Rast, Fotograf

Geltenwilenstrasse 2
bei der Leonhardbrücke
CH-9000 St.Gallen

Signet und Drucksachen für Michael Rast, Fotograf, St. Gallen, 1996. Auf Briefbogen A4, Notizkarten A6 und auf den Visitenkarten ist die runde Öffnung, die ‹Linse›, ausgestanzt.

Logo and printed matter for Michael Rast, photographer, St. Gallen, 1996. The round aperture, the 'lens', is cut out on the A4 letterpaper, the A6 notecards and the visiting cards.

**Logo und Drucksachen für TypoRenn, Peter Renn, Typografischer Gestalter, Niederteufen AR, 1999.**

Logo and printed matter for TypoRenn, Peter Renn, typographical designer, Niederteufen AR, 1999.

than clearly seen) a warmth, a liveliness and a sensitivity that is hardly ever experienced in the work of his constructivist colleagues.

We might now ask whether the polarity of these two approaches is not in fact a pseudo-polarity. Already in the 1920s, when the young Tschichold was ailing at the traditionalists, clever people in this camp, such as C. E. Poeschel, did not wholly reject the 'New Typography', but rather recognized, or at least sensed, the possibilities it offered. And from today's perspective, the stylistic battle of the mid-twentieth century, which manifested itself in the dispute between Max Bill and the older, converted Jan Tschichold, appears as a very peculiar pseudo-altercation about symmetrical and asymmetrical typography. For what mattered to both camps was the same, and so it is for Jost Hochuli: the need for verification, for security and the avoidance of arbitrariness. From this perspective, Jost Hochuli appears as a representative of modernism (as long as it is seen in its broader sense, and not restricted to the concrete formalism of the 1960s). Put another way: in his typography, Jost Hochuli has nothing to do with postmodernism, nor will he have anything to do with it, not in the least. Not with the doctrine of 'anything goes', not with deconstructivism, not with the idea that design in book typography, as in magazines, can be allowed to come before content, that typography can become an end in itself. This is shaky ground, and not for J. H.: he needs firm ground.

Nor is there anything in his writing or his typography to suggest that one might question one's own approach – he has not exposed himself to the societal and aesthetic critique of the generation of '68. Has it not been able to reach or affect him, the Swiss typographer, or has his doubly secure basis protected him from these challenges?

In Jost Hochuli, I believe I can detect a deeply rooted mistrust of 'artists' books'. By these I do not mean the large-format French painters' books, nor the works of previous and contemporary bibliophile presses – not that I have ever observed him to demonstrate excessive enthu-

**Logo für das Liberale Forum St.Gallen, 1970.**

Logo for the Liberale Forum St.Gallen, 1990.

**Mit Farbstiften überarbeitete Lithografie, 1970, 49 x 67 cm.**

Lithography, worked over with crayons, 1970, 67 x 49 cm.

siasm for this tendency in the making of books. What he dislikes is the ever-increasing number of more or less hand-made experiments or pseudo-experiments, which pretend to be capturing new territory but mostly remain stuck in harmless arty-craftyness. One might answer him that we should welcome it if book design – of whatever sort – again becomes a topical subject, and that something new can only grow from the rich soil of many and varied efforts. It is the pretension that irritates him. When such productions are exhibited en masse as 'book art' at the Frankfurt Book Fair, this is damaging to books as such, because standards are being shifted – but otherwise let people make books the way they want, if that's what keeps them happy. But Jost Hochuli's aversion to poor handiwork is far too great for him to want to have anything to do with this sort of thing. What must he think of the global 'democratization' of typography brought about by the PC? Is it a total catastrophe, or is it the rich soil for future developments?

From general considerations and speculative questions, back to our subject, the typographical work of Jost Hochuli, and back to the question of whether he strives for, and cultivates a personal style. Does he perhaps not make use of certain design possibilities because they do not fit into his overall approach? Does he set himself a personal framework?

I have the feeling that this is not the way it works. As an old man, Max Ernst apparently said that whatever he set out to create, it always ended up as a bird. I could imagine, for example, that J. H. might once set out to design a rich and splendid title page, such as he has illustrated in some of his books. He sketches, he clarifies, he structures and reduces; he fits the lines together according to their significance and form – and ultimately it has again become a small, fine, well-balanced group. He does not force the lines into a Hochuli concept; they do not have to become what he thinks they ought to become; rather, he lets the matter develop and become what it will be – the way Jost Hochuli is.

His favorite typographer is not one of the great typographical artists or stars of past or present, but the publisher Jacob Hegner, who became a typographer – a typographer of books of wholly unobtrusive form – because he knew that the form also makes its contribution, that it is part of the statement the book makes. This is his example, and it is a good one. For the younger amongst us, Jost Hochuli's work is an example, and a good one.

*Hans Peter Willberg*

Griechisches Alphabet, in Limbaholz geschnitten, 1968, Druckfläche 43,8 x 43,7 cm.

Greek alphabet, cut in Limba wood, 1968, printed area 43,7 x 43,8 cm.

Holzstock, ca. 24,5 x 33,5 cm, und Handabzug davon, 1982, Druckfläche ca. 22,7 x 33,5 cm.

Der Druckstock ist ein Stück aus einem tannenen Brett, das ein befreundeter Schreiner bei der Renovation seines zweihundertjährigen Hauses herausgerissen hatte. Das Holzstück ist bombiert und morsch wie Zunder und konnte nur mit einem scharfen Skalpell geschnitten werden; Abzüge sind nur von Hand mit Aquarell-Druckfarbe auf gefeuchtetem Löschpapier möglich.

Woodblock, c. 33,5 x 24,5 cm, with hand-pulled proof, 1982, printed area c. 33,5 x 22,7 cm.

The block is a piece from a fir plank removed by a carpenter friend from his two-hundred-year-old house during its renovation. The block is bowed and crumbles like tinder; it could only be cut with a sharp scalpel. Proofs can only be made by hand, using water-based ink on dampened blotting paper.

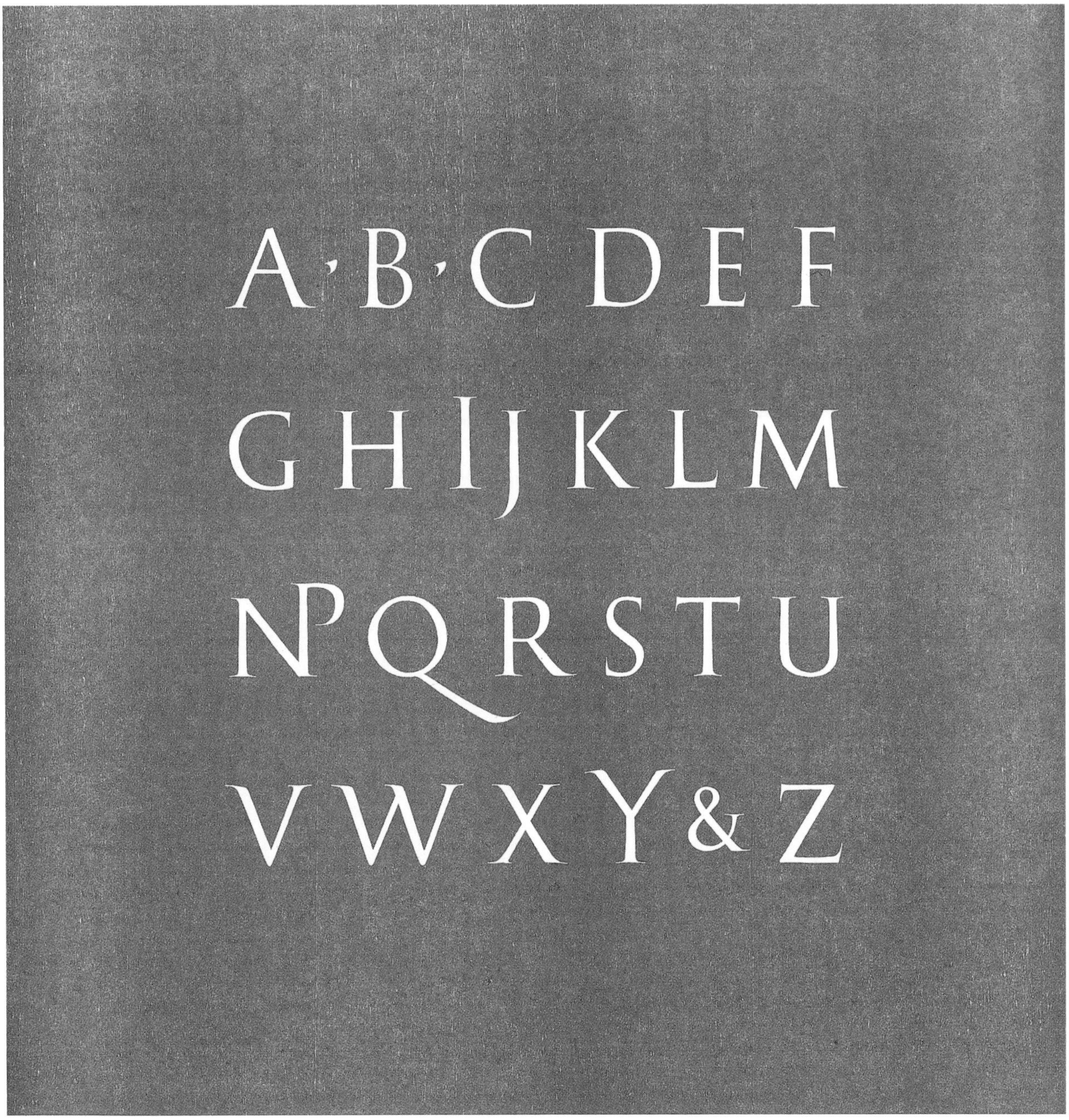

A·B·C D E F
G H I J K L M
N P Q R S T U
V W X Y & Z

Versalien, in Buchenholz geschnitten, 1973, Druckfläche 59,7 x 60,2 cm.

Capitals, cut in beechwood, 1973, printed area 60,2 x 59,7 cm.

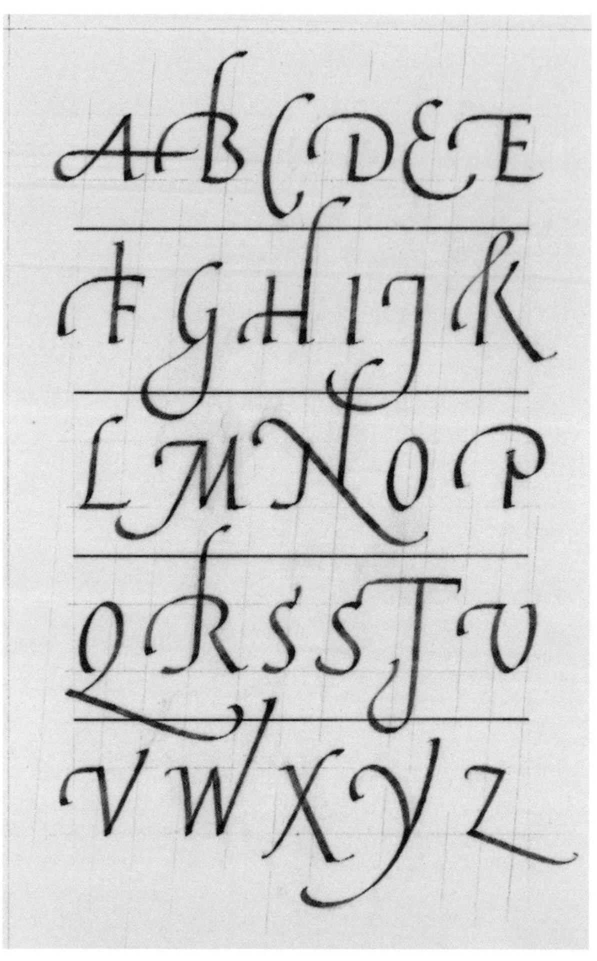

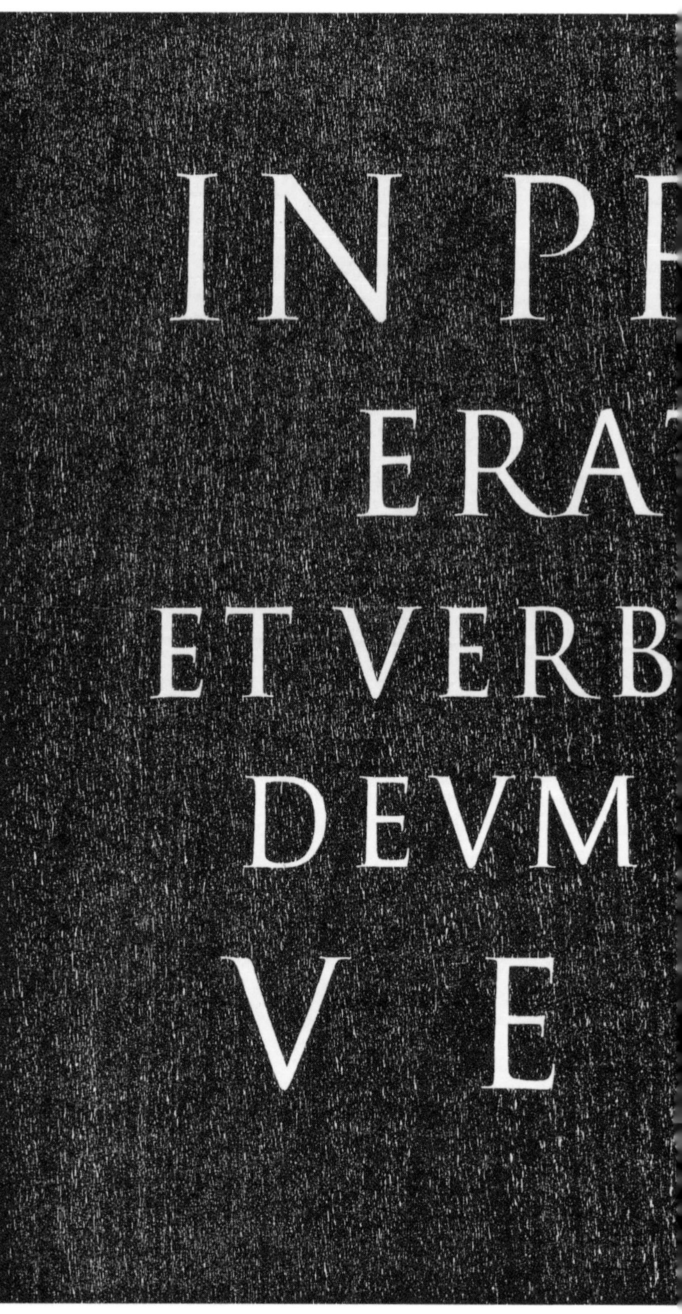


A·B·C D E
F G H IJ K
L M N O P
Q R S T U
V W X Y Z

a b c ct d e f
ff fi fl ft g h
i j k l m n o
p ſ þ q r s ß t
u v w x y z

Jost Hochuli: *Schriften, in holz geschnitten.* Mappe mit sieben in Buchenholz geschnittenen Tafeln, davon eine doppelseitig. Geleitwort von Philipp Luidl, München. (Titel, Geleitwort, und Impressum in gemäßigter Kleinschreibung.) St.Gallen: VGS, 1980, 32 x 53 cm.

Daraus die Alphabettafeln, die doppelseitige Tafel (IN PRINCIPIO) sowie die kleinen Tafeln zu Beginn und am Schluss mit den Druckflächen 24,6 x 37 bzw. 55 x 37,2 und 12,5 x 18,7 cm. Dazu die mit Feder geschriebene Vorlage für eine der Tafeln.

Jost Hochuli: *Schriften, in holz geschnitten.* Folder with seven plates cut in beechwood, one of which a double page. Introduction by Philip Luidl, Munich. (Nouns not capitalized in the title, introduction

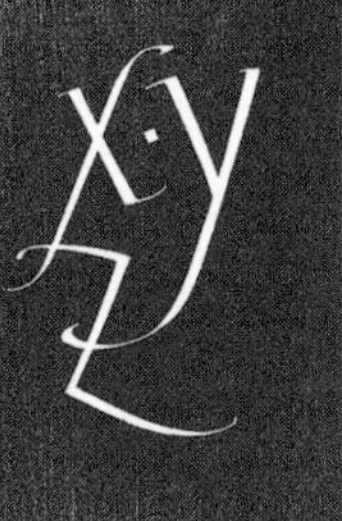


and colophon.) St.Gallen: VGS, 1980, 53 x 32 cm.

The alphabet plates, the double-page plate (IN PRINCIPIO) and the small plates at beginning and end with printed areas 37 x 24,6 37,2 x 55 and 18,7 x 12,5 cm. Also the pen-drawn original for one of the plates.

**Blatt zur Erinnerung an Rudolf Hostettler, in Buchenholz geschnitten, 1981, 59 x 42 cm (offen), gefalzt auf 29,5 x 42 cm, Druckflächen der Holzschnitte je 25,5 x 31,8 cm.**

Sheet in memory of Rudolf Hostettler, cut in beechwood, 1981, 42 x 59 cm (open), folded to 42 x 29,5 cm, printed area of the woodcuts each 31,8 x 25,5 cm.

Freundschaftsblatt für Gerrit Noordzij, in Buchenholz geschnitten, 1984, Druckfläche 27,5 x 37,5 cm.

Friendship sheet for Gerrit Noordzij, cut in beechwood, 1984, printed area 37,5 x 27,5 cm.

Neujahrskarte von Kunstgewerbeschule und Kunstgewerbemuseum der Stadt Zürich, 1978, A3, Buchstaben in Buchenholz geschnitten, Druckfläche 27,7 x 27,7 cm.

New Year's card for the Kunstgewerbeschule und Kunstgewerbemuseum der Stadt Zürich, 1978, A3, letters cut in beechwood, printed area 27,7 x 27,7 cm.

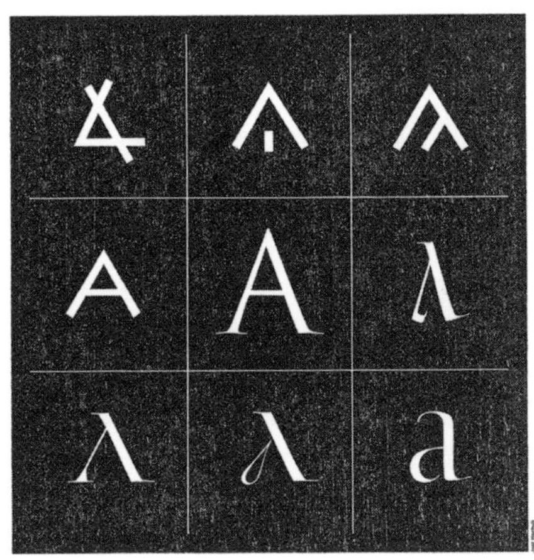

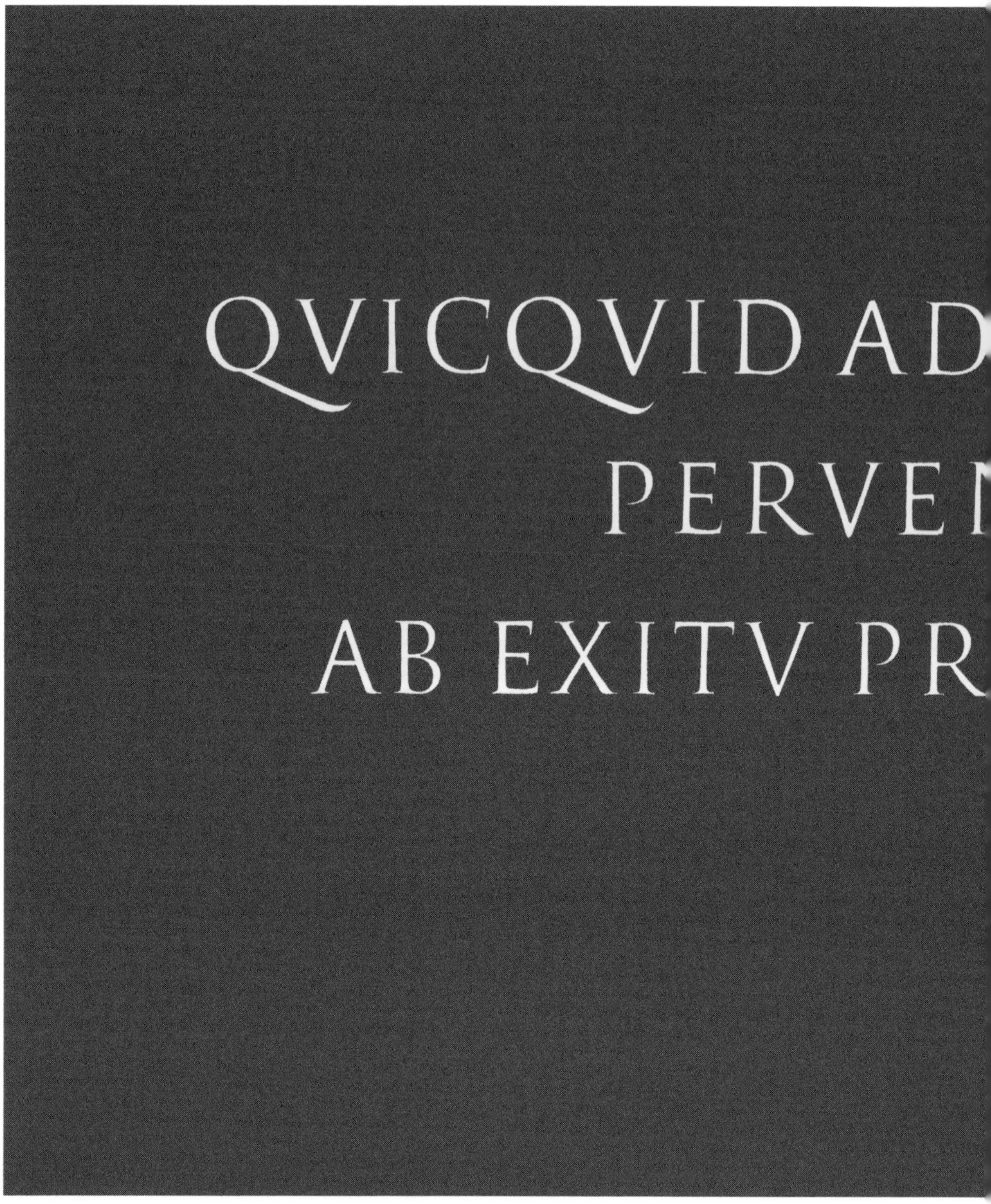

QVICQVID AD
PERVE
AB EXITV PR

NIHIL
HORVM
DONO
DATVR

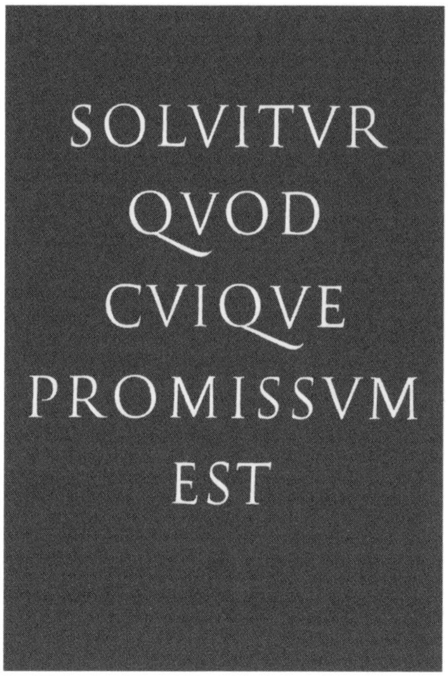

SOLVITVR
QVOD
CVIQVE
PROMISSVM
EST

Holzschnitte zu Seneca: *Trostschrift für Marcia.* Neu-Isenburg: Tiessen, 1987, 19,8 x 29,7 cm. Buchgestaltung von Wolfgang Tiessen.

Die Holzschnitte haben Druckflächen von 10 x 14,8 cm (auf dem Einband), sowie 14,4 x 21 cm und 31,9 x 21 cm.

Woodcuts for Seneca: *Trostschrift für Marcia.* Neu-Isenburg: Tiessen, 1987, 29,7 x 19,8 cm. Book design by Wolfgang Tiessen.

The printed area of the wood cuts is 10 x 14,8 cm (binding), 21 x 14,4 cm and 21 x 31,9 cm.

VMMVM
T
PE EST

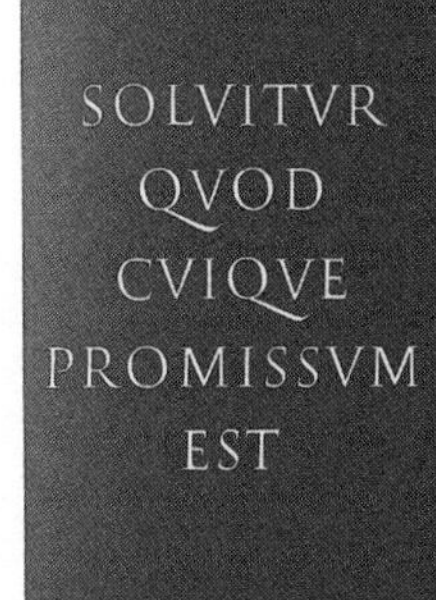


FIXVS EST
CVIQVE
TERMINVS

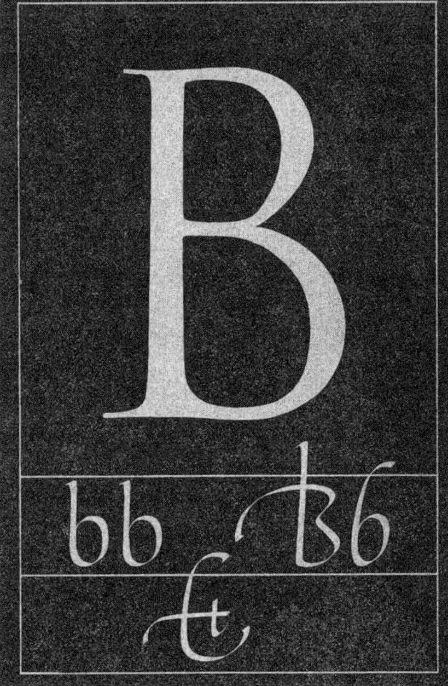

**Drei Linolschnitte, zweifarbig, 1990, Druckfläche 20 x 29,8 cm.**

Three linocuts, two-colour, 1990, printed area 29,8 x 20 cm.

## Jost Hochuli aus englischer Sicht

Mit seinem Aufsatz ‹Buchgestaltung als Denkschule› hat Jost Hochuli seine Position klar zum Ausdruck gebracht. Er tritt für eine Typografie ein, die sich ihrer Verantwortung gegenüber Lesern und Benutzern bewusst ist. Er ermutigt Buchgestalter, selbst zu denken – nicht um der schieren Originalität willen (was oft nur das Gegenteil bedeutet: ermüdende Imitation), sondern weil man nur so der Tyrannei des Dogmas widerstehen kann.

Erst wenn man recht bedenkt, was es heißt, Mut zum eigenen Denken zu haben, ahnt man die Konsequenzen, nämlich: Methoden und Arbeitsweisen zu benutzen, die bei Kollegen verpönt sein mögen, die aber zu einer langen Tradition gehören. Es ist möglich, traditionell oder unkonventionell zu arbeiten; viel überraschender aber ist – und Hochuli hat diesen Schritt gemacht –, dass man es gleichzeitig auf die eine wie auf die andere Art tun kann, wenn man wirklich der Kant'schen Maxime folgt. Man kann Altes und Neues zu einer Synthese führen; man kann sogar ‹das Neue› wieder aufgreifen, wenn es außer Gebrauch gekommen oder in Ungnade gefalle ist, sodass es nun ‹das Alte› ist. Der Erfolg von Hochulis Position beruht darauf, dass er mit ihr flexibel und anpassungsfähig ist, ohne Bewährtes aufgeben zu müssen.

Zu Beginn dieser Diskussion sei darauf hingewiesen, dass Jost Hochuli schon während der Ausbildung seine eigenen Wege ging. Er begann damals damit, Schriften zu schneiden, vornehmlich in Holz. Das hob ihn in der Schweiz der späten fünfziger Jahre von der Orthodoxie der ‹Neuen Grafik› ab, in der als einzige Komponenten Typografie, Fotografie und konkrete Kunst akzeptiert waren. Damit ist die Sache natürlich nur ganz grob umrissen. Vielleicht ist es auch eine karikaturistische Überzeichnung, der man immer leicht verfällt, wenn man eine Kultur aus zeitlicher und räumlicher Distanz betrachtet. Hochuli hatte die oben erwähnten Fähigkeiten immerhin in der Schweiz erlernt: zunächst in St. Gallen in der Klasse von Willi Baus (einem ehemligen Schüler von Rudolf Koch), und dann in Zürich bei Walter Käch (der als junger Mann Unterricht bei Anna Simons an der Zürcher Kunstgewerbeschule genommen hatte, und der später Assistent von Fritz Helmuth Ehmcke in München war). Es war Baus, der ihm zuerst Adrian Frutigers Faltbuch *Schrift / Ecriture / Lettering* zeigte, das 1951 veröffentlicht worden war. Hochuli kaufte ein Exemplar und war (und ist) immer noch tief beeindruckt von der Schönheit und Meisterschaft dieser Holzschnitte. Später, nachdem er seine Lehre als Schriftsetzer beendet hatte, lernte er über Rudolf Hostettler Frutiger persönlich kennen und besuchte seinen Abendkurs im Schriftschreiben an der Ecole Estienne in Paris.

Über Schriftschreiben und Schriftzeichnen fand Jost Hochuli Zugang zu anderen Kulturen. Damit kommen wir zum Kern dieser Abhandlung: Jost Hochuli und die englische (oder britische) Typografie. Der Weg hierher ist mehr als offensichtlich. Während den Engländern ein gestörtes und merkwürdiges Verhältnis zum Grafikdesign eigen war, hatten sie dagegen ein weitaus sichereres Gespür für das Schriftzeichnen und -schreiben. In der Tat ist die Kunst, Schriften in Stein zu meißeln, eines der zentralen Ergebnisse der englischen Arts-and-Crafts-Bewegung und deren Ableger gewesen. In diesem Zusammenhang sei William Morris erwähnt (der sich für Handschriften und Schriftzeichnen interessierte) sowie W. R. Lethaby (dessen Interessen ähnlich gelagert waren); auch auf die praktischen Arbeiten von Edward Johnston und Eric Gill sei hingewiesen und auf jene Schüler, die von Johnston unterrichtet oder die, die in der Werkstatt von Gill ausgebildet worden waren.[1]

Auch die in England stark verankerte Tradition von Illustration und Stechen (Holz- und Kupferstich) muss hier erwähnt werden. Wichtig sind etwa die Arbeiten von William Hogarth – sprechende Bilder voller Details, die die Aufmerksamkeit von Georg Christoph Lichtenberg[2] auf sich zogen. Dieser deutsche Gelehrte und Schriftsteller war ein strenger Verfechter der Aufklärung. Ja, man kann Lichtenberg sogar für einen weitaus radikaleren Aufklärer

1
William Morris (1834–1896), W. R. Lethaby (1857–1931), Edward Johnston (1872–1944), Eric Gill (1882–1940). Hochuli kannte David Kindersley (einen Schüler von Gill), und er kennt Lida Lopes Cardozo (Schülerin und spätere Partnerin von Kindersley), Michael Harvey und Nicholas Sloane. Er schätzt ihre in Stein gemeißelten Arbeiten, wenn sie klassisch, nicht aber, wenn sie ‹modern› sind. (In Wirklichkeit sind sie niemals wirklich modern, sondern eher eine ziemlich merkwürdige Art von englischem Kitsch.)

2
William Hogarth (1697–1764), Immanuel Kant (1724–1804), Georg Christoph Lichtenberg (1742–1799). Siehe Lichtenbergs *Ausführliche Erklärungen der Hogarth'schen Kupferstiche,* erstmals veröffentlicht im *Göttinger Taschenkalender* zwischen 1784 und 1796. Es gibt eine gute englische Ausgabe: Innes & Gustav Herdan (Hg.): *Lichtenberg's commentaries on Hogarth's engravings.* London: The Cresset Press, 1966.

halten als Kant, besonders in seiner Ablehnung jeglicher Systeme. Lichtenberg war gnomisch, ironisch und präzise; Kants Prosa bewegt sich in entgegengesetzter Richtung – hin zu Abstraktion und großen Strukturen. Lichtenberg suchte in England, was er in seiner Heimat nicht finden konnte. In der Tat ist Hogarths Kunst eine reiche Quelle für diejenigen, die ‹the Englishness of English art› suchen: ein von Nikolaus Pevsner, einem weiteren anglophilen Deutschen, in seinem gleichnamigen Buch geprägter Ausdruck.[3] In diesem Buch widmet Pevsner ‹Hogarth und dem beobachteten Leben› ein Schlüsselkapitel. Ist Hogarth überhaupt ein Künstler? Die Art, wie er seine Geschichte erzählt, die ungestüme Lebendigkeit seiner Arbeit sprengen jedwede formale Komposition. So ist es auch mit den Holzstichen von Thomas Bewick und mit einigen der frühen Stiche von William Blake. In beiden kann man richtige kleine Welten finden, meisterlich und aufs sorgfältigste geschaffen – der Inhalt beherrscht die Form.[4] Diese Ansichten werden gestützt durch Edward Johnstons *Writing & illuminating, & lettering*, wo Seiten aus Bewicks *History of quadrupeds* als Arbeitsbeispiele für Studenten abgebildet sind. Der Rest des Quellenmaterials stammt aus sehr viel früheren Zeiten und aus der lateinisch-christlichen Kultur.[5] Ich erwähne hier Bewick deshalb, weil mir Jost Hochuli einmal erzählt hat, wie er während seiner Gymnasialzeit diesen Holzstecher und Schriftsteller für sich entdeckte. Er lernte ihn kennen durch eine frühe Ausgabe der *History of British birds*, die einem älteren Freund gehörte. ‹Das hat mir einen unauslöschlichen Eindruck gemacht.› Viele Jahre später konnte er sich eine Ausgabe selbst erwerben (*Land birds* und *Water birds*). Als Ehrenmitglied des Double Crown Club (seit 1992) hatte er Gelegenheit, Iain Bain kennen zu lernen – den führenden Bewick-Spezialisten, ein langjähriges Mitglied des Double Crown Club.

Für diejenigen, die den Zweiten Weltkrieg in den unterjochten oder in den noch freien Ländern Europas erlebt haben, mag England und die englische Kultur mit gewissen Assoziationen verbunden sein, selbst heute noch und trotz allem, was solche Vorstellungen allenfalls getrübt haben mag. Jost Hochuli erinnert sich daran, wie er als Kind in den Kriegsjahren Winston Churchills Stimme im Radio gehört hat. Britannien als ein Land, das der Tyrannei tapfer Widerstand leistete; eine Insel von hoch zu schätzender Eigenart, gutem Humor, Bescheideneit und Höflichkeit... Solche Bilder haften bei Menschen seiner oder älterer Generationen immer noch fest; ich bin ihnen sowohl in den Niederlanden als auch in Belgien, Dänemark und Norwegen begegnet. Lachend erzählen sie einem solches, sagen aber gleichzeitig, dass englische Inkompetenz und Stümperei sie ebenfalls ärgern würden. Trotzdem wollen sie sich von ihrer nostalgischen Erinnerung nicht ganz trennen.

Hier und im ganzen Aufsatz meine ich damit nicht, dass England Jost Hochuli vom wahren Schweizer Weg abgebracht habe. Es ist wohl eher so, dass er England als einen Ort gewählt hat, von dem aus er Dinge sah, die er von der Schweiz her nicht wahrnehmen konnte: Es ist also eher eine Sache der Wahl gewesen, und sogar eine solche des Einfallsreichtums. Das erste Mal ging Hochuli 1968 für einen sechsmonatigen Aufenthalt nach Großbritannien, vornehmlich, um die Sprache zu erlernen. Aber er lernte dann Berthold Wolpe und auch Beatrice Warde kennen. Bei der Monotype Corporation hätte er gerne einen Ausbildungsjob angetreten wie viele ausländische Designer vor und nach ihm. Nur ungünstige Umstände waren schuld, dass er Reynolds Stone nicht besuchen konnte, einen der Meister der englischen Tradition, Schriften in Stein zu meißeln und in Holz zu stechen. Seine Bekanntschaften in England hatte er S. H. Steinberg zu verdanken, mit dem er seit Mitte der sechziger Jahre in brieflichem Kontakt gestanden und den er schließlich in der Schweiz auch persönlich getroffen hatte.[6]

Hochuli hat mit Nachdruck darauf hingewiesen, dass es Rudolf Hostettler war, der ihm gezeigt hatte, wie man vorurteilslos auf verschiedene Art arbeiten kann, je nachdem, wie es gerade zweckdienlich ist.[7] Als Hauptredaktor

3
Nikolaus Pevsner: *The Englishness of English art*. London: Architectural Press, 1956. Das Buch entstand aus den Reith-Vorlesungen, die Pevsner 1955 für BBC hielt. 1933 verließ Pevsner Deutschland Richtung England, nachdem er seiner Position an der Universität Göttingen enthoben worden war.

4
Thomas Bewick (1753–1828), William Blake (1757–1827).

5
Edward Johnston: *Writing & illuminating, & lettering*. London: Hogg, 1906.

6
S. H. Steinberg (1899–1969) war 1937 aus Deutschland nach England gekommen. Er war Historiker, mit einem besonderen Interesse an der Druckgeschichte, das am stärksten zum Ausdruck kam in seinem Buch *Five hundred years of printing* (erstmals 1955 veröffentlicht). Er gehörte zum Kreis um Stanley Morison.

7
Rudolf Hostettler (1919–1981) war Thema des ersten Typotron-Hefts Hochulis (1983); er spielt in allen seinen Publikationen zum Buchdesign eine Rolle.

der *TM* beherrschte er die Debatten und Duelle in der typografischen Szene der Schweiz mit einer Haltung ruhiger Fairness. Hostettler hatte London direkt vor dem Krieg besucht, und nach 1945 entwickelten sich freundschaftliche Bande zu einigen Menschen dort, vor allem zu Pincus Jaspert, der als Journalist für Printmedien schrieb, und zu Herbert Spencer, Grafiker und Herausgeber der Zeitschrift *Typographica*. Andere Personen, die Hochuli damals nicht persönlich gekannt hat, müssen aber in jenen Jahren in sein Bewusstsein gerückt sein. Ich denke an Max Caflisch, in dessen Werken man ‹englische› Spuren finden kann (und der ebenfalls 1992 in den Double Crown Club gewählt wurde). Bestimmt hat Caflisch eine gewisse Rolle dabei gespielt, Stanley Morisons Arbeit in der Schweiz bekannt zu machen.[8] Die Schweizer Zweigstelle der Monotype Corporation, deren Büro sich in Bern befand, war ein wichtiger kommerzieller und kultureller Kanal für Morisons Arbeit, und die englische Typografie insgesamt. Im Gegensatz dazu und aus offensichtlichen Gründen gab es in den dreißiger Jahren in Deutschland keine Basis für Monotype. Das war selbst nach 1945 noch so. In diesen Jahren war – vereinfacht gesagt – die Schweiz Monotype-Gebiet, und in Deutschland beherrschte Linotype die Szene.

Bedeutsamer noch für Hochuli war das Werk von Jan Tschichold.[9] Seit Mitte der dreißiger Jahre hatte Tschichold zunehmend ein aktives Interesse an England gezeigt. Er stattete London 1935 und 1937 wichtige Besuche ab und begegnete dort der englischen Typografiekultur des Double Crown Club sowie dem Kreis um Stanley Morison. Dann folgte sein ausgedehnter Aufenthalt von 1947 bis 1949 und ‹meine Reform der Penguin Books›, wie er es in seinem Artikel über dieses Abenteuer bezeichnete.[10]

Von Tschichold wie auch von Hochuli (und auch von verschiedenen anderen) lässt sich sagen, dass für sie die Ideale von Freiheit und Fairness Merkmale englischer Kultur sind.[11] Kann man aber wirklich ‹englische› Spuren in der Arbeit von Tschichold finden? Ich meine, dass es sich hier eher um Neuschöpfungen handelt: eine klassische oder traditionelle Typografie, mit erheblich mehr Eleganz und Raffinesse ausgeführt als die ersichtlich plumpen typografischen Arbeiten von Stanley Morison oder gar von weniger bedeutenden Leuten wie etwa George W. Jones (Morisons etwas schlichterer Kollege bei der britischen Linotype). Francis Meynell und Oliver Simon, die zum Morison-Kreis gehörten, arbeiteten beide auf einem höheren Niveau als ihr Freund, der die *Grundregeln der Buchtypografie* verfasst hatte. Simon hatte bedeutende Kenntnisse von deutscher Typografie. Er war derjenige, der Tschichold an Allen Lane, den Herausgeber der Penguin Books, empfohlen hatte, und Simons ausgereifte Arbeit als Buchgestalter entstand mit Blick auf Deutschland. Auch Meynell – besonders in den Werken seiner Nonesuch-Press – zeigte bemerkenswert kontinentaleuropäische Züge, sowohl in der Gestaltung als auch in der Auswahl einiger seiner Titel.[12] Solche Fakten müssen jede vereinfachte Vorstellung vom nationalen Charakter der Typografie ins Wanken bringen. Und man könnte das noch fortsetzen. So trugen in England nach 1945 zwei der kreativsten und produktivsten Gestalter verdächtig deutsche Namen: Berthold Wolpe und Hans Schmoller. Natürlich waren sie Deutsche; aber sie wurden in jenen Jahren zu zentralen Figuren der englischen Typografieszene.[13] Ihr Einfluss ist noch heute wahrnehmbar. Schmollers Vermächtnis ist immer noch im Innern der Penguin Books zu erkennen (dem scheußlichen Marketingdesign der Umschläge zum Trotz). Wolpes Schrift Albertus wird als Hausschrift der Stadt London verwendet. War ihre Arbeit ‹deutsch›? Oder war sie ‹englisch›? Sie war sicherlich für englische Kunden in England gemacht worden. Nennen wir sie einfach europäisch. Damit meine ich eine klassische, kultivierte, aufgeklärte Arbeitsweise, die willens ist, allgemeingültige Grundsätze zu verwenden und innerhalb dieser Grundsätze entsprechend zu gestalten.

Für Jost Hochuli wurde Berthold Wolpe sowohl Freund als auch Kollege; eine solche Freundschaft konnte natürlich seine Anglophilie nur noch bestärken. Er bewundert Hans Schmollers Werk, aber sie kannten sich nicht per-

8
Ein Beweis dafür könnte Folgendes sein: 1966 veröffentlichten Max Caflisch und Kurt Gschwend in Bern die *First principles of typography* von Morison in neuer Übertragung und in limitierter Auflage (als *Grundregeln der Buchtypographie*).

9
‹Ich bin tatsächlich Tschicholdimprägniert›, schrieb er einmal. Paul Barnes (Hg.): *Jan Tschichold: reflections and reappraisals*. New York: Typoscope, 1995, S. 39.

10
Jan Tschichold: ‹Meine Reform der Penguin Books›. In: *Schweizer Graphische Mitteilungen*. Juni 1950, S. 264–70.

11
1965 wurde Tschichold von der Royal Society of Arts in London der Titel eines ‹Honorary Royal Designer for Industrie› (HonRDI) verliehen. Diesen Zusatz nach seinem Namen schätzte er sehr. Hochuli hat den englischen Titel HonFSTD nach dem Namen; verliehen wurde er ihm von der International Society of Typographic Designers, und er meint im Spaß, dass ihm das ein ‹furchtbar wichtiges englisches Gefühl› gebe. ‹Ich sehe mich schon mit Schirm und Melone.› Was die Niederlande betrifft, so denke ich an Designer wie Sem Hartz (1912–1995), Schriftdesigner und langjähriger Angestellter bei Joh. Enschedé en Zonen, und an die Grafikdesigner Kees Kelfkens (1919–1987) und Harry Sierman (geboren 1927). Die beiden letzteren sind mit ihrem fast fanatischen Bemühen um das Detail Musterbeispiele für die ‹englische Tendenz›, wenn man das Spezielle, nicht das Allgemeine betrachtet. Über Hartz hat David McLean in einem Nachruf geschrieben: ‹Als holländischer Jude überlebte er den Krieg in Verstecken; seine Hoffnungen wurden dadurch am Leben erhalten, dass er Churchills Reden an einem verborgenen Radio verfolgen konnte. Im Ergebnis wurde er zu einem großen Anglophilen (gelinde gesagt), und nach dem Krieg kam er oft nach London, wo er unter den Mitgliedern des Double Crown Club und der Wynkyn-de-Worde-Gesellschaft viele Freunde fand.› (*Bulletin der Printing Historical Society*, Nr. 41, 1996, S. 27)

12
In der Nonesuch Press zum Beispiel erschienen Übersetzungen von zwei Stücken von Ernst Toller: *Masse–Mensch* (1921) wurde 1923 als *Masses and man* veröffentlicht; *Hinkemann* (1923) als *Brokenbow*, 1926. Francis Meynell kam aus einer liberalen Familie und engagierte sich in jenen Jahren in linker pazifistischer Politik.

13
Berthold Wolpe (1905–1989) verließ Deutschland 1935, um sich in England niederzulassen. Hans Schmoller (1916–1985) verließ Deutschland 1938 Richtung Südafrika und verbrachte die Kriegsjahre in Afrika. 1947 ließ er sich in England nieder; seine Eltern waren in Auschwitz umgebracht worden.

sönlich. Ich vermute, dass Hochulis Arbeit sich von einem gewissen Punkt an langsam in die Richtung derer bewegte, die eine aufgeklärte, europäische Einstellung vertreten. Schließlich könnte man noch einige gebürtige englische Typografen mit ähnlicher Einstellung erwähnen, mit denen Jost Hochuli eine freundschaftliche Beziehung pflegte bzw. pflegt. John Ryder zum Beispiel vermochte in seinen Arbeiten für den Verlag Bodley Head den aufgeklärten Geist von Francis Meynell und Oliver Simon zu bewahren.[14] Die andere Persönlichkeit ist Ron Costley, der als verantwortlicher Gestalter bei Faber & Faber um gute Qualität in Design und Produktion besorgt ist, in jener Firma also, die Wolpes langjährige Arbeitgeberin war.

Von England aus gesehen, wirkt Jost Hochulis Arbeit natürlich schweizerisch, ganz sicher nicht englisch. Etwas von diesem Eindruck wird allerdings auf der banalen Tatsache beruhen, dass viele seiner Arbeiten für Schweizer Kunden gemacht sind und darin eine oder mehrere Sprachen der Schweiz verwendet werden.[15] Allein schon deswegen wird klar, dass wir etwas betrachten, was aus diesem Lande kommt. Weniger banale Merkmale von Hochulis Arbeit sind die hohen Standards bei Reproduktion und Materialien (Papier, Einbandgewebe), die ihm zur Verfügung stehen. Auch das sind Schweizer Qualitäten. Sie gewährleisten, dass seine oftmals kargen und einfachen Gestaltungen eine Würde und Selbstsicherheit ausstrahlen, die mit fehlerhafter Produktion oder zweitklassigen Materialien nicht zu erreichen wären.

Interessant aber ist die Feststellung, dass Hochulis Arbeit eher ‹schweizerisch› als ‹deutsch› zu sein scheint. Hier kann man als Kriterium für den Unterschied nicht die guten Produktionsqualitäten anführen, denn diese sind in Deutschland die gleichen. Es ist vielmehr eine Sache der ‹leichten Hand›, der Bescheidenheit der Arbeit, während man in Deutschland eher zum Imponiergehabe neigt. Diesen Unterschied kann man sehen, wenn man Hochulis Schriften zur Typografie – die Broschüre *Das Detail in der Typografie*, die Broschüre (jetzt Buch) *Bücher machen* – mit dem Buch *Lesetypographie*[16], dem Opus magnum von

14
In kulturellen Wechselbeziehungen lebte auch John Ryder (1917–2001), sowohl als Typograf als auch persönlich. Seine Frau Herta war Deutsche und Jüdin.

15
Hochuli neigt dazu, die Schweiz als provinziell zu bezeichnen. Und er erzählt das, obwohl er sein ganzes Leben schon in St.Gallen lebt und seine Situation doppelt provinziell ist. Sicher sind Basel oder Zürich auf der Weltkarte der Typografie zu finden; St.Gallen ist es nicht, bzw. war es nicht, bis diese Stadt wegen Hostettler und Hochuli dort aufschien. Die jährlichen Konferenzen der ATypI (Association Typographique Internationale) haben für Hochuli eine wichtige Rolle dabei gespielt, ihn – wie er sagt – aus dem Schneckenhaus seiner Heimatstadt herauszuholen. Nachdem er 1974 in Basel das erste Mal auf einer ATypI-Konferenz gewesen war, begann er das kleine internationale Kollegium für Typografie regelmäßig zu besuchen. Dort sind die Gestalter, die über das, was sie tun, gern diskutieren, und die sich für Kultur und Geschichte ihrer Tätigkeit interessieren. Die ATypI-Seminare für Ausbildner waren für ihn besonders wichtig.

16
Hans Peter Willberg & Friedrich Forssman: *Lesetypographie*. Mainz: Schmidt, 1996.

**Die bei den Büchern angegebenen Maße beziehen sich durchwegs auf den Buchblock, auch dort, wo nur Umschläge oder Einbände gezeigt werden. Breite steht auch hier vor Höhe.**

**Wo nichts anderes vermerkt ist, sind die Bücher und Broschüren fadengeheftet.**

**VGS bedeutet VGS Verlagsgemeinschaft St.Gallen.**

The dimensions given for the books always refer to the book block, also when only cover or binding are shown, and are always height by width.

Unless otherwise specified, the books are all sewn.

VGS stands for VGS Verlagsgemeinschaft St.Gallen.

**Mit Ausnahme der auf dieser Doppelseite vorgestellten drei Bändchen, die ab Blei im Hochdruckverfahren hergestellt wurden, sind alle folgenden Bücher Offset gedruckt.**

With the exception of the three books shown on this double-page, which were printed letterpress from metal type, all the books were printed offset.

Albin Zollinger **Fluch der Scheidung**
*Briefe an seine erste Frau*

I
T

Hans Peter Willberg und Friedrich Forssman, vergleicht. Die *Lesetypographie* ist umfangreich und systematisch und scheint alle vorkommenden Fälle abzudecken. Im Gegensatz dazu sind Hochulis Bücher kleine Sammlungen von detaillierten Wahrnehmungen, mit einem Minimum an theoretischem Gepäck. Beide, Hochuli und Willberg, sind zweifellos Männer der modernen Aufklärung, und beide haben eine beachtenswerte Fülle kultivierter Gestaltungsarbeit geleistet. Aber ich möchte hier an den Gegensatz erinnern, den ich zuvor schon zwischen Kant und Lichtenberg aufgezeigt habe: einerseits der große Systembauer (der Königsberg niemals verlassen hat), und anderseits der, der Systemen gegenüber misstrauisch war (und nach England reiste).

Nach diesen kulturellen Erörterungen ein Letztes: Ich möchte den Engländern Jost Hochulis Typografie ans Herz legen, und zwar wegen einiger Dinge, die sie von ihm lernen können:

Jene jungen Engländer, die im Moment ganz vernarrt sind in all die Modernismen: kleine Grade der Helvetica, in langen Zeilen über die ganze Breite der Seite gesetzt, sichtbare Rasterlinien, blendend weißes Papier und all die anderen Anzeichen einer nostalgischen Erweckungsbewegung (die goldenen sechziger Jahre!) – sie sollten sich die in diesem Buch gezeigten Arbeiten anschauen; und vor allem daran denken, dass es möglich ist, anders zu arbeiten, sogar in der Schweiz der sechziger Jahre.

Jenen, die immer noch das Material vergewaltigen, dem eigenen Willen unterordnen, aufdringliche Linien verwenden, den Satz kippen, verformen, überlagern, schichten, den Leser sozusagen in ein Arbeitslager schicken – jenen sei gesagt: Denkt an die Kraft der Stille, und lasst das Material für sich selbst sprechen. Allerdings scheinen sich die erwähnten Tendenzen nicht nur auf die jungen Briten zu beschränken. Man sieht sie überall, selbst in der Schweiz. Sie werden zweifellos vorübergehen und einer anderen Mode Platz machen. Jost Hochulis Designansatz aber wird seinen Wert behalten, weil er glaubwürdig ist und Grundsätzen folgt, die man zwar spüren, aber schwer in ein System einordnen kann.

Die Freude des gestaltenden Typografen spricht aus allen Büchern Hochulis, aber auch seine redaktionelle Verantwortung. Das könnte ein anderes ‹englisches› Merkmal sein, geschätzt in der ziemlich literarischen Kultur Englands, in der Wortgewandtheit und sprachliche Finessen hoch angesehen sind. Hochuli sagt bescheiden, dass er mitgeholfen habe, die VGS Verlagsgemeinschaft ins Leben zu rufen, weil das die einzige Möglichkeit war, zum Buchgestalten zu kommen. Das gewagte Unternehmen hat es ihm ermöglicht, ganz nah am Inhalt zu arbeiten, einem oft erstaunlich reichen Inhalt: Bücher mit großen Textmengen und wichtigem Bildmaterial, das sorgfältige Behandlung verlangt. Auch das ist eine Lektion für junge Gestalter: Versucht euch dem Inhalt dessen zu nähern, was ihr als Gestalter zu bearbeiten habt; so wird die Arbeit sowohl vergnüglich als auch lohnend, weit mehr, als wenn man mit Material arbeiten muss, das als ‹fait accompli› gegeben und nicht zu ändern ist.

Diese ‹englische Perspektive› mag einiges Licht auf Jost Hochulis Werk geworfen haben, besonders was die klassische Nüchternheit seiner Beschäftigung mit der Schrift und die Unvoreingenommenheit betrifft, mit der er Bücher gestaltet. Ich sagte, dass sein Werk nicht wirklich englische Eigenschaften aufweise, und dass es besser sei, in ihm etwas vom Geist der europäischen Aufklärung zu sehen. Aber das, worin sich sein Werk auszeichnet, wird klarer, wenn man es im Lichte jener Dinge sieht, die sich in England zugetragen haben.

*Robin Kinross*

Adrien Turel **Shakespeare**
*Zur Einheit und Mannigfaltigkeit der großen Schöpfer*

Peter Lehner
**Angenommen, um 0 Uhr 10** *Zerzählungen*

**Albin Zollinger: *Fluch der Scheidung. Briefe an seine erste Frau.* – Adrien Turel: *Shakespeare. Zur Einheit und Mannigfaltigkeit der großen Schöpfer.* – Peter Lehner: *Angenommen, um 0 Uhr 10. Zerzählungen.* St. Gallen: Tschudy, 1965. Ganzgewebebände mit Schutzumschlag, 10,5 x 16,8 cm. Abb.: Schutzumschläge.**

Albin Zollinger: *Fluch der Scheidung. Briefe an seine erste Frau.* – Adrien Turel: *Shakespeare. Zur Einheit und Mannigfaltigkeit der großen Schöpfer.* – Peter Lehner: *Angenommen, um 0 Uhr 10. Zerzählungen.* St. Gallen: Tschudy, 1965. Hardback, cased in cloth, with dust jacket, 16,8 x 10,5 cm. Ill.: dust jackets.

SchreibwerkStadt St.Gallen

Momentaufnahme Lyrik

*

René Ammann
Anne-Catherine Beutler
Claire Bischof
Beat Brägger
Barbara Breitenmoser
Richard Butz
Markus Caluori
Richard Diem
Erica Engeler
Ruth Eppenberger
Hans Fässler
Daniel Fuchs
Esther Geiger
Paul Gisi
Martin Hamburger
Elisabeth Heck
Trudy-Mirjam Hug
Christoph Keller
Heinrich Kuhn
Fred Kurer
Regula Lendenmann
Christian Mägerle
Gabriela Mallaun
Adrian Wolfgang Martin
Andreas Mezger
Rolf Moser
Marinella Quarella
Dragica Rajčić-Bralić
Ursula Riklin
Peter E. Schaufelberger
Karl Schölly
René Sieber
Christine Sonderegger-Fischer
Ernst-Aran Steiger
Sylvia Steiner
Rainer Stöckli
Georg Thürer
Verena Thurnheer
Alfred Toth
Rainer Trösch
Clemens Umbricht
Dieter Vetter
Benedikt Zäch
Bruno Zaugg
Marcel Zünd
Alfons Zwicker

VGS

SchreibwerkStadt St.Gallen

Momentaufnahme Prosa

**

Willy Balmer
Claire Bischof
Richard Diem
Erica Engeler
Christian Fisch
Michael Guggenheimer
Martin Hamburger
Elisabeth Heck
Manuel Jurado
Heinrich Kuhn
Adrian Wolfgang Martin
Peter Morger
Dragica Rajčić-Bralić
Jürg Rechsteiner
Ursula Riklin
Esther Rohner-Artho
Theres Roth-Hunkeler
Albert Rutz
Karl Schölly
Christine Sonderegger-Fischer
Sylvia Steiner
Richard Stolz
Georg Thürer
Anne-Catherine Tschudin-Beutler
Clemens Umbricht
Dieter Vetter
Benedikt Zäch
Bruno Zaugg

VGS

SchreibwerkStadt St.Gallen

Momentaufnahme Lyrik

herausgegeben von Richard Butz und Christian Mägerle
in der VGS Verlagsgemeinschaft St.Gallen

VGS

SchreibwerkStadt St.Gallen

Momentaufnahme Prosa

herausgegeben von Jost Kirchgraber und Martin Wettstein
in der VGS Verlagsgemeinschaft St.Gallen

VGS

Das Glück der Erde liegt in diesen Tagen auf den sonnigen Felsen über dem Meer angesichts der Türme und Zinnen der Stadt. Die Wellen verzischen im Uferkies, und von der Insel Lokrum schimmert der weiße Kalksaum über dem dunkelblauen Wasser. Agavenstengel stehen schief im Abhang zwischen Zypressen, und warm duftet das trokkene Lavendelgesträuch.

Nochmals auf der Mauerzinne die Stadt umkreisen. Beim Uhrenturm beginnen, es sind fast zwei Kilometer und kann eine Stunde dauern. Dabei in die Wohnungen blicken, in die Gassen, über die hellroten Ziegeldächer, zum Berg mit dem unaussprechbaren Namen Srd und auf das Meer zu den Inseln. Und in die Kreuzgänge der Klöster, wo sich die Museen anschließen, die Apotheke der Franziskaner aus dem 14. Jahrhundert; den Minčeta-Turm besteigen, vom Pile-Tor in die Placa blicken und auf den Onofrio-Brunnen, diese Wasserzentrale als frühes Muster ziviler Technik; weiter zur Festung Bokar, über die Zinne auf der Meerseite, links die Rupe, das einstige Getreidehaus mit den Trockenkammern, dann das Jesuitenkolleg, in hundert Metern Entfernung sitzen die Schüler am offenen Fenster, lassen sich nicht stören, hingegen die Nonne, in der Küche hantierend, winkt herüber. Und noch weiter gegen den Hafen zur größten Anlage, die Sveti Ivan heißt, die erste Kasemattenfestung des Mittelalters wider die Habgierigen.

Inzwischen ist die Sonne im Meer versunken. Himmel und Wasser leuchten noch. Da erscheint neben der Insel Lokrum ein dunkles Ungeheuer, nähert sich langsam der Küste und bleibt stehen. Der Flugzeugträger einer Großmacht kommt auf Besuch, ob östlich oder westlich, ist nicht zu erkennen, und niemand will es wissen. Das Volk wird die fremden Krieger als Gäste freundlich begrüßen und ebenso wieder verabschieden.

14

Claire Bischof

Schritte

Damit ich nicht vergesse, wie es damals war, bei Schneetreiben in der Dämmerung zu gehen. Damit ich das leise Fallen der Flocken nicht vergesse und das Klopfen des Pulses in meinem Hals. Damit ich nicht vergesse, wie warm mir war, wie mein Haar dampfte. Wie mir die Dämmerung schwerer und schwerer ins Auge fiel und ich außer den schwarzverzweigten Bäumen und den rundlichen Schatten eingeschneiter Hütten bald nichts mehr unterscheiden konnte.

Damit ich nicht vergesse, wie es war, alleine in der Dunkelheit zu gehen; eine Geschichte, die Geschichte eines anderen Mädchens leise vor mich her erfindend. – Zugleich war noch eine Sprache um mich, die Sprache des fallenden Schnees, der zunehmenden Dämmerung und Kälte. Nichts ist zu sagen in solcher Umgebung. Nichts gilt als durchhalten und weiterkommen. Aber nie war meine Fantasie lebendiger, als wenn ich mich an solchen Winterabenden durch den Schnee kämpfte. Nie fiel es mir leichter, mich in andere Wirklichkeiten einzulassen.

Lange Schritte, damit ich weniger oft einsank in den knietiefen Schnee mit der rauhen Oberfläche. Fliegende Schritte über einen weichen, luftigen Schnee hinweg. Vorsichtige Schritte im heimtükkischen Schnee mit zugefrorener Oberschicht, die immer wieder einbrach. Tanzende Schritte über einen Schnee mit starker, fester Unterlage. Unbeholfene, verärgerte Schritte im nassen Schnee, der in die Schuhe drang. Behende Schritte auf dem vereisten Schnee. Lang ausgezogene Schritte auf dem spärlich liegenden, schmutzigen Schnee, der im Frühling auf den aufgeweichten Wiesen lag … Aber die Schuhe waren stets dieselben mit abgenützten Sohlen und ausgelaugtem Leder; die Geschichten voller Abwechslung, farbig, warm. – Heute, von der Wirklichkeit überschichtet, eingefroren, fremd, stehen sie nicht mehr zur Verfügung, flackern auf, wenn ich wieder bei Dämmerung und Schneetreiben den langen Weg vom Dorf zum Elternhaus gehe.

15

Mein St. Gallen

**Zu Buch und Autor**

*Mein St.Gallen* – ein Lesebuch, das St.Gallen in diesem Jahrhundert vorstellt und das Leben in der Stadt und ihre Entwicklung spiegelt. Herausgeber Richard Butz umkreist St.Gallen mit einer Textcollage von berühmten Besuchern (z. B. Eugène Ionesco oder Franz Kafka) und einheimischen bekannten, weniger bekannten oder unbekannten Persönlichkeiten.

*Mein St.Gallen* – eine eigenwillige, amüsante, kritische, lobende und informative ‹Stadterkundung›, bereichert durch Illustrationen von St.Galler Künstlern und Künstlerinnen und ergänzt durch Kurzessays des Herausgebers sowie eine zum Weiterlesen anregende Bibliographie.

*Mein St.Gallen* – ein Lesebuch, in das sich Leser und Leserinnen vertiefen oder sich hineinblättern können; richtet sich an Einwohner, Heimweh-St.Galler und -St.Gallerinnen sowie an Besucher und Besucherinnen der Hochtalstadt zwischen Rosenberg und Freudenberg.

*Aus dem Geleitwort von Martin Wettstein*

‹…So ist aus der Fülle der Zeugnisse «sein» (des Herausgebers) Sankt Gallen entstanden, in zwölf Sträußen, die er uns jeweils mit knapp kommentierten Vorwörtern in die Hand drückt. Wer daran riecht und sie betrachtet, wird merken, daß sich unser ja meistens behindertes Auge zum Facettenauge wandelt und daß, in Abwandlung eines Titels von Niklaus Meienberg, dies geschieht: Erweiterung der Pupillen beim Eintritt ins Hochtal.›

Richard Butz, geboren 1943 in St.Gallen. Buchhändler in St.Gallen, London und Freetown (Sierra Leone). Seit 1966 freier Journalist und Publizist in St.Gallen; arbeitet für Tageszeitungen, Wochenzeitungen, Zeitschriften, Radio (DRS/St.Gallen) und in der Erwachsenenbildung. Jazzschule-Lehrer und Kulturvermittler (Musik, Literatur). Engagiert sich für Behinderte und in der AIDS-Prävention. Hobbies: Bücher sammeln zum Thema ‹Bewegungen des 20. Jahrhunderts›, Lesen, Musik aller Richtungen, Malen. Wichtigste Publikationen: *SchreibwerkStadt St.Gallen – Momentaufnahme Lyrik* (mit Christian Mägerle), 1986; *Elfenbeinküste* (mit Fernand Rausser), 1982; *Leben in Amerika* (mit Georg Stärk), 1989; *Feuer in Neuchlen* (mit Hansueli Trüb und Peter Weishaupt), 1992.

VGS Verlagsgemeinschaft St.Gallen ISBN 3-7291-1073-X

III 45

**Gelobt und gefährdet – St.Galler Dialekt**

Ich rede gerne, wie mir der Schnabel gewachsen ist: St.Galler Dialekt, städtische Variante, spitzig und mit Zäpfchen-r.

Längst ist der St.Galler Dialekt kein Witzthema mehr. Das war nicht immer so. In meiner Schulzeit gab es beispielsweise kaum einen Radiosprecher oder eine Radiosprecherin mit St.Galler Dialekt. Zürcher, Berner oder Basler Dialekt beherrschten den Äther. Da hat sich viel geändert, und beim Fernsehen scheinen sie inzwischen direkt den Narren an den Ostschweizer Dialekten gefressen zu haben.

Möglich, daß die Mundartwelle mitgeholfen hat, Vorurteile abzubauen. Wäre dem so, hätte diese ‹Seuche› wenigstens ein Gutes gehabt. ‹Seuche› darum, weil die nicht mehr dialektgetreue Allerweltsmundart immer mehr zu einem Mischmasch verkommt und sich dabei immer stärker vom eigentlichen Dialekt entfernt, ihn sogar einebnet.

Darüber zu jammern hat wenig Sinn, Widerstand zu leisten dagegen schon. Dieses Kapitel ist ein Beitrag dazu.

Geklagt über das Verschwinden des Alt-st.gallischen hat schon Ernst Hausknecht im Jahre 1916. Hoffnung schöpfte Hans Hilty 1936, dem wir die längst vergriffene St.Galler Dialektanthologie *Chomm mit, mer wend üs freue* verdanken. Der gleiche Hans Hilty, Vater von Hans Rudolf Hilty und verheiratet mit der Dialektdichterin und Künstlerin Frida Hilty-Gröbly, legte ein Jahr später die Mundartlieder-Sammlung *Chomm mit üs go singe* vor, mit Vertonungen von Paul Baumgartner, Max Haefelin, Siegfried F. Müller, Paul Schmalz und anderen.

Dieses Kapitel verstehe ich auch als eine Hommage an den früheren, inzwischen verstorbenen Lokalredaktor der Tageszeitung *Die Ostschweiz*, Hermann Bauer. Er hat sich unermüdlich für den St.Galler Dialekt eingesetzt, gescheit und witzig über ihn geschrieben. Er wußte, worauf es ankommt, wenn es um die Erhaltung des Dialekts geht. Statt zu jammern, ist es besser, aufzuklären, den Gebrauch des Dialekts populär zu machen und dessen Wörter und Begriffe zu sammeln und zu erklären.

Weniger positiv fällt die Bewertung aus, wenn es um die Dialektliteratur geht. Frida Hilty-Gröbly, Clara Wettach oder Liseli Müller sind Namen, die nur noch wenige kennen. An sie und andere erinnert die kleine Anthologie der St.Galler Dialektlyrik, die sich an die eher theoretischen Beiträge anschließt. Von Liseli Müller stammt der schöne Titel ‹Ha Heiweh und cha nümme hei›.

Aus der Zeit nach dem Zweiten Weltkrieg ist wenig zu vermelden. St.Gallen hat keinen Mani Matter oder Polo Hofer hervorgebracht, und die Mundart-Liedermacherwelle verebbte in Zürich. So bleibt wenig: Johann Linder, Peter Morger oder – eher erstaunlich – Niklaus Meienberg.

*R.B.*

Richard Butz, Christian Mägerle (Hg.): *SchreibwerkStadt St.Gallen, Momentaufnahme Lyrik*, 1986. – Jost Kirchgraber, Martin Wettstein (Hg.): *SchreibwerkStadt St.Gallen, Momentaufnahme Prosa*, 1987. St.Gallen: VGS. Klappenbroschuren, 13,5 x 22,5 cm. Abb.: Umschläge, Innentitel und Doppelseite aus *Momentaufnahme Prosa.*

Richard Butz, Christian Mägerle (ed.): *SchreibwerkStadt St.Gallen, Momentaufnahme Lyrik*, 1986. – Jost Kirchgraber, Martin Wettstein (ed.): *SchreibwerkStadt St.Gallen, Momentaufnahme Prosa*, 1987. St.Gallen: VGS. Paperback with flaps, 22,5 x 13,5 cm. Ill.: cover, title-pages and double-page from *Momentaufnahme Prosa.*

Richard Butz (Hg.): *Mein St.Gallen.* St.Gallen: VGS, 1994. Broschur mit Schutzumschlag, 15 x 24 cm. Abb.: Schutzumschlag (Vorderseite, Rückseite), Doppelseiten.

Richard Butz (ed.): *Mein St.Gallen.* St.Gallen: VGS, 1994. Paperback with dust jacket, 24 x 15 cm. Ill.: dust jacket (front and back), double-pages.

III Gelobt und gefährdet – St.Galler Dialekt 46

**Alt-st.gallisch ist selten geworden**

‹Von allen Deutschschweizern, die ich kennengelernt habe, verstehe ich die St.Galler am besten›, erklärte mir einst ein feingebildeter Norddeutscher, wobei er natürlich die Mundart und nicht das von uns gehandhabte Hochdeutsch im Auge hatte. Die ästhetische Seite unseres Stadt-st.gallischen Idioms würdigte ein Westschweizer, dem unsere Mundart als die lieblichste der deutschen Schweiz erschien; auch passe sie vorzüglich zum Charakter der Leute. Und damit hätten wir die große Frage nach dem schönsten Schweizerdialekt aufgerollt, eine eitle Frage, die kaum in den Bereich der Sprachwissenschaft fällt, und deren Entscheidung dem persönlichen Geschmack überlassen werden muß. Immerhin ist es interessant zu untersuchen, worauf sich die beiden Urteile stützten. Dem Norddeutschen war unsere Sprache verständlicher, weil deren Lautbestand dem der Schriftsprache mehr als irgend ein anderer ihm bekannter Schweizerdialekt nahe kam; für den Westschweizer war offenbar das Vorherrschen der hellen Vokale und das gänzliche Fehlen der überoffenen, ‹breiten› ä, ai und ae ausschlaggebend. Doch ist dies nicht das echte, alte Gewand unserer städtischen Mundart; denn die Sprache der ältern Generation hebt sich durch die offene Lautqualität von der der jüngern deutlich ab. Es ist, als ob sich die heute Lebenden der angestammten farbigeren, aber auffälligeren Tracht schämen und das nach der Mode oder besser nach der Schriftsprache zugestutzte Kleid angelegt haben. Auch die Vertreter des Alt-st.gallischen sind selten geworden.

Ernst Hausknecht, aus: ‹St.Galler Mundart›, in: Gottlieb Felder, *Die Stadt St.Gallen und ihre Umgebung*, 1916.

**Gefordert sind Elternhaus und Schule**

Immer eindringlicher wird seit einigen Jahren von verschiedenen Seiten die Forderung nach vermehrter Pflege und Übung der Mundart erhoben. Während lange Zeit in gewissen Kreisen von der Zerstörung und Auflösung der Mundarten gesprochen und ihr baldiger Untergang vorausgesagt worden ist, glaubt man heute wieder an die Lebenskraft unserer Volkssprache und schätzt ihren ethischen und politischen Wert wieder höher ein. Otto von Greyerz sieht in der Mundart mit Recht «eines der gegebenen Mittel zur Erhaltung unserer Unabhängigkeit nach außen und des demokratischen Geistes im Innern».

Der bloße Glaube an den Wert und die Lebenskraft der Mundart genügt freilich nicht. Wenn wir die Gefahr der sprachlichen Verarmung und der geistigen Überfremdung bannen wollen, müssen wir auch etwas tun. ‹Wie die Behauptung unserer Landesgrenzen und unserer Landesfreiheit, zum Teil wenigstens, in unserer Macht liegt, so ist es auch mit der Erhaltung unserer einheimischen Sprache. Auf unseren Willen kommt es an, auf unsere Bereitschaft, das, was unser eigen und uns teuer ist, zu ver-

III Gelobt und gefährdet – St.Galler Dialekt 47

teidigen. Pflegen wir diesen Willen, diese Bereitschaft!… An den Gebildeten liegt es, mit dem Beispiel der Sprachachtung und -pflege voranzugehen. An der Lehrerschaft vor allem liegt es, dem natürlichen Sprachgefühl der Kinder mit Liebe zu begegnen, ihr Vertrauen zur mundartlichen Redeweise zu kräftigen.› Elternhaus und Schule sind also die ersten und wichtigsten Stätten für die Pflege dieses wertvollen Erbgutes unseres Volkes.

Hans Hilty, aus: ‹Zum Geleit›, in: *Chomm mit, mer wend üs freue*, 1936.
Zitat von Otto von Greyerz.

**Nahe am Hochdeutschen**

In St.Gallen ist diese Sprachbegabung bis zum heutigen Tage wachgeblieben. Trefflich parlieren sie Deutsch, Welsch, Italienisch, Englisch, die jungen St.Galler; natürlich nicht alle, aber viele. Mit seinen hellen und spitzen Vokalen kommt der St.Galler Dialekt dem Hochdeutschen recht nahe; deshalb macht es bereits dem Abc-Schützen weniger Mühe, das Hochdeutsche zu lernen! Im Stadtparlament – im Gemeinderat – kann der St.Galler dann ‹gutes Deutsch› gebrauchen. Nicht zu überhören allerdings ist der Unterschied zwischen diesem ‹St.Galler Deutsch› und dem ‹Bühnendeutsch›, das die Künstler nunmehr im nigelnagelneuen Stadttheater sorgsam, liebend pflegen. Nichtsdestoweniger gefällt sich der St.Galler im natürlichen Anstrich dienstbarer Sprachgewandtheit. Warum nicht? Fast in jedem Restaurant kann heute jeder St.Galler sein Bier auf italienisch, spanisch, griechisch, türkisch oder gar auf serbokroatisch bestellen. Im Schrifttum erfährt zurzeit der St.Galler Dialekt wenig Pflege. In den letzten Jahren sind weder Gedichte noch Geschichten in der Mundart herausgegeben worden. Schade! Nur noch am Radio und in der Gesellschaft für deutsche Sprache ist gelegentlich St.Galler Dialekt zu hören.

Hermann Strehler, aus: ‹St.Galler Dialekt›, in: *St.Gallen für St.Galler*, 1971.

**Minderwertigkeitskomplexe unnötig**

Auf was es ankommt im Umgang mit unserer Mundart, ist: Verzicht auf unnötige schriftdeutsche Anpaßungen; sich stets erinnern, ob es dafür keinen Dialektausdruck gibt; nicht schriftdeutsche Lautgebung übernehmen, wo wir eigene haben, also beispielsweise nicht Zucker, sondern Zocker oder Zogger, nicht rund, sondern rond, nicht gsund, sondern gsond, Bömm statt Bäum, Tröm statt Träum sagen und wo immer möglich bloß modische Fremdwörter meiden (effektiv!). Der Art, wie uns Sanggallern der Schnabel gewachsen ist, treu bleiben, bedeutet nicht ‹nööchberle›, weder ‹uf Zöri abe› noch in Richtung Bundesrepublikanien und schon gar nicht in Richtung überhandnehmender Anglisierung unserer Sprache. Hier erfüllen Elternhaus und Schule tatsächlich eine wichtige Aufgabe. Hier sollte aber auch jeder erwachsene Sanggaller sich selbst und seiner

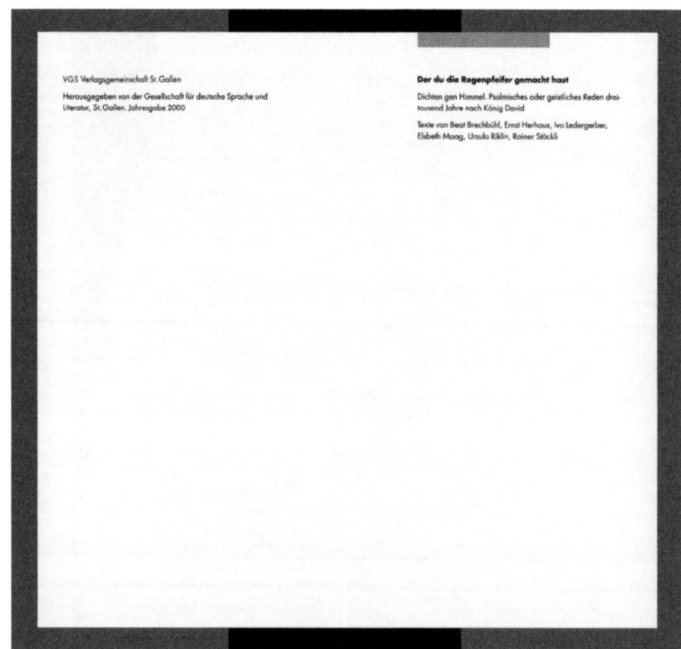

VGS Verlagsgemeinschaft St.Gallen

Herausgegeben von der Gesellschaft für deutsche Sprache und Literatur, St.Gallen. Jahresgabe 2000

**Der du die Regenpfeifer gemacht hast**

Dichten gen Himmel. Psalmisches oder geistliches Reden dreitausend Jahre nach König David

Texte von Beat Brechbühl, Ernst Herhaus, Ivo Ledergerber, Elsbeth Maag, Ursula Riklin, Rainer Stöckli

Beat Brechbühl

**Psalmen**

Wessen Psalmen ich singe:
an keine Götter sind sie gerichtet, nicht
an Menschenprojektion;
und fast alle Propheten bleiben
mit leeren Taschen zu Haus.

Habt ihr die Gitarren gestimmt
meine Freundin,
meine Gegner,
meine Feinde,
ihr Krieger & Herrscher,
ihr Verzagten & Dümpler,
ihr Virtuellen & Hirten.

**Psalm für das Wasser**

Ich der vom Land, Trocken Flash,
und du aus dem Meer, nasses Eingeweide,
Fischgarten, du mit den Wasserzungen
stark wie Pfeilsehnen.

Ich der vom Bächlein, den hüpfenden Tröpfchen,
Murmeln aus dem Moos, Sonnentau,
ein bisschen Spucke gezüngelt ins Ohr.

Ich der auf dem Delfin reitend im Lichtgezisch,
unter den Inseln, hinein ins
nächste Leben, ein Wassersturz im
Innern des Bergs.

Ich der mit den Trockenblumen, dem
Trockenwasser und Trockenwein,
ich der mit dem kurzen Wasserschlauch,
dem stillen Waldsee, dem Regen im Haar.

Du die mit der Fischhaut, du verletzliche Roche,
du mit dem blühenden Wasserfall, dem Winkelsee
der Schenkelfeuchte, du mit dem Wunder, du
Mutter des Wassers.

Ich als Durst, Höllenbrand.
Du die mit der Tröstung, den feuchten Freuden, den
Tränen der Rührung, dem sprudelnden Gefühl.
Du die mit der Stille, dem letzten Tropfen.

Beat Brechbühl

**Psalm für das Schlachtvieh**

Vor dem Morgengrauen fahren
die einsamen Chauffeure
mit den Lastwagen
zum einsamen Hof in der Hügelfalte,
gesichtslos treiben sie die Schweine
aus den Ställen in die Lastwagen in den Schlachthof in
den Hammer vom Leben zum Tod ins Messer des Metzgers in
die Fleischvermanschmaschine
die alles gleichmacht zu Menschen- und Tierfutter, das
verdaut und ausgeschieden
den Kreislauf der nutzlosen Geburt und des nutzlosen Todes alimentiert.

Wenn ich die Sonne bin würde
ich euch baden in Kamille und Ehrenpreis, würde
ich euch lausen und salben mit Nussöl, würde
ich euch Kühle suchen in fläziger Suhle und saftige Wiesen, würde
ich euch die Schweinesprache lehren und den Schweinegesang, würde
ich eure Geburt verhindern und damit den Tod.
Aber ich bin nicht die Sonne,
ich bin ein Schweinepriester mit Gabel und Messer.

Ich bin euer Bruder.

8-9

Ivo Ledergeber

**Psalm 1**

Wüsste gerne wohin
ginge gerne
sagte gerne
ich will

**Psalm 5**

Ich habe geblickt
übers glatte ruhige Wasser
kein Ufer jenseits
unmerklich der Übergang
in den Silberdunst
die Unendlichkeit
dieses Frühlingsmorgens

**Wo Herr**

Wo
Herr
sind die
Tempelausräumer
wo
im Tempel
die
mutigen
Gradsteher
die
Denker
ohne Lug
wo
die
Betenden

**Beatus vir 1**

Im Kreise der Spötter
sitz ich
bin schon
gestorben
kreise
mit den
Spöttern
vor deinem Altar
Tugendengel
Lügenhengst
grob gespitzter Pfahl
schlecht geworfner Stein

**Höre**

Gerne
kennte
der Narr
den Himmel
seine Heerscharen
die mächtigen Flügler

lauschte gerne
ihren Chören

folgte ihren Reigen

der Narr
sitzt
isst
schaut

sieht
nur
Bilder

Ivo Ledergeber

10-11

Ursula Riklin

**Nadelöhr-Gebet**

Erdbeben
Wirbelsturm
Waldbrand
Wasserflut
Krieg – nicht meine Klage
Herr, es ist die Klage
der andern.
In Scharen ziehen sie
durchs Nadelöhr.

Kein Erdbeben
Kein Waldbrand
Kein Stacheldraht
Keine Folter
Kein Krieg – meine Klage,
Herr, und meine Scham
für dieses ungestillte Herz.
Entmutigt spähe ich
durchs Nadelöhr.

**Seit-je-Gebet**

Dich zu hören
schließe ich
die Ohren

Dich zu sehen
schließe ich
die Augen

Dich zu ereilen
lass ich meine
Füße ruhn

Dich zu benennen
brennt mir meine
Zunge

seit je

**Sturm-Dank-Gebet**

Das Dach ist eingestürzt
Herr, Regen nässt mein Kissen
Schnee wässert meine Suppe.

Doch überm Giebel
inmitten zerrissener Wolken
haust, hab Dank, Herr
heller als sonst
der Mond.

**Wind-um-die-Ohren-Gebet**

Dass die Wege der Kindheit
nicht asphaltiert worden sind
dass die Steine immer noch
kreischen unter dem Rad
wie an dem Tag, als
das Kind sich getraute
die Lenkstange loszulassen
Wind um die Ohren
Gegenwind im Gesicht

dass die Schlaglöcher und Pfützen
nicht planiert worden sind
dass die Freiheit zu stürzen
mir bleibt
der Wind um die Ohren
dass mein Knie bluten darf
meine Tränen versickern
das, Herr, danke ich dir.

Ursula Riklin

14·15

Rainer Stöckli

**Der du die Regenpfeifer gemacht hast**

Dichten gen Himmel. Psalmisches oder geistliches Reden dreitausend Jahre nach König David

Gebete und Psalmen sind gerichtete Texte. Noch Richard Huelsenbecks, des 26-Jährigen, *phantastische Gebete* – zentraler Zürcher Dadaismus von 1916 – reden im Wust des Surrealistischen und der Blasphemie erstens jemanden an, zweitens in der Vertikale.

O Pfaffengekrös Himmelseverin ·
O Allah / O Burrubu ·
O du vor dir brennt vor dir raucht
des Himmels lebendiger Schwefel ·
O höret mein Gebet ihr Steißjungfern
und Rattenfänger ·
Ja Herr du gewaltiger Neger in der Schlacht
auf den Thronsessel[n] aus Schädeln ·
Ja allgewaltiger bleckender Zähne Herr ·
O du Aufstieg meiner Seele
aus einem Chnuckabout *(aus den Seiten 17–40)*

1972 teilen Felix Philipp Ingold und Ilma Rakusa allerdings eine andere Richtung geistlichen Redens mit: im Zitat Wladimir Majakowskijs spricht das Gebet (das Gedicht an Gott!) die Menschen an: ‹Ihr Menschen, ihr seid alle / nur Glöckchen / an der Mütze Gottes.› Der Satz eröffnet das Vorwort zu Ingold/Rakusas Anthologie *Gott in der neuesten sowjetischen Poesie* (Verlag der Arche, Zürich). Im Schlusssatz des Vorworts fällt dann Marina Zwetajewas Behauptung ‹Gedichte an Gott sind Gebete›. Auch darüber wird im Folgenden nachzudenken sein.

Zwischen diesen beiden An-Sprech-Gesten – sozusagen in der Waag- und der Senkrechten –, zwischen diesen beiden Koordinaten darf man sich eine dritte Sprech-Geste denken: diejenige der Verständigung über die Qualitäten Gottes. Im Psalter, im Harfenlied Afsafs, lautet das so:

Der Gottherr, Gott, ER, hat geredet,
aufgerufen hat er die Erde
vom Aufstrahlen der Sonne
bis zu ihrem Untergang.
Vom Zion, Vollendung der Schönheit,
ist Gott erschienen [...]
vor ihm her frisst ein Feuer,
rings um ihn stürmt es sehr.
*(Psalm 50, Übersetzung Martin Buber)*

17

**Wendung in die Horizontale**

Ansatzweise ist die bei Epple bemerkbare Wendung in die Horizontale – ins Erdoberflächliche – auch in Silja Walters ‹Epiphanie›-Gedicht verwirklicht. Eine Strophe lang wird der Fluss angesprochen: ‹Jordan sing! / Schwing / deine Wasser / über die Wüste hin.› Typisch der Appell, der Adhortativ, die Ermunterungsform. Diese Sprachgeste ist prominent in manchem Lob Gottes; sie ist – als Gebärde des Geschöpfs, das Sprache hat, an den Schöpfer – im Psalter vorgegeben, etwa in Psalm 24, wo, weil ‹der König der Herrlichkeit› einziehen soll, den Toren und den Pforten gesagt wird, sie möchten die Häupter heben bzw. die Spannweiten vergrößern.

Andere psalmisch-geistliche Rede prägt weniger die Charge des Beters oder Lobsagers, mehr das Amt des Propheten, des Endzeit-Warners, des Schiedsrichters. Sogenannt ‹apokalyptische Gedichte› von Wouter Kotte kommen dem nahe, wo sie richterlich-kritische Zeilen wagen und allenfalls ein strafendes Ende der Zeiten – nein, nicht beschwören, aber mutmaßen.

XVIII
Regenfälle erobern Täler und Berge:
das freie Atmen erstickt nach und nach
in den Versäumnissen des Tages
die Welt benötigt neue Luftfilter

mais les jeux der Ewigkeit sont faits:
das Land unterzieht sich dem Meer
wo Menschen trunken vom Himmelswasser
die Vulkane um Vergebung bitten

aber der Geist ruht im Auge des Orkans
und Er Der Licht vom Dunkel trennt
schließt Seine Hand und auf unerklärliche Weise erliegen die Zeiten.

Das ist der dunkle Psalm! Gottergeben noch, aber aus der Sicht eines Gerechten oder, je nach dem, eines gebots- und weltendbewussten Übergerechten.

**Herr- oder Gott-Texte**

Geistlich-psalmische Rede auch der endneunziger Jahre ist gerichtet. Die Textzeugen sind – man glaubt es gar nicht ohne Weiteres zu Zeiten unserer zweiten Jahrtausendwende – Legion. An den Gott, der den Bergen den Platz und dem Ozean die Größe zugewiesen habe, richtet Peter Roth seine *Schöpfungspsalmen* geheißenen Gesänge – einen Kompositionszyklus von 1999. – Vom Herrn erbittet Ilse Tielsch 1999 Rettung für die Regenpfeifer und die Krokodile – freilich nicht Rettung der einen auf Kosten der anderen; Rettung übrigens auch für den Menschen, aber zuallerletzt für den Menschen und keinesfalls auf Kosten von Regenpfeifern und Krokodilen.

Herr
der du die Regenpfeifer gemacht hast
rette die Regenpfeifer
lass sie beizeiten
aus ihrer Arglosigkeit aufschrecken
die Gefahr erkennen
gib ihnen Kraft
die furchtbare Falle zu verlassen
ehe sie zuschnappt

es steht uns nicht zu
nach den Gründen zu fragen
aus denen du die Krokodile gemacht hast
aber da du sie wolltest
rette auch die Krokodile
nur rette sie nicht auf Kosten
der Regenpfeifer

der du nach den Regenpfeifern
und Krokodilen
(vielleicht versehentlich
jedenfalls fehlerhaft)
auch noch den Menschen geschaffen hast
hilf auch ihm aus der tödlichen Falle
ehe sie zuschnappt
stärke seine Vernunft
seine Kraft seine Einsicht

nimm deine Schöpfung nicht zurück
Herr
rette die Regenpfeifer
die Krokodile
die Menschen [...]

20·21

**Beat Brechbühl et al.: *Der du die Regenpfeifer gemacht hast.* St.Gallen: VGS, 2000. Einlagige Broschur mit Schutzumschlag, Umschlag und Schutzumschlag mit breiten Kanten, 14 x 26 cm. Abb.: Schutzumschlag, Doppelseiten.**

Beat Brechbühl et al.: *Der du die Regenpfeifer gemacht hast.* St.Gallen: VGS, 2000. Single-section booklet with jacket, cover and jacket with broad squares, 26 x 14 cm. Ill.: jacket, double-pages.

## Jost Hochuli in English perspective

With his essay 'Book design as a school of thought' Jost Hochuli stated his position clearly. He argued for a typography that is conscious of its responsibilities to readers and users. He urged book designers to have the courage to think for themselves, not for the purpose of restless originality (which often turns out to be the opposite: tired imitation) but rather because only in this way can one resist the tyranny of dogma.

The force of this suggestion comes when one realizes that 'having the courage to think for oneself' can mean deciding to use methods or approaches that may be scorned by colleagues, but which are part of a longer tradition. You can decide to do it the old way, as well as decide to do it a new way. The more surprising thing – and this is the step that Hochuli has taken – is that if you really follow the Kantian maxim, you can do it the old way or the new way, as appropriate; you can fuse old and new into a new synthesis; you can even take up 'the new' when it has fallen into disuse and disfavour, so that it is now 'the old'. The virtue of Hochuli's position is that it can move on and adapt, without losing a strongly held set of principles of good practice.

As a preliminary to this discussion, one can observe that Jost Hochuli was already thinking for himself when, as a student, he began the serious art of cutting letters, primarily in wood. This already set him apart from the new orthodoxy of graphic design in Switzerland in the later 1950s and early 1960s in which the acceptable component parts of graphic design were typography, photography and 'concrete art'. This is putting it in shorthand. Perhaps there is an element of caricature here, such as one falls into too easily when looking at a culture at some distance of time as well as of place. Hochuli was, after all, learning these skills in Switzerland: first in St. Gallen in the class of Willi Baus (a former pupil of Rudolf Koch), and then in Zurich with Walter Käch (who as a young man had taken classes with Anna Simons at the Zurich Kunstgewerbeschule, and was later an assistant of Fritz Helmuth Ehmcke in Munich). It was Baus who first showed him Adrian Frutiger's *Schrift/Ecriture/Lettering,* which had been published in 1951. Hochuli bought a copy and was (and still is) deeply impressed by the beauty and skill of these woodcuts. Later, having finished his compositor's apprenticeship, and with an introduction from Rudolf Hostettler, he got to know Frutiger personally and attended his evening class in lettering at the Ecole Estienne in Paris.

The practice of formal lettering, and formal writing, proved to be one of the avenues that Hochuli found for his connection with other cultures. And here we reach the main theme of this essay: Jost Hochuli and English (perhaps British) typographic culture. The 'avenue' here is obvious enough. While the English have had a troubled, peculiar sense of what graphic design is, they have had a much surer sense of writing and lettering. Indeed, within the English Arts & Crafts movement and its after-effects, there has grown up one of the central 'corridors' of practice in cutting letters. Here I refer to the activities of William Morris (who had a developed interest in handwriting and lettering) and W. R. Lethaby (who was similarly interested); and to the full-blown practical activities of Edward Johnston and Eric Gill; and to the pupils who passed through the classes of Johnston and the workshop of Gill.[1]

One should mention also the wider tradition in England of illustration and engraving. As a prime example, there is the work of William Hogarth, whose narrative images, packed with detail, drew the attention of Georg Christoph Lichtenberg.[2] This German scientist and writer was a strong proponent of Enlightenment values. Indeed, one can see Lichtenberg as a more radical Enlightenment figure than Kant, in his rejection of all system-building. Lichtenberg's expression was gnomic, ironic, precise, where Kant's prose moved in the opposite direction – towards abstraction and grand structures. Lichtenberg turned to England for elements of culture that he

1
William Morris (1834–1896), W. R. Lethaby (1857–1931), Edward Johnston (1872–1944), Eric Gill (1882–1940). Jost Hochuli knew David Kindersley (a pupil of Gill), and knows Lida Lopes Cardozo (pupil and then partner of Kindersley), Michael Harvey and Nicholas Sloane. He appreciates their stone-cut work when it is classical, but not when it is 'modern' (in fact it is then never really modern, but rather a curious sort of English kitsch).

2
William Hogarth (1697–1764), Immanuel Kant (1724–1804), Georg Christoph Lichtenberg (1742–1799). See Lichtenberg's *Ausführliche Erklärungen der Hogarth'schen Kupferstiche,* published first in the *Göttinger Taschenkalender* between 1784 and 1796. A good English-language edition exists: Innes & Gustav Herdan (ed.): *Lichtenberg's commentaries on Hogarth's engravings.* London: The Cresset Press, 1966.

could not find in his native land. And Hogarth's art is indeed a rich source for those looking for 'the Englishness of English art': the phrase coined by Nikolaus Pevsner, another Anglophile German, in his book of this title.[3] Pevsner devotes a key chapter in this book to 'Hogarth and observed life'. Is Hogarth really a 'fine artist' at all? The story-telling, the unruly vividness of his work, tend to disrupt any overall formal composition. So it is too in the wood-engravings of Thomas Bewick, and in some of the early engravings of William Blake – in both of which one finds small worlds made with enormous care and skill, with content dominating over form.[4] These speculations about an English tradition find perhaps surprising support in Edward Johnston's *Writing & illuminating, & lettering,* where pages from Bewick's *History of quadrupeds* are reproduced as examples for the student to work with. The rest of the book's source material is drawn from much earlier times and from Latinate Christian culture.[5]

I am encouraged to refer to Bewick here, prompted by a story that Jost Hochuli told me of his discovery of this artist-writer while at secondary school. He was introduced to Bewick in the form of an early edition of *A history of British birds* belonging to an older friend: 'it left an indelible impression on me'. Much later he was able to acquire such an edition for himself (*Land birds* and *Waterbirds*). As an Honorary Member of the Double Crown Club (since 1992), he got to know Iain Bain – the leading authority on Bewick and a long-time member of the DCC.

For those who lived through the Second World War in the subjugated and the still-free countries of continental Europe, England and English culture may have a special set of associations – even now, despite all that may have happened to shift such perceptions. Jost Hochuli remembers hearing Winston Churchill's voice on the radio, as a child in the war years. Britain as a brave resister of tyranny; an island of cherishable idiosyncrasy, good humour, modesty and politeness ... Such images have stayed with him and others of his and older generations that I have met – in the Netherlands, in Belgium, in Denmark, in Norway. They will tell you about these prejudices with a laugh, saying at once that English incompetence and muddle exasperate them too. But still, they don't want to let this sentiment die.

My suggestion here, and in this essay as a whole, is not that England has seduced or influenced Jost Hochuli away from a true Swiss path. Rather it is that he has chosen England as a place in which to see things that he could not find at home: it has been a matter of choice and even invention. Hochuli went to Britain first in 1968, on a six-month visit, primarily to learn the language. But he met Berthold Wolpe then and also Beatrice Warde. He would have liked to have found a learning job at the Monotype Corporation – as many other foreign designers did before and after that time. Only unavoidable circumstances prevented him from visiting Reynolds Stone, one of the real masters within the English tradition of cutting letters in stone and engraving in wood. All these meetings came from introductions supplied by S.H. Steinberg, with whom he had had some contact from the mid-1960s, first by letter and then in a personal meeting in Switzerland.[6]

As Hochuli has done much to make clear, it was Rudolf Hostettler who showed the way in keeping an open mind, working in different ways, as appropriate.[7] As editor of the *SGM/TM/RSI* he presided over the debates and duels of Swiss typography with an attitude of calm fairness. Hostettler had visited London just before the war, and after 1945 he developed good friendships with people there, notably with the printing journalist Pincus Jaspert and with Herbert Spencer, the graphic designer and editor of the journal *Typographica*. Other figures in the Swiss typographic culture, not then known personally to Hochuli, must have entered his consciousness in those years. I think here of Max Caflisch, in whose work one might find 'English' traits (and who was also elected to the Double Crown Club in 1992). Certainly Caflisch played some role in introducing Stanley Morison's work into Swiss typographic culture.[8] The Swiss branch of the Monotype Cor-

3
Nikolaus Pevsner: *The Englishness of English art*. London: Architectural Press, 1956. The book derived from the Reith Lectures, given by Pevsner on BBC Radio in 1955. In 1933, dismissed from his position at the University of Göttingen, Pevsner left Germany for England.

4
Thomas Bewick (1753–1828), William Blake (1757–1827).

5
Edward Johnston: *Writing & illuminating, & lettering,* London: Hogg, 1906.

6
S.H. Steinberg (1899–1969) had come to Britain from Germany in 1937. He was a general historian, but with a special interest in printing, most evident in his book *Five hundred years of printing* (first published 1955). He became part of the circle around Stanley Morison.

7
Rudolf Hostettler (1919–1981) was the subject of the first of Hochuli's Typotron publications (1983) and plays some role in all of his subsequent publications on book design.

8
As some evidence for this: in 1966 a new German translation by Max Caflisch and Kurt Gschwend of Morison's *First principles of typography* was published in a limited edition in Berne (as *Grundregeln der Buchtypographie*).

poration – its office was in Berne – was an important commercial and cultural conduit for Morison's work and English typographic culture more generally. By contrast, for obvious reasons, there could be no such base for Monotype in Germany in the 1930s. This was so even after 1945. In these years – to simplify – Switzerland was Monotype territory, and in Germany Linotype ruled the scene.

More significantly still for Hochuli, there was the work of Jan Tschichold.[9] Since the middle-1930s, Tschichold had begun to show an active interest in England. He made important visits to London in 1935 and 1937, encountering the English typographic culture of the Double Crown Club and the circle around Stanley Morison. Then, of course, there had been his extended stay in 1947–49 and 'my reform of Penguin Books', as he termed it in his article about the adventure.[10]

One can say about Tschichold, as about Hochuli and several others, that he treasured the ideals of freedom and fairness to be located in English culture.[11] But can one really see 'English traits' in the work of Tschichold? I think rather that one can see a new creation: a classical or traditional typography done with considerably more elegance and refinement than one finds in the – frankly clumsy – practical work of Stanley Morison or of lesser figures such as George W. Jones (Morison's more homespun equivalent at the British Linotype company). Francis Meynell and Oliver Simon were two others who belonged to the 'Morison circle' and who worked at a higher level of sophistication in design than the colleague of theirs who wrote down the 'first principles of typography'. Simon was knowledgeable about German typography. He was the person who suggested Tschichold to Allen Lane, the publisher of Penguin Books, and his mature design work looks towards Germany. So too Meynell – notably in his Nonesuch Press work – showed a notably European strain, both in the design and in the nature of some of the books he selected.[12]

Such facts must unsettle any simple ideas of national character in typography. And one could go on. For example, two of the most creative and productive designers in post-1945 Britain – they worked into the 1970s – bore suspiciously German names: Berthold Wolpe and Hans Schmoller. Of course, they had been German; but in these years they became central figures in the English typographic scene.[13] One can see their influence and effects still. Schmoller's legacy is even now, despite the depredations of crass marketing-design on the covers, to be seen in the design of the interiors of Penguin editions. Wolpe's Albertus typeface is used as the house letter of the City of London. Was their work 'German'? Or was it 'English'? It was certainly done in Britain for British clients. Let us just call it 'European'. By this I mean a classical, civilized, enlightened manner that is content to use common assumptions, and to design appropriately within these assumptions.

Jost Hochuli became a friend as well as a colleague of Berthold Wolpe; such a friendship could only help to confirm his Anglophilia. He admired Hans Schmoller's work, but they did not know each other personally. My suggestion is that at some point Hochuli's work began to join that of such figures in this shared ground of an enlightened, European approach. To reinforce this, one could mention here some native-British Continentally-minded designers who have also joined this approach, and with whom Hochuli has had friendly collegial relationships. For example, John Ryder, in his work at the Bodley Head publishing house, was able to continue the enlightened spirit of Francis Meynell and Oliver Simon.[14] Another example would be Ron Costley, who pursues good standards of design and production as chief book designer at Faber & Faber, the firm that was Berthold Wolpe's long-term employer.

Of course, seen from England, Jost Hochuli's work looks Swiss; certainly it does not look English. But some of this impression must be due to the banal fact that much of it is done for Swiss clients and will probably use one or more of the languages of Switzerland.[15] These things alone tell us we are looking at something from that country. Less banal attributes of Hochuli's work are the high

9
'Indeed, I am Tschichold-impregnated', he once wrote. Paul Barnes (ed.): *Jan Tschichold: reflections and reappraisals.* New York: Typoscope, 1995, p. 39.

10
Jan Tschichold: 'Meine Reform der Penguin Books', *Schweizer Graphische Mitteilungen.* June 1950, pp. 264–70.

11
In 1965 Tschichold was awarded the status of 'Honorary Royal Designer for Industry' (Hon RDI) by the Royal Society of Arts in London. He cherished the addition of these letters after his name. Hochuli has an English title after his name, from the Society of Typographic Designers – 'Hon FSTD' – and jokes that this gives him a 'terribly important English feeling – I see myself with bowler hat and umbrella.' In the Netherlands, I think of designers such as Sem Hartz (1912–1995), type designer and employee at Joh. Enschedé en Zonen, and graphic designers such as Kees Kelfkens (1919–1987) and Harry Sierman (born 1927). These last two, with their almost fanatical concern for detail, exemplify the 'English tendency' to look at the particular and not the general. Of Hartz, David McLean wrote in an obituary: 'As a Dutch Jew, he spent the war in hiding, his hopes kept alive by listening to Churchill's orations on a clandestine wireless. As a result he became a great Anglophile (to say the least) and after the war he often came to London where he made many friends amongst members of the Double Crown Club and Wynkyn de Worde Society.' (*Bulletin of the Printing Historical Society,* no. 41, 1996, p. 27.)

12
For example, the Nonesuch Press list included translations of two plays by Ernst Toller: *Masse–Mensch* (1921) was published as *Masses and man,* 1923; *Hinkemann* (1923) as *Brokenbow,* 1926. Francis Meynell came from a liberal family and took part in left-pacifist politics in these years.

13
Berthold Wolpe (1905–1989) left Germany in 1935 to settle in England. Hans Schmoller (1916–1985) left Germany for South Africa in 1938 and spent the war years in Africa. In 1947 he settled in England; his parents had been killed in Auschwitz.

14
John Ryder (1917–2001) also acted out the interaction of cultures in his own life, as well as in his design work. His wife, Herta, was German and Jewish.

15
Jost Hochuli tends to describe Switzerland as provincial. And he will tell you that, living all his life in St. Gallen, his situation is doubly provincial. Certainly Basle or Zurich are on the world map of typography; but St. Gallen is not, or not unless we find that Hostettler and Hochuli have put it there. The annual meetings of ATypI (Association Typographique Internationale) have played an important role for Hochuli in letting him out of the 'snail's shell' (as he puts it) of his home town. After his first attendance at an ATypI meeting, at Basle in 1974, he began to join the small international college of typography – made up of those designers with an interest in discussion of what they do, in the culture and history of their practice. The educational seminars of ATypI were especially important for him.

standards of production and the materials (paper, cloth) on which Hochuli is fortunate to be able to rely. These too are Swiss qualities. They ensure that his often sparing and simple design work has a dignity, an assurance, which could not exist with defective production or second-rate materials.

A more intriguing perception is that Hochuli's work seems 'Swiss' rather than 'German'. Here one cannot use 'good production qualities' as the lever of difference, because those are common in Germany too. Rather it is a matter of a lightness of touch, a modesty in his work – where in Germany appearances tend to be more imposing. This difference can be seen if one compares Hochuli's writings on typography – the booklet *Detail in typography*, and the booklet (now book) *Designing books* – with the magnum opus of Hans Peter Willberg (and Friedrich Forssman), *Lesetypographie*.[16] *Lesetypographie* is large, systematic, and seems to cover every eventuality. By contrast, Hochuli's books are small compilations of detailed perceptions, with the minimum of theoretical baggage. Both Willberg and Hochuli are certainly men of the latterday Enlightenment, and both have produced splendid bodies of civilizing design work. But one may recall the contrast I sketched above between Kant and Lichtenberg: the great system builder (who never left Königsberg), and the distruster of systems (who travelled to England).

At this point I would want to turn the tables of this cultural investigation, and commend the typography of Jost Hochuli to the English, for the things that they might learn from it. Here are some of the lessons.

For those young Britons now besotted with all things 'modern': small sizes of Helvetica, set in long lines across the whole width of a page, visible display of a grid, dazzling white paper, and all other signs of nostalgic revivalism (the golden year of 1962!). They should have a look at the work shown in this book. Consider the fact that it is possible to do it differently, even in Switzerland in the 1960s.

For those who are still interested in the idea of going beyond the material, of subjecting it to their design will, of adding impressive rules, of slanting and shaping and superimposing and 'layering', of sending the reader to a labour camp: consider the virtues of quietness and of letting the material speak for itself.

But it seems now that these tendencies are not confined to the young British. One sees them all over, even in Switzerland itself. No doubt they will pass, and the fashion will be for something different again. Then Jost Hochuli's approach to design will continue to have value for us, as it pursues a steady course, following principles that one can sense, but which it may be impossible to codify.

In Hochuli's work one can observe the delight of a designer who also has editorial responsibility. This may be another 'English characteristic': it is something that tends to do well in the rather literary culture of Britain, in which skill with words and attention to verbal detail are highly valued. Hochuli modestly says that he helped to start the VGS because this was the only way in which he could get to design books. This venture has allowed him to work intimately with content, often of a rich, abundant kind: books that are overflowing with text and with significant images that have to be treated with care. There is a lesson here for young designers: try to get involved with the content of what you are designing, and in that way the work becomes pleasurable and rewarding, more so than if you have to work with material given as a 'fait accompli' and which is not open to change.

This 'English perspective' has seemed to throw some light on Jost Hochuli's work, especially the classical sobriety of his formal lettering and the openness of his approach to designing books. I have suggested that his work does not exactly have 'English' qualities, and that it makes better sense to think of it as sharing in a spirit of European enlightenment. But the distinction of this work does become clearer when one sees it in the light of things that have happened in England. *Robin Kinross*

16
Hans Peter Willberg & Friedrich Forssman: *Lesetypographie*. Mainz: Schmidt, 1996.

Das alte Gaswerk der Stadt St.Gallen im Riet

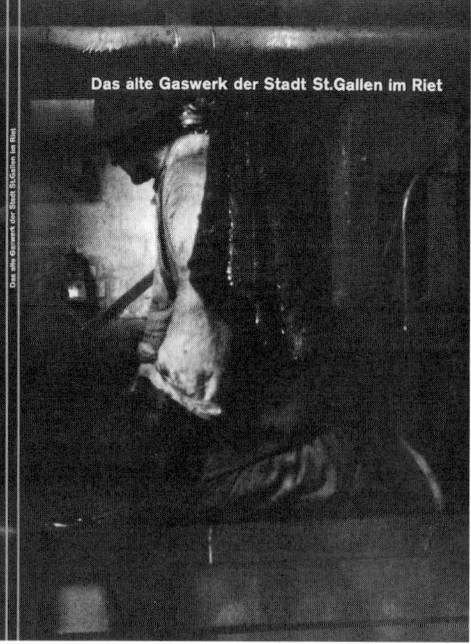
Das alte Gaswerk der Stadt St.Gallen im Riet

Ein eigentliches ‹Brückenmuseum› bildeten die Viadukte aus Stein und Holz im Westen der Stadt, heißt es, jene das Sittertobel bezwingenden Kunstbauten aus drei Jahrhunderten. Es sind die Hüsli-Bruggen im Kubel, es ist die 98 Meter hohe BT-Brücke, es ist ferner die nicht weniger hohe Haggenbrücke, die Kräzern-Straßenbrücke aus den Anfängen des Kantons, die SBB-Brücke und die Fürstenlandbrücke, die den überaus treffend Bruggen genannten Westen unserer Stadt zur berühmten Brückenlandschaft machen. Markige, dekorative Sprüche zieren das Gebälk der Grubenmannschen Hüsli-Brugg: ‹Die Brugg in deißem tieffen Tobel wird genant Allhier im Kobel› Und ihr Meister ruft sich mit dem Hinweis ‹Die Brug war gebauen Jm Jahr Anno 1780› in Erinnerung.

Ein Vater, der mit seinen Kindern diese Tobeltiefe durchstreift, hat nirgends so reiche und gute Gelegenheit, heimische Geologie und Verkehrsgeschichte zu betreiben wie gerade hier und damit ein Stück erlebtes Verständnis der Landschaft um St.Gallen zu vermitteln.

19

20

21

**Martel Gerteis:** ***Das alte Gaswerk der Stadt St.Gallen im Riet.*** **St.Gallen: Stadtverwaltung, 1967. Einfache Broschur, klebegebunden, 17,5 x 24 cm. Abb.: Umschlag (Vorder- und Rückseite), Doppelseiten.**

Martel Gerteis: *Das alte Gaswerk der Stadt St.Gallen im Riet.* St.Gallen: Stadtverwaltung, 1967. Perfect-bound paperback, 24 x 17,5 cm. Ill.: cover (front and back), double-pages.

**Hermann Bauer:** ***St.Gallen und seine Landschaft.*** **St.Gallen: Fehr'sche, 1972. Papierband, klebegebunden, 17,5 x 24 cm. Abb.: Einband (Vorder- und Rückseite), Doppelseite.**

Hermann Bauer: *St.Gallen und seine Landschaft.* St.Gallen: Fehr'sche, 1972. Perfect-bound hardback, cased in paper, 24 x 17,5 cm. Ill.: binding (front and back), double-page.

## St.Galler Gassen

Das Bändchen enthält dreiunddreißig kurze Beschreibungen aller Gassen, Straßen und Plätze der Altstadt von St.Gallen. Diese ‹Kurzporträts›, welche vorwiegend die Geschichte der einzelnen Gassen skizzieren, verfaßte Stadtarchivar Ernst Ziegler. Die Brücke zur Gegenwart schlägt Michael Guggenheimer mit Photographien aus dem heutigen St.Gallen. Sie halten das Leben in diesen Gassen fest und zeigen Sehenswürdigkeiten, Idyllen sowie allerhand Merkwürdiges.

## St.Galler Gassen

Dreiunddreißig Kurzbeschreibungen aller Gassen, Straßen und Plätze von St.Gallens Altstadt, aufgezeichnet von Stadtarchivar Ernst Ziegler; dazu mehr als fünfzig idyllische und merkwürdige Photos von Michael Guggenheimer; Zusammenstellung und Entwurf von Jost Hochuli.

St.Galler Verlagsgemeinschaft

### Die Zeughausgasse

Zu den bescheidenen und eher stillen Gassen unserer Stadt gehört die verwahrloste, aber idyllische Zeughausgasse. Wohl die wenigsten St.Galler suchen sie zwischen St.Laurenzenkirche und dem ‹Schlößli›, obwohl sie seit 110 Jahren so heißt. – In der Gemeinderatssitzung vom 23. März 1865 wurde beschlossen, die Straße von der St.Laurenzenkirche bis zum alten Theater (das älteste Theater der Stadt St.Gallen stand in der Gegend des Karlstores) statt wie früher ‹hinter Mauren› von nun an Zeughausgasse zu nennen.

Wo der Touristenstrom nicht fließt

Die Schiedmauer führte noch zu Anfang des 19. Jahrhunderts vom Spisertor zum Müllertor. Von dieser Mauer ist schließlich nur noch das Stück an der Zeughausgasse erhalten geblieben. Aus diesem Grunde bezeichnete man diese Gegend bis 1865 einfach ‹hinter der Mauer›. Im Jahre 1828 erhielt die Marktgasse eine ‹gerade Fortsezung in das Regierungsgebäude und in die Domkirche›, weil eine ‹Einfahrt in den Klosterhof durch Eröffnung der Mauer› geschaffen wurde. Ein Jahr später zeigte die Regierung an, ‹daß sie in Hinsicht auf allfällige Feuersgefahr und um die Verbindung zwischen den verschiedenen Theilen der Stadt und dem anstoßenden ehemaligen Stiftsgebäude nach Möglichkeit zu erleichtern, sich entschlossen habe, in der Ecke links des Theaters die Klostermauer zu durchbrechen und eine bequeme und sichere Einfahrt herzustellen›. Das Klostertor, das in der Achse der heutigen Kugelgasse lag und zwei Tore hatte, verschwand 1840.

Das Zeughaus der Stadt St.Gallen stand ursprünglich auf dem Bohl; der Grundstein war 1556 gelegt worden. Georg Leonhard Hartmann schrieb darüber 1828 in seiner *Beschreibung der Stadt St.Gallen:* ‹Das sonsten der Stadt zugehörige, wohlbestellte Zeughaus auf dem Bohl mußte beim Entstehen der Helvetischen Republik im Jahre 1798 von unserer Stadt der Zentralregierung überlassen werden. Bald hernach verfügten die Franzosen willkürlich über alles, was sich da vorfand. Späterhin aber wurde es von der jetzigen Kantonsregierung wieder in einen respektablen Zustand versetzt.›

10

Mit der Zeit war dieses Arsenal ‹für Aufbewahrung der Feldstücke und Waffen› zu klein. Darum wurde von 1838 bis 1840 nach den Plänen und unter der Bauleitung von Felix Wilhelm Kubly (1802–1872) das neue Zeughaus am Nordrand des Klosterhofes errichtet. An der Stelle, wo jetzt das im ‹florentinischen Palazzostil der Frührenaissance› erbaute Gebäude steht, befanden sich einst ‹neben alten häßlichen Ställen, Schopfungen und Fledermausnestern, ein schief gestelltes großes Wohn- und Ökonomiegebäude, das Bußner-, später Lumpert'sche Wirthshaus›.

Seit dem Ende des 19. Jahrhunderts steht auf der Kreuzbleiche das jetzige Zeughaus. Das alte beim Klosterhof beherbergte von 1898 bis 1969 die städtische Brandwache. Als Erinnerung an das alte Zeughaus geblieben sind die Bezeichnung ‹Zeughausflügel› und der Name ‹Zeughausgasse›.

### Die Webergasse

Lange nach der Klostergründung im Hochtal der Steinach, nachdem sich die Zahl der Mönche und Schüler, der Beamten und Knechte des Gallusklosters vermehrt hatte und immer mehr kirchliche und weltliche Gebäude um die Kirche entstanden waren, sah sich der Abt genötigt, ‹von den Klostergütern geschickte Arbeiter heranzuziehen und sie neben dem Klosterbezirke anzusiedeln, damit sie hier unter der Leitung von Klosterbeamten zunächst für die Bedürfnisse des Klosters ihr Handwerk betrieben. Er schenkte ihnen Hofstätten, um sich Häuser darauf zu bauen und sie gegen geringen jährlichen Zins zu bewohnen; denn aller Grund und Boden ringsum gehörte ja dem Kloster. So entstand zuerst das Quartier der Weber, der Schmiede und der Bäcker, die Weber-, Schmied- und Multer-Gasse, in nächster Nähe des Klosterbezirks›. So erklärt Hermann Wartmann in seinem Neujahrsblatt über *Das alte St.Gallen* (1867) das Wachsen des Klosters zur Stadt.

Haus zum Strauß an der Webergasse 26

Diese Stadt St.Gallen gilt seit alten Zeiten als Leinwandstadt. Zur Leinwandherstellung gehörte zu allererst das Spinnen und Weben, sodann das Bleichen und Färben und schließlich die Leinwandschau. Im 12. und 13. Jahrhundert war Konstanz in gewerblicher und kaufmännischer Hinsicht allen anderen Städten in der Umgebung des Bodensees überlegen. – Erst aus dem 14. Jahrhundert liegt ein Bericht vor, der den Übergang des Leinwandgewerbes von Konstanz nach St.Gallen schildert: ‹In seiner Abtey war er [Abt Hermann von Bonstetten, 1333 bis 1360] nit vast glückselig, welches mehrentheils die aufrürrischen Bürger zu St.Gallen verschafet; den als sie den Lynwat Gewerb von Costantz nacher St.Gallen gezogen, und selbiger mit glücklichem Aufgang sie reich und berümbt gemacht, haben sie anfangen gen ihren natürlichen Oberherrn und Prälaten zu rebelliren.›

Die Weber und solche, ‹die bereits etwas Handel trieben›, gehörten der Weberzunft an. Ihre Satzungen von 1438 werden noch im Stadtarchiv verwahrt. In St.Gallen wohnten sie seit jeher im Gebiet der heutigen Webergasse. Im Westen ihrer Siedelung lag eine Bleiche, die sogenannte Webersbleiche, zwischen Leonhard- und Poststraße, Oberem Graben und Schützengasse.

Vor 500 Jahren standen an der Webergasse 26 Häuser, heute sind es weniger als 20. Dazu gibt Hartmann folgende Erklärung: ‹Man kleckste nämlich bis ins XVI. Jahrhunderte in der Stadt noch ein Nest zur Wohnung hin, wo nur etwas Raum war. Späterhin aber wurden zuweilen zwei bis drei kleine Häuser zusammengekauft, niedergerissen und dafür ein einzelnes stattlicheres Gebäude hergestellt. Daher, ohngeachtet die schöne Baukunst noch selten bis zu uns vorgedrungen ist, sich nunmehr doch manche ansehnliche Wohnhäuser vorfinden.›

18

Dieses Zusammenkaufen kleinerer Häuser fand in St.Gallen immer wieder statt: zum Beispiel um das Jahr 1930 an der unteren Neugasse und am Bohl und in neuerer Zeit an der Schmiedgasse.

An der Webergasse wohnten im Jahre 1475 rund 70 Steuerpflichtige, das heißt um die 350 Personen. Wie viele davon Weber waren, kann kaum ermittelt werden. Im Steuerbuch verzeichnet sind: ‹Hans Fonbüler, Schwenkely sin Tailweberin [Lohnweberin?]; Hainrich von Fonbüll, sin Tailweber; Kaspar Rainsperg, sin Tailweberin; Bilgry Schüchti, sin Tailweber.› – Nach einer Auskunft des Verwaltungsrechenzentrums leben heute noch 88 Personen an der Webergasse.

Durch den hinteren Eingang erschienen auch ab und zu «Büezer» der Umgebung. Für sie war der «Franz» günstig gelegen, denn man konnte ungesehen wieder Richtung Goliathgasse verschwinden…

Auch wir waren hier geborgen. Es konnte uns nichts passieren, denn unser erster Beleuchter hatte eine Glocke von der Wirtsstube zur Bühne gelegt; mit dieser konnten wir eingerufen werden, wenn wir zum Auftritt mußten. Es gab verschiedene Klingelzeichen: Einmal kurz galt dem Bühnenmeister und viermal lang ging uns alle an. Abends nach der Pause wurde auch das Publikum aufgefordert, daß das Spiel nun weitergehe. – Sogar im Programmheft des Theaters war dieser Dienst am Kunden erwähnt. Das half einem eifrigen Telephonbeamten auf die Sprünge, und die Glocke, die zwanzig Jahre lang zu unser aller Beruhigung funktioniert hatte, mußte abmontiert werden! – Es gab dann bald die ersten Pannen: Ein Kollege im Kostüm, was zwar streng verpönt war (es waren ja nur ein paar Schritte vom Bühnenausgang an der Hechtgasse bis zum «Franz»), hatte sich bei einem Bierchen verschwatzt, verpaßte seinen Auftritt und ließ uns minutenlang improvisieren – bis er eben geholt statt eingeklingelt werden konnte!

Das Wirteehepaar war eifrig um unser leibliches Wohl besorgt und unzählige belegte Brote wurden von unseren Betreuerinnen über die Gasse geholt. – Im finsteren Durchgang zum Hof war links der Eingang zur Wirtsstube und rechts der Eingang zu einer Art Extrazimmer, mit einem uralten Klavier, wo ab und zu Betriebsversammlungen der Bühnenarbeiter abgehalten wurden. Dieser Durchgang war mir besonders kommod, konnte ich doch dort jederzeit mein Velo an den Schärmen stellen!

Nun, im neuen Theater gibt es keinen solchen Durchgang und keinen «Franz» mehr – dafür eine Kantine, allerdings bloß eine mit Automaten, ohne freundliches Wirtepaar, ohne Podest mit «Gländerli», ohne Stammtische…›

Wer die Geschichte um die geplante Restaurierung des ehemaligen Katharinenklosters verfolgte, erinnert sich vielleicht, daß die Ereignisse im vergangenen Jahrzehnt vorübergehend zu einer Gefährdung der ehemaligen Klosteranlage führten. Aus einem Bericht des Stadtrates an den Gemeinderat erfahren wir, daß nach dem Verkauf des alten Stadttheaters 1962, am Bohl der Bau eines Warenhauses projektiert wurde. Für dieses Bauvorhaben hätten das Restaurant Franziskaner, die einstige Buchdruckerei Weiß und das sogenannte Fundus-Haus nebst dem alten Theater abgebrochen werden sollen. Nur der Kreuzgang von St.Katharinen mit den zugehörigen Fassaden und Türmen wäre erhalten geblieben.

Nun wird ja das alte St.Katharinenkloster restauriert und ‹eine künftige Neuüberbauung der südlich anschließenden Häuserzeile (ehemaliges Theater und «Hecht»)› projektiert. ‹Das im Vordergrund stehende Projekt sieht einen reizvoll gestalteten Hof zwischen der geplanten Bebauung am Marktplatz und der Klosteranlage vor. Dieser schafft mit einer Öffnung zum Bohl über Fußgängerarkaden mit Läden und Restaurant die erwünschte Beziehung zwischen dem Kloster und den Fußgängerbereichen der Altstadt.›

Ob es nach Restaurierung und Überbauung wieder eine Hechtgasse und einen ‹Franz› geben wird? Jedenfalls soll das ehemalige Restaurant Franziskaner auch erneuert werden: ‹Der bestehende Durchgang zum Hof und zum Kreuzgang soll gegen Osten verlegt werden, um für die künftige Nutzung bessere Raumverhältnisse zu schaffen. Das Erdgeschoß und das erste Obergeschoß sollen voraussichtlich wieder für eine Gaststätte Verwendung finden. In den übrigen Geschossen sind Wohnungen vorgesehen.›

56

Joh. Georg Wirth, Stadtpfarrer und Dekan, 1785–1869

**Die Augustinergasse**

Vom Schibenertor bis zum oberen Ausgang der Augustinergasse, wo bis 1838 das Spitztürmli stand, zog sich bis ins 19. Jahrhundert die Stadtmauer hin. Das Schibenertor wurde 1837 abgebrochen; die Mauer stürzte teilweise selber ein und diente schließlich um 1835 der Ausfüllung des Stadtgrabens, welcher einst vor der Stadtmauer entlang führte.

Lebendige…

In diesem Teil des Grabens, der trocken war, wurden Hirsche gehalten, weshalb er Hirschengraben hieß. Eine Auslage des Bauamtes im Seckelamtsbuch von 1419 lautet: ‹Dem Sennen 15 Schilling Pfenning: fürt Holtz, Tiln und Hö den Tierlin›; eine andere: ‹Bärschin Schönenberg 12½ Schilling Pfenning: werchet 5 Tag an der Tierly Huß.› Es darf angenommen werden, daß es sich bei diesen ‹Tierli› schon um die Hirsche im Stadtgraben handelt.

Die heutige Augustinergasse, eine ähnlich ruhige Gasse wie die Schwertgasse, gehörte einst zum Hopsgermoos und verlief zwischen der Stadtmauer und der westlichen Häuserzeile der Engelgasse vom Schibenertor an in nördlicher Richtung. Damals war die Stadtmauer noch frei von Häusern; später baute man da und dort Schöpfe und kleinere Häuser an die Mauer, über denen sich der Wehrgang hinzog. Die westliche Häuserzeile der Augustinergasse dürfte im 19. Jahrhundert nach und nach entstanden sein – waren doch nach 1800 ‹die Ringmauern den anwohnenden Häuserbesitzern überlassen worden und erhielten, in der Umwandlung zu Façaden von Wohnhäusern, ein weit froheres Ansehen›. Diese Häuser waren ursprünglich nur zweistöckig, weil sie nicht höher als der Wehrgang der Mauer sein durften. Das ganze 19. Jahrhundert hindurch konnte hier nicht höher gebaut werden, weil ‹die Gasse eng sei und durch Höherbau der äußern Häuserreihe dem innern Wohngebäudekomplex zu viel Luft, Licht und Sonne geraubt werde›. Erst die revidierten ‹Bauvorschriften für die westliche Häuserreihe an der Augustinergasse› vom 19. Dezember 1900 gestatteten dann den Hauseigentümern, ein drittes Geschoß (Parterre und zwei Stockwerke) aufzubauen. (Ähnliche Bauvorschriften gab es für

68

…Altstadt

die Ostseite der Schwertgasse und die Nordseite der Zeughausgasse.)

Was nun den Namen der Gasse betrifft, so ist dazu folgende Eintragung im Gemeinderats-Protokoll vom 11. Januar 1866 interessant: ‹Die bis anhin unter dem Namen hintere und vordere Engelgasse werden von nun an, erstere als äußere […] und letztere als innere Engelgasse […] bezeichnet.› Im Gegensatz zur Vorderen Engelgasse hieß also die Augustinergasse bis 1866 Hintere Engelgasse. Von 1866 an war sie dann eben die Äußere Engelgasse. Als solche kommt sie noch im Adreßbuch von 1880 vor: Es ist dort die ‹Cäcilienhalle› des Wirtes Johann Ulrich Zellweger aufgeführt.

Augustinergasse wird sie in den Häuserverzeichnissen erstmals 1883 genannt, wahrscheinlich nach dem ‹Augustiner› des Steinhauers und Wirts Ulrich Mötteli. (Damals gab es an dieser Gasse noch das Haus ‹Hirschengraben›.)

**Der Obere Graben**

Es hat die Statt auch einen tieffen Graben, in welchen theils das Irenwasser fließt, im mehreren Theil aber Gras wächset, darinnen vil springende Hirschen mit Lust anzusehen sind.›

Die Entwicklung der Kriegstechnik ließ Graben und Mauern als Stadtbefestigung wirkungslos werden. Als ‹solche Festungsanstalten für unsere Stadt mit Recht als unnötig erachtet wurden›, überließ man, nach Georg Leonhard Hartmann, die Ringmauern den anwohnenden Häuserbesitzern.

(Auf solche Schutzmaßnahmen konnte man nur in wenigen Ländern verzichten. So gibt es, wie Fernand Braudel darlegt, auf der britischen Insel praktisch keine Stadtmauern – ‹wodurch die Engländer nach Ansicht der Volkswirtschaftler manche unnütze Ausgabe einsparen›.)

Im Jahre 1802 wurden am heutigen Oberen Graben, außerhalb der Mauer, vom Multertor an aufwärts, die ersten Häuser errichtet. Wie die seit 1792 vor dem Brühltor an der Rorschacher Straße erstellten Neubauten, wurde auch die Häuserreihe am Oberen Graben nach einem bestimmten Schema gebaut. Salomon Schlatter schreibt: ‹Dicht an der Straße steht die geschlossene Reihe der Wohnhäuser, dahinter vermittelt eine gemeinsame Hintergasse den privaten Verkehr des Quartiers, anderseits begrenzt durch eine Reihe niedriger Hintergebäude mit Stallung, Waschhaus, Holzschopf etc., und hinter diesen liegen die Gärten. Beide rechnen noch nicht mit weiterer, rückwärtiger Überbauung.›

Nach den *St.Gallischen Jahrbüchern* von 1835 bis 1841 verdankt unsere Stadt dem Gemeinderat von 1837 und dem Verwaltungsrat (Bürgerrat) ‹den Beschluß, Plan und wesentlichen Beginn einer allmählig zu vollendenden Ausfüllung der Stadtgräben, Erweiterung und Verschönerung der Eingänge in die Stadt und Anlegung wohlgefälliger, mit Trottoirs versehener Kommunikations- und Spazierwege um eben dieselbe›. – Der einstige Graben vom Grünen Turm bis zum Platztor war bis 1841 ausgefüllt. Auf dem gewonnenen Platz konnten Gärten angelegt werden.

Obwohl in diesen Grabengärten die Errichtung von Gebäulichkeiten verboten war, wollten schon bald einige Gartenbesitzer Häuschen erstellen. Die beiden Räte waren aber der Meinung, ‹daß die ungeregelte und willkührliche Erstellung von Gartenhäusern nicht nur den Zweck einer durch Ausfüllung der Stadtgräben beabsichtigten Verschönerung der Umgebungen verfehlen, sondern sogar Anstände und Streitigkeiten unter den Gartenbesitzern selbst herbeiführen könnte›. Sie beschlossen deshalb, ‹die Erstellung von Gartenhäusern in den Gärten der ausgefüllten Stadtgräben und des Burggrabens› nur unter folgenden Bedingungen zu gestatten: ‹1. Daß die Gartenhäuser stets unter der Oberaufsicht der beiden Herren Bauherren aufgeführt und ihnen vor der Errichtung zeitige Anzeige gemacht werde. 2. Daß die Seitenwände und das Dach nur durchbrochen aus Latten bestehen sollen. 3. Daß sie mit Inbegriff des Firsts höchstens 9 Schuh Höhe haben. 4. Daß sie wenigstens 6 Schuh von der Straße und dem Trottoir entfernt seyn sollen. 5. Daß sie auf Erkanntniß beider Behörden ohne Einrede und ohne Schadenersatz jederzeit wieder entfernt werden müssen.› – Diese Bedingungen wurden am 8. Mai 1841 im *Tagblatt der Stadt St.Gallen* veröffentlicht – von Parkplätzen, wie sie heute viele der einstigen Grabengärten zieren, steht nichts in dieser amtlichen Bekanntmachung geschrieben…

**Burggraben und Glockengasse**

Altstadt braucht nicht alt zu sein

Der Burggraben wird bereits in der Quartiereinteilung aus dem Jahre 1378 erwähnt. Er erstreckte sich damals vom Spisertor über den Bohl bis zum Löchlibad um die halbe alte oder obere Stadt und trennte die außerhalb der Stadtmauer liegende Gegend von der Stadt. Der Graben, welcher seit dem Mittelalter die Stadt umgab, war bis auf das Stück zwischen Spisertor und Brühltor trocken; nur der heutige Burggraben war ein Wassergraben.

Nachdem um 1422 das St.Katharinakloster, der Irahügel mit St.Mangen und das Hopsgermoos ebenfalls mit Mauer und Graben umfangen worden waren, wurde der Graben zwischen Schibenertor und Brühltor zugedeckt.

Der übrig gebliebene Teil des Burggrabens erfuhr in der ersten Hälfte des 19. Jahrhunderts eine grundlegende Umgestaltung: Am 21. Juli 1833 wurde in der Gemeindeversammlung ein Projekt zur Deckung des Burggrabens genehmigt. Die an der Brühlgasse wohnenden und an den Burggraben stoßenden Hauseigentümer durften den ‹vom Brühl- bis Speiserthor sich hinziehenden schlammigen Stadtgraben› mittelst eines Gewölbes überdecken. August Näf schrieb in den *Jahrbüchern der Stadt St.Gallen* von 1834, dieses schöne und nützliche Unternehmen habe allgemeine Teilnahme erregt und das Werk sei unter Aufsicht der beiden Bauamtsverwaltungen nach Plan und Anleitung des Ingenieurs und Straßenbauinspektors Alois Negrelli auf Kosten der anstoßenden Hausbesitzer rasch begonnen worden. Der Verwaltungsrat (Bürgerrat) schoß dort, wo es nötig war, Geld vor, und die Bauämter der Politischen und der Ortsbürgergemeinde lieferten zur Ausfüllung des

73

Ernst Ziegler: *St.Galler Gassen.* St.Gallen: St.Galler Verlagsgemeinschaft (später VGS Verlagsgemeinschaft St.Gallen), ²1977. Papierband, klebegebunden, 17,5 x 24 cm. Abb.: Einband, Innentitel, Doppelseiten.

Ernst Ziegler: *St.Galler Gassen.* St.Gallen: St.Galler Verlagsgemeinschaft (later VGS Verlagsgemeinschaft St.Gallen), ²1977. Perfect-bound hardback, cased in paper, 24 x 17,5 cm. Ill.: binding, title-page, double-pages.

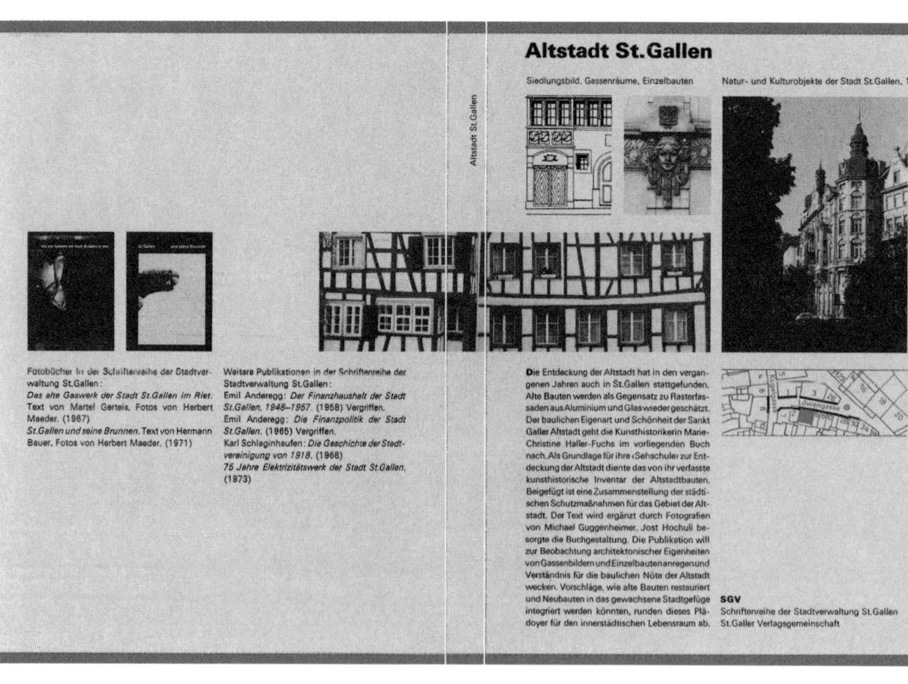

Fotobücher in der Schriftenreihe der Stadtverwaltung St.Gallen:
*Das alte Gaswerk der Stadt St.Gallen im Riet.* Text von Martel Gerteis, Fotos von Herbert Maeder. (1967)
*St.Gallen und seine Brunnen.* Text von Hermann Bauer, Fotos von Herbert Maeder. (1971)

Weitere Publikationen in der Schriftenreihe der Stadtverwaltung St.Gallen:
Emil Anderegg: *Der Finanzhaushalt der Stadt St.Gallen, 1948–1957.* (1958) Vergriffen.
Emil Anderegg: *Die Finanzpolitik der Stadt St.Gallen.* (1965) Vergriffen.
Karl Schlaginhaufen: *Die Geschichte der Stadtvereinigung von 1918.* (1968)
*75 Jahre Elektrizitätswerk der Stadt St.Gallen.* (1973)

Altstadt St.Gallen

# Altstadt St.Gallen

Siedlungsbild, Gassenräume, Einzelbauten

Natur- und Kulturobjekte der Stadt St.Gallen, 1

Die Entdeckung der Altstadt hat in den vergangenen Jahren auch in St.Gallen stattgefunden. Alte Bauten werden als Gegensatz zu Rasterfassaden aus Aluminium und Glas wieder geschätzt. Der baulichen Eigenart und Schönheit der Sankt Galler Altstadt geht die Kunsthistorikerin Marie-Christine Haller-Fuchs im vorliegenden Buch nach. Als Grundlage für ihre ‹Sehschule› zur Entdeckung der Altstadt diente das von ihr verfasste kunsthistorische Inventar der Altstadtbauten. Beigefügt ist eine Zusammenstellung der städtischen Schutzmaßnahmen für das Gebiet der Altstadt. Der Text wird ergänzt durch Fotografien von Michael Guggenheimer. Jost Hochuli besorgte die Buchgestaltung. Die Publikation will zur Beobachtung architektonischer Eigenheiten von Gassenbildern und Einzelbauten anregen und Verständnis für die baulichen Nöte der Altstadt wecken. Vorschläge, wie alte Bauten restauriert und Neubauten in das gewachsene Stadtgefüge integriert werden könnten, runden dieses Plädoyer für den innerstädtischen Lebensraum ab.

**SGV**
Schriftenreihe der Stadtverwaltung St.Gallen
St.Galler Verlagsgemeinschaft

*Haus Bankgasse 7, erbaut 1578.* Riegelbau über gemauertem Sockel, stockwerkweise abgezimmert. Fachwerk wurde nie verputzt.

Steiles Dach mit starkem Vorsprung. Hoher Aufzugsgiebel über unterbrochener Traufline. Achtseitiger Kuppelaufbau mit geschweifter Haube über dem Eckerker.

In den Obergeschossen Fachwerk mit relativ kleinen Gefachen. Senkrechte Stiele mit Knickbügen verstrebt, waagrechte Riegel, Diagonalstreben. Erker in diese Konstruktion einbezogen, mit geschnitzten Bügen abgestützt.

Große Wandflächen. Unregelmäßige Fensterverteilung. Verschiedene Fensterformate, breite Rahmung, zwölf- bis fünfzehnteilige Sprossung.

Hohes Erdgeschoß mit geschlossener Sockelwirkung. Rundbogenportal mit breiter Rahmung und Profilierung (Rundstab wächst aus wechselnden Voluten). Vergitterte Fenstergruppen mit breiter Rahmung und profilierten Steingewänden (Kehlung und Nasen). Schmales Sockelband.

(Bürgerhaus, Seite 8, Mst. 1:125)

36

*Renaissance in St.Gallen*

Der Renaissancestil manifestiert sich in Sankt Gallen in der Architektur nur wenig, jedoch stark in der Bauplastik. Während die Fassaden noch spätgotisch geprägt sind, erhalten Erker und Innenausstattungen Verzierungen im neuen Stil. Erstaunlich ist dabei das gleichzeitige Auftreten von Dekorationsformen der Gotik und der Renaissance am selben Werkstück (vgl. Erker Hinterlauben 6 und 10, S. 76, und Relief am Karlstor, S. 91). Die Steinmetzkunst erlebte in der spätgotischen Blütezeit der Stadt ebenfalls eine schöpferische Epoche. Auf einer Tafel mit den Steinmetzzeichen aus den Jahren 1565 bis 1593 sind an die hundert Steinmetzen aufgeführt (11). Erker mit Renaissanceornamenten können noch in relativ großer Zahl besichtigt werden. Die Innenausstattungen wurden jedoch häufig zerstört (Fensterpfeiler, Tresor- und Türumrahmungen, Kaminaufsätze usw.). Einige wertvolle Stücke befinden sich im Historischen Museum, so daß die typischen Renaissancemotive wie Putten, Hermen, fischschwänzige Meerweibchen, Muschelformen, Ranken und Arabesken noch dort studiert werden können. Eine Ausnahme macht die vollständig erhaltene, prunkvolle Renaissanceausstattung des Stadthauses (Gallusstraße 14) mit Hartholztäferungen und reichen Portalarchitekturen von 1657.

Auch an den Fassaden dieses stattlichen Gebäudes kamen Renaissanceelemente zur Anwendung: rundbogige Tür- und Fensteröffnungen, Quaderrahmung des Portals, Art der Fensterrahmung. Die wichtigste Neuerung besteht in der Anlage von regelmäßigen Fensterachsen. Dieses Strukturelement der Fassade wurde auch bei anderen Bauten übernommen. Für die Dekorationsformen gibt es in St.Gallen keine vergleichbaren Beispiele.

37

*Hauptetappen der Altstadtentwicklung*

**Ü**berblickt man die bauliche Entwicklung durch die Jahrhunderte, so stellt man fest, daß das heutige Altstadtbild durch vier große Bauphasen geprägt worden ist:

| | *zeitlicher Schwerpunkt* |
|---|---|
| Spätgotik | 1580–1610 |
| Klassizismus | 1805–1855 |
| Historismus, Jugendstil | 1880–1910 |
| Neubauten | 1955–1975 |

Diese Etappen kommen im dritten Übersichtsplan mit den strukturellen Elementen am Einzelbau deutlich zum Ausdruck. Der Plan darf indessen nicht mit einem Baualtersplan verwechselt werden. Entscheidend für die Zuordnung ist hier nicht das Baudatum, sondern die heutige Gestalt des Einzelbaus mit seinen wichtigsten strukturellen Elementen. Die wenigen barocken Bauten figurieren in der Kategorie Klassizismus, weil die vorherrschenden Strukturelemente übereinstimmen. Man muß sich bewußt sein, daß viele Häuser im Laufe ihrer jahrhundertelangen Geschichte immer wieder Umbauten, Aufstockungen und Veränderungen erfahren haben. Im Innern wurden neue sanitäre Einrichtungen, bequemere Treppen und größere Räume eingebaut. Fassaden wurden modernisiert, indem regelmäßige Fensterachsen mit größeren Einzelfenstern unregelmäßige Fensteranordnungen ersetzten. Durch Aufstockungen wurde mehr Raum gewonnen, wodurch die lebhaft gegliederten Dachlandschaften meist vereinfacht wurden. Bis zur Jahrhundertwende kamen jedoch bei allen Umbauten die gleichen handwerklichen Techniken, die gleichen natürlichen Materialien und die gleichen Grundprinzipien im Fassadenaufbau zur Anwendung. Daher bilden diese Bauten trotzdem eine Einheit. Bei der Beurteilung solcher umgebauter Häuser kommt es darauf an, welche strukturellen Merkmale an der Fassade dominieren. Bei einem spätgotischen Gebäude können trotz des späteren Einbaus von regelmäßigen Fensterachsen die spätgotischen Strukturelemente in Fassadenformat und Dachgestalt mit Aufzugsgiebel noch vorherrschen. Es ist aber auch möglich, daß neue Elemente wie betonte Rahmungsarchitekturen um die Fenster, Teilungen durch Gurtgesimse oder andere Dachabschlüsse die Überhand gewinnen. Die heute dominanten Strukturelemente entscheiden daher über die Zuteilung zu einer Stilepoche.

50

**Übersichtsplan: Dominante Gestaltungselemente am Einzelbau**

Bauten mit dominanten spätgotischen Gestaltungselementen

Bauten mit dominanten klassizistischen Gestaltungselementen

Bauten mit dominanten Gestaltungselementen der Jahrhundertwende (Historismus und Jugendstil)

Zeitgenössische Bauten (seit 1920)

**Moosbruggstraße**

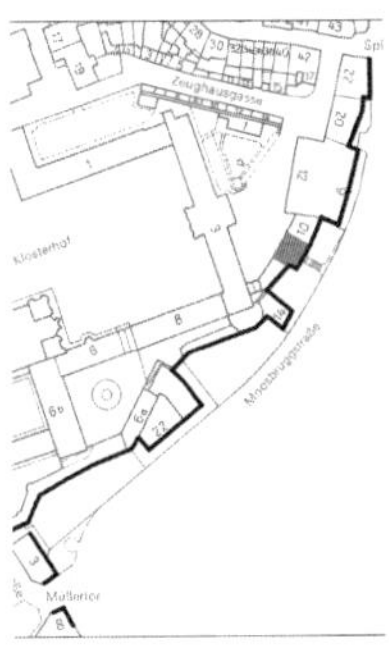


Moosbruggstraße 6, 14, 22; St.Georgenstraße 3; Klosterhof 6e, 6a, 10; Zeughausgasse 20, 22

**D**ie Moosbruggstraße markiert den Rand der mittelalterlichen Altstadt zwischen Mullertor und Spisertor. Sie liegt über dem ehemaligen Stadtgraben. Während die übrigen Abschnitte des Grabens vor der Stadtmauer meist trocken lagen, bildete hier der Lauf der Steinach eine natürliche Grenze. Die Stadtmauer begleitet fast in der ganzen Länge der Straße den Klosterbezirk. Daher ist die Geschichte dieses Mauerabschnittes eng mit der Geschichte des Klosters verknüpft. Nachdem 1566 der Bau einer Trennmauer zwischen Stadt und Kloster beschlossen worden war, errichtete der damalige Abt 1570 ein eigenes Tor. So konnte er seine Ländereien direkt und ohne Umweg über Stadtgebiet betreten. Der Lauf der Steinach bestimmte als zweiter wichtiger Faktor die Geschichte der Moosbruggstraße. Über die Steinach führten verschiedene Brücken, so beim Spisertor, beim Runden Turm und beim Haus ‹Zum Eckstein› (St.Georgen-Straße 8), wo die Steinach aus der Mühlenenschlucht heraustritt. Eine der Spisertorbrücken hieß Muesbrugg, da sie bei der Habermuesdarre lag. Auf diese Weise kam die Moosbruggstraße zu ihrem verballhornten Namen. In der zweiten Hälfte des 19. Jahrhunderts erfolgte im Zuge der Grabenüberwölbungen auch die Überdeckung der Steinach (1864/1868 Abschnitt zwischen Spisertor und Karlstor, 1903 Abschnitt zwischen Karlstor und Müllertor).

Vergleicht man den heutigen Zustand der Moosbruggstraße mit jenem vor gut hundert Jahren, wie er auf den Zeichnungen von Johann Jacob Rietmann überliefert ist, so hat sich die Situation entscheidend verändert. Die stark gegliederte Flußlandschaft mit Gewerbebauten, Gärten und Baumgruppen ist einem einheitlichen Straßenzug gewichen. Erhalten hat sich jedoch die Befestigungsanlage. Hier befindet sich das einzige verbliebene Stück Stadtmauer mit dem letzten Befestigungsturm. Damit verfügt dieser Bereich über eine große Bedeutung für das Stadtbild. Hinzu kommt die interessante Abwicklung der Bauteile, weil der Mauerzug mehrfach abgewinkelt und mit Gebäuden be-

90

Karlstor

sonderer Qualität durchsetzt ist (Klostergebäulichkeiten, Runder Turm, Karlstor; Blick auf die beiden Klostertürme). Gesamthaft handelt es sich um einen historisch wie kunsthistorisch höchst schützenswerten Bereich.

*Karlstor*

**D**as Karlstor, das letzte erhaltene Tor der mittelalterlichen Befestigungsanlage, ist mit einem großen Relief geschmückt. Die Steinhauerarbeit stellt das einzige an Ort und Stelle vorhandene Werk dieser Art dar. Das Steinrelief des Irertors ist zwar noch erhalten, befindet sich jedoch seit dem Abbruch des Tors im Stadthaus. Die übrigen Tore waren nur mit einfachen Wappendarstellungen verziert.

Das Relief am Karlstor ist in drei Teilen aufgebaut. Im mittleren Teil prangt zwischen den Schutzheiligen Gallus und Othmar das Wappen des Bauherrn. Im oberen Feld ist eine Kreuzigungsgruppe angebracht. Das Relief ruht auf einer bewegt gestalteten Konsole, die nach unten in den Inschriftstein mit der Jahreszahl 1570 und der Selbstdarstellung des Steinmetzen Baltus von Salmannsweiler (Salem über dem Bodensee) ausläuft. Die Arbeit zeugt von hervorragender Qualität. Sie zeigt in den ornamentalen Rahmenpartien das für jene Zeit bezeichnende Nebeneinander von Motiven der Gotik und der Renaissance (korinthische Halbsäulen im Mittelfeld, gotisch profilierte Stäbe im oberen Teil). Der Wert dieses Reliefs ist für St.Gallen einzigartig, weist doch die Altstadt – abgesehen von den Erkern – an skulpierten Werken nur noch einige kleine Wappensteine auf (siehe Kugelgasse 19, St.Georgen-Straße 8, Goliathgasse 5 und Hechtgasse 3).

91

**Spisergasse**

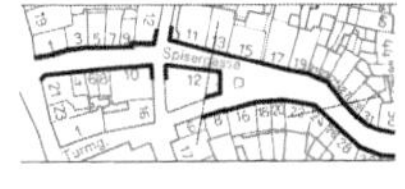


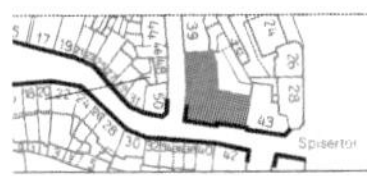


Westteil: Spisergasse 1–13; Marktgasse 21; Kugelgasse 12
Spisergaß-Platz: Spisergasse 12–23 sowie Spisergasse 25 und 27; Turmgasse 8
Ostteil: Spisergasse 24–43; Brühlgasse 50; Zeughausgasse 22

**D**ie Spisergasse bildete zusammen mit der Multergasse die wichtigste Verkehrsachse durch die mittelalterliche Stadt. Vom Spisertor aus führten die Straßen nach Rorschach und ins Appenzellerland. Entsprechend hoch war die Bedeutung sowohl des Spisertors als auch der Gasse, an der sich wichtige Familien und Unternehmen niederließen. Der Gassenname entstammt einem solchen Geschlecht, dem der Spiser, welche ihren Wohnsitz unmittelbar neben dem Tor hatten.

Auch in der Stadtstruktur spielt die Achse Spisergasse/Multergasse eine große Rolle. Sie legt sich schalenförmig um den Klosterbezirk und teilt den Bereich innerhalb des großen Befestigungsrings in zwei Hälften. Das Zentrum der Stadt bildete der trichterförmige Marktplatz (heute Marktgasse), welcher im rechten Winkel von der Mitte dieser Achse wegführte. So geht auch die bis auf den heutigen Tag noch gültige, historische Häusernumerierung von der Marktgasse aus in Richtung beider Tore.

Die Spisergasse hat eines der besterhaltenen gotischen Gassenbilder innerhalb der Altstadt bewahren können. Während um die Jahrhundertwende der größte Teil der Multergasse neu gestaltet wurde, wirkte sich diese Bautätigkeit auf die Spisergasse nur wenig aus. Dies ist damit zu erklären, daß das Geschäftszentrum des späten 19. Jahrhunderts im Westen der Altstadt entstand, zwischen Multertor und Bahnhof. Diese Tendenz hat sich bis heute fortgesetzt (Neumarkt). Im Osten der Altstadt lagen dagegen die Wiesen des Oberen und des Unteren Brühls, die geschützt waren und es zum Teil bis heute geblieben sind (Kantonsschulpark). Neben dem hohen Anteil an spätgotischer Bausubstanz verfügt die Spisergasse auch über einen interessanten und abwechslungsreichen Gassenverlauf. Dieser ist s-förmig geschwungen und weitet sich in der Mitte zu einem kleinen Platz aus. Es handelt sich um eine für St.Gallen typische, dreieckige Platzausweitung, wie sie immer dort entstand, wo zwei schalenförmig um den Klosterbezirk gelegte Gassen zusammentrafen. Die geschilderten Gegebenheiten teilen die Spisergasse in drei optisch zusammenhängende Raumeinheiten auf.

Der westliche Teil der Spisergasse erstreckt sich als geschlossenes Gassenstück von der Marktgasse bis zum Spisergaß-Platz. Die Kreuzung mit der Kugelgasse fällt erst seit der Verbreiterung des südlichen Teils (1879) vermehrt ins Gewicht. Die nördliche Gassenfront ist hier durchgehend mit wertvollen Bauten besetzt. Nach dem mächtigen Eckbau an der Marktgasse bestimmen schmale Fassaden das Bild. Quergiebel und Erker (zum Teil zweigeschossig) setzen Akzente. Die Trauflinie ist lebhaft gestaffelt, gegen die Kugelgasse zu auch die Baulinie. Beidseits der Einmündung der Kugelgasse stehen herrschaftliche spätgotische Massivbauten, die zu den bedeutendsten ihrer Epoche zählen. Dominant wirkt vor allem der viergeschossige Erkerturm am Haus ‹Zum langen Erker›. Seine Wirkung könnte durch eine Restaurierung gesteigert werden. Mehr als die Hälfte aller Häuser

86

Östlicher Teil der Spisergasse mit Blick auf die Häuser 30, 32 und 34

in diesem Gassenabschnitt weisen Erker auf. Unter ihnen befinden sich besonders reich gestaltete Exemplare, wie z.B. an der ‹Gerechtigkeit› und am ‹Bären›.

Am Spisergaß-Platz herrschen auf der Nordseite breite Baukörper vor. Dieser Eindruck wird durch die gemeinsame Gestaltung der Häuser 15 und 17 verstärkt. Auch der Trauflinienverlauf zeigt einen anderen Charakter. An den bestimmenden vier Häusern ist die Trauflinie einheitlich durchgezogen. Darüber erscheinen keine Quergiebel, und, von der Gasse aus gesehen, auch keine kleinen Dachaufbauten. Auf der Gegenseite setzt jedoch wieder das Auf und Ab der Traufen und die Belebung durch Quergiebel ein (bei der Einmündung der Turmgasse). Fast jede Fassade ist mit einem Erker geschmückt. Diese Häuserzeile ist zu vergleichen mit der gegenüber liegenden Gruppe 21/23/25/27/29, welche durch die Lage in der Gassenkrümmung besonders exponiert ist. Sie zeigt eine äußerst einheitliche Folge von schmalen Fassaden mit zwei Erkern und vier Quergiebeln und leitet über zum östlichen, geschlossenen Gassenabschnitt.

Innerhalb der Baugruppe des östlichen Gassenteils wiederholt sich das Bild in der Gegenkrümmung der Gasse. Hier ist die wertvolle Gruppe 30/32/34 bestimmend, die ausnahmslos hohe Quergiebel besitzt, hinter denen zusätzlich der Laurenzenturm aufragt, wenn man vom Spisertor herkommt. Die reiche Dachlandschaft setzte sich ursprünglich bis zum ‹Schlößli› fort. Heute ist die Folge von sieben Quergiebeln durch den Neubau Nr. 36 unterbrochen. Trotzdem zeigt sich der Trauflinienverlauf noch äußerst abwechslungsreich: vom ‹Grünen Hector› bis zum ‹Schlößli› liegen nicht zwei Trauflinien auf derselben Höhe! Wird hier der Rhytmus im Fassadenverlauf durch schmale, hohe Bauten bestimmt, so fügen sich im Bereich des Spisertors große Baukörper an. Das burgähnliche ‹Schlößli› dominiert die Umgebung. Die beiden Bauten des späten 19. Jahrhunderts, die nach dem Abbruch des Spisertors entstanden, bilden ein gutes

87

Die auf den Seiten 82 bis 87 vorgestellten Bücher sind die Bände 1, 2 und 3 der Reihe ‹Natur- und Kulturobjekte der Stadt St.Gallen›.

The books shown on pages 82 to 87 are volumes 1, 2 and 3 of the series 'Natur- und Kulturobjekte der Stadt St.Gallen'.

**Marie-Christine Haller-Fuchs: *Altstadt St.Gallen*. St.Gallen: St.Galler Verlagsgemeinschaft (später VGS Verlagsgemeinschaft St.Gallen), 1978. Papierband, 17,5 x 24 cm. Abb.: Einband (Vorder- und Rückseite), Doppelseiten.**

Marie-Christine Haller-Fuchs: *Altstadt St.Gallen*. St.Gallen: St.Galler Verlagsgemeinschaft (later VGS Verlagsgemeinschaft St.Gallen), 1978. Hardback, cased in paper, 24 x 17,5 cm. Ill.: binding (front and back), double-pages.

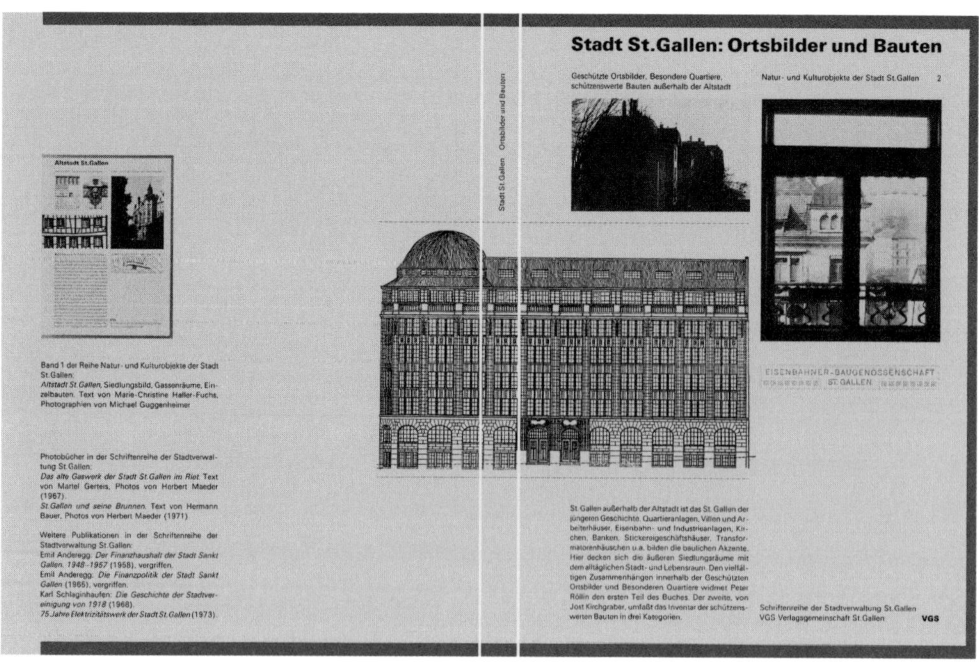


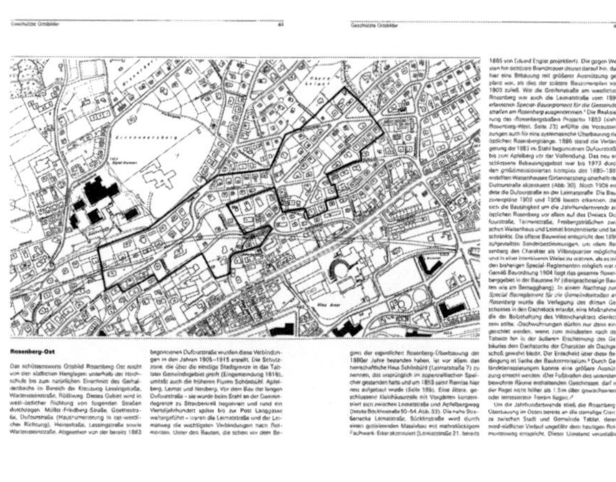

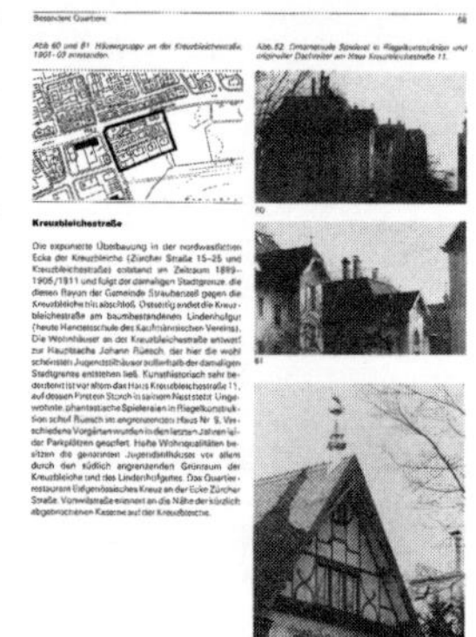

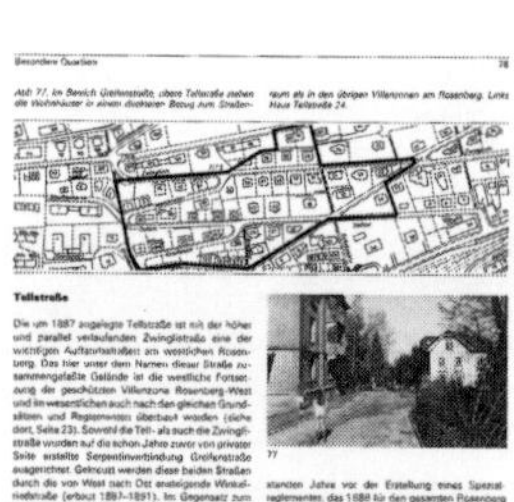

Jost Kirchgraber, Peter Röllin: *Stadt St.Gallen: Ortsbilder und Bauten*. St.Gallen: VGS, 1984. Papierband, 17,5 x 24 cm.
Abb.: Einband (Vorder- und Rückseite), vorderes Vorsatz, Doppelseiten, Konstruktionsblatt.

Es ist Hochulis komplexestes Buch: vier verschiedene Buchteile (Ortsbilder, Bauten der Schutzkategorie 1, 2, 3); zwei verschiedene Schriftgrade und Durchschusse, zwei- und dreispaltiger Satz. Der Satzspiegel geht in Breite und Höhe durchwegs punktgenau auf.

Jost Kirchgraber, Peter Röllin: *Stadt St.Gallen: Ortsbilder und Bauten*. St.Gallen: VGS, 1984. Hardback, cased in paper, 24 x 17,5 cm.
Ill.: binding (front and back), front endpaper, double-pages, layout sheet.

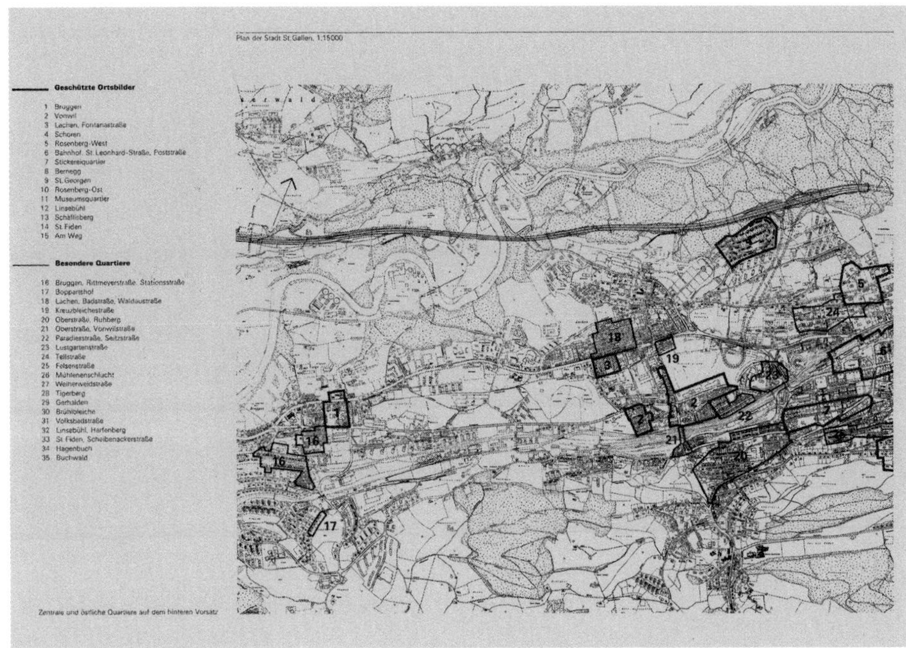


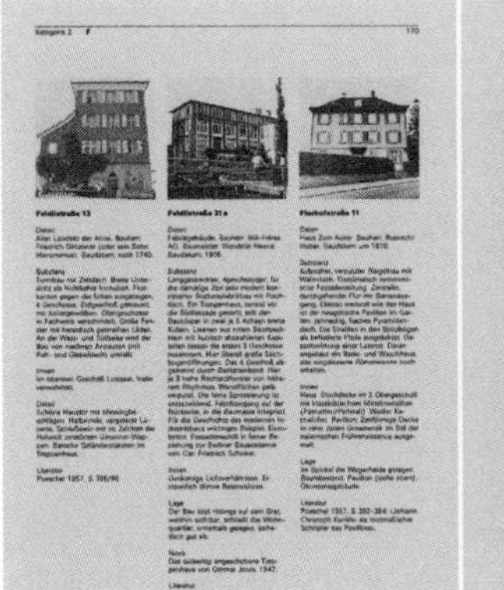

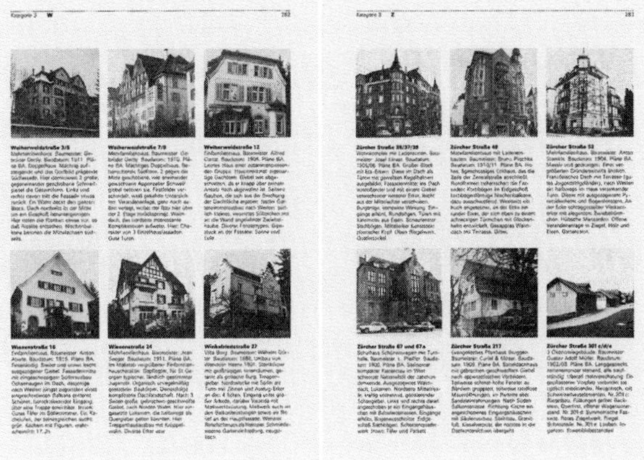

This is Hochuli's most complex book; four different parts: overviews of areas, buildings of protection categories 1, 2, 3; two different type sizes and leadings, two and three-column text. The hight and breadth of the type area is always exactly constant.

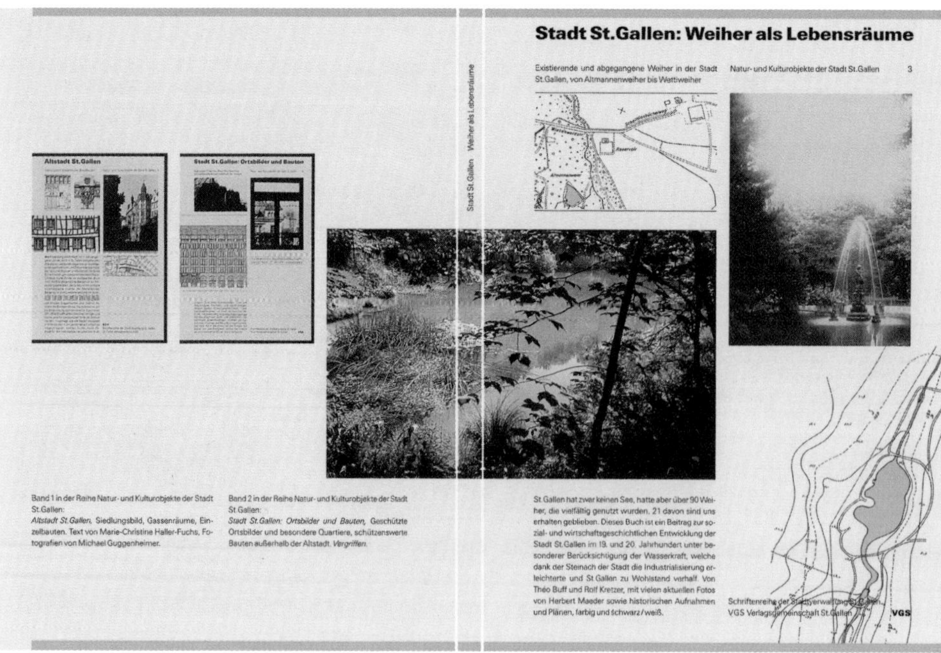

## Stadt St.Gallen: Weiher als Lebensräume

Existierende und abgegangene Weiher in der Stadt St.Gallen, von Altmannenweiher bis Wettiweiher

Natur- und Kulturobjekte der Stadt St.Gallen 3

Band 1 in der Reihe Natur- und Kulturobjekte der Stadt St.Gallen:
*Altstadt St.Gallen,* Siedlungsbild, Gassenräume, Einzelbauten. Text von Marie-Christine Haller-Fuchs, Fotografien von Michael Guggenheimer.

Band 2 in der Reihe Natur- und Kulturobjekte der Stadt St.Gallen:
*Stadt St.Gallen: Ortsbilder und Bauten,* Geschützte Ortsbilder und besondere Quartiere, schützenswerte Bauten außerhalb der Altstadt. *Vergriffen.*

St.Gallen hat zwar keinen See, hatte aber über 90 Weiher, die vielfältig genutzt wurden. 21 davon sind uns erhalten geblieben. Dieses Buch ist ein Beitrag zur sozial- und wirtschaftsgeschichtlichen Entwicklung der Stadt St.Gallen im 19. und 20. Jahrhundert unter besonderer Berücksichtigung der Wasserkraft, welche dank der Steinach der Stadt die Industrialisierung erleichterte und St.Gallen zu Wohlstand verhalf. Von Theo Buff und Rolf Kretzer, mit vielen aktuellen Fotos von Herbert Maeder sowie historischen Aufnahmen und Plänen, farbig und schwarz/weiß.

Schriftenreihe der Stadtverwaltung St.Gallen
VGS Verlagsgemeinschaft St.Gallen VGS

I Weiher im Zwiespalt zwischen Ökologie und Ökonomie 16

Abb. 3. Fischer am (verlandeten) Maestraniweiher, vor 1940.

Ohne die Steinach, die bereits Gallus das Überleben gesichert hatte, und ihre Zuflüsse auf Stadtgebiet, ohne die vielen Quellen und Bäche, welche kleinere Stauweiher spiesen, Kraft und später Elektrizität produzierten, wäre die wirtschaftliche Entwicklung der Stadt St.Gallen anders verlaufen.

Viele dieser Weiher waren aus der Sicht des Naturschutzes für Fauna und Flora wertvoll; diese Aspekte und Werte wurden aber zu jener Zeit von der Bevölkerung nicht wahrgenommen. Die Weiher – und deren Wasserqualität – hatten für ihre Besitzer meist einen rein funktionalen Zweck.

### Überflüssig geworden – Tod der Weiher

Die wirtschaftlichen Umwälzungen und Veränderungen Ende des 19. und anfangs des 20. Jahrhunderts waren bedeutend und einschneidend zugleich. Manufakturen, Kleinstbetriebe, Bleichereien usw. waren aus diversen Gründen nicht mehr überlebensfähig. Erwähnt werden müssen in diesem Zusammenhang sowohl technisch-strukturelle Umwälzungsprozesse, als auch Krisen- und Kriegsjahre.

‹Wirtschaftliche Strukturbereinigungen› – wie dieser Vorgang heute bezeichnet wird – nahmen ihren Lauf. Die Platz- und Zufahrtsverhältnisse in verschiedenen Betrieben waren zudem knapp und beengt, der Abtransport der Produkte deshalb erschwert. Weitsichtige Unternehmer siedelten sich am Stadtrand an. Die Stadt dehnte sich aus – verschiedene Weiher wurden aufgeschüttet und überbaut – Lebensräume verschwanden.

Parallel zur rationellen Elektrizitätsproduktion im größeren Stil durch Wasserkraftwerke und Stauseen im Berggebiet nahm die Bedeutung der Wasserkraft in der Stadt St.Gallen, der gewerblich-industriell genutzten Weiher und der Steinach deutlich ab. In diesem Sinne wurde die Wasserkraft aus der näheren Umgebung nach und nach überflüssig, ihre Nutzungsart war technisch veraltet und nicht mehr konkurrenzfähig.

Weiher, die vor allem auch Feuerschutzzwecken dienten, wurden durch das flächendeckende Hydrantennetz überflüssig, und Teuchelweiher verloren ihren Wert; die hölzernen, in den Weihern gelagerten Teuchel (Wasserleitungen) wurden durch gusseiserne ersetzt. Die Wasserqualität wurde überdies durch einzelne Gewerbetreibende und die zunehmende Bevölkerung arg beeinträchtigt. Verschiedene Weiher, ihrer ursprünglichen Nutzung beraubt, als Kloaken und Abfallgruben verwendet, verschlammten und begannen zu stinken; die Bevölkerung reklamierte. In der Folge wurden sie eingedeckt – der Tod vieler Weiher war eingeläutet worden. Wasser war zum günstig verfügbaren Massengut geworden, blieb dabei allerdings Transportmittel für Unrat aller Art. Mit dem Bau und der Vollendung des Kanalisationsnetzes und der Kläranlagen verbesserte sich die Wasserqualität wieder deutlich. Nur: Die meisten der über 90 Weiher waren zu diesem Zeitpunkt bereits verschwunden.

17

Abb. 4. Der Moosweiher im Westen der Stadt.

### Neuzeitliche Nutzung – Weiher als Naherholungsgebiete

Gegen Ende der 60er Jahre des 20. Jahrhunderts begannen sich in Teilen der Bevölkerung und später auch in der Politik das Interesse und die Sensibilität für die Natur angesichts der weltweiten, fortschreitenden Umweltzerstörung zu verstärken. Erwähnt sei in diesem Zusammenhang eine Reihe von Katastrophen: von Seveso über Bhopal bis zu Tschernobyl und Amoco Cádiz usw.

Angesichts von Badeverboten in der Sitter, Fischvergiftungen, Intensivierung der Landwirtschaft, Luftverschmutzung und wilden Deponien wurde weitsichtigen Bewohnerinnen und Bewohnern unserer Stadt bewusst, dass auch lokal dringender Handlungsbedarf besteht. Idealisten gründeten in der Folge den Naturschutzverein der Stadt St.Gallen und Umgebung (NVS), der im Jahre 2000 sein dreißigjähriges Bestehen feiern kann. Wasser, Boden, Pflanzen und Tiere hatten zuvor keine Lobby, welche ihre Interessen geeignet vertreten konnte und wollte.

Als Resultate der verschiedenartigsten Bemühungen um die Umwelt in unserer Stadt können u.a. die städtischen Schutzverordnungen erwähnt werden, mit denen manche Naherholungsgebiete mit ihren Gewässern nachhaltig aufgewertet und geschützt sowie die Natur vor zu großen Eingriffen durch den Menschen bewahrt wurde. So konnte ein Konsens zwischen den legitimen Erholungsbedürfnissen der Menschen und dem Lebensraum Natur gefunden werden. Stadtrat und Gemeinderat investierten beachtliche Geldmittel in den Erhalt und Schutz verschiedener Weiher. Etliche Weiher erhielten durch die Integration in die Naherholungsgebiete mit ihren Freizeitmöglichkeiten einen neuen Sinn, welcher durch die Schutzverordnungen auch längerfristig gesichert ist. Der Wert der Naherholungsgebiete und der Weiher wurde in weiten Kreisen anerkannt: Wer möchte heute noch z.B. auf die ‹Weihere› verzichten? Dreilinden gehört zur Stadt St.Gallen wie das Kloster und die Stiftsbibliothek.

II Die städtischen Weiher im 19. und 20. Jahrhundert 28

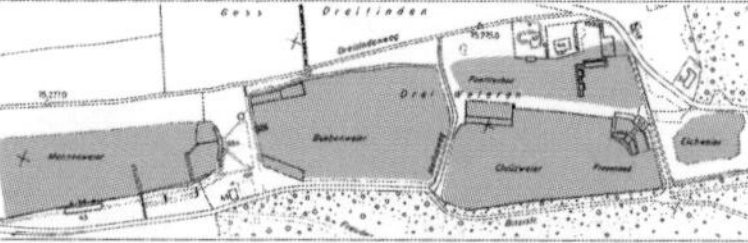

### 10 Dreilinden

Allgemeines

Dreilinden ist heute für die Stadt St.Gallen ein wichtiges Naherholungsgebiet; Funktion und Nutzungsvarianten haben sich im Laufe der Zeit allerdings geändert. Zu Dreilinden gehören die 1610 erbauten Eichweiher, Knaben- und Kreuzweiher; 1658 kam der Nellusweiher hinzu und 1713 der Mannenweiher. Das Wasser der Weiher auf Dreilinden sollte einerseits bei den früher häufigen Feuersbrünsten und andererseits für die Bleichen zur Verfügung stehen. Die Weiher wurden in Handarbeit gegraben; auf gleiche Weise wurden die Dämme erstellt. Die Stabilität dieser Dämme war bereits damals nicht über alle Zweifel erhaben: 1617 ereignete sich ein Dammbruch, der große Verwüstungen an den Leinwandtüchern auf den Bleichen anrichtete. Die Weiher dienten aber auch schon zu frühen Zeiten für Badezwecke.

An allen Weihern auf Drei Linden wurden 1677 Verbesserungsarbeiten vorgenommen. Um sie mit Fischen zu beleben, wurde der fischreiche Eichweiher abgelassen – dabei soll ein 17 Pfund schwerer Hecht gefangen worden sein. Zur Entleerung des Kreuzweihers baute man im Spätherbst 1680 einen großen ‹Kännel› durch den Weihergrund; der Hüsliweiher (heute Knabenweiher) wurde ausgebaut und die anderen entschlammt. Die Bürger der Stadt mussten unter Strafandrohung Fronarbeit leisten. Der ausgehobene Schlamm diente dazu, die Linsebühl- und Dreilindenwiesen zu düngen. 1688 wurden der Hüsli- und der Nellusweiher, die Bleichereien und Mühlen dienten, erweitert. Mit dem Untergang der Leinenindustrie und dem Aufkommen der chemischen Bleicherei um 1800 verloren die Weiher auf Drei Linden diesbezüglich an Bedeutung und entwickelten sich nach und nach zum heutigen Badeparadies und Naherholungsgebiet. Laut Übereinkunft von 1848 wurden die Weiher von der Ortsbürgergemeinde ‹als wahres Eigentum der Politischen Gemeinde förmlich abgetreten›. Nicht zum eigentlichen Gebiet Dreilinden zählen wir den Altmannenweiher, den (abgegangenen) Totenweiher und die Teuchelrose Dreilinden.

Bereits ab 1719 wurden Reklamationen über das Baden in den Weihern an Sonntagen während der Predigt gemeldet. Der erste Bademeister, Schuhmacher David Müller, waltete ab 1740 seines nicht immer einfachen Amtes; so hatte er Fehlbare, also etwa junge Leute, die sonntags zur Predigtzeit badeten, den Behörden zu melden. Es kam auch immer wieder zu schweren Badeunfällen.

1921 war die Badeordnung noch ziemlich rigid: Untersagt waren u.a. das Mitnehmen von Kinderwagen und Hunden in die Badeanstalten, unanständiges und lärmendes Betragen, das Verwenden von Seife, das Tragen von zu schmalen oder aufgerollten Badehosen oder Anstoß erregenden Badekleidern (Nacktbaden war damals noch kein Thema), das Ausspucken und das Fischen während der Badezeit sowie insbesondere der Zutritt zu den Badeanstalten des anderen Geschlechts. Mit der Zeit wurden die Sitten immer lockerer, die Vorschriften zusehends und immer mehr übergangen. Der Stadtrat ergänzte 1950 die Badeordnung mit einer Strafandrohung im Falle der Missachtung. Später war auch explizit verboten, alkoholische Getränke mitzubringen und zu konsumieren, die Badeanstalten in betrunkenem Zustand oder mit einer ansteckenden oder Anstoß erregenden Krankheit zu betreten und die Badeanlagen mit Motorfahrzeugen zu

Einzugsgebiet Steinach 29

befahren. Am 7. Juli 1952 schrieb der Polizeivorstand dem Stadtammann, die Bevölkerung halte sich nicht mehr im geringsten an die vorgeschriebene Badeordnung. Und: ‹Die derzeitigen Verhältnisse setzen Badepersonal und Polizei dem Spott der Badegäste aus, ganz abgesehen davon, dass es unmöglich ist, die Badeordnung durchzusetzen.› Abhilfe wäre allenfalls durch bauliche Maßnahmen möglich. In der *Volksstimme* vom 29. Mai 1957 wurde die im Vorjahr vom Stadtrat erlassene Badeordnung ausführlich diskutiert: Das Gemeinschaftsbad (im heutigen Familienbad) war nur noch am Samstagnachmittag und am Sonntag in Betrieb und konnte einzig zu diesen Zeiten von beiden Geschlechtern besucht werden. ‹Ist die Moral der durchschnittlichen St.Galler wirklich so tief, dass wir uns keinen regelrechten Familienbadbetrieb leisten können, wie er in anderen Orten und Städten unseres Landes und des Auslandes, inklusiv so gut katholischer Länder wie Italien, besteht?› In einer Motion verlangten Gemeinderat R. Enderli und 47 Mitunterzeichner am 7. Juli 1970, ‹das Badereglement so zu ändern, dass auch der Mannenweiher beiden Geschlechtern zum Baden offen steht, wozu geeignete Umkleidemöglichkeiten zu schaffen sind›.

Vor allem im 20. Jahrhundert häuften sich die Begehrlichkeiten auf die Weiher. Zudem wurden immer wieder ‹Studien› angestellt oder in Auftrag gegeben, wie die Weiher anderweitig genutzt oder ob sie sogar aufgefüllt werden könnten. Mit Ausnahme des Nellusweihers waren diese Ideen jedoch glücklicherweise nicht von Erfolg gekrönt.

Die Nutzungsmöglichkeiten der Weiher waren sehr vielfältig: Sie reichten vom Eisabbau (Eispacht für die Brauereien Hock, Neudorf; Haldengut, Bavaria; Hirschen, St.Fiden; Uhler, Kreuzbleiche), von der Nutzung als Eisbahn, einer Zeltschau, vom Campieren und Fischen bis zum Projekt einer Fabrik am Mannenweiher und zur Minigolfanlage und zu den ‹Seifenkistenflugtagen› der schrägen Vögel in neuester Zeit. Zu einer Institution wurde auch das ‹Milchhüsli›, das lange Zeit vom ‹Bund abstinenter Frauen› betrieben wurde und heute ein vielfältiges Getränke- und Snacksortiment anbietet.

Zu reden gab auch immer wieder die Wasserqualität, die nicht über alle Zweifel erhaben war. Stadtrat und Verwaltung versuchten mit verschiedenen Maßnahmen die Qualität zu erhöhen, auch durch einen verbesserten Wasserzufluss. 1921 wurde z.B. diskutiert, ob nicht Wasser vom Bodensee nach Dreilinden hinaufgepumpt werden könnte, was bereits zu diesem Zeitpunkt technisch möglich gewesen wäre und später auch getan wurde. Eine andere Variante war, Wasser aus der Steinach abzuzapfen; dieses Projekt wurde jedoch abgelehnt. Ein technischer Bericht vom Januar 1935 gibt Auskunft über den Bau einer Badewasser-Regenerationsanlage samt Leitungsnetz. Die Wasserzufuhr aus dem Gebiet Freudenberg/Kapf und Gädmen-/Obere-Hub-Quellen (im Gebiet ‹Schwarzer Bären›) war immer wieder ungenügend gewesen. Dies führte auch zu verschiedenen politischen Vorstößen im Großen Gemeinderat. Im Zusammenhang mit dem Rütiweiher wurde in den 1990er Jahren die Variante studiert, Wasser aus demselben durch einen Stollen nach Dreilinden zu leiten. Heute wird die Wasserqualität durch das Kantonale Laboratorium kontinuierlich überprüft.

Die Schutzverordnung Dreilinden/Notkersegg (im Jahr 1998 vom Gemeinderat erlassen, trat sie im Februar 2000 in Kraft) bezweckt, das ökologisch wertvolle Gebiet mit seinen Weihern nachhaltig zu schützen – und auch den starken Druck durch verschiedenartigste Aktivitäten, der auf diesem bedeutenden Erholungsgebiet lastet, zu mildern. Die Amphibienlaichgewässer im Gebiet Dreilinden/Notkersegg sind fast ebenso wichtig wie der Wenigerweiher, welchem in dieser Hinsicht nationale Bedeutung zukommt. Das Amphibienvorkommen ist heute sehr vielfältig: Hier leben neben Wasser- und Grasfröschen auch Erdkröten, Berg- und Fadenmolche und Feuersalamander. Problematisch ist hingegen der große Fischbestand. Die Schutzverordnung hat nicht nur Folgen für die Erholungssuchenden aus der Stadt, sondern auch auf die im Gebiet Dreilinden-Notkersegg arbeitenden Landwirte.

Eichweiher E

Der 70 Meter lange und 40 Meter breite Eichweiher wurde wie der Knaben- und der Kreuzweiher im Jahre 1610 durch die damalige Obrigkeit gebaut. Wie die übrigen Weiher auf Dreilinden war er zu Beginn nicht so tief wie heute. Als Namensmotiv für den Weiher – den wir erstmals auf einem Plan von 1828 (Stadt

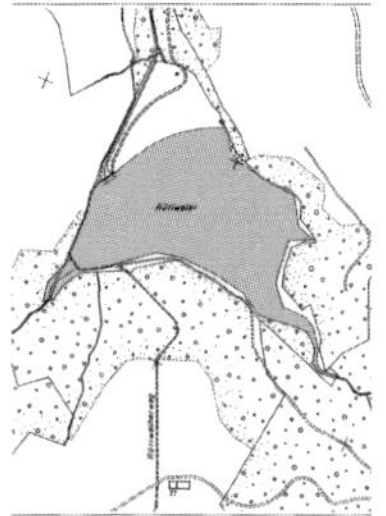

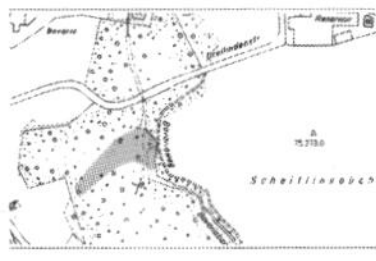

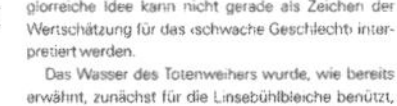

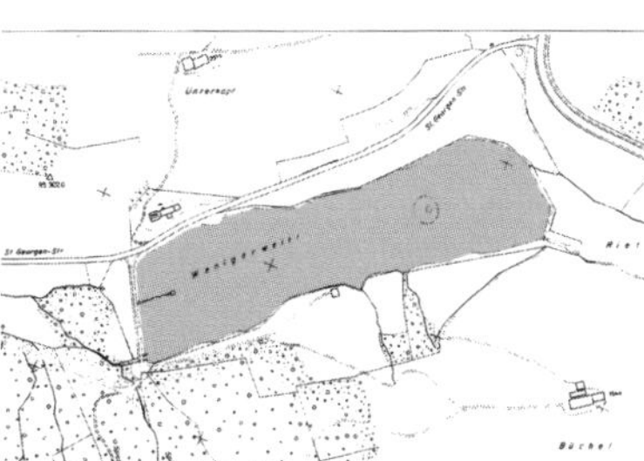

Théo Buff, Rolf Kretzer: *Stadt St.Gallen: Weiher als Lebensräume.* St.Gallen: VGS, 2000. Papierband, 17,5 x 24 cm. Abb.: Einband (Vorder- und Rückseite), Doppelseiten.

Théo Buff, Rolf Kretzer: *Stadt St.Gallen: Weiher als Lebensräume.* St.Gallen: VGS, 2000. Hardback, cased in paper, 24 x 17,5 cm. Ill.: binding (front and back), double-pages.

St.Gallen auf alten Postkarten, 1

KUTSCHEN, TRAM UND EISENBAHN

75 Postkarten aus der Sammlung Kurt Kühne, ausgewählt, kommentiert und eingeleitet von Ernst Ziegler, Vorwort von Michael Guggenheimer

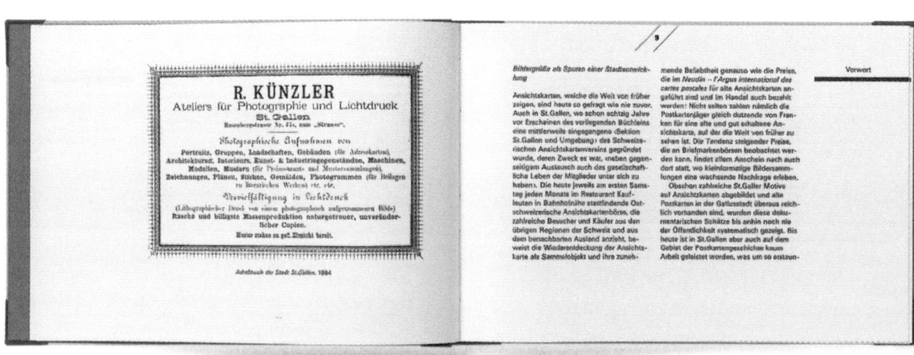


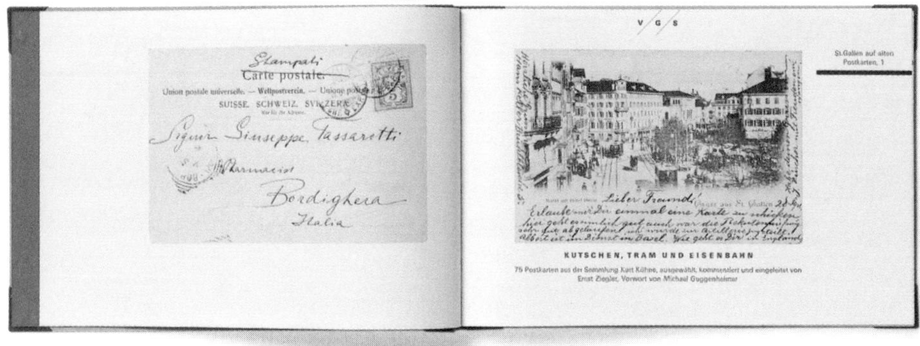

48

tung. Von der Stuhlegg aus sah man, wie das Luftschiff zwischen Staubern und Altmann auftauchte. Es flog hoch über dem vordern Teil des Alpsteins in geradem Kurse der Gegend von St.Gallen zu, erreichte diese über St.Georgen und nahm dann Kurs auf Rotmonten zu. In der reinen Abendluft des wolkenlosen Herbsttages klang das Summen der Motoren wie ferne Glockenstimmen; ein tiefer, weithin hallender Akkord.

Um das Luftschiff kreiste lange Zeit ein Flugzeug; eine Libelle neben einem großen Vogel. Es begleitete den «Zeppelin» bis über St.Gallen hinaus. Den Luftkreuzer selbst begrüßte auch diesmal wieder der alles packende Ruf «Zeppelin! Zeppelin!»

Friedrichshafen, 29. Sept. (Wolff.) «Graf Zeppelin» ist am Samstagnachmittag um 16.51 Uhr nach der Rückkehr von seiner dritten Schweizerreise in seinem Heimathafen bei herrlichem Wetter glatt gelandet.

Montag den 30. September findet in Friedrichshafen eine Zusammenkunft von Vertretern des Vorstandes und der wissenschaftlichen Fachkommissionen der Aero-Arktik und von Vertretern des Luftschiffbaues Zeppelin statt, die sich mit der Vorbereitung der für nächstes Jahr geplanten Polarexpedition und den damit zusammenhängenden Fragen beschäftigen wird.›

*Ernst Ziegler*

49

Bohl, Marktplatz

Einer der ersten Trambahnwagen auf dem Bohl um 1897/98. Auf der noch offenen Plattform der Wagenführer, daneben Billeteure. Am Hechtbrunnen, der 1931 dem Verkehr weichen mußte, waschende Frauen.

56

Altstadtgassen

Güterverkehr auf der Marktgasse zwischen 1902 und 1909.

57

Die ‹verkehrsfreie› Marktgasse um 1904/07. Im ‹Handelshaus› an der Ecke Marktgasse/Turmgasse betrieb damals Julius Huber-Wegelin eine Filz- und Strohhutfabrikation und eine Strohhutwäscherei.

66

Der Unionplatz mit der Tramlinie Richtung Blumenbergplatz–Rosenbergstraße, 1897/98 – ohne Verkehrs-, nur mit Bogen- und Gaslampen. An der Bahnhofstraße das ‹Landhaus›, wo der Wirt Jean Zimmermann bis 1911 eine Fuhrhalterei betrieb.

67

Fuhrwerkidylle am Unteren Graben nach dem Neubau des Hauses Nr. 5, 1883/84 – und heute fast pausenloser Durchgangsverkehr.

90

Hauptpost, Bahnhof und die mächtige Perronhalle brachten neue Akzente ins Stadtbild. Jetzt gab es in St.Gallen keine nassen Perrons mehr! Auf der völlig autofreien St.Leonhard-Straße ging man noch zu Fuß ‹ins Geschäft›.

91

Gaiserbahnhof

Der 1914 fertiggestellte neue Gaiserbahnhof mit dem Verbindungsbau zum Hauptbahnhof, zwischen 1915 und 1919.

Ernst Ziegler: *Kutschen, Tram und Eisenbahn.* St.Gallen: VGS, 1979. Halbgewebeband mit aufgesetzten Deckeln. 22 x 14,8 cm. Abb.: Einband (Graukarton, Rücken und Ecken mit Gewebe verstärkt, in vertiefte Prägung geklebte Abbildung), Vorsatz und S. 1, Doppelseiten.

Ernst Ziegler: *Kutschen, Tram und Eisenbahn.* St.Gallen: VGS, 1979. Quarter-cloth binding with boards set on. 14,8 x 22 cm. Ill.: binding (grey board, spine and corners reinforced with cloth, illustration mounted in blocked recess), endpaper and p. 1, double-pages.

98

Lämmlisbrunnen
Linsebühl
Speicherstraße

Die Linsebühlstraße vor dem Neubau des markanten Jugendstilgebäudes an der Gabelung Lämmlisbrunnen-/Linsebühlstraße im Jahre 1902; hier stand bis 1901 die Wirtschaft zum Bad (Nr. 9). Die Schienen der Trogenerbahn fehlen noch.

99

Die Linsebühlstraße vor dem Spisertor nach 1903 mit dem Schienenstrang der Trogenerbahn.

St.Gallen. Stadtveränderung und Stadterlebnis im 19. Jahrhundert
Stadt zwischen Heimat und Fremde, Tradition und Fortschritt
von Peter Röllin
V·G·S

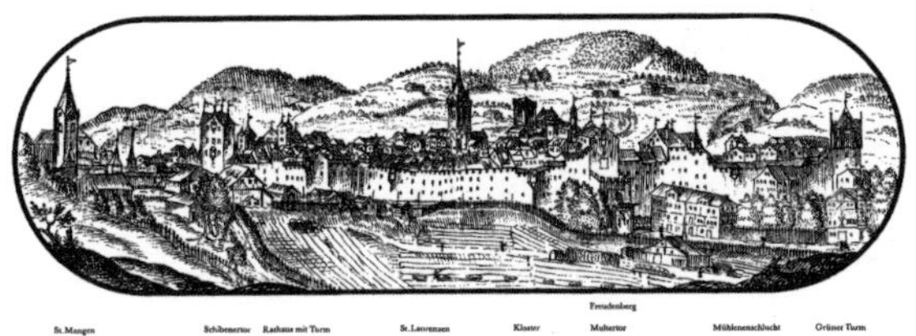

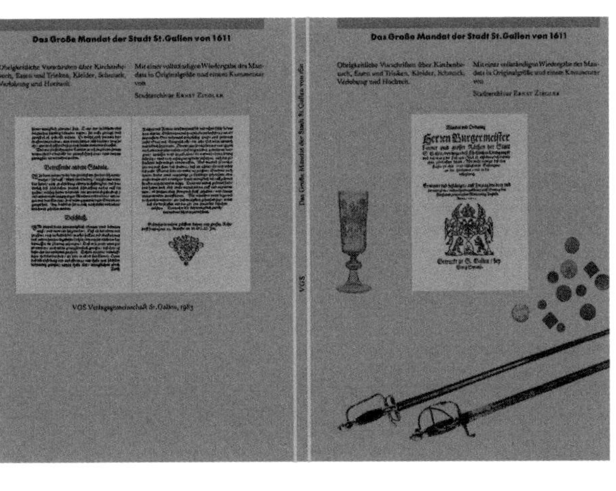

**Peter Röllin: *St.Gallen. Stadtveränderung und Stadterlebnis im 19.Jahrhundert.* St.Gallen: VGS, 1981. Ganzgewebeband mit Schutzumschlag, 17,5 x 24 cm. Abb.: Umschlag, Doppelseiten.**

Peter Röllin: *St.Gallen. Stadtveränderung und Stadterlebnis im 19.Jahrhundert.* St.Gallen: VGS, 1981. Hardback, cased in cloth, with dust jacket, 24 x 17,5 cm. Ill.: dust jacket, double-pages.

**Ernst Ziegler: *Das große Mandat der Stadt St.Gallen von 1611.* St.Gallen: VGS, 1983. Papierband, 17,5 x 24 cm. Abb.: S. 2/3, Doppelseite mit Innentitel, weitere Doppelseiten, Einband (Vorder- und Rückseite).**

Ernst Ziegler: *Das große Mandat der Stadt St.Gallen von 1611.* St.Gallen: VGS, 1983. Hardback, cased in paper, 24 x 17,5 cm. Ill.: pp. 2/3, double-page with title, further double-pages, cover (front and back).

KOSTBARKEITEN
AUS DEM
STADTARCHIV
ST.GALLEN
IN ABBILDUNGEN
UND TEXTEN
von Stadtarchivar
Ernst Ziegler

VERLAGSGEMEINSCHAFT
ST.GALLEN

KOSTBARKEITEN
AUS DEM
STIFTSARCHIV
ST.GALLEN
IN ABBILDUNGEN
UND TEXTEN
von Stiftsarchivar
Werner Vogler

VERLAGSGEMEINSCHAFT
ST.GALLEN

KOSTBARKEITEN AUS DEM STIFTSARCHIV
ST.GALLEN
IN ABBILDUNGEN UND TEXTEN

von Stiftsarchivar Werner Vogler

erschienen in der VGS Verlagsgemeinschaft St.Gallen, 1987

## DER STIFTUNGSBRIEF DES HEILIGGEIST-SPITALS 1228

Neben der traditionellen Krankenpflege im Kloster wurde seit 1228 in St.Gallen auch in der Stadt für Kranke und Gebrechliche gesorgt. In diesem Jahr 1228 schenkten nämlich Ulrich Blarer und der Truchseß Ulrich von Singenberg, zwei reiche St.Galler Bürger, ein Haus samt Grund- und Bodenzinsen und ein jährliches Einkommen von ihren Gütern für die Einrichtung eines Spitals. Durch weitere Vergabungen sorgten sie sodann für den Fortbestand ihrer Stiftung.

Zahlreiche Schenkungen brachten dem Spital weitere finanzielle Mittel. Durch kluge Ökonomie und Sparsamkeit konnte es sein Vermögen vermehren und viele Liegenschaften, Zinsen und Zehnten ankaufen und die Erträge zum Wohle der Armen und Kranken verwenden.

Es fanden aber nicht nur alte und gebrechliche Bürger und verwaiste Kinder Aufnahme im Spital, sondern auch Bemittelte, solche nämlich, die durch eine Schenkung im Spital eine Pfrund erworben hatten. Bei dieser sogenannten Pfrund oder Pfründe handelte es sich meistens um eine Art Altersvorsorge. Ein frühes Beispiel sei aus dem Jahre 1476 erwähnt: Damals kaufte Hans im Buch, genannt Hug, ‹die obristen Pfrund› (oberste, Herrenpfrund) im Heiliggeist-Spital und bezahlte dafür 160 Pfund Pfennig.

Es kam auch vor, daß Männern und Frauen, die sich um die Allgemeinheit, um die Gemeinde verdient gemacht hatten, von der Obrigkeit eine Pfrund im Spital geschenkt und ihnen so für die späteren Lebensjahre eine sorgenfreie Existenz gesichert wurde. – Im Jahre 1437 empfahl Kaiser Sigismund Bürgermeister und Rat der Stadt, dem St.Galler Bürger Jörg Töntel, dessen Vater Hans am Hof zu Prag im Dienste des Kaisers stand, wegen des Vaters ‹tugent, fromkeit und redlikeit›, eine Herrenpfründe im Spital zu verleihen. Das bis ins 19. Jahrhundert gängige Pfrundwesen im Spital war also zu dieser Zeit schon üblich.

Bis zur völligen Trennung von Stift und Stadt im Jahre 1566 hatten im Heiliggeist-Spital nicht nur Stadtbürger Zutritt, sondern auch Gotteshausleute aus der Landschaft, also Untertanen des Abtes. Der Rechtsspruch zwischen Kloster und Stadt aus dem Jahre 1462 enthält einen Artikel ‹umb den spittal›; darin heißt es, ‹des gotzhus Sant Gallen lütt, sy syent ir burger oder nit, die des notdurfftig werdent›, sollten ebenfalls in das Spital aufgenommen werden, jedoch unter der Bedingung, ‹das ir spittal und die dürfftigen darinn mit inen nit überladen werdint›.

Das Heiliggeist-Spital befand sich bis zu seiner Aufhebung in der Mitte des 19. Jahrhunderts im nördlichen Teil des Gevierts Marktgasse / Spitalgasse / Kugelgasse / Spisergasse. In den Jahren 1840 bis

14

Das +S HO[SP]ITAL[IS SANC]TI GALLI, das Siegel des Spitals in St.Gallen, an einer Urkunde von 1292, ist am Rand stark beschädigt und weicht im Siegelbild leicht ab vom +S'. HOSPITALIS. SCI. GALLI, dem Spitalsiegel an einer Urkunde aus dem Jahre 1303. (Es scheint, daß das Spital zwischen 1292 und 1303 ein neues Siegel annahm.)

Beide Siegel zeigen einen sich im Bett aufrichtenden, halb zugedeckten Menschen, wobei der auf dem jüngeren Siegel sich mit der linken Hand die Brust hält und mit dem rechten Arm gegen die Stirne fährt.

(Für diese Abbildung wurde das gut erhaltene Hängesiegel einer Urkunde von 1561 gewählt.)

Der Stiftungsbrief des Heiliggeist-Spitals vom 2. September 1228.

In der sogenannten Gründungsurkunde des Heiliggeist-Spitals von 1228 steht, das Spital sei zu bauen ‹*ad infirmorum custodiam*› (als Obhut für die Kranken) ‹*et pauperum solatium*› (und Zuflucht der Armen). – Das Spital wurde 1228 gegründet, war 1229 noch im Bau und konnte vermutlich um 1230 eröffnet werden.

Die lateinisch geschriebene Urkunde beginnt mit einem sogenannten Chrismon (religiöses Symbol, Kreuz) und einer Invocatio (Anrufung Gottes, in verlängerten Buchstaben): ‹*In nomine patris et filii et spiritus sancti, amen.*› Die Urkunde ist nach dem Vorbild der Königs- und Kaiserurkunden geschrieben, in schöner hochmittelalterlicher Urkundenschrift mit ausgeprägten Oberlängen.

In dieser Urkunde findet sich übrigens die erste urkundliche Erwähnung eines Marktes in St.Gallen. Das von Blarer und Singenberg geschenkte Haus stand nämlich ‹*apud sanctum Gallum iuxta forum*›, d.h. in St.Gallen am Markt.

1845 wurde auf der ehemaligen Linsebühlbleiche das neue Bürgerspital errichtet. Das alte Spital am Markt war überflüssig geworden, und im November 1846 verkaufte es die Ortsbürgergemeinde für 50000 Gulden. Die meisten Häuser des Spitals wurden im Laufe der Zeit abgerissen und machten privaten Neubauten Platz.

Signatur: Tr. B, 1, No. 1
Druck: Chart. Sang. III, 1158; UBSG III, 865
UBSG V, 3968
UBSG VI, 6622
Urkunde vom 12. Februar 1476 ohne Signatur im Spitalarchiv im StadtASG.
KARL WEGELIN: ‹Etwas zur Beleuchtung des hiesigen Spital-Pfrundwesens›, in: *St.Gallisches Wochenblatt*. 2. November 1837 (Beilage).
KURT BUCHMANN: *Sankt Gallen als helfende Vaterstadt. Die bürgerlichen Wohlfahrtseinrichtungen und ihre Geschichte*. St.Gallen 1945.
*Ad infirmorum custodiam, 750 Jahre Heiliggeist- und Bürgerspital in St.Gallen. Zur Einweihung der Geriatrischen Klinik*, hg. vom Bürgerrat der Ortsbürgergemeinde St.Gallen, St.Gallen 1980. (Hier besonders das Kapitel ‹Das Heiliggeist-Spital› mit den Abschnitten ‹Zum Spitalgebäude am Markt› von ERNST ZIEGLER und ‹Die «Gründungsurkunden» des Heiliggeist-Spitals› von OTTO P. CLAVADETSCHER usw.).
Über die jahrhundertelange Tradition der Medizin in St.Gallen verfaßte Stiftsbibliothekar JOHANNES DUFT eine grundlegende Arbeit: *Notker der Arzt, Klostermedizin und Mönchsarzt im frühmittelalterlichen St.Gallen*. St.Gallen 1972 (112. Njbl.).

15

·IOACHIMI VADIANI VITA PER IOANNEM KESSLERVM SANgallensem Conscripta.

Ioachimus Vadianus Heluetius Sangallensis ex uetustissima Vadianorum familia, non uno saeculo de republica Sangallensium bene merita, et si a proauis

zů siner zeit widerumm eruordert vnd zů den andern buchern gelegt werdind.› Die Bücherausleihe war geregelt.

- Zur Orientierung des Benützers, aber auch zur Kontrolle der Ausleihe war ein Inventar erforderlich, das die Bestände übersichtlich gliedert und erschließt. Das Testament berichtet vom Bücherschatz, ‹die alle In ainen rodell (So er vns angendts vberantwurt) von stuck zů stuck vertzaichnet vnd genumeriert werenn›. Stadtschreiber Josua Keßler, als Sohn von Vadians Freund Johannes Keßler dem Bürgermeister ohnehin zugetan, registrierte in den Jahren 1549 bis 1553 in vier Anfertigungen die Bücherei in einem ‹Rodel aller der bůcher mitt irer zal vnd benammsung wie die von dem Eerwirdigen vnnd Hochgelerten Fürsichtigen vnnd wysen Herrn Doctor Joachim von Watt diser zyt des Rychs Vogt selbs angegebenn vnnd durch mich Josua Keßlern geschryben vnnd verzeichnet sind›. Von der Hand Vadians trägt einer der hohen, schmalen Pergamenteinbände den Vermerk: ‹Index Librorum omnium Bibliothecae Ioachimi Vadiani›. Wer in dem nach Sachgebieten gegliederten Katalog blättert, durchgeht mit der Überschrift jeder Abteilung die offene, weite Bildungswelt des Humanismus: Grammatica – Dialectica – Rhetorica et Poetica (das eigentliche mittelalterliche Trivium) – Moralia (= Philosophie) – Physica (= Naturwissenschaften) – Mathemata – Historica – Medica – Iura – Theologica (umfaßt allein einen Drittel des Bestandes). Der Katalog ordnet und erschließt die Fülle von gegen 1300 Schriften (*Ms 2*).
- Mit dem Verzeichnis haben die Stadtbehörden aber auch eine Verpflichtung übernommen, daß sie ‹Schutzherren daruber sin vnd denselbigen ain Statt (daran sy wol gelegen vnd versorget syind) verordnen ... Zů dem allem darob vnd daran sin, damit bemelte bucher des

12

Links: Johannes Keßler, Lebensbeschreibung Vadians im ersten Bibliothekskatalog, S. 1 (Ausschnitt). Ms 1 (10 x 21,2). Darin Vadians Bibliotheksanweisung, ‹ut senatus *in publicam civium utilitatem* curam suscipiat›.

Unten: Bücherrodel, Titelblatt. Ms 2 (31,3 x 10,5).

Rechts: Bücherrodel, verzeichnet lateinische Buchtitel in humanistischer Kursive, deutsche in gotischer Kurrent, fol. 27v/28r. Ms 2.

Seiten 14/15: Donatorenbuch 1, fol. 18v/19r. Ms 10 (35,5 x 22,3).

13

44

Links: Historienbibel, fol. 41v/42r und 54v/55r. Ms 343d (38,2 x 27).

Oben: Stundenbuch, fol. 40r. Ms 327 (Originalgröße).

Seite 46: Stundenbuch, fol. 40v. Ms 327 (Originalgröße).

Seite 47: Historienbibel, fol. 40r. Ms 343d (38,2 x 27).

Seiten 48/49: Livius, Historia Romana 3, fol. 54v/55r. Ms 308 (36,5 x 25,1).

eine Initiale in Farbe und Gold übergreift vier oder auch neun Zeilen, und ihr geht, mit roter Tinte geschrieben, ein Incipit voraus. Indessen bleibt auch solcher Schmuck im Dienste des Lesens, kennzeichnet den Übergang vom einen zum andern Kapitel. Eine reich ausgestattete Randverzierung am Fuß der Eingangsseite jedes Bandes umkränzt ein Wappenschild, wohl Zeichen des Auftraggebers. Die Schlußzeilen am Ende des Bandes nennen Schreiber und Jahr: 1442, einmal 1443.

Ähnlich die Historienbibel: ein Doppelwappen im ersten der beiden Bände auf Blatt 6 verso, von einem Engel gehalten, bezeichnet das Empfängerpaar Heinrich Ehinger, Säckelmeister zu Konstanz (gestorben 1479), und sein Eheweib Margarete von Cappel. Überdies nennt Blatt 106 recto Hans Ott als Künstler. Er gehörte zur elsäßischen Werkstatt des Diebolt Lauber zu Hagenau. Der zweite Band mit den Historien des Neuen Testaments berichtet aus dem Marienleben nach der Dichtung von Bruder Philipp aus dem Kartäuserkloster Seitz in der Steiermark. Zutraulich, unmittelbar spricht das Buch den Betrachter an, weckt sein Mitempfinden. Es wählt gern biblische Szenen, die als Sensationsbericht wirken und läßt mit ansehen, wie die grausame Soldateska des Herodes das Blutbad unter den Kindlein von Bethlehem anrichtet, zeigt händeringend die schreienden Mütter. In den Legenden des Marienlebens weiß herzhafte Fabulierfreude auch zartere Gefühle anzusprechen: ‹Also Jhesus sin můtter drucken durch

45

Jahre und Namen

BIBLIOTHEKSGESCHICHTE AUF EINEN BLICK

Die Bibliothekare der Vadiana 1551–1951

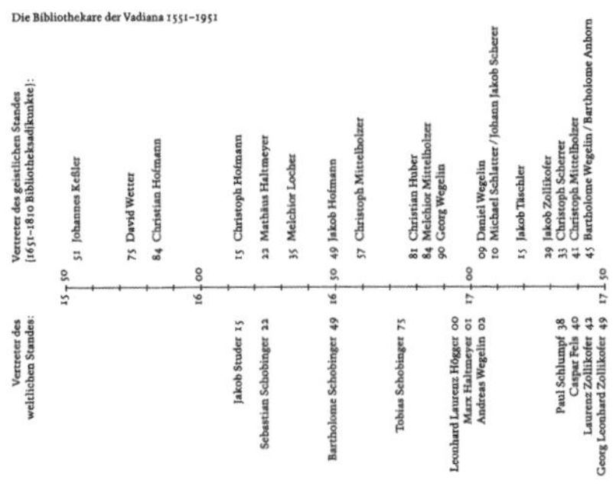


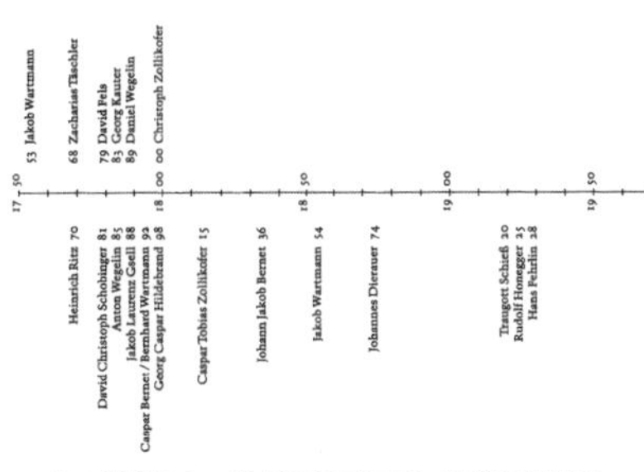


Wegmarken

1551 Vadian vermacht am 4. Februar seine Bücher der Stadt. Er stirbt am 6. April. Zwei Jahre früher schon hat Josua Keßler die Bibliothek katalogisiert, und fünfzehn Jahre früher hat der Rat die Bibliothek von Pfarrer Wolfgang Wetter erworben.

1568 Die Bibliothek gelangt aus der Wohnung Johannes Keßlers in die ehemalige Wiborada-Kapelle neben St. Mangen.

1605 Der Rat erläßt eine Bibliotheksordnung, nachdem Melchior Goldast Schriften entwendet hat.

1615 Die Bibliothek bezieht die oberen Stockwerke im ehemaligen Dominikanerinnenkloster St. Katharinen, das als Knabengymnasium dient.

1703 Pfarrer Johann Jakob Scherrer gibt den Anstoß zur Gründung eines Bibliothekskollegiums für die Förderung der Bibliothek.

112

1793 Der erste Bibliothekskatalog wird gedruckt.

1832 Bei der Ausgliederung der politischen Gemeinde St. Gallen bleibt die Stadtbibliothek Aufgabe der Ortsbürgergemeinde.

1855 Die Bibliothek wechselt, zusammen mit dem Gymnasium, in das Kantonsschulgebäude auf dem Oberen Brühl.

1864 Professor Gustav Scherer gibt das Verzeichnis der Manuskripte und Inkunabeln der Vadianischen Bibliothek heraus.

1907 Die Vadiana bezieht ihren eigenen Bau an der Notkerstraße.

1936 Die Gesellschaft Pro Vadiana wird gegründet zur Förderung der Bibliothek.

1978 Die St. Galler Freihandbibliothek, 1969 von der Vadiana geschaffen, bezieht den restaurierten Bau von St. Katharinen.

1979 Gemäß Entscheid des St. Galler Volkes vom 28. Mai 1978 übernimmt der Kanton von der Ortsbürgergemeinde die ehemalige Stadtbibliothek (Vadiana) samt altem Kernbestand, der als Vadianische Sammlung Eigentum der Ortsbürgergemeinde bleibt.

113

Ernst Ziegler: *Kostbarkeiten aus dem Stadtarchiv St.Gallen in Abbildungen und Texten,* 1983; Peter Wegelin: *Kostbarkeiten aus der Vadiana St.Gallen in Wort und Bild,* 1987; Werner Vogler: *Kostbarkeiten aus dem Stiftsarchiv St.Gallen in Abbildungen und Texten,* 1987. St.Gallen: VGS. Papierbände, 17,5 x 24 cm. Abb.: Alle Einbände, Innentitel der *Kostbarkeiten aus dem Stiftsarchiv,* Doppelseiten aus *Kostbarkeiten aus dem Stadtarchiv* (S. 92, unten) und *Kostbarkeiten aus der Vadiana* (S. 93).

Ernst Ziegler: *Kostbarkeiten aus dem Stadtarchiv St.Gallen in Abbildungen und Texten,* 1983; Peter Wegelin: *Kostbarkeiten aus der Vadiana St.Gallen in Wort und Bild,* 1987; Werner Vogler: *Kostbarkeiten aus dem Stiftsarchiv St. Gallen in Abbildungen und Texten,* 1987. St.Gallen: VGS. 24 x 17,5 cm. Ill.: all bindings, title-page of *Kostbarkeiten aus dem Stiftsarchiv,* double-pages from *Kostbarkeiten aus dem Stadtarchiv* (p. 92, below) and *Kostbarkeiten aus der Vadiana* (p. 93).

St.Gallen, 30. Juni 1228
Abtsurkunde

Abt Konrad von Bussnang (1226–1230) überträgt der Frauenkongregation in St.Gallen den ihr von Berthold Cocus und Ulrich Blarer geschenkten Hof am Irabach und nimmt sie in seinen Schutz.

In nomine patris et filii et spiritus sancti. Ego C. dei gratia sancti Galli abbas universitati fidelium salutem in domino. Ne labantur cum tempore,
que geruntur in tempore, litterarum debent ac testium memorie commendari. Universis igitur in Christo fidelibus tam futuris quam presentibus
presens scriptum inspecturis notum fieri volumus, quod cum congregatio quedam conversarum mulierum sub status sui pendulo in diversis
locis tam intra quam extra civitatem sancti Galli degentium de stabili mansione sua diu permansissent incerte, tandem B. Cocus
et V̄. Blarrarius divino excitati monitu super eas misericordia moti ob remedium animarum suarum in honorem dei omnipotentis eis quoddam curtile,
quod iuxta ripam, que Nigra vocatur, habebant, donare decreverunt et in manus nostras resignando eis ita concedi rogabant, ut ille
locus in perpetuum deo dicatus non nisi bone conversationis hominibus ad inhabitandum debeat patēre. Nos vero, ut idem locus et in ipso deo et sanctis
suis famulantes strictius ac specialius in abbatum protectione permaneant in posterum, ad utrorumque scilicet dictorum virorum ac mulierum consensum et peticionem ipsum pro quodam censu videlicet pro una libra cēre annuatim abbati persolvenda concessimus, eandem habitatio-
nem sub protectione sanctorum confessorum Galli et Othmari et nostram suscipiendo. Statuimus eciam, quod si aliqua eis bona in posterum conferun-
tur, sub eundem cedant censum et sub dicta protectione consistant. Ne autem in posterum contra id factum aliquid ausu temera-
rio valeat attemptari, presens instrumentum fecimus conscribi et sigilli nostri nostrique capituli munimine confirmari. Dat.
apud sanctum Gallum, anno gratie M°.CC°.XX°VIII°, indict. prima, II° kl. iulii.

Im Namen des Vaters, des Sohnes und des Heiligen Geistes. Ich, Conrad, von Gottes Gnaden Abt von St.Gallen, entbiete allen Gläubigen Gruß im Herrn. Damit das, was in dieser Zeit geschieht, nicht mit der Zeit vergeht, muß es zum Gedächtnis Urkunden und Zeugen anvertraut werden.

So verkünden wir allen künftigen und gegenwärtigen Christgläubigen, welche diesen Brief sehen: Da eine Gemeinschaft weltlicher Frauen ohne festen Standort an verschiedenen Orten innerhalb und außerhalb der Stadt St.Gallen hauste und lange nicht sicher war, wo sie eine feste Heimstätte bekommen könnte, haben Berchtold Kuchimeister und Ulrich Blarer aus göttlicher Eingebung und aus Barmherzigkeit zu ihrem Seelenheil und zur Ehre des Allmächtigen beschlossen, ihr eine Hofstatt, die sie bei dem Bach, genannt der Schwarze Bach, besaßen, zu schenken.

Sie haben uns die Hofstätte aufgegeben und uns gebeten, diese den erwähnten Frauen zu übertragen, damit dieser Ort in Ewigkeit Gott geweiht sei und allen Menschen offenstehe, die ein frommes Leben führen wollen.

Und damit dieser Ort und die dort mit Gott und den Heiligen Lebenden unter besonderem Schutz der Äbte in künftigen Zeiten bleiben, so haben wir auf Bitte und mit Zustimmung beider genannten Männer und der Frauen ihnen diesen Ort um einen Zins von einem Pfund Wachs, der dem Abt jährlich zu entrichten ist, verliehen und diese Wohnstätte in den Schutz der heiligen Bekenner Gallus und Otmar und unter unseren Schutz genommen.

Auch haben wir bestimmt, daß künftig ihnen übertragene Güter in diesem Zins inbegriffen sein und unter dem gleichen Schutz stehen sollen.

Damit niemand künftig dagegen etwas Frevelhaftes zu unternehmen wage, haben wir diese Urkunde anfertigen und mit unserem und unseres Kapitels Siegel bekräftigen lassen.

Gegeben zu St.Gallen, im Jahre des Heils 1228, in der ersten Römer Zinszahl, am 2. Tag vor den Kalenden des Juli.

Signatur des Originals: Tr.C, No.102.
Originalgröße.
Druck: *Chart. Sang.* III, 1152.
Übersetzung von Otto P. Clavadetscher.

Literatur: *Kostbarkeiten* S. 11–13.

Anmerkungen:
B. Cocus = Berchtold Kuchimeister, äbtischer Küchenmeister, erwähnt 1222–1228; Ulrich Blarer, Gründer des Heiliggeist-Spitals, erwähnt 1228–1252.
Ira- oder Schwarzbach im Norden der St.Galler Altstadt, vgl. dazu Ernst Ehrenzeller: *Der Ira- oder Schwarzbach in St.Gallen.* St.Gallen 1980.

1528
Ehegerichts-Protokoll

Vff Donstag ist der 13 tag hornung im 1528 Jar, Zwüschend Jakoben Funk von Güttigen, vnd Justina Bläwenstainin, wy-
land Stephan Spenglers verlaßne wytwen.
Per Juramentum Reus
Jacob, Actor, sagt er sy by ir amm tisch gsessen, vnd mit Justina
mengerlay geredt, doch zů letzst, hab er ir ainen trunk bracht
vnd darzů geredt, da bring ich dir ain trunkh, das es ain ee sy
zwüschend vns, for gott vnd vor der welt. Do hab sy gesprochen
das sy: Do hab er gsagt so bist ietz mal min Eefrow;
vnd ich din man./ Do hab sy gsagt, O, wie
werdend mine fründ thůn./ Nachmals als sich ain span erhebt,
das er ain frowen han sölte, vnd dazu sy nit haben mög, vnd er
aber der Jacob, brief vnd sigel anzaygt hat das er mit recht von ir
geschayden sy, hat er die Blawenstainin am nüwen iars abend
vff söllichs wyter gfraget, Ob sy irst willens gestande, vnd der
maynung sy wie for: dz zwüschend inen bayden ain Ee sy: Do hab
sy gsayt Ja. Vnd hab imm söllichs in die Hand gschlagen, vnd in
Petten, dz er zů demm Helfer gieng vnd imm sayte, bayder namen,
damitt er sy offenlich verkündte vnd sy zů Kilchen gon möchtind.

Signatur: Band 803, fol. 1r.
Verkleinert um 8 Prozent, Ausschnitt.
Ungedruckt.

| | |
|---|---|
| hornung | Februar |
| wyland | vormals |
| Per Juramentum Reus | Aussage des Angeklagten unter Eid |
| Actor | Kläger |
| ee | Ehe |
| span | Streit |
| dz | dass |
| Helfer | Pfarrhelfer |

Literatur:
Ernst Ziegler: ‹Zur Reformation als Reformation des Lebens und der Sitten›. In: *Rorschacher Neujahrsblatt* 1984, S. 51–70, besonders S. 68–69.

Anmerkung:
Bei dieser Schrift handelt es sich um die persönliche Handschrift von Bürgermeister und Reformator Joachim von Watt, genannt Vadian, 1484–1551.

1900
Bürgerversammlungs-Protokoll

Es bedingt dies die Wahl eines 4ten Stimmenzählers,
als welcher von der Gemeinde Herr Walter Huber, Kaufmann, bezeichnet wird.
Das Abzählen selbst wird bis nach Erledigung der
übrigen Verhandlungsgegenstände verschoben.

II.

Die Diskussion zum gemeinderätlichen Gutachten
und Antrag betr. Erstellung eines Verwaltungs-
gebäudes auf der Kreuzbleiche wird ebenfalls nicht
benützt und in der Abstimmung der nachgesuchte
Kredit von frs 200 000.– mit großem Mehr bewilligt.

III.

Desgleichen wird ohne Benützung der Diskussion
der Kredit von frs 98 000.– für Erstellung eines Bau-
amtsschopfes auf dem Wydacker mit großem
Mehr bewilligt.

IV.

Nachstehenden 6 Bürgerrechtsaufnahmen der Orts-
gemeinde St.Gallen vom 20. Mai l.J. wird unbe-
anstandet die gesetzliche Bestätigung erteilt:

Signatur des Originals: NA, Protokoll der Bürgerversammlungen und Urnenabstimmungen, 1897–1900, S. 120.
Originalgröße, Ausschnitt.
Ungedruckt.

Literatur:
*Historische Notizen über die Stadt St.Gallen, 614–1927.* Hg. von der Stadtkanzlei. St.Gallen 1928.
Ernst Ziegler: Zur Baugeschichte der Stadt St.Gallen von den Anfängen bis 1970, ein Arbeitspapier. St.Gallen 1974.

**Ernst Ziegler, Jost Hochuli: *Hefte zur Paläographie des 13. bis 20. Jahrhunderts aus dem Stadtarchiv (Vadiana) St.Gallen.* Rorschach: E. Löpfe-Benz, 1985–1989. Einlagige Broschuren, klammergeheftet, A4. Abb.: Umschläge und Schuber, Doppelseiten aus den Heften I, IV und VIII.**

Ernst Ziegler, Jost Hochuli: *Hefte zur Paläographie des 13. bis 20. Jahrhunderts aus dem Stadtarchiv (Vadiana) St.Gallen.* Rorschach: E. Löpfe-Benz, 1985–1989. Single-section wire-stitched booklets, A4. Ill.: covers and slip-case, double-pages from volumes I, IV and VIII.

## Typografie und Satztechnik

Als der Bleisatz durch den Fotosatz und dieser durch den CRT-Satz[1] ersetzt, und als es schließlich mit DTP[2] möglich wurde, Text und Bild integral zu verarbeiten – immer war die Frage zu hören: Braucht es für die neue Technik auch eine neue Typografie, braucht es neue Regeln?

Die Antwort – ein klares Nein – scheint auf der Hand zu liegen. Trotzdem lohnt es sich, über die Frage nachzudenken und sie (und mit ihr die Antwort) in einen größeren Zusammenhang zu stellen; dies umso mehr, als wir möglicherweise über kurz oder lang mit einem ähnlichen Problem konfrontiert werden in Verbindung mit einer dannzumal wieder neuen Technik.

Zuerst, und damit wir einen festen Grund gewinnen, wollen wir uns kurz besinnen, was denn unter Typografie zu verstehen sei. Die immer noch beste mir bekannte Definition stammt von Stanley Morison[3]. Für die *Encyclopaedia Britannica* verfasste er im Jahr 1929 unter dem Stichwort ‹Typography› einen Aufsatz, der bei späteren Veröffentlichungen in überarbeiterter Form unter dem Titel *First Principles of Typography* bekannt geworden und in verschiedene Sprachen übersetzt worden ist. Da heißt es denn (in der deutschen Übertragung von Max Caflisch und Kurt Gschwend[4]): ‹Typografie kann umschrieben werden als die Kunst, das Satzmaterial in Übereinstimmung mit einem bestimmten Zweck richtig zu gliedern, also die Typen anzuordnen und die Zwischenräume so zu bestimmen, dass dem Leser das Verständnis des Textes im Höchstmaß erleichtert wird.› Kann man es einfacher, kann man es gleichzeitig allgemein gültiger sagen?

Nun ist in unserem Zusammenhang das Interessante an der Aussage die Tatsache, dass Morison sie in einer Zeit gemacht hat (1929), als Bleisatz gebräuchlich war, dass sie aber ihre Gültigkeit auch für alle bleilosen Techniken behalten hat. Wenn Morison nichts über die Technik gesagt hat und wenn seine Sätze auch bei vollständig geänderten technischen Bedingungen noch gültig sind, so hängt das damit zusammen, dass für ihn allein das zählte, was auf dem Papier (oder auf irgendeinem andern Druckträger) zu sehen ist.

Typografie wird – von Ausnahmen abgesehen – nicht für Typografen gemacht, sondern für die Leserin und den Leser (unter Berücksichtigung der jeweiligen Zielgruppe, sofern sich diese ausmachen lässt). Im Normalfall heißt das, dass Typografie gelesen sein will. Die Leserin und der Leser interessieren sich weder für die Schönheit oder gar Extravaganz der verwendeten Schriften noch für das Layout, mindestens nicht bewusst. Aber noch viel weniger als gestalterische Typografenprobleme interessieren die Leser die technischen Fragen, die zu lösen sind, damit etwas Gesetztes gelesen, so bequem wie möglich gelesen werden kann. Das hat sie nicht interessiert zu Zeiten des Bleisatzes und des Buchdrucks, es interessiert sie heute nicht, und es wird sie auch in Zukunft nicht interessieren, wie immer eine neue Technik geartet sein wird.

*Für die Leser zählt in der Typografie nur, was auf dem Papier (oder auf irgendeinem andern Druckträger) zu sehen ist.* Von dieser Behauptung wollen wir in der Folge ausgehen.

Die bisherigen Äußerungen zielen auf ein Thema, das in der Kunstgeschichte, vor allem in der Architekturtheorie, eine lange Tradition hat, nämlich auf die Frage nach der wechselseitigen Beziehung von Form und Technik. Und von daher gesehen ist die Frage nach neuen Regeln für eine neue Satztechnik gar nicht so abwegig.

Nikolaus Pevsner[5] schrieb in seinem Buch *An Outline of European Architecture*[6] die folgenden Sätze: ‹Architektur ist nicht das Produkt von Material und Zweck – auch nicht von sozialen Bedingungen –, sondern eines (in veränderter Zeit) sich ändernden Geistes. Der gotische Stil entstand nicht, weil jemand das Rippengewölbe erfand; die moderne Architektur entstand nicht, weil Stahlträger und armierte Betonkonstruktionen erfunden wurden – sie wurden erschaffen, weil sie ein neuer Geist forderte. Die Form entspringt dem Geist, nicht dem Material.›[7] Pevsner stellt sich damit gegen eine rein technisch begründete Architekturgeschichte, wie sie vor allem für das 19. Jahrhundert, etwa für Viollet-le-Duc[8] oder für Semper[9], ty-

1
CRT = Cathode-ray tube (Kathodenstrahlröhre).

2
DTP = Desktop-Publishing.

3
Stanley Morison (1889–1967). Englischer Typograf, Schrift- und Buchhistoriker. Beeinflusste als Berater der Monotype Corporation maßgeblich deren Schriftproduktion.

4
Stanley Morison: *Grundregeln der Buchtypografie.* Hg. von Max Caflisch und Kurt Gschwend. Bern: Angelus-Drucke, 1966. S. 5.

5
Nikolaus Pevsner (1902–1983). Deutscher Kunsthistoriker. Professor in Cambridge.

6
Nikolaus Pevsner: *An Outline of European Architecture.* Harmondsworth: Penguin Books, [7]1966. S. 17.

7
‹Architecture is not the product of materials and purposes – nor by way of social conditions – but of the changing spirits of changing ages. It is the spirit of an age that pervades its social life, its religion, its scholarship, and its arts. The Gothic style was not invented because somebody invented rib-vaulting; the Modern Movement did not come into being because steel frame and reinforced concrete construction had been worked out – they were worked out because a new spirit required them.›

8
Eugène Emmanuel Viollet-le-Duc (1814–1879). Französischer Architekt und Architekturtheoretiker.

9
Gottfried Semper (1803–1879). Deutscher Architekt und Architekturtheoretiker.

pisch ist. Doch schreibt er auch, dass ‹neue Materialien neue Formen möglich machen oder sogar nach ihnen verlangen›[10].

In seinem Buch über *Das bäuerliche Toggenburger Haus und seine Kultur*[11] schreibt Jost Kirchgraber, dass das steile Dach der Toggenburger Häuser erst nach dem Dreißigjährigen Krieg möglich wurde. Die Erklärung ist einfach: Die Schmiede, die während drei Jahrzehnten mit der Herstellung von Waffen beschäftigt gewesen waren, hatten nach dem Friedensschluss plötzlich ‹Überkapazität› – und verlegten sich auf die Produktion von Nägeln. Diese, nun in großen Mengen erhältlich, wurden damit auch für den bäuerlichen Bauherrn erschwinglich. Er konnte das bisherige schwach geneigte Dach, auf dem die Schindeln lediglich mit langen Rundhölzern und mit Steinen befestigt waren, durch ein steiles ersetzen, weil die Schindeln nun angenagelt werden konnten. Ebenso waren zum Beispiel im Spätbarock frei aus der Wand oder der Decke ragende Stukkaturen erst nach der Erfindung des Walzdrahtes möglich. Der Charakter von Rokoko-Innenräumen wird ganz entscheidend von solchen frei stehenden Stuckdekorationen geprägt.

Die sind zwei Beispiele aus der Architektur. Sie ließen sich ohne große Mühe vermehren.

Wie aber verhält es sich mit der Wechselwirkung von Form und Technik in der Typografie, allgemeiner gesprochen: auf dem Gebiet der Schrift? Zwei Beispiele sollen auch hier genügen, um aufzuzeigen, dass die angewandte Technik nicht ohne Folgen auf das sichtbare Resultat, auf die Form bleibt.

Gemeinhin heißt es, Gutenberg habe in formaler Hinsicht nichts anderes gewollt, als sich mit seiner Erfindung möglichst dem geschriebenen Vorbild zu nähern. Obwohl vom Ahnvater der Typografie keine diesbezüglichen Äusserungen bekannt sind, ist diese Annahme plausibel, wenn wir an die große Zahl von Alternativlettern (verschieden breite a, e usw.) und Ligaturen im Typenapparat etwa der 42-zeiligen Bibel denken. Das Vorbild freilich hat er nicht erreicht – verständlich: Vorfabrizierte, immer gleich bleibende Typen in einen Winkelhaken, später die Zeilen in ein Satzschiff zu stellen, auszubinden und das Ganze in der Presse zu drucken – das *muss* ein anderes Resultat ergeben, als wenn die Buchstaben von der Hand einer Schreiberpersönlichkeit mit dem geschnittenen und gut geschärften, elastischen Federkiel auf ein sorgfältig präpariertes Pergament oder auf Papier geschrieben werden. Die Technik hat die Form beeinflusst. Diese ist weniger persönlich, sie ist ebenmäßiger, glatter geworden.

Ein ähnlicher Vorgang ereignete sich beim Übergang von Bleisatz und Buchdruck zu bleilosen Satztechniken und Offsetdruck. Nach anfänglichen Schwierigkeiten, die sich in Belichtungsschwankungen, mangelnder Randschärfe und Linienhaltigkeit und vielen weiteren Unzulänglichkeiten äußerten, ist schließlich ein Niveau erreicht worden, das sich sehen lassen kann – immer vorausgesetzt, Hardware, Software und Bedienung sind optimal. Aber man schaue sich einmal eine Buchseite an, die seinerzeit im Bleisatz gesetzt und im Hochdruckverfahren gedruckt worden ist, und vergleiche das Resultat mit einer in einem bleilosen Verfahren gesetzten und in Offset gedruckten Seite. Der Unterschied ist für jedes empfindliche Auge schlagend. Wir nehmen an, dass beide Seiten die gleichen Abmessungen, den gleichen Satzspiegel, die gleiche Schrift im gleichen Grad mit identischem Durchschuss aufweisen – sagen wir 10/12 p Bembo Roman, das eine Mal im Monotype-Bleisatzsystem getastet und gegossen, das andere Mal auf dem Mac in QuarkXPress getastet –, und nehmen wir weiter an, beide seien in möglichst gleicher Farbe und vergleichbarer Farbführung das eine Mal im Hochdruck-, das andere Mal im Offsetverfahren auf das gleiche Papier gedruckt: Der Unterschied ist, wie gesagt, nicht zu übersehen. Es kann vorkommen, dass wir ab Blei Gedrucktes wegen der Unregelmäßigkeiten heute als etwas ungewohnt Archaisches empfinden, besonders wenn es sich um große Grade handelt.

Es ist klar, was das bedeutet: Doch nichts anderes, als dass sich unsere Sehgewohnheiten innerhalb von etwas mehr als 30 Jahren geändert haben. Was für uns heute ein

10
‹New materials may make new forms possible, and even call for new forms.›

11
Jost Kirchgraber: *Das bäuerliche Toggenburger Haus und seine Kultur.* St. Gallen: VGS, 1990.

normales Satzbild ist, hätten wir früher für unnatürlich glatt gehalten. Das ist zwar eine Veränderung in einem sehr beschränkten Bereich, aber es ist eine Veränderung. Sie bestätigt die These, dass sich im Bereich der Schrift Grundlegendes über Jahrhunderte hinweg nicht, Details aber ständig verändern. Es ist auch eine Bestätigung der Theorie, dass das Werkzeug, dass die Art der Erzeugung von Schrift diese immer mehr oder weniger verändert. Und es heisst schließlich, dass die positivistischen Materialisten des 19. Jahrhunderts zu einem Teil doch Recht hatten: Technik kann Form beeinflussen. Wir halten deshalb fest: *Typografie als visuelle Erscheinung wird auch von der Technik beeinflusst. Sehgewohnheiten können sich – was Schrift im Allgemeinen und Typografie im Besonderen betrifft – in einem beschränkten Rahmen ändern.*

Damit ist das Feld abgesteckt, innerhalb dessen sich die zu Beginn gestellte Frage vielleicht beantworten lässt.

Wie oben ausgeführt, ist es höchst wahrscheinlich, dass Gutenberg mit seiner Erfindung nichts anderes wollte, als das geschriebene Vorbild zu erreichen; das kann man aus der Form seiner Typen schliessen. Es wird aber im eigentlichen typografischen Bereich, im – wie es Morison formuliert hat – ‹Anordnen der Typen und Bestimmen der Zwischenräume›, noch viel offensichtlicher: Die Bücher von Gutenberg und von anderen Frühdruckern zeigen Seiten- und Satzspiegelproportionen sowie Randverhältnisse, wie wir sie in Büchern bis ins 9. Jahrhundert, in die Karolingerzeit, zurückverfolgen können. An neue Regeln nicht nur für die Gestaltung von Schrift, sondern auch für die Anordnung von Schrift haben Gutenberg und seine Nachfolger ganz eindeutig nicht gedacht. Haben die Erfinder des maschinellen Bleisatzes, haben die Erfinder des Fotosatzes, des CRT-Satzes und des DTP an eine neue Typografie, an Regeln für eine neue Typografie gedacht? Mitnichten. Die Erfinder neuer Techniken (auf welchem Gebiet auch immer) denken nicht daran, ein neues Formenrepertoire zu kreieren; sie wollen lediglich Bestehendes rationeller, schneller und billiger erreichen. Ob sich dann später, wenn die neue Technik einmal da ist, Situationen ergeben, die neue Regeln verlangen – das ist eine andere Frage. Sie ergibt sich dann, wenn es sich zeigt, dass die Technik auf formalem Gebiet zu nicht voraussehbaren Resultaten führt. Im DTP ist dieser Fall in einem Bereich tatsächlich eingetreten.

Die Typografie als visuelle Erscheinung lässt sich in zwei Bereiche teilen: in die typografische Anlage, das Layout, und in die Detailtypografie; mit anderen Worten: in Makro- und Mikrotypografie. Während sich die erste, die Makrotypografie, ‹mit dem Format, der Größe und Platzierung der Satzkolumnen sowie der Abbildungen, mit der Organisation der Titelordnung und der Legenden befasst, fallen in den Bereich der Mikrotypografie die folgenden Einheiten: Buchstabe, Buchstabenabstand/Wort, Wortabstand/Zeile, Zeilenabstand/Kolumne. Es sind die Einheiten, die von Gestaltern gerne als quantité négligeable betrachtet werden, da sie außerhalb jenes Bereichs liegen, der als «kreativ» bezeichnet zu werden pflegt.›[12]

Der mikrotypografische Bereich ist insofern wichtig, als dieser ganz entscheidend zur Lesbarkeit einer Drucksache beiträgt. Ein interessantes, anmachendes Layout, das die Leserin, den Leser anspringt und zum Lesen einlädt, nützt nichts, wenn das, was gelesen werden sollte, nicht gelesen werden kann wegen zu engem Durchschuss, zu schmalen Spalten, zu großen Wortabständen, zu lockeren, zu unregelmäßigen oder zu engen Buchstabenabständen, zu schlechter Schriftqualität. Für die Lesbarkeit eines Textes ist eine intakte Mikrotypografie unverzichtbar. Sie hat auf die Physiologie des menschlichen Auges in erster Linie, in zweiter Linie auf gewisse Lesegewohnheiten Rücksicht zu nehmen. Persönliche Präferenzen dürfen hier nicht ins Spiel kommen.

Wohl können sich, wie oben ausgeführt, in einem beschränkten Umfang die Sehgewohnheiten ändern; das Entscheidende aber wird sich nicht ändern. Für das typografische Detail braucht es im DTP keine neue Regeln, hier darf es unter keinen Umständen neue Regeln geben. Was zu Beginn des Fotosatzes passiert ist, darf sich in dieser oder einer ähnlichen Form nicht mehr ereignen: Da-

12
Jost Hochuli: *Das Detail in der Typografie.* Wilmington (Mass.): Compugraphic, 1987, S. 7.

mals glaubte man, es sei chic und ‹modern›, mit verengten Buchstabenabständen zu setzen. Das aber verstößt gegen jahrhundertealte Regeln über das Verhältnis von Buchstaben-Innenraum zu Buchstaben-Abstand – Regeln, die weit hinter Gutenberg zurückgehen und zum Beispiel in karolingischen Manuskripten ohne Mühe nachzuweisen sind. Wenn sie nicht beachtet werden, ist das mehr als eine formale Äußerlichkeit: die Lesbarkeit leidet.

*Beim typografischen Detail bleibt es somit bei jenen Regeln, die schon zu Bleisatzzeiten gültig waren.*

Und in der Makrotypografie? Da, so bin ich überzeugt, ist grundsätzlich jede Art von fester Regel falsch, weil solche Regeln zu sturem, dogmatischem Akademismus führen. Die Ansichten Tschicholds, der in seinen reifen Jahren möglichst alles axialsymmetrisch gesetzt haben wollte, und ebenso Otl Aichers gegenteilige und äußerst unduldsam vorgetragene Auffassung, heute könne Typografie nur asymmetrisch sein, finde ich fatal – bei aller Achtung vor dem Werk der beiden. Das ist zu dogmatisch, zu unbeweglich, zu einengend.

Wenn aber oben gesagt wurde, dass sich die Frage nach neuen typografischen Regeln für das DTP in einem gewissen Bereich tatsächlich stellen könnte, so habe ich an die Makrotypografie gedacht. Hier passiert etwas Vergleichbares wie seinerzeit in der Mikrotypografie: Man lässt sich vom technisch Machbaren verführen. Und was so schön und halb wissenschaftlich Schrift-Bild-Integration heißt, entpuppt sich oft als ein wirres, formal unbeherrschtes Durcheinander, wo Schrift in Bild, Schrift in Schrift und Bild in Bild läuft; selten prägnant – auch nicht als konkretes Gebilde; selten witzig – höchstens witzelnd; kaum je lesbar.

Aber um solchen Unsinn zu vermeiden, braucht es keine neuen Regeln, sondern gestalterische Intelligenz, Stilsicherheit, Pfiff. Da zeigt sich dann, wer fähig ist, nicht nur für sich typografische Spielchen zu veranstalten, sondern auch an den Leser, die Leserin zu denken und trotzdem nicht langweilig zu sein.

Das führt mich zu einer letzten Bemerkung. Gute Resultate werden wir auch in Zukunft nur dann erhalten, wenn wir auf gut ausgebildete Fachleute zählen können. Im Blei waren die einzelnen Elemente starr, vieles war vom Material her gegeben. Mit dem Aufkommen bleilosen Setzens wurde manches, was vorher in der Zuständigkeit der Schriftgießereien lag, dem Anwender, der Tasterin, dem Taster überlassen. Mit der Text-Bild-Integration sind es noch mehr Elemente, sind diese noch beweglicher geworden. Die Leute am Bildschirm, die Typografen, die Grafiker müssten heute eigentlich eine geradezu unwahrscheinlich gute formale Ausbildung haben. Dieser ist deshalb von allen, die an gesunder Typografie interessiert sind, hohe Aufmerksamkeit zu schenken.

Zusammenfassend halte ich fest: *Für DTP (und für allenfalls andere, neue Satztechniken) braucht es keine neuen typografischen Regeln. Im mikrotypografischen Bereich genügen die überkommenen; die aber sollten beachtet werden. Im Layout, in der Makrotypografie, ist sowieso jede Art von Regel abzulehnen.*

*Jost Hochuli*

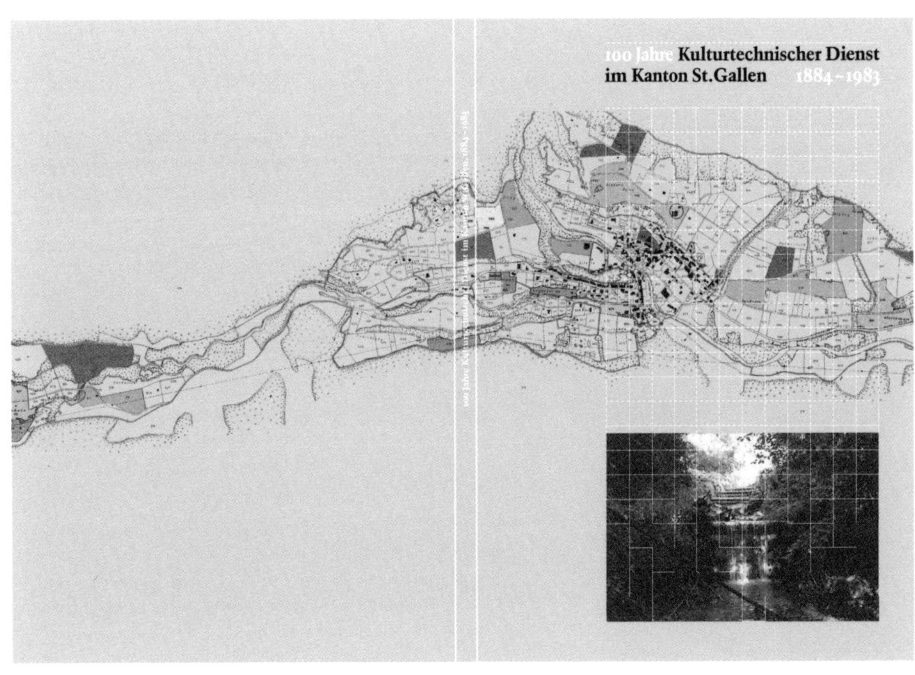


**Kantonales Meliorations- und Vermessungsamt (Hg.): *100 Jahre Kulturtechnischer Dienst im Kanton St.Gallen, 1884–1983.* St.Gallen: Kant. Meliorations- und Vermessungsamt, 1984. Einfache Broschur, 17,5 x 24 cm. Abb.: Umschlag (Vorder- und Rückseite).**

Kantonales Meliorations- und Vermessungsamt (ed.): *100 Jahre Kulturtechnischer Dienst im Kanton St.Gallen, 1884–1983.* St.Gallen: Kant. Meliorations- und Vermessungsamt, 1984. Booklet, 24 x 17,5 cm. Ill.: cover (front and back).

## Typography and composition technology

As metal type was replaced by photosetting, and photosetting was in turn replaced by CRT[1] composition, and when, finally, DTP[2] made it possible to integrate text and image, the same question was always raised: Does the new technology require new typography, new rules?

The answer clearly not – seems obvious enough. Nevertheless, it is worth considering the question, and putting it (and with it, its answer) in a broader context. For, sooner or later, we shall probably once again be confronted with a similar problem in connection with some other new technology.

First, to give us a firm starting point, let us briefly consider what typography actually is. The best definition I know is still Stanley Morison's[3]. In 1929 he wrote for the *Encyclopaedia Britannica* for the entry under Typography an essay that was later published separately as *First Principles of Typography,* and has subsequently been translated into many languages. Here, he writes, 'Typography may be defined as the art of rightly disposing printing material in accordance with specific purpose; of so arranging the letters, distributing the space and controlling the type as to aid to the maximum the reader's comprehension of the text.'[4] Could this be put more simply, or be more generally applicable?

For our purpose, what is particularly interesting about the statement is that, while Morison made it at a time (1929) when metal type was universal, it has retained its applicability for all non-metal technologies as well. Morison made no mention of technology, and his remarks are equally applicable under totally different technological conditions, because for him the only thing that mattered was what appeared on the paper (or any other printed material).

With few exceptions, typography exists for the benefit not of typographers, but of readers (with due consideration of the target group, to the extent that it can be identified). Normally speaking then, typography is there to be read. Readers are interested in neither the beauty, or even the splendour, of the types used, nor, at least consciously, in the layout. But however little readers are interested in design problems, they are even less interested in the technical problems that have to be solved so that something that has been typeset can be read as conveniently as possible. These problems were of no interest in the era of metal type, they are of no interest today, and they will be of no interest in the future, whatever the technology may be.

*The only aspect of typography that interests readers is what appears on the paper (or any other printed material).* This is the starting point for what follows.

What has been said so far focuses on a subject that has a long tradition in art history, and particularly in architectural theory; namely the interaction between form and technology. Looked at from this perspective, the question of new rules for new composition technology is not so out of place.

Nikolaus Pevsner[5] wrote the following in his book *An Outline of European Architecture*[6]: 'Architecture is not the product of materials and purposes – nor of social conditions – but of the changing spirits of changing ages. It is the spirit of an age that pervades its social life, its religion, its scholarship, and its arts. The Gothic style was not invented because someone invented rib-vaulting; the Modern Movement did not come into being because steel frame and reinforced concrete construction had been worked out – they were worked out because a new spirit required them. Form derives from spirit, not material.' In saying this, Pevsner set himself against the purely technology-based history of architecture so typical of the 19th century, of Viollet-le-Duc[7] or Semper[8], for example. But he also concludes that 'new materials may make new forms possible, and even call for new forms'.

In his book on *Das bäuerliche Toggenburger Haus und seine Kultur*[9], Jost Kirchgraber points out that the steeply pitched roofs of Toggenburg farmhouses only became possible after the end of the Thirty Years War. The expla-

1
CRT = Cathode-ray tube.

2
DTP = desk-top publishing.

3
Stanley Morison (1889–1967). English typographer, type and book historian. As adviser to the Monotype Corporation, he had a determining influence on their type production.

4
Stanley Morison: *First Principles of Typography.* Leiden: Academic Press, 1996. p. 3.

5
Nikolaus Pevsner (1902–1983). German art historian, professor at Cambridge.

5
Nikolaus Pevsner: *An Outline of European Architecture.* Harmondsworth: Penguin Books, 1966. p. 17.

7
Eugène Emmanuel Viollet-le-Duc (1814–1879). French architect and architectural theorist.

8
Gottfried Semper (1803–1879). German architect and architectural theorist.

9
Jost Kirchgraber: *Das bäuerliche Toggenburger Haus und seine Kultur.* St.Gallen: VGS, 1990.

nation is simple: the blacksmiths, who had been kept busy for the previous thirty years manufacturing weapons, suddenly found themselves with 'overcapacity' when peace was declared – and went over to producing nails. These then became available in large quantities, and so were affordable to farmers wishing to build. This made it possible to replace the low-pitched roofs, on which tiles had simply been kept in place by long poles or stones, with steep-pitched roofs, as the shingles could now be nailed down. Similarly, the stucco work that springs freely out of late Baroque walls and ceilings, for example, only became possible after the invention of wire rod. The character of rococo interiors was to be decisively influenced by such free-standing stucco work.

These are just two architectural examples, but there are many others.

But what of the interaction between form and technology in typography or, in more general terms, in the area of lettering? Here too, two examples may suffice to show that the technology applied is not without influence on the visible result, on the form.

It is generally held that, in terms of form, all Gutenberg wanted with his invention was to get as close as possible to the written original. Although the inventor of typography himself has not left any comments on this, it seems a plausible assumption, considering the vast number of alternative characters (a's and e's of varying widths, etc.) and ligatures in the fount used for the 42-line bible. Understandably enough, he never managed to match his original. For setting prefabricated, uniform characters in a composing stick, and then putting the lines on a galley, imposing a forme and printing it on a press, inevitably produced a different result to letters written by the hand of a scribe, using a well cut and sharpened, flexible quill on carefully prepared parchment or paper. Technology had indeed influenced the form, making it less individual, more even, more regular.

A similar process occurred in the transition from metal composition and letterpress printing to 'lead-free' composition and offset printing. After some teething troubles, whose results were seen in inconsistent exposure, fuzzy edges, irregular justification of the characters, and many other inadequacies, a level has finally been reached that is highly acceptable – always provided that the hardware, the software and their application are optimum. But what when we compare a page of a book set in metal type and printed letterpress with a page from a book set with digital type and printed offset? The difference is blatantly obvious to the trained eye. Let us assume that both pages have the same dimensions, the same type area, the same typeface in the same size with the same leading – 10/12 p Bembo Roman, say, set once in Monotype and once on a Mac in QuarkXPress – and let us further assume that both are printed, one in letterpress and the other in offset, in as similar an ink as possible, with comparable inking, on the same paper. The difference remains striking. The page printed from metal type may strike us today as somewhat archaic, on account of its slight unevenness, particularly with large sizes of type.

It is clear what this reveals: nothing other than that, over a period of slightly more than thirty years, the way we see things has changed. What we now regard as a normal piece of typesetting, we would previously have thought unnaturally even. This may be a change in only a very limited area, but it is a change. It confirms the theory that in letters and type, the fundamentals remain unchanged over the centuries, but the details change constantly. It also confirms the theory that the tool, the method of producing the letters or type, makes changes to what it produces, to a greater or lesser degree. And, lastly, it means that the positivist materialists of the 19th century were, after all, right to some extent: technology can influence form. We can thus say that typography as a visual phenomenon is also influenced by technology. Ways of seeing can – as far as letters in general, and typography in particular, are concerned – change to a limited extent.

We have now defined the area within which it may be possible to answer the question set at the beginning.

As already mentioned, it is highly probable that with his invention, Gutenberg wanted nothing more than to match his handwritten original; this can be deduced from the design of his type. It becomes even more obvious in the area which can properly be described as typography, in – as Morison described it – 'arranging the letters, distributing the space'. The books of Gutenberg and the other early printers display, in their pages, type areas, margins, and proportions that can be traced back into the ninth century, the Carolingian period. Gutenberg and his successors simply gave no thought to new rules, either for the design of type or for its arrangement. Did the inventors of mechanical metal composition, of photosetting, of CRT typesetting and DTP, think about new rules for a new typography? Not in the least. The inventors of new technologies (in whatever field) are not concerned about creating a new repertoire of forms: they simply want to do what is already done, but do it more rationally, more quickly and more cheaply. Whether later, when the new technology is in use, situations may occur in which new rules are required – that is another question. It arises when it becomes apparent that, in the area of form, technology has produced results that could not have been predicted. This has indeed happened in one area of DTP.

Typography as a visual phenomenon can be divided into two areas – the layout and the detail typography; in other words, the macrotypography and the microtypography. 'While "macro-typography" [...] is concerned with format, the size and placing of type areas and illustrations, and the design of headings and captions, "micro-typography" deals with the following: letters themselves and the relationship between letter-spacing and type columns. These are subjects often ignored by typographers and graphic designers, as being outside their brief as "creative" designers'.[10]

The importance of the microtypographical area lies in the absolutely decisive contribution it makes to the readability of a piece of print. An interesting, inviting layout that attracts readers and invites them to read is of no use when what is to be read cannot be read due to inadequate leading, too narrow a measure, excessive wordspacing, too loose, uneven or too tight letterspacing, or poor quality type. An intact microtypography is essential to the readability of the text. It has to take into consideration firstly the physiology of the human eye, and secondly certain habits of reading. There is no latitude here for personal preferences.

Ways of seeing may, as already mentioned, change to a limited extent. The essentials, though, do not change. DTP requires no new rules for typographical detail; indeed, under no circumstances may there be new rules here. What happened at the start of photosetting must not occur again, in the same or similar form. Then, people thought it was smart and 'modern' to set type with tighter letter-spacing. This breaks centuries-old rules concerning the relationship between the interior space of letters and the space between them – rules that go back far beyond Gutenberg and can, for example, easily be demonstrated in Carolingian manuscripts. When they are not observed, this affects more than just formal appearance: readability suffers.

*Thus, for detail typography, the same rules still apply as were valid for metal typesetting.*

What then of macrotypography? Here, I am convinced, any kind of fixed rules are in principle wrong, because such rules lead to stubbornly dogmatic academicism. I find the views of Tschichold, who in his later years wanted to have everything possible set symmetrically, and also Otl Aicher's opposing and very brusquely expressed opinion that typography today can only be asymmetrical, both to be fatal – despite my respect for the work of them both. This is too dogmatic, too rigid, too constricting.

However, when I mentioned earlier that the question of new typographical rules for DTP can indeed arise in a certain area, I was thinking of macrotypography. For here something is happening similar to what once happened in microtypography; people are being seduced by the technically possible. And what is referred to so attractively and

10
Jost Hochuli: *Detail in Typography.* Wilmington (Mass.): Compugraphic, 1987, p. 7.

pseudo-professionally as integrated text and image often turns out to be a confusing, formally uncontrolled muddle, where text runs into image, text runs into text, and image runs into image; seldom striking or effective – even as a concrete structure; seldom witty – at best jokey; hardly ever readable.

What is needed to prevent such nonsense is not new rules, but intelligent design, a sure feeling for style, the right knack. This is what distinguishes those who not only arrange personal typographical jeux d'esprit, but can also take the reader into consideration – and still not be boring.

This leads me to one final remark. We will only obtain satisfactory results in the future if we can rely on people with a sound professional training. In the days of metal type, the individual components were unyielding, and much was determined by the material. With the development of metal-free composition much that had previously been the responsibility of the typefoundries passed into the hands of the keyboarders. With text/image integration, this has become true of even more elements, and these have become even more moveable. Today, the people at the VDUs, typographers, designers all need an amazingly good formal training. Accordingly, this requires the greatest attention from all those who are interested in sound typography.

In conclusion, it is clear to me that *neither DTP (nor any other new composition technology) needs new typographical rules. For microtypography the ones that have been handed down to us over the years are sufficient; they need, however, to be respected. For layout, for macrotypography, all kinds of rules are in any case to be rejected.*

*Jost Hochuli*

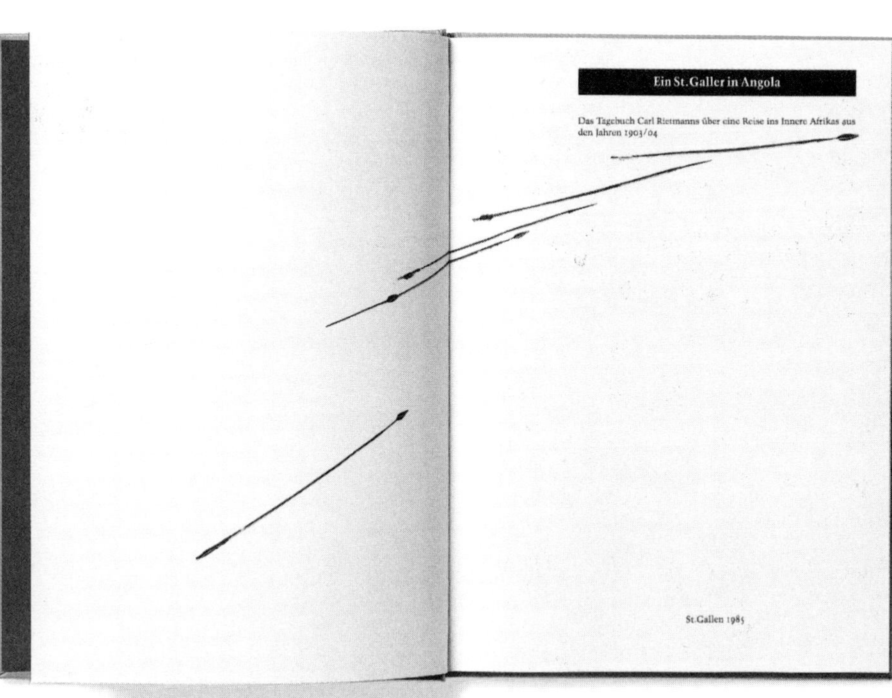


**Peter Rietmann (Hg.): *Ein St.Galler in Angola.* St.Gallen: Treuhandgesellschaft Peter Rietmann, 1985. Papierband, 17,5 x 24 cm. Abb.: Einband, Doppelseite als Innentitel.**

Peter Rietmann (ed.): *Ein St.Galler in Angola.* St.Gallen: Treuhandgesellschaft Peter Rietmann, 1985. Hardback, cased in paper, 24 x 17,5 cm. Ill.: binding, double-page with title.

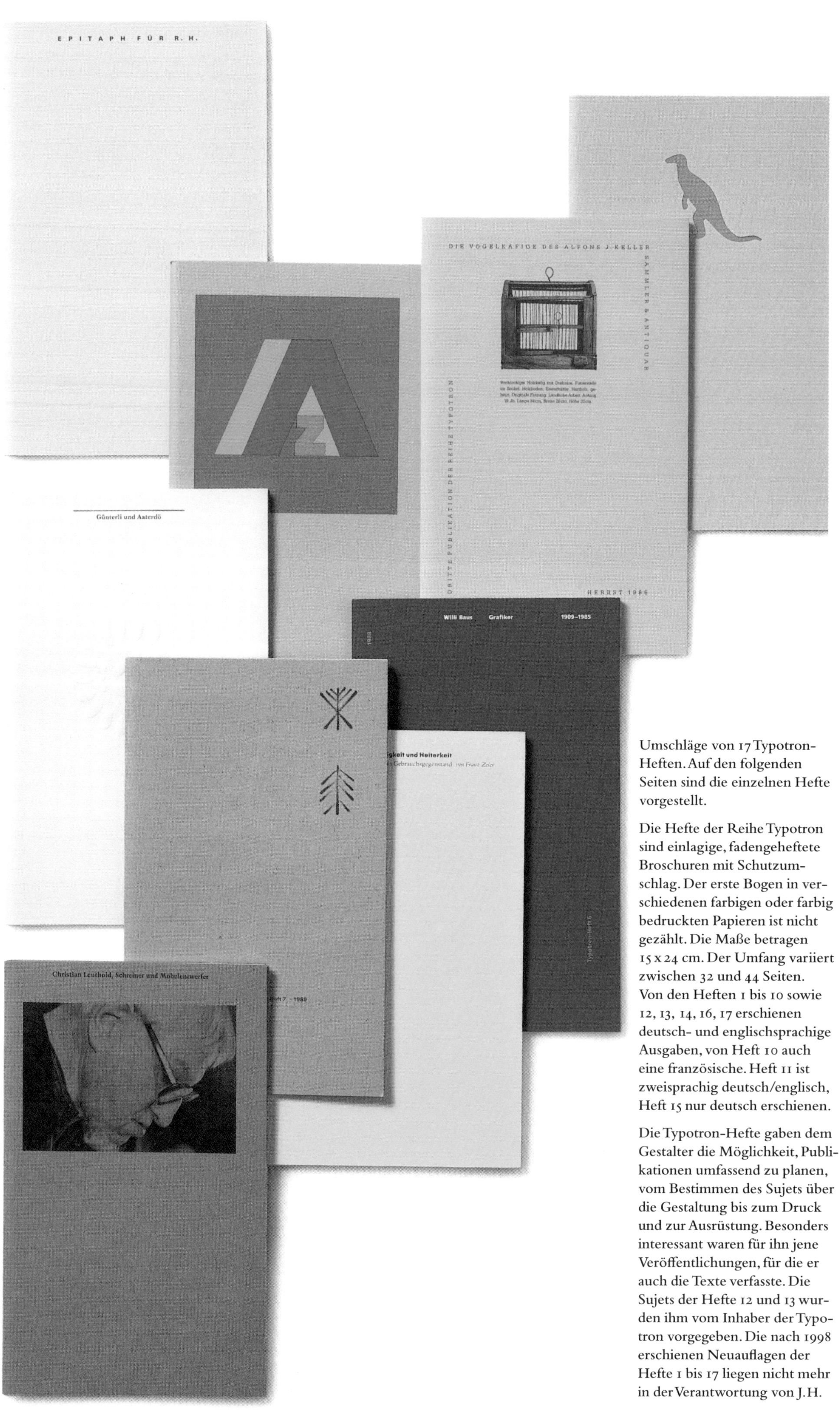


Umschläge von 17 Typotron-Heften. Auf den folgenden Seiten sind die einzelnen Hefte vorgestellt.

Die Hefte der Reihe Typotron sind einlagige, fadengeheftete Broschuren mit Schutzumschlag. Der erste Bogen in verschiedenen farbigen oder farbig bedruckten Papieren ist nicht gezählt. Die Maße betragen 15 x 24 cm. Der Umfang variiert zwischen 32 und 44 Seiten. Von den Heften 1 bis 10 sowie 12, 13, 14, 16, 17 erschienen deutsch- und englischsprachige Ausgaben, von Heft 10 auch eine französische. Heft 11 ist zweisprachig deutsch/englisch, Heft 15 nur deutsch erschienen.

Die Typotron-Hefte gaben dem Gestalter die Möglichkeit, Publikationen umfassend zu planen, vom Bestimmen des Sujets über die Gestaltung bis zum Druck und zur Ausrüstung. Besonders interessant waren für ihn jene Veröffentlichungen, für die er auch die Texte verfasste. Die Sujets der Hefte 12 und 13 wurden ihm vom Inhaber der Typotron vorgegeben. Die nach 1998 erschienen Neuauflagen der Hefte 1 bis 17 liegen nicht mehr in der Verantwortung von J.H.

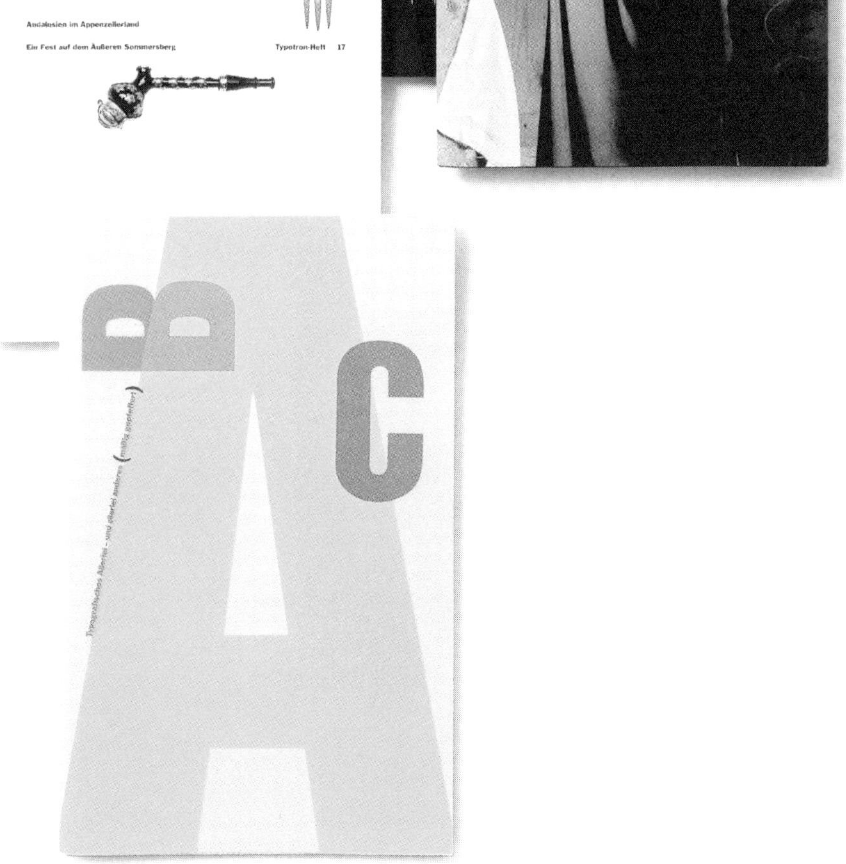

Jackets of 17 Typotron booklets. The individual booklets are shown on the following pages.

The Typotron booklets are single-section sewn booklets with jackets. The first sheet, coloured paper or paper printed in a colour, is not counted. The dimensions are 24 x 15 cm, the extent varies between 32 and 44 pages. Booklets 1 to 10 and 12, 13, 14, 16, 17 appeared in German and English editions, and 10 also in French. 11 is bilingual German/English, 15 appeared in German only.

The Typotron series provided the designer with the opportunity to plan a publication comprehensively, from determining the subject through the design to the printing and binding. Of particular interest for J. H. were those booklets for which he also provided the text. The subjects of numbers 12 and 13 were given him by the proprietor of Typotron. The new editions of booklets 1 to 17 that appeared after 1998 were no longer J. H.'s responsibility.

**Die freunde.** Zusammensein mit freunden, gedankenaustausch bei einem glas wein: Rudolf Hostettler, wiewohl vorsichtig, ja zögernd in der mündlichen formulierung, liebte die gespräche. Wertvolle erinnerungen sind sie denen, die ihm begegneten:

Louise und Alfred Schläpfer, Elisabeth und Hans Stärkle, Fridy und Ben Ami, Sheva und Eli Gilad, Anni und Fritz de Winter, Anna und André Gürtler, Rosmarie und Max Koller, Vroni und Hansruedi Lüthy, Lucia und Darco Vilhar, Elvira Berger, Trudi und Heinz Bächler, Alan Dodson, Julie und Pincus Jaspert, Olga und Ernst Boesch

Max Caflisch, Henri Friedlaender, Adrian Frutiger, Jost Hochuli, Willi Kunz, Herbert Spencer, Moshe Spitzer, Emil Ruder, Jan Tschichold, Wolfgang Weingart

Adolf Bänziger, Willy Baumann, Paul Burkard, Emil Eigenmann, Roland Grischott, Paul Nef, Rémy Peignot, Albert Steiner, Hermann Strehler, Werner Wenzel

Ruedi Bannwart, Willi Baus, Ruedi Hanhart, Hermann Joseph Kopf, Werner Lutz, Arthur Niggli, Ruedi Peter, Albert Saner

Felix Bermann, Hans Rudolf Bosshard, Felix Brunner, Robert Büchler, Roger Chatelain, Jan Engelman, Heinrich Fleischhacker, Erwin Gerster, Karl Gerstner, Jean-Pierre Graber, Peter von Kornatzki, Hans Rudolf Lutz, Jean Mentha, Siegfried Odermatt, Bruno Pfäffli, Helmut Schmid, Rosmarie Tissi, Brigitt Zillig

Theo Anton, Caroline Aubry, Jacques Gilleron, Kurt Kohlhammer, Luciano Lovera, Vincenzo Tiralongo, Antonio Ubeda

und die kinder Michael, Damir, Elvira; Nyima und Sherap; Beatrice und Sonam; Tangyal und Kesang; Andreas und Heinz; Heidi und Hanspeter; Anemone, Roswith, Cornelia; Annette, Julia, Thomas, Tsewang-Dekij, Tsering, Tsering-Wangmo, Sherap-Pelden, André, Alexander, Rolf, Lisbeth, Jan, David

14

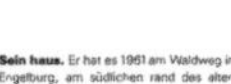
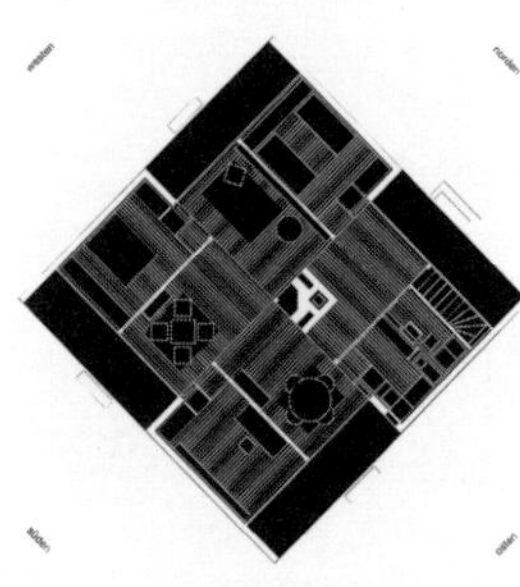

Jost Hochuli: *Epitaph für Rudolf Hostettler.* St.Gallen: Typotron, Nr. 1, 1983, [2]1993. Abb.: Doppelseiten.

Zum ersten Mal hat J.H. hier versucht, das symmetrische und das asymmetrische Gestaltungsprinzip bewusst miteinander zu verbinden und in Übereinstimmung zu bringen.

Jost Hochuli: *Epitaph für Rudolf Hostettler.* St.Gallen: Typotron, no. 1, 1983, [2]1993. Ill.: double-pages.

Here, for the first time, J.H. attempted deliberately to reconcile symmetrical and asymmetrical design principles.

**Bücher, die er las.** R. H. hat zeitlebens viel gelesen. Seine große fachbibliothek über alle bereiche der typografie und des drucks enthält auserlesene kostbarkeiten, in denen er seine freunde gerne blättern ließ.

**D**aneben war es in jüngeren jahren vor allem belletristische literatur, die ihn fesselte: Goethe, Novalis, Stifter, Thomas Mann, Robert Walser, Musil *(Der Mann ohne Eigenschaften)*, Joyce *(Ulysses)*, Kafka und D. H. Lawrence.

Später wandte er sich religiösen, philosophischen und psychologischen schriften zu:

Die *Theosophie* Rudolf Steiners stand am beginn. Lange jahre versenkte er sich in das Alte Testament und in bücher jüdisch-chassidischen inhalts, im besonderen in die werke Martin Bubers. Nach der aufnahme tibetischer kinder las er mit wachsender anteilnahme buddhistische literatur und beschäftigte sich mit tibetischer mystik. Das *I Ging, Das Buch der Wandlungen* hat ihn noch auf seinem letzten krankenlager begleitet und getröstet.

In gesprächen hat er immer wieder auf die bücher C. G. Jungs, Karl Jaspers', Lévi-Strauss', Erich Fromms und Jean Gebsers hingewiesen. Einen besonders nachhaltigen eindruck müssen ihm Erich Neumanns *Ursprungsgeschichte des Bewußtseins* und *Die große Mutter* gemacht haben.

Wenn von angenehmen, sympathisch anzufühlenden, in höchstem maße lesefreundlichen büchern die rede war, zog Ruedi von seinem bücherbord einen jener flexiblen bände der Großherzog-Wilhelm-Ernst-ausgabe deutscher klassiker des Insel-verlags: Was hier kurz nach der jahrhundertwende unter der druckleitung von Harry Graf Keßler und Emery Walker entstanden war, hielt er für den inbegriff eines reinen lesebuches.

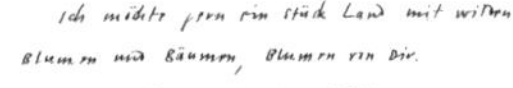


Blumen, bäume und sträucher waren für R. H. lebendige wesen. Durch große, die ganze raumhöhe einnehmende fenster war er mit ihnen auch im innern des hauses zu jeder jahreszeit verbunden.

15

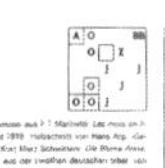

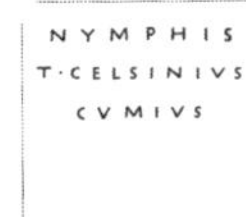


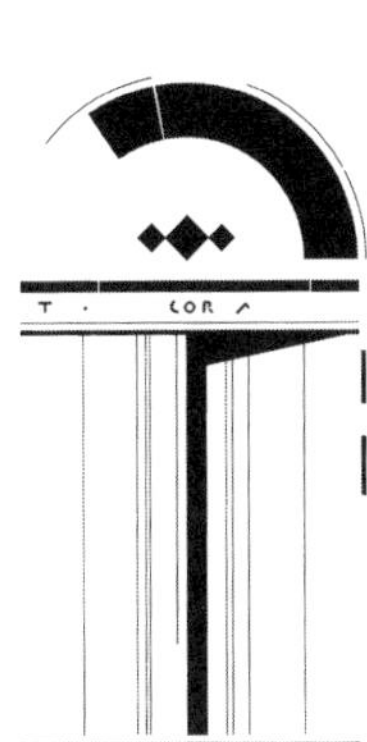

4

## Quartierbewohner

Seine Telefonnummer hatte mir Louis Ribaux in die Hand gedrückt. Dazu noch die Adreßangabe, die mich überraschte, weil solche, die ihn kannten, davon sprachen, daß man mit seinem Beruf und seinen Interessen nur schlecht durchkommen könne, erst recht als Vater von zwei Kindern. Waldgutstraße 21, 9010 St.Gallen, stand auf dem Zettel zu lesen. Das sei schräg gegenüber der neuen katholischen Kirche, ein älteres, renovationsbedürftiges Haus, am ehesten zu erkennen an der alten Holzbaracke im Garten, ergänzte der Buchgestalter und Grafiker Jost Hochuli, selber an der gleichen Straße wohnhaft.

In Rotmonten, diesem Quartier über der Stadt, erwarte ich Urs Oberli am wenigsten. Rotmonten ist in meiner Vorstellung ein besseres, ein teures Quartier, nichts für einen, der Felsen importiert und manchmal einen präparierten Fisch verkauft oder für ein Museum eine Präparation restauriert. Mit Rotmonten verbinde ich Ärzte und Politiker, Unternehmer und Bankiers. In Rotmonten, diesem ruhigen Villenquartier, wohnt der Stadtammann. In Rotmonten wohnt der Verleger der größten Tageszeitung dieser Stadt. Aber auch der Rektor der hiesigen Hochschule und einer der beiden Ständeräte dieses Kantons. Der langjährige Verwaltungsratspräsident der Helvetia-Feuer lebt hier. Und Kurt Felix und seine Paola. Der St.Galler an der Spitze der Schweizerischen Bankgesellschaft pendelt von hier an seinen Arbeitsort an der Zürcher Bahnhofstraße. Der Chefarzt des Kinderspitals wohnt hier ebenso wie unser Bundesrat und wie der älteste unter den Zuzügern unserer Stadt. Rotmontens Allerältester wohnt für sich alleine, allerdings nicht in einer Villa. Er ist zu Gast bei Oberlis. Eine frühere Flüchtlingsbaracke, vor Jahren als erstes Obdach für ehemalige Bürger der CSSR, dient ihm als Wohnstatt, eine, die er aus eigener Kraft niemals verlassen wird.

Im Gegensatz zu all den Mitbewohnern des Quartiers ist er nicht freiwillig hierher gezogen. Schwer und ruhig liegt er da, wartet darauf, wirklich entdeckt zu werden. Zwei, drei oder vier Jahre wird es noch dauern, bis er sich in Gänze zeigen wird. Und so wie er hierher per Muldenkipper und Kran gebracht wurde, wird er das Quartier auch wieder eines Tages verlassen. Urs Oberli würde es schön finden, wenn sein alter Barackenbewohner eines Tages im renovierten Museum im Stadtpark zu sehen sein könnte, doch das ist eine Zeit- und Preisfrage, denn unter 350 000 Franken ist der alte Amerikaner von der Waldgutstraße nicht zu haben. Ich gehe durch die Gegend, in welcher der älteste Bewohner St.Gallens ruht. Auf dem Trottoir, gleich gegenüber von Urs Oberlis altem Chalet, begegnet mir ein anderer Betagter, Daniel Schneider, früherer Chef einer Elektrofirma, hundertvier Jahre alt; ein Mann, der wie ein rüstiger Achtziger wirkt. Höhenluft tut gut, denke ich mir, es muß gut sein, in Rotmonten zu wohnen. Etwas weiter unten an derselben Straße vernehme ich im Gespräch mit einer langjährigen Anwohnerin, daß der Erfinder des grauen Umweltschutzpapiers in unmittelbarer Nähe wohne. Als ich erzähle, daß ich unterwegs zum Saurierpräparator sei, vernehme ich, daß nur wenige hundert Meter weiter entfernt noch einer wohne, der sich mit Tieren, mit Nashörnern und Elefanten, beschäftigt habe: Der Plastiker Max Oertli, dessen erste Werke in St.Gallen Rüsseltiere aus Beton auf einem Kinderspielplatz im Sömmerliquartier waren, lebt mit seiner Frau Marthe in einer Holzbaracke, in der vor Jahren während den Sommermonaten Kinderkolonien untergebracht waren. Rotmonten weist also nicht nur Einfamilienhäuser

5

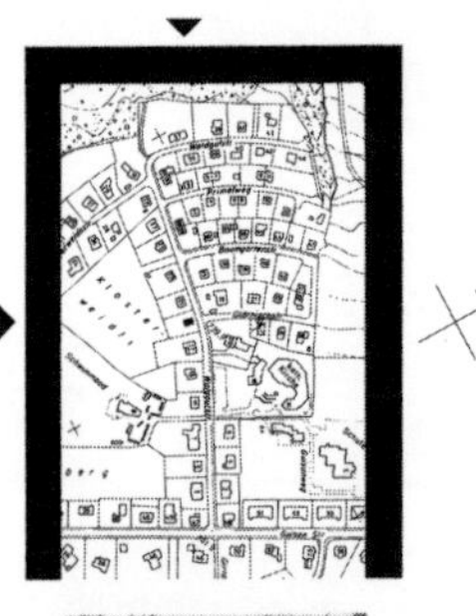

6

auf, ich muß mein Bild korrigieren: Schon habe ich zwei bewohnte Baracken ausfindig gemacht. Und zudem weiß ich mittlerweile, daß man nirgendwo in unserer Stadt so alt wird wie in diesem Quartier.

Nach dem ersten Besuch bei Oberli der Tagebucheintrag:

Urs Oberli wohnt in Rotmonten in einem alten Chalet, das seit fünfzig Jahren im Besitze der Familie ist. Bevor sein Vater im Toggenburg die Wälder beaufsichtigte und betreute, hatten die Oberlis in diesem Haus gewohnt, später Jahrzehnte oberhalb von Wattwil inmitten eines großen Gartens. Vor wenigen Jahren ist Urs Oberli, den ich auf 35 schätze, in das Haus der Großmutter gezogen, wo er mit seiner Frau Sonja und zwei Kindern lebt. Im Garten Spielzeuge, Marke Fisher Price von der Ludothek, ein Sandkasten, in dem auch Nachbarskinder spielen. Das Haus leicht renovationsbedürftig – in Rotmonten fällt so etwas auf. Rundum ein großer Garten, der viel zu tun gibt. Zum Kaffee gibt es Kuchen mit Früchten vom eigenen Garten, Zwetschgen und Quitten, die hier wachsen. Eine Baracke im Garten – sie könnte der Armee gedient haben, später einer Pfadfindergruppe als Unterkunft –, heute beherbergt sie einen stillen Gast aus Übersee, 15 Tonnen schwer, weil von der Natur vor Jahrmillionen gut verpackt. Urs Oberli spricht mit Vorliebe von diesem Bewohner und kommt schnell dazu, von der Erfüllung eines Jugendtraums zu erzählen, die ihm noch drei oder vier Jahre zu tun geben werde. Schon als Kind habe er sich vorgenommen, einen Saurier zu finden. Ich denke an andere Kinder, an mich als Kind, der ich unbedingt Zöllner werden wollte oder Pilot mit Schweizerkreuz auf der Brusttasche oder auf der Uniformmütze. Nach seiner Arbeit an der Zürcher Uni, die er wegen Differenzen mit einem deutschen Lehrstuhlinhaber aufgegeben habe, hat er im amerikanischen Bundesstaat Montana einen Saurier gehoben. Irgendwo in einer wüstenähnlichen

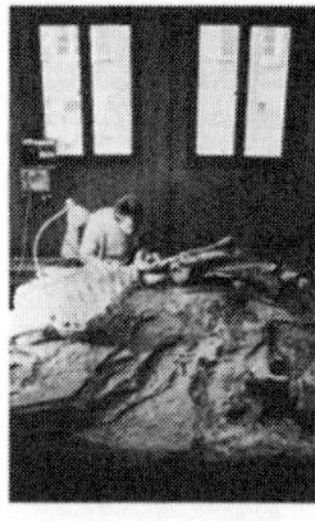

7

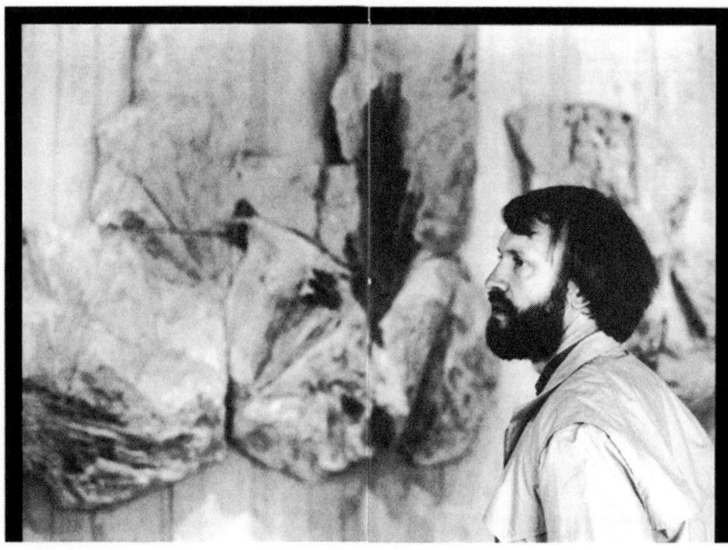

10 11

Umwälzungen

**Die Saurier sind vor Millionen von Jahren ausgestorben, kein Mensch hat jemals lebende Saurier gesehen. Weshalb dennoch das Interesse an Sauriern?**

Während meiner Grabungszeit in Frick und im Tessin habe ich erlebt, daß das Interesse der Öffentlichkeit für Spuren von früher äußerst groß ist. Weil die Saurier beim Auftreten des Menschen auf der Erde bereits seit Millionen von Jahren gestorben waren, hat nie ein Mensch einen lebenden Saurier gesehen. Anhand von Funden können die Paläontologen aber Schlüsse ziehen, wie diese Urtiere ausgesehen haben müssen. Und wie diese Tiere, die einst unsere Erde so zahlreich bevölkert haben, aussehen, interessiert viele Menschen und regt ihre Phantasie an.

Wenn ich Vorträge halte oder Ausstellungen organisiere, will ich den Leuten zeigen, daß es auch vor dem Menschen auf dieser Erde Leben gegeben hat. Zudem will ich zeigen, daß die Saurier ausgestorben sind und daß der Mensch auch eines Tages aussterben könnte. Die Saurier sind ausgestorben, weil sich die Lebensbedingungen auf der Erde verändert haben müssen. Heute sind wir ebenfalls Zeugen einer Veränderung von Lebensbedingungen auf der Erde, deren Auswirkungen auf die Spezies Mensch noch nicht bekannt sind. Daß aber der Wald stirbt, ist deutliches Zeichen für die Veränderung von Lebens- und Umweltbedingungen auf der Erde. Da kann man Parallelen sehen, kann über das Schicksal dieser Erde vermehrt nachdenken; ich glaube, daß dies ein Grund dafür ist, weshalb sich viele für die Existenz und für das Verschwinden der Urtiere interessieren.

Die Menschheit existiert seit etwa zwei Millionen Jahren, die Saurier aber lebten während 150 Millionen Jahren, ausgestorben sind sie vor 65 Millionen Jahren. Die genauen Ursachen, die dazu führten, daß sie ausstarben, sind Gegenstand einer Vielzahl von Theorien. Eine Theorie besagt, daß die Erde mit der Zeit von Sauriern übervölkert war, eine andere spricht von Überschwemmungen, in denen Saurier ertrunken sind. Die Entwicklungen oder Ereignisse, die zum Aussterben der Saurier geführt haben, müssen auf der ganzen Erde stattgefunden haben, denn diese großen Tiere, die einst überall auf der Erde gelebt haben, haben nirgends überlebt.

**Was waren das für Tiere, die Saurier?**

Unter den Sauriern gab es Tiere unterschiedlichster Größe. Anhand von Untersuchungen des Mageninhalts und der Gebisse verschiedener Saurierfunde dürfen wir annehmen, daß es unter ihnen Fleisch- und Pflanzenfresser gegeben haben muß.

Von den Anatosauriern wissen wir, daß sie in Gruppen gelebt haben müssen. Anatosaurier haben 8 bis 10 Eier gelegt, sie wurden bis zu 200 Jahre alt. Aus der Schädelform schließt man, daß die Anatosaurier wie unsere heutigen Elefanten trompetenartige Töne von sich gegeben haben müssen. Von den Sauriern, von denen sich viele Arten durch enormes Größenwachstum auszeichneten, gibt es keine ähnlich aussehenden lebenden Nachfahren. Die heutigen Vögel sind indessen höchst wahrscheinlich sehr früh aus den Hohlknochen-Dinosauriern hervorgegangen.

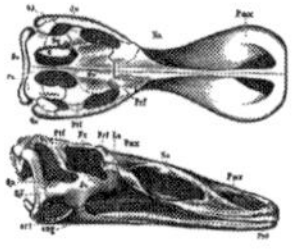

Schädel des Anatosaurus

Fundsachen

Der Anatosaurier aus Montana ist nicht der erste Saurier, mit dem Urs Oberli in Berührung kam. Zuerst war die Phantasie da, zudem der Wille eines Jungen, Saurierpräparator zu werden. Durch den spektakulären Fund eines Microbunodonschädels im Toggenburg hörte Oberli erstmals vom Beruf des Fossilpräparators.

Nach der Sekundarschule erlernte Oberli in Flawil beim Bildhauer Johann Ulrich Steiger die Bearbeitung von Steinen. Dann folgte die Lehre als Fossilpräparator am Paläontologischen Institut der Universität Zürich. Als Mitarbeiter dieses Instituts nahm er von 1971 bis 1976 alljährlich im Sommer während mehreren Wochen an Saurierausgrabungen am Monte San Giorgio im Kanton Tessin teil. Das Gebiet am Monte San Giorgio ist seit bald hundert Jahren als Fundstelle von Saurierknochen bekannt. Hier wurden in 220 Millionen Jahre alten Ablagerungen Überreste von Meeresechsen gefunden. Die Fischsaurier vom Monte San Giorgio im Mendrisiotto waren 30 bis 120 cm lang. Schlangenhalssaurier, die hier ebenfalls nachgewiesen werden konnten, hatten vor Millionen Jahren eine Länge von bis zu 4 Metern. Urs Oberli entdeckte dort erstmals in der Schweiz einen Lariosaurier.

1976 hat Oberli in Frick im Kanton Aargau auf dem Gelände der Tonwerke Keller AG als erster Überreste eines Landsauriers ausgegraben. Nun wurde er freischaffender Präparator. In Ausgrabungen, die sich über längere Zeit hinzogen, fand er Ansammlungen von Knochen, die verschiedenen Plateosauriern gehört haben. Die Plateosaurier von Frick dürften ursprünglich etwa 5 Meter lang gewesen sein, ein komplett erhaltener Saurier wurde in Frick allerdings noch nicht präpariert. Nach einer ersten Ausstellung im Sisseln, die von etwa 10000 Zuschauern aufgesucht wurde, richtete Oberli auf dem Areal der Tongrube in Frick ein kleines Sauriermuseum ein, das heute noch besichtigt werden kann.

Nach der Präparation von Palmenblättern aus dem Toggenburg, die in der Aula der Gewerbeschule in Wattwil als Raumschmuck dienen, erhielt er den nächsten größeren Auftrag von der Zürcher Mineralienfirma Siber und Siber, für die er im US-Bundesstaat Wyoming versteinerte Fische, Vögel und Saurier suchte und präparierte. Daneben begann er für verschiedene Museen im In- und Ausland Fossilien zu präparieren und zu restaurieren. Heute lebt Urs Oberli zudem vom Verkauf von präparierten Fischen, Ammoniten, Insekten und Blättern. Regelmäßig stellt er seine schönsten präparierten Objekte aus, hält Vorträge und zeigt den Anatosaurier Fachleuten und interessierten Laien.

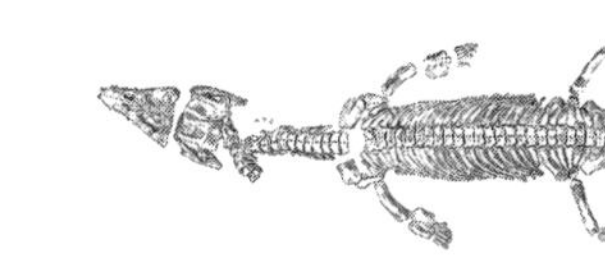

Lariosaurus

Schreckliche Echsen

Über Dinosaurier herrschen nach wie vor diffuse, romantisch verbrämte oder Horror-Vorstellungen. Deshalb in Kürze:

Als Dinosaurier bezeichnet man eine Gruppe ausgestorbener Reptilien, die während 150 Millionen Jahren die Erde beherrschten. Sie waren Verwandte der Krokodile, Eidechsen, Schlangen und Schildkröten. Manche trugen ein Schuppenkleid, legten Eier, waren offensichtlich Landbewohner, manche unter ihnen lebten aber im Wasser, andere konnten gar fliegen. Unter den vielen Hunderten von Arten gab es Riesen und Zwerge, dreißig Meter lange, 80 Tonnen schwere Giganten und solche von der Größe eines Huhns; es gab Vegetarier, Räuber und Gemischtköstler. Die frühesten uns bekannten Saurier lebten im Trias, also vor 220 Millionen Jahren. Doch was bedeuten diese Millionen Jahre im Vergleich zur rund 4,4 Milliarden Jahre zählenden Erdgeschichte? Denn rafft man die unüberblickbaren Zeiträume zu begreifbaren Proportionen zusammen, so ergibt sich folgende Parallele: In Analogie zur Erdgeschichte vom Anfang bis heute wird ein 24-Stunden-Tag angenommen. Danach erscheinen die Saurier zu recht später Stunde, um 23 Uhr, sterben jedoch bereits nach 40 Minuten wieder aus. Eingesetzt in diese Skala, erscheint das Lebewesen Mensch eine Minute vor Mitternacht.

Erstmals entdeckt wurden Reste von Sauriern im letzten Jahrhundert, zunächst in England und Belgien, dann in den USA. Im Jahr 1825 beschrieb der englische Arzt Gideon Mantell aus Lewes in Sussex Zähne und Knochen, die später als Teile eines Sauriers ausgemacht wurden. Mantell erkannte bei seiner Forschungsarbeit, daß es sich bei diesen Knochen um solche einer großen Echse handeln mußte. Zunächst wurde den Urtieren der Name Iguanodon gegeben, 1841 faßte der englische Anatom Sir Richard Owen die mittlerweile bekannten Arten großer Echsen aus der Urzeit unter dem wissenschaftlichen Namen Dinosauria zusammen, was übersetzt ‹die schrecklichen Echsen› heißt.

Erste Saurierfunde wurden in der Schweiz bereits im vergangenen Jahrhundert gemacht. 1809 wurden bei Hallau im Kanton Schaffhausen Saurierknochen entdeckt, aber erst später als solche erkannt. Saurier-Fundstellen gibt es in mehreren Regionen der Schweiz, so etwa in Frick im Kanton Aargau, im Tessin, im Bündnerland und im Wallis. Die heute bekannteste Fundstelle von Sauriern ist diejenige von Frick. Daß Saurierspuren im Nationalpark in großer Höhe oder in Vieux Emosson im Kanton Wallis auf 2400 Metern über Meer gefunden wurden, bedeutet nicht etwa, daß Saurier auf den Alpen gemsengleich lebten, sondern daß die am Meeresstrand im Sand gedrückten Spuren rasch zugedeckt worden waren, hernach versteinerten und durch die Alpenfaltung in die Höhe geschoben worden sind.

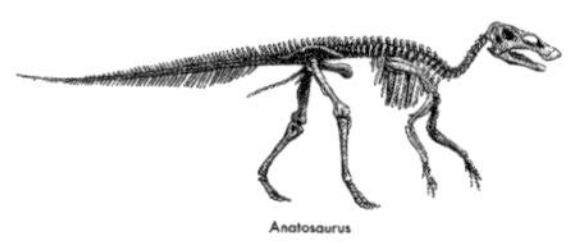

Anatosaurus

Saurier → Mensch

0 Uhr 1 Uhr 2 Uhr 3 Uhr 4 Uhr 5 Uhr 6 Uhr 7 Uhr 8 Uhr 9 Uhr 10 Uhr 11 Uhr 13 Uhr 14 Uhr 15 Uhr 16 Uhr 17 Uhr 18 Uhr 19 Uhr 20 Uhr 21 Uhr 22 Uhr 23 Uhr 24 Uhr

26 27

Pampers

In einem Steinbruch im US-Bundesstaat Wyoming hat Urs Oberli im vergangenen Jahr tagelang auf der Suche nach Fossilien Steine gespalten. Fündig geworden, hat er diese Steine wieder zusammengelegt, numeriert und dann verpackt. Jetzt lagern die Steinplatten im Keller seines Hauses in St.Gallen. Stück für Stück holt er sie hervor, um von ihnen in seiner Werkstatt Schicht für Schicht wegzumeißeln. Aus dem weißlichen Stein erscheinen dann langsam die bräunlichen Wirbelsäulen und Schuppen von 50 Millionen Jahre alten Fischen. Mit alten Grammophonnadeln, die er mit Hilfe eines Binokulars führt, ritzt Oberli feinsäuberlich die zu Stein gewordenen Tiere hervor.

12. August 1983

Ich habe mich mit Urs Oberli auf heute 11 Uhr verabredet. Diesmal wollte ich ihm bei der Arbeit zuschauen, nebenbei auch Fragen stellen. Als ich wenige Minuten nach elf bei ihm an der Haustür läute, ist er ganz verlegen und wirkt verwirrt. Nein, leider hätte er heute doch keine Zeit, ausnahmsweise nicht. Denn vor zwei Stunden sei ein Lastwagen aus Basel mit einer Tonne Gesteinsmaterial mit Fossilien in St.Gallen angekommen, alles Steine, die er in den USA während seines letzten Aufenthaltes gesammelt, verpackt und in die Schweiz geschickt habe. Weil die schwere Ware aus dem Laster in Ermangelung eines privaten Hubstaplers nicht vor seinem Haus habe abgeladen werden können, sei sie auf der Güterrampe der Brauerei Schützengarten abgestellt worden. Jetzt müsse er innert weniger Stunden seine Steine mit dem kleinen Renault 4 dort abholen, kistchenweise und Stück für Stück. Und dies müsse so schnell wie möglich erfolgen, denn die Steine würden den Verladebetrieb der Brauerei stören. Oberli drückt mir den Schlüssel der Saurierbaracke in die Hand und macht sich daran, schwere Schachteln und Kisten vom Auto in den Keller seines Hauses zu tragen. Beim Auspacken der Steine fallen mir noch die vielen Pampers auf, in denen seine Fossilien weich eingepackt sind. Weil es in den USA schwierig gewesen sei, an Zeitungen als Verpackungsmaterial heranzukommen, hätte er im Supermarkt Pampersschachteln gekauft. Die weichen Windelhöschen dienten ihm dann als Puffermaterial in den einzelnen Kisten und Schachteln. Ich sehe zu, wie Oberli die Steine aus den Pampers auspackt, um dann die Papierwindeln wieder sorgfältig auf einen Haufen zu legen. Jetzt könne er die Pampers für sein achteinhalb Monate altes Mädchen verwenden, erklärt er mir. Pampers seien in den USA ohnehin billiger als in der Schweiz.

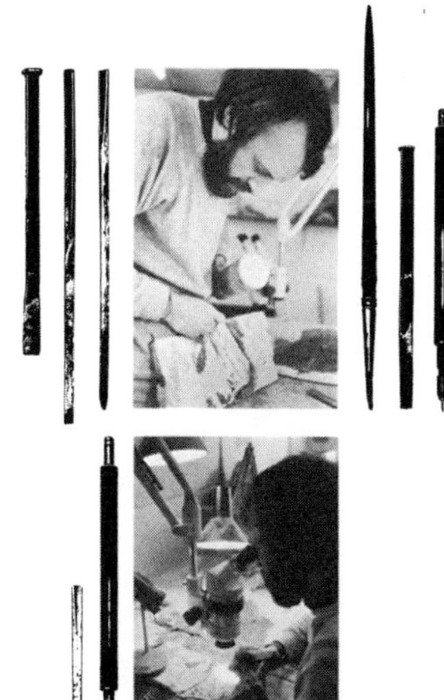

28 29

Michael Guggenheimer: *Felsgut vom Waldgut*. St.Gallen: Typotron, Nr. 2, 1984, ²1993.
Abb.: Schutzumschlag, Doppelseiten.

Michael Guggenheimer: *Felsgut vom Waldgut*. St.Gallen: Typotron, no. 2, 1984, ²1993. Ill.: jacket, double-pages.

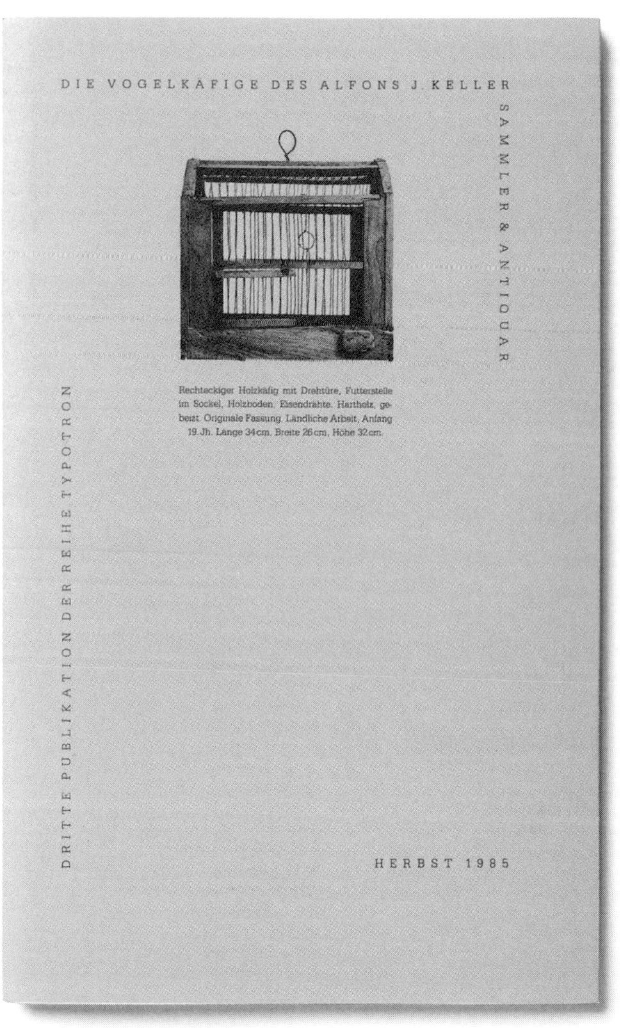


Jost Hochuli: *Die Vogelkäfige des Alfons J. Keller, Sammler und Antiquar.* St. Gallen: Typotron, Nr. 3, 1985, $^{2}$1993. Abb.: Doppelseiten sowie (S. 110:) Vorderseite des Schutzumschlags, vordere Umschlagklappe mit Vorderseite des ersten Bogens, (S. 111:) Rückseite des ersten Bogens mit Innentitel, (S. 112:) S. 36 des Inhalts und dritte Seite des ersten Bogens, (S. 113:) vierte Seite des ersten Bogens und hintere Umschlagklappe, Rückseite des Schutzumschlags.

Jost Hochuli: *Die Vogelkäfige des Alfons J. Keller, Sammler und Antiquar.* St. Gallen: Typotron, no. 3, 1985, $^{2}$1993. Ill.: double-pages and (p. 110:) front of jacket, front flap of jacket with p. 1 of first sheet, (p. 111:) p. 2 of first sheet and title-page, (p. 112:) p. 36 of content and p. 3 of first sheet, (p. 113:) p. 4 of first sheet and back flap of jacket, back of jacket.

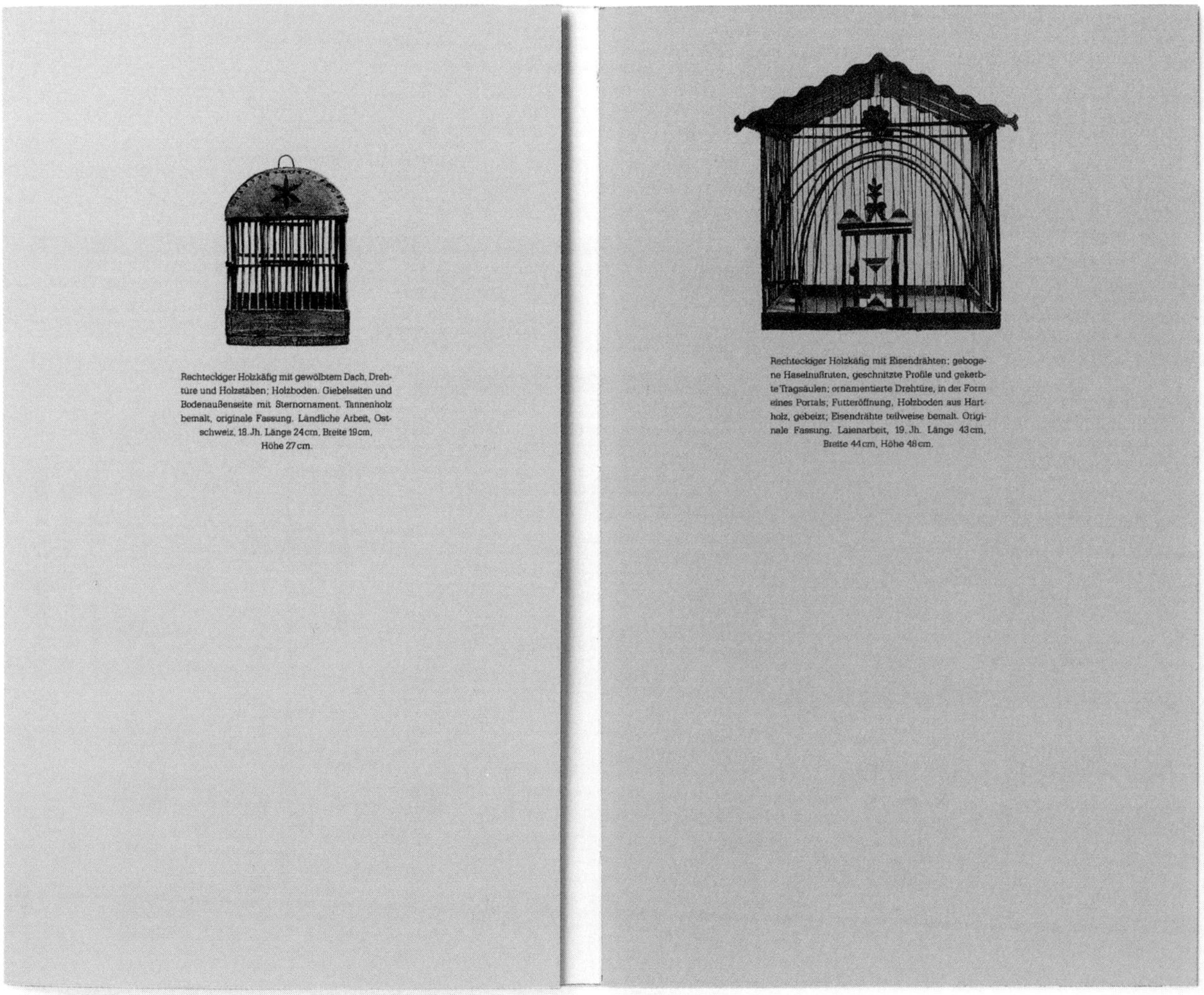

Rechteckiger Holzkäfig mit gewölbtem Dach, Drehtüre und Holzstäben; Holzboden. Giebelseiten und Bodenaußenseite mit Sternornament. Tannenholz bemalt, originale Fassung. Ländliche Arbeit, Ostschweiz, 18. Jh. Länge 24 cm, Breite 19 cm, Höhe 27 cm.

Rechteckiger Holzkäfig mit Eisendrähten; gebogene Haselnußruten, geschnitzte Profile und gekerbte Tragsäulen; ornamentierte Drehtüre, in der Form eines Portals; Futteröffnung, Holzboden aus Hartholz, gebeizt; Eisendrähte teilweise bemalt. Originale Fassung. Laienarbeit, 19. Jh. Länge 43 cm, Breite 44 cm, Höhe 48 cm.

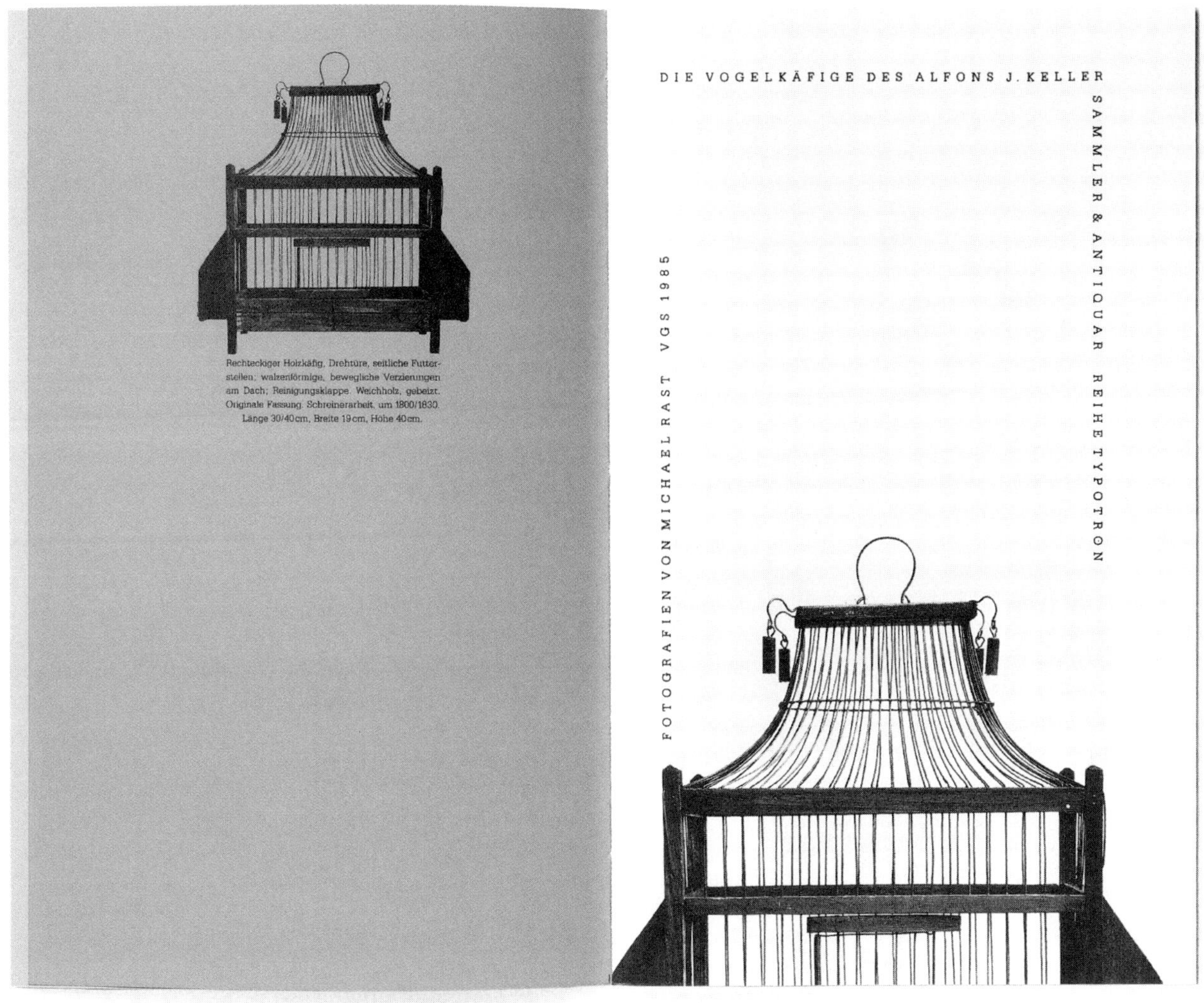

Rechteckiger Holzkäfig, Drehtüre, seitliche Futterstellen; walzenförmige, bewegliche Verzierungen am Dach; Reinigungsklappe. Weichholz, gebeizt. Originale Fassung. Schreinerarbeit, um 1800/1830. Länge 30/40 cm, Breite 19 cm, Höhe 40 cm.

DIE VOGELKÄFIGE DES ALFONS J. KELLER

SAMMLER & ANTIQUAR REIHE TYPOTRON

FOTOGRAFIEN VON MICHAEL RAST VGS 1985

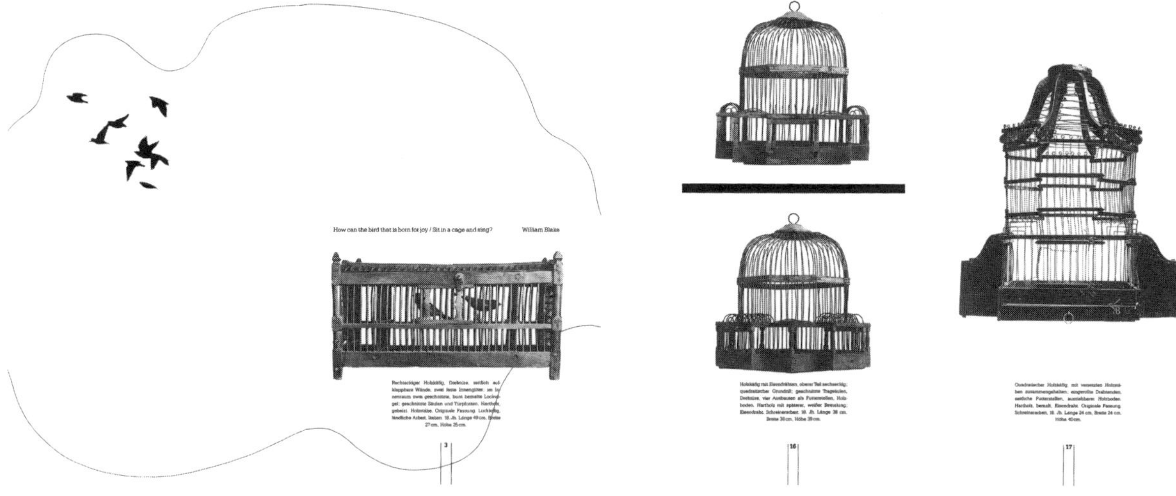

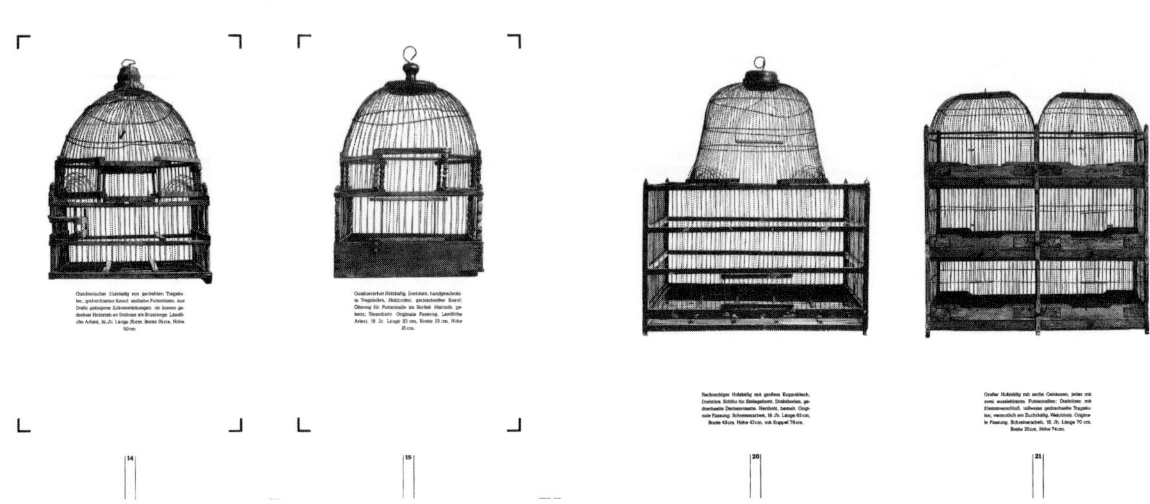

Dritte Veröffentlichung in der von der Typotron AG, St. Gallen, herausgegebenen und von Jost Hochuli betreuten Reihe. Konzept, Einleitung und typografische Anordnung von Jost Hochuli.

Herausgeber und Fotograf danken Herrn Alfons J. Keller für die freundlich gewährte Mithilfe bei der Vorbereitung dieses Heftes.

Satz in 9p und 7p Serifa 45 auf Compugraphic cg 8600 durch Typotron AG, Druck von Stehle Druck AG, Fotolithos von Litho-Service AG, alle St. Gallen. Bindearbeiten von Osterwalder Buchbinderei AG, Wittenbach. Papier des Inhalts: 120 gm² naturweiß Werkdruck SK3 ‹Sihl Velours› der Papierfabrik an der Sihl, Zürich; Deckel: 250 gm² Phönix elfenbein halbmatt von Mühlebach AG, Brugg; erster Bogen: 135 gm² Regotime pervenche; Umschlag: 120 gm² Pop'set bleuet; beide von Biber Papier AG, Regensdorf.

© 1985 Typotron AG, St. Gallen. In Kommission bei VGS Verlagsgemeinschaft. ISBN 3-7291-1031-9.

2. Auflage 1993

Die verwendete Schrift, eine serifenbetonte Linear-Antiqua, ist die Serifa 45, die der in Paris lebende Schweizer Adrian Frutiger (1928) für die Bauersche Schriftgießerei in Frankfurt a. M. schuf, wo sie 1967 erschien. Die Grundstrukturen einiger ihrer Formen erinnern an die etwa zehn Jahre früher entstandene Univers.

Rechteckiges Holzgehäuse mit Giebeldach; reich verzierte Giebelfront; sorgfältig ausgesägte, rundum laufende Gitter und Hebetüre; ausziehbarer Boden, Reinigungsklappe. Originale Fassung. Laubsägearbeit eines Laien, um 1900. Länge 46 cm, Breite 26 cm, Höhe 36 cm.

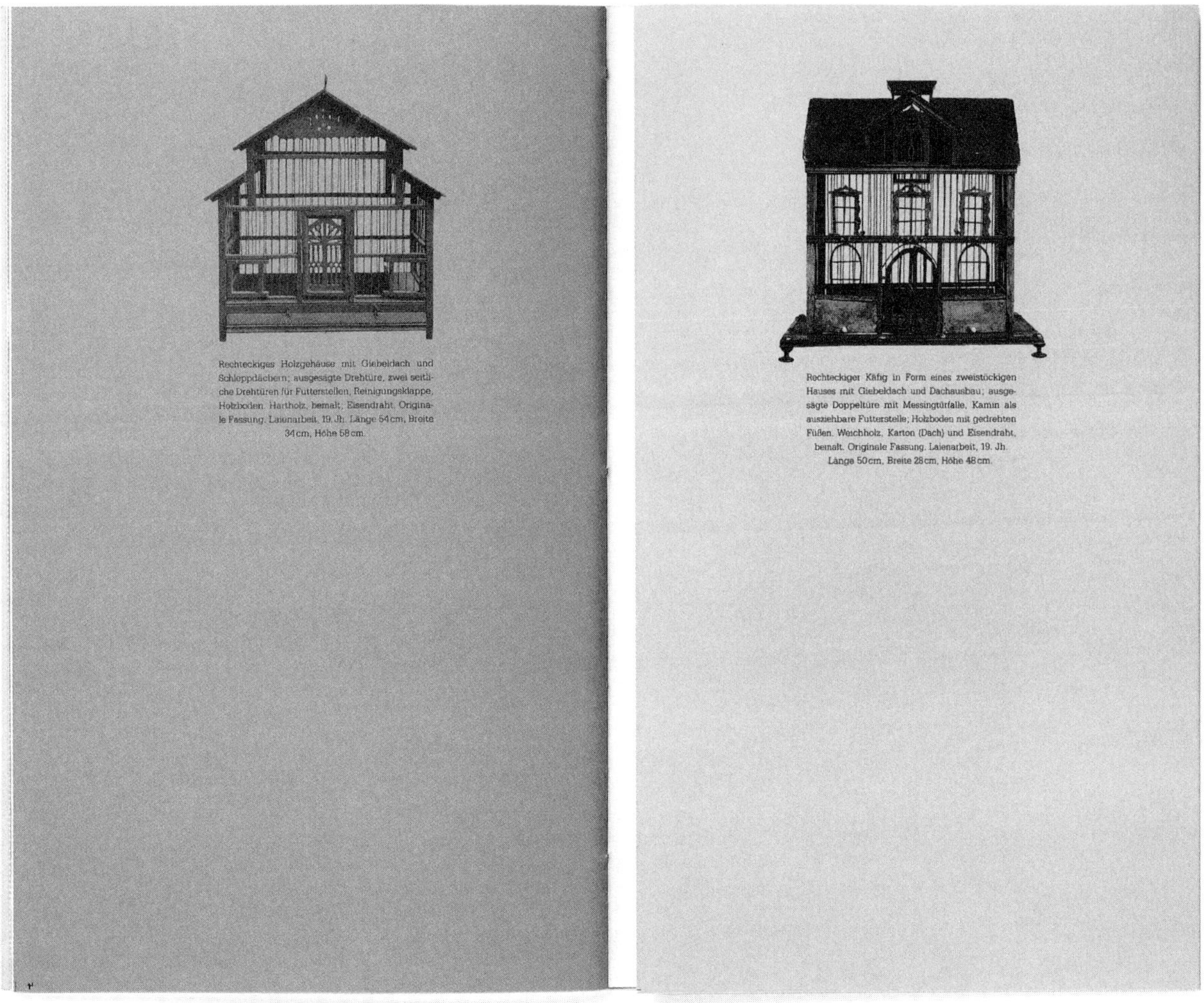

Rechteckiges Holzgehäuse mit Giebeldach und Schleppdächern; ausgesägte Drehtüre, zwei seitliche Drehtüren für Futterstellen, Reinigungsklappe, Holzboden. Hartholz, bemalt; Eisendraht. Originale Fassung. Laienarbeit, 19. Jh. Länge 54 cm, Breite 34 cm, Höhe 58 cm.

Rechteckiger Käfig in Form eines zweistöckigen Hauses mit Giebeldach und Dachausbau; ausgesägte Doppeltüre mit Messingtürfalle, Kamin als ausziehbare Futterstelle; Holzboden mit gedrehten Füßen. Weichholz, Karton (Dach) und Eisendraht, bemalt. Originale Fassung. Laienarbeit, 19. Jh. Länge 50 cm, Breite 28 cm, Höhe 48 cm.

Legende auf S. 110.

Caption on p. 110.

26 farbige Buchstaben von Ursula Hochuli-Gamma,
begleitende Gedanken von Philipp Luidl,
dazu ein Aufsatz, ‹Alphabet und Farbe›, von Rolf Kühni

Viertes Typotron-Heft

Das Alphabet gehört zweien: dem, der schreibt, und dem, der liest.

Alle Buchstaben tragen die Worte in die Vergangenheit, aber sie bringen sie auch wieder zurück.

Es gibt zwar eine Muttersprache, aber kein Mutterland. Man hat mit Worten noch nie ein Gebiet erobert.

Nicht der Nagel ist schuld, wenn ein Bild schief hängt.

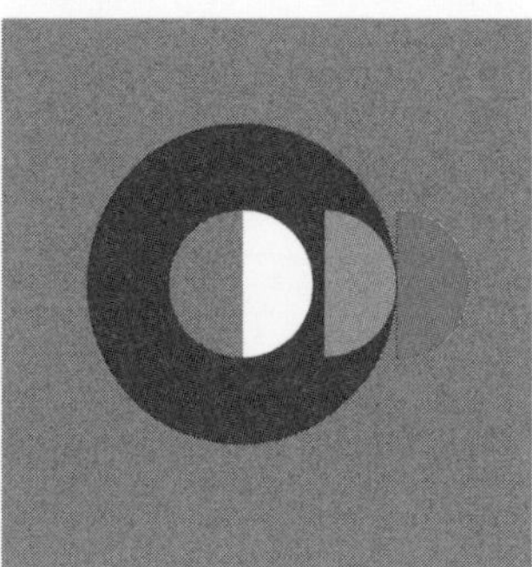

Die Orthografie ist der Zement unserer Sprache. An ihm kannst du dir die Buchstaben einzeln ausbeißen.

Ob der Punkt am Ende eines Buches klein oder groß empfunden wird, hängt vom Text ab.

Utopie hieß die Kunst, aus Luft Schlösser zu bauen. Heute ist es die, den darin wohnenden Politikern zu kündigen.

Vertrauen ist gut, Kontrolle ist besser, vorausgesetzt, man kann dem Kontrolleur vertrauen.

Ein Wort kann eine Tat sein, aber nie wird es eine Tat ersetzen.

Die Xylografie ist die Darstellung auf dem Holzwege.

Das Ypsilon gibt wenig Sinn. Bei Bayern ist es mittendrin.

Das Ziel ist nicht so wichtig wie der Weg, deshalb sollten wir von vorne beginnen.

Ursula Hochuli-Gamma: *26 farbige Buchstaben.* St.Gallen: Typotron, Nr. 4, 1986. Abb.: Innentitel, Doppelseiten.

Ursula Hochuli-Gamma: *26 farbige Buchstaben.* St.Gallen: Typotron, no. 4, 1986. Ill.: title-page, double-pages.

Bis in die Nachtstunden hinein leuchtet das Licht au Otto Hubers Sticklokal.

2

**Otto Huber, Handsticker im Necker**

‹Eher vom billigeren›, meint die freundliche, junge Frau im Kolonialwarenladen, als ich sie nach Otto Hubers bevorzugtem Wein frage. Mit einer Flasche Kalterer und einem Paket ‹Weber's aromatischem Tee-Tabak› – es gibt fast hundert Gramm für zwei Franken neunzig und paßt außerdem besser in ein Lindauerli als ein Balkan-Sobrani – trete ich durch den niederen Eingang an der Nordseite des Hauses. Ich stehe in einem dunklen Gang, an dessen Ende spärliches Licht durch ein winziges Fensterchen in der Tür fällt. Es ist die Tür zu Otto Hubers Sticklokal.

Ich öffne und trete ein. Ein mildes Räuchlein liegt wie ein durchsichtiger Tüllschleier in der Luft. Der würzige Tabakgeruch vermischt sich zusammen mit dem des Maschinenöls, dem unverkennbaren Duft roher Baumwolle und dem Gestänklein, das ein altersschwacher Kanonenofen erzeugt, zu dem, was ein Eingeweihter als ‹L'air de la broderie à la main› bezeichnen würde.

Otto Huber ist am Sticken. Kaum schaut er auf, wie ich zu ihm hintrete. Sein Lindauerli bleibt, wo es hingehört. Ein freundlicher, aber knapper Gruß verrät, daß er meine Anwesenheit zwar bemerkt hat, aber keineswegs daran denkt, seine Arbeit deswegen zu unterbrechen. Mit zugekniffenen Augen blickt er durch seine runde Drahtgestellbrille auf den Stickkarton. Darauf ist die Vergrößerung des Abzeichens der St.Galler Kantonspolizei zu erkennen.

Mit der linken Hand führt Otto Huber den Griff des Pantographen über die technische Zeichnung, indem er den kleinen Finger und den Ringfinger leicht abstützt, mit der rechten Hand dreht er das Antriebsrad oder Manual, um die beiden Wagen mit den Nadeln vor- und rückwärts zu bewegen, und mit seinen Füßen betätigt er die Holzpedale, welche das Öffnen und Schließen der Kluppen bewirken. Handsticken erfordert höchste Aufmerksamkeit.

Während Otto Huber das Pünktchen auf dem i der Polizei stickt, habe ich Gelegenheit, ihn dabei vom anderen

3

Sticklokale, wie dasjenige von Otto Huber, liegen oft unter dem Erdboden und sind kalt und feucht, der Gesundheit abträglich. Um so mehr erstaunt das hohe Alter des Stickers.

4

konnte ich den Leuten, die mir auf dem Weg begegneten, nicht guten Tag sagen, weil meine Lippen zugefroren waren. Ich mußte schon um sechs Uhr von zu Hause weg und hatte mehr als eine Stunde zu gehen. Abends, nach zwölf Stunden Arbeit und einer kurzen Mittagspause, ging's dann wieder den Berg hinauf heimwärts.›

Otto Huber war damals siebzig Jahre alt. Seither wohnt und stickt er hier. Im Haus, ausgangs des Dorfes, dort, wo der Necker ein kleines Stückchen gerade verläuft und wo am Hang oben die Bahn für kurze Zeit im Tunnel verschwindet.

Es ist still geworden in der Stube. Otto Huber steht auf, füllt das Glas nach, zündet sein Lindauerli wieder an und reicht mir die Flasche herüber. ‹So›, sagt er, und das ist wohl das einzige, was er seiner Lebensgeschichte hinzuzufügen hat.

Ich verabschiede mich. Otto Huber möchte heute beizeiten ins Bett. Morgen wird er seine Tochter in Lausanne besuchen.

‹Allein?› frage ich.

‹Allein. Warum nicht?›

Otto Huber ist im Juli 1987 achtundneunzig Jahre alt.

Das Lindauerli, wahrscheinlich ein Relikt aus Otto Hubers Zeit als Bauer.

10

Abends, nach getaner Arbeit, steigt Otto Huber hinauf in seine kleine Wohnung unter dem Dach.

11

Der Meyer und der Binswanger waren Konkurrenten. Wenn der Meyer auf Besuch kam, mußte ich sämtliche Olöwerli, Galönli und Aaterdö vom Binswanger aus der Kollektion nehmen und umgekehrt, sonst wären die zwei einander ins Gehege gekommen.

Damals, vor dem ersten Weltkrieg, hatten wir fünf Entwerfer: Herr Lafont, Herr Graf, Herr Ammann, Herr Wildhaber und Herr –›, Frau Lendenmann stutzt, studiert ein Weilchen, schaut mich ganz erschrocken an und ärgert sich: ‹Jetzt habe ich will's Gott diesen Namen vergessen – ach mein Gedächtnis! Ich glaube, ich werde langsam alt.›

(Der Leser möge bedenken, daß es sich um eine Zeit handelt, die siebzig Jahre zurückliegt.)

‹Daneben waren vierzig Vergrößerer angestellt.› Schon glaube ich, Frau Lendenmann wolle mir alle vierzig Namen aufzählen, aber sie läßt es beim Hauser bewenden.

‹Der Hauser war Vergrößererchef. Er trug wie die Herren Entwerfer einen weißen Büromantel, im Unterschied zu diesen aber graue Ellbogenschoner. Alle übrigen Vergrößerer trugen graue Übermäntel. Der Hauser ging immer als letzter vom Pausenspaziergang zurück. Diesen Spaziergang absolvierten die Vergrößerer in einer eigens dafür bestimmten Rondelle mit prächtigem Eisengitter. Dort hinein hatte sonst niemand Zutritt. Die Herren Entwerfer blieben in den Pausen in ihren Büros sitzen.›

Man beachte den feinen Unterschied, den Frau Lendenmann macht, wenn sie von den ‹Herren Entwerfern› und den ‹Vergrößerern› spricht.

‹Ja, und dann kam halt die Krise, kurz nachdem ich geheiratet hatte. Jakob war ein guter Mann. Sieht er nicht prächtig aus?› Ohne sich umzudrehen, weist sie mit dem Finger auf das Bild eines freundlichen, etwas streng aussehenden Mannes, das hinter ihr an der Wand hängt.

‹Er war Fergger und arbeitete zuerst bei der Firma Leumann und Bösch im Kronbühl, bevor er nach Tegerschen kam. Jaja, die Krise. Es war schlimm. Leute wurden entlassen, Maschinen wurden zusammengeschlagen, verschrottet. Es war furchtbar. Mein Mann war der zweitletzte, der entlassen wurde. Er war fünfundvierzig Jahre alt. Trotz be-

20

Urs Hochuli: *Günterli und Aaterdö*. St.Gallen: Typotron, Nr. 5, 1987, $^{2}$1993. Abb.: Doppelseiten.

Urs Hochuli: *Günterli und Aaterdö*. St.Gallen: Typotron, no. 5, 1987, $^{2}$1993. Ill.: double-pages.

S. 118/119: Jost Hochuli: *Willi Baus, Grafiker, 1909–1985*. St.Gallen: Typotron, Nr. 6, 1988. Abb.: Schutzumschlag, Doppelseiten, eine Doppelseite mit ausfaltbarem Blatt.

S. 118/119: Jost Hochuli: *Willi Baus, Grafiker, 1909–1985*. St.Gallen: Typotron, no. 6, 1988. Ill.: jacket, double-pages, one double-page with fold-out.

5

wahrhaft goldene Zeiten. Jetzt darf ich es ja sagen: Ich habe mir damals ein kleines Vermögen erspart. Wir blieben in St-Quentin, als der erste Weltkrieg ausbrach, bis zum Tag, als die Deutschen einmarschierten. Da mußten wir Hals über Kopf flüchten. In der Nähe von Paris, in Argenteuil, ließen wir uns nieder. Wir haben sofort wieder Arbeit gefunden. Ich habe auf der Handstickmaschine gearbeitet. Es war ja Krieg, und der Bedarf an Militärabzeichen war groß. Daneben fanden unsere farbig gestickten Ansichtskarten bei den Soldaten reißenden Absatz.

Ich lernte meine Frau, eine Französin, kennen, und nach unserer Heirat bezogen wir ein nettes kleines Haus mit einem Garten. Wir fühlten uns wohl. Der Krieg ging zu Ende. Wir hatten Arbeit und verdienten recht. Aber die Zeiten waren nicht gut.›

Otto Huber hält inne. Er überlegt, schweigt, nimmt einen Schluck Wein und beginnt langsam wieder zu erzählen:

‹Wissen Sie, ich bin kein Fremdenhasser. Es ist nicht recht, wenn man Leute haßt, bloß weil sie aus einem anderen Land kommen. Wir waren ja auch Fremde in Frankreich. Aber es trieb sich allerlei Gesindel im Lande herum. Das war wegen des Krieges, müssen Sie wissen. Eines Tages fand ich alle dreizehn Hennen im Hühnerstall geköpft vor. Ich rief meiner Frau. Sie hat dann festgestellt, daß die Wäsche, die sie tags zuvor zum Trocknen aufgehängt hatte, gestohlen war. Ich meldete den Vorfall auf dem Kommissariat. Der Beamte bedauerte, daß er nichts machen könne. Ich müsse mich schon selbst wehren. Dann sagte er noch: «Wenn Sie halt so einen Polen sehen, der Ihnen etwas klaut, nehmen Sie eben das Gewehr und knallen ihn ab.»›

Otto Huber ist aufgestanden. Die Erinnerung an das Gespräch vor sechzig Jahren hat ihn erregt. Er stützt sich eine Weile auf seine beiden Hände, hält den Körper vornübergeneigt und atmet schwer. Ein paar Augenblicke ist es still in der Stube. Der Regulator tickt, und auf der Straße vor dem Haus fährt ein Traktor vorbei.

‹Ich bin zu meiner Frau zurückgegangen›, fährt er fort, indem er sich wieder setzt, ‹und habe ihr gesagt: «Frau», habe ich gesagt, «man hat mir geraten, auf Menschen zu

Das Rädli ist zwar ein typisches Werkzeug des technischen Stickereizeichners, doch finden sich wohl in der Nähe jeder Handstickmaschine einige dieser Geräte.

8

schießen. Ich will das nicht, und ich tu das nicht. Komm, jetzt gehen wir heim in die Schweiz.» Das war neunzehnhundertvierundzwanzig.

Wir packten unsere Sachen und kamen zuerst zu meinem Bruder nach Ebersol. Er war früher zurückgekehrt und hatte dort ein Bauerngut gepachtet. Wir kauften in Mogelsberg bald eine kleine Liegenschaft, ich hatte ja in Frankreich gut verdient und einen rechten Batzen gespart. Ich hörte auf zu sticken und wurde Bauer. Die Umstellung vom Stickstuhl zum Melchstuhl fiel mir leicht. Ich liebte die Arbeit an der frischen Luft, und besonders mit den Tieren verstand ich mich gut. Ich hatte schon als Bub Vaters Kühe gern gehütet. Zweiunddreißig Jahre habe ich keine Stickmaschine mehr angerührt.

Eines Tages, es war im Jahr neunzehnhundertsechsundfünfzig, bat mich ein Herr der Firma Fehrlin & Co. in Sankt Gallen, es doch wieder mit Handsticken zu versuchen. Im Keller des Hauses, das wir bewohnten, stand ja noch eine Handstickmaschine. Ein Schweizerkreuz mußte ich sticken – jawohl ein Schweizerkreuz. Es war das erste, was ich seit den Militärabzeichen in Frankreich gestickt habe. Ein Schweizerkreuz, und es ist gut geraten. Ja, so bin ich halt wieder Handsticker geworden und sticke nun wieder zweiunddreißig Jahre.

Eigentlich wollten wir in Degersheim ein Häuschen bauen und eine Stickmaschine kaufen, sind dann aber doch zu meinem Sohn nach Schönengrund gezogen. Bald darauf starb meine Frau.›

Wieder unterbricht Otto Huber für eine längere Zeit seine Lebensgeschichte. Es scheint, als ob er sich genau an jene Tage erinnert. Er muß seine Frau, die er aus Frankreich mit in die Ostschweiz gebracht hatte, sehr gern gehabt haben. Ihren Tod hat er lange Zeit nicht überwinden können. Er sagt das auf seine Weise: ‹Ich stand mehr auf dem Friedhof als an der Stickmaschine, jahrelang. Ich zog dann nach Degersheim, wo ich wieder fünfzehn Jahre stickte. Später kam ich in dieses Haus hier im Necker. Ich wohnte zuerst noch in Degersheim und mußte zu Fuß zu meiner Maschine. Es war ein bitter kalter Winter und Stein und Bein gefroren. Oft

Der Abstand der verschiedenen Zacken entspricht dem Abstand der Stiche auf der technischen Zeichnung.

9

ster Zeugnisse wollte man keinen alten Mann einstellen. Denken Sie, mit fünfundvierzig ein alter Mann!

1934 kam dann ein unternehmungsfreudiger St.Galler zu Herrn Isidor und kaufte die zwölf Automaten, weil er an die Zukunft der Stickerei glaubte. Herr Isidor knüpfte nur eine Bedingung an den Vertrag: Er bedingte sich das Recht aus, jeden Tag in die nun fremde Fabrik gehen zu dürfen, um den Lauf der Dinge an der Maschine selbst zu verfolgen. Dieser junge Mann war Otto Bischoff, der Gründer der Firma Bischoff Textil AG in St.Gallen. Sein Optimismus war ein Lichtblick im krisengeschüttelten Tegerschen.

Eines Tages ergab sich die Gelegenheit, eine Strumpffärberei zu kaufen, die wir in der alten Ätzerei der Firma Grauer einrichteten. So wurde ich vom Musterzimmermädchen zur Fabrikantenfrau. Aber es änderte sich nicht viel in meinem Leben. Ich stand jeden Tag um fünf Uhr auf, besorgte das Haus, und da wir keine Kinder hatten, verbrachte ich den ganzen Tag mit meinem Mann im Geschäft. Ich tat es gerne, denn ich war ja ans Arbeiten gewöhnt. Und außerdem mußte ich die Farbabschläge kontrollieren, mein Mann war nämlich, obwohl Inhaber einer Färberei, farbenblind.›

Das Telephon klingelt. Frau Lendenmann hebt den Hörer ab und meldet sich. Die Gewandtheit ihrer Bewegungen, die Art und Weise, wie sie spricht, verraten die einstige Geschäftsfrau. Nichts, aber auch gar nichts läßt darauf schließen, daß Frau Emma Lendenmann vierundneunzig Jahre alt ist.

21

Eigentlich würde man bei einem Appenzeller Handsticker eher etwas Vaterländisches vermuten, eine schwarzweiß Gefleckte in Anlehnung an den Appenzellerbleß zum Beispiel, allenfalls noch ein Tigerli. Lisettli hat fremdländisches Blut. Sie ist eine Angorakatze mit seidigem Fell und appenzellischem Benehmen: schön von Angesicht, aber kratzbürstig.

Und da ist noch etwas, worüber sich zu erzählen lohnt, in Emil Nefs Leben: sein Garten. Er liebt ihn, wie er seine Arbeit geliebt hat, und pflegt ihn, wenn immer möglich, noch selbst. Im Sommer blüht's und duftet's wie in einem kleinen Paradies. Sonntags, wenn die Herisauer an seinem Haus an der Degersheimer Straße vorüberspazieren, bleiben sie davor stehen und nehmen einen Hauch von Lieblichkeit mit in den Alltag.

Oberhalb des Dorfes Schönengrund, am Fuße des Hochhamms, stand Emil Nefs Wiege. Tiefe, waldbestandene Schrunden ziehen sich am Nordhang vom Berg herab ins Tal. Dazwischen liegen teils steinige, teils sumpfige Wiesen; ein paar Bauernhäuser, ein paar Heustadel. ‹Stocken›, ‹Mösli›, ‹Gründenhalden›, ‹Mülitobel› heißen die Gehöfte. Und ‹Freienbüel›. Dort ist er aufgewachsen.

Sein Vater war, wie könnte es anders sein, Handsticker. Der karge, steinige Boden, die drei Kühe und der Wald gaben nicht viel her, mit dem bescheidenen Stickerlohn ‹grad eben recht zum Leben›.

‹Dörebiiße› – dieses Wort fällt immer wieder, wenn er seine Lebensgeschichte erzählt.

‹Ich hatte drei Schwestern und einen Bruder. Er wurde auch Sticker und ist mit zweiundachtzig Jahren an der Stickmaschine gestorben. Wir mußten alle helfen. Sonst wäre es nicht gegangen. Als ich noch zu klein war, um meinem Vater an der Maschine zu helfen, mußte ich das Holz für die Küche und das Sticklokal besorgen. Fädeln, ja das konnte ich schon früh, aber mit dem Sticken mußte ich noch warten. Eigentlich wäre ich gerne Schreiner geworden. Das hätte mir gefallen. Holz ist etwas Schönes, das habe ich später gern gemacht. Aber da gab's halt keine Diskussion. Ich wurde Sticker, mußte es werden.›

24

Emil Nef, der Handsticker in Herisau, trennte sich mit neunundneunzig Jahren ungern von seiner Maschine, die ihn mehr als siebzig Jahre durch sein Leben begleitet hat.

25

**Kleines Glossar**

Aaterdö — Ein Entre-Deux. Ein Stickereistreifen, der ursprünglich zwischen zwei (entre deux) Stäffeln lag.

Automat — Die um die Jahrhundertwende, 1898, von Joseph Gröbli erfundene Stickmaschine, die mit einer Lochkarte (einer sogenannten Punchkarte) gesteuert wird. Joseph Gröbli war der Sohn von Isaak Gröbli, dem Erfinder der Schifflistick-Maschine.

Buggetli — Kleines Bouquet.

Fädeln — Die Nadeln der Handstickmaschine mußten früher von Hand eingefädelt werden. Dabei entstanden ca. 80 cm lange Fadenlängen, sogenannte Nädlige. Wenn ein Nädlig fertiggestickt war, mußte wieder neu eingefädelt werden. Das Fädeln war die Arbeit der Ehefrau und vor allem der Kinder. 1884 wurde eine eigens dafür konstruierte, recht komplizierte, aber hilfreiche Fädelmaschine erfunden.

Fergger — Von ferggen = abfertigen, fortschaffen. Der Fergger ist ein Geschäftsvermittler zwischen Fabrikant und Ausrüster oder zwischen Fabrikant und Lohnsticker.

Galönli — Ein kleiner Galon. Ein beidseitig ausgeschnittener Stickereistreifen.

Günterli — Ein Gegenmuster, ein Referenzmuster oder Contre-Muster, woraus – horribile dictu – ein Günterli wurde.

Handätz — Eine Ätzstickerei, die auf einer Handstickmaschine hergestellt wurde. Irrtümlicherweise auch St.Galler (oder noch schlimmer: ‹St.Gallener›) Spitze genannt.

Herr Isidor — Isidor Grauer war Gründer der Firma Grauer-Frey. Seine beiden Söhne Otto und Theo Grauer führten später die Zwirnerei Grauer & Co. AG in Degersheim. Herr Theo Grauer starb vor wenigen Jahren im Alter von 95 Jahren. Herr Otto Grauer lebte in der neben der Fabrik liegenden, prachtvollen, von Curjel und Moser entworfenen Villa und starb, 105 Jahre alt, am 31. Mai 1987.

Olöwerli — Ein kleiner Allover. Ein über die ganze (all over) Stoffbreite gesticktes Dessin.

Scherlen — Die Sprengfäden müssen von Hand abgeschnitten werden. Diese Arbeit übernimmt heute in der Regel die Scherlimaschine.

Sennensteg — auch ‹Chuelifalt› genannt. Ein schmaler Stoffstreifen, der in das Sonntagshemd des Sennen eingesetzt wird und Szenen aus dem Sennenleben zeigt.

34

Vergrößerer — Der Technische Stickereizeichner. Er wird in der Stickereiumgangssprache auch heute noch so genannt, weil er das vom Entwerfer gezeichnete Dessin sechsmal vergrößern muß, um die einzelnen Stiche präzise einzeichnen zu können. Der Vergrößerer litt in früheren Zeiten oft unter dem Entwerfer, der sich einbildete, wegen seiner schöpferischen Tätigkeit ein kleiner Herrgott zu sein. Heute ist der Technische Stickereizeichner ein hochqualifizierter Fachmann, dem der Umgang mit dem Zeichnungsstift so vertraut ist wie die Begriffe Hardware und Software.

Ein Dessin — trägt nicht die Nummer 21 802, sondern es heißt 21 802.

35

## Der Weg und das Ziel

Willi Baus: der nachdenkliche, ernsthafte Grübler, der unbestechliche, genaue Beobachter, der kritisch und unbequem Fragende, der für viele seiner Schülerinnen und Schüler unnahbare, verschlossene Lehrer. Wer Glück hatte, konnte auch einem ganz andern Willi Baus begegnen: einem begeisterten und begeisternden, einem gelöst lachenden, gelegentlich (und bis ins Alter) sogar einem zu allerhand Allotria aufgelegten Spitzbuben. Jene, die ihn näher gekannt haben, werden allen diesen Wesenszügen – und einigen mehr – begegnet sein. Die Vielgesichtigkeit seiner Person scheint mir eines der hervorstechendsten Merkmale von Willi Baus zu sein – er trug mehr als nur zwei Seelen in seiner Brust; er hat es gewußt und darunter gelitten.

Ob diese Zerrissenheit auch ein Grund seiner Religiosität war? Suchte er im Glauben den Halt, den ihm seine natürlichen Anlagen nicht boten? Wie stark und wie echt diese Hinwendung zum Glauben war und wie früh sie erfolgte, ist mir erst bewußt geworden, als ich im Atelier an der Fliederstraße den Nachlaß sichtete. Schon der Jüngling beschäftigte sich mit religiöser Literatur, und es gibt unbeholfene Schriftblätter mit biblischen Texten noch vor der Offenbacher Zeit. Daß er dann, nach seinen Lehr- und Studienjahren in St.Gallen und Zürich zur Weiterbildung nicht zu so hervorragenden Schriftfachleuten wie Hadank in Berlin, Schneidler in Stuttgart oder an die weitberühmte Leipziger Schule zog, sondern mit sicherem Instinkt zu Rudolf Koch nach Offenbach: dem Schreiber und Handwerker, dem gläubigen Protestanten und fürsorglichen Lehrer – das war kein Zufall. In Koch erahnte er eine ihm verwandte Natur. Willi Baus hat sich nicht getäuscht und seinen Meister gefunden.

Koch – schon zu seinen Lebzeiten ein erratischer Block und als ‹unmodern› und rückwärtsgewandt verschrien – ist seinen Weg unbeirrt gegangen. Das Allein-auf-sich-gestellt-Sein, eine ähnliche einzelgängerische, auch kämpferische Attitüde war in Willi Baus vorgebildet; der nur wenige Monate währende Besuch in Offenbach hat diese Anlagen verstärkt und den jungen Schweizer damit für sein ferneres Leben geprägt.

Natürlich kam er auch rein formal unter den Einfluß von Koch. Die Arbeiten der 30er Jahre, vor allem viele geschriebene und in Holz geschnittene Schriftblätter, lassen keine Zweifel aufkommen. Aber auch nachdem er sich relativ schnell von Kochs Formsprache befreit hatte, blieb die Arbeitshaltung, der er in Offenbach begegnet war, für ihn bestimmend.

Willi Baus. Aufnahmen vo
Dr. Felix Reichardt, Somm

16

17

stefan
zwicker
*1965+

Sockelstein für Grabkreuz Stefan Zwicker. Sandstein. Entwurf von Willi Baus. Abrieb in Originalgröße wiedergegeben. 1966.

18

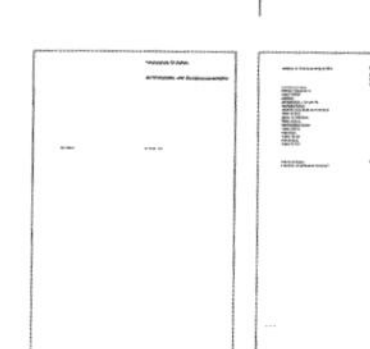

Typoplakat Edouard Vallet. Grün-Blau auf grauem Packpapier. 30 x 80 cm. 1962.

Signet St.Galler Puppentheater (in Zusammenarbeit mit der Schülerin Rosmarie Ruckstuhl). Originalvorlage Linolschnitt, 21 x 21 cm. 1956.

Signet Siegl, Goldschmied
St.Gallen. 1941/1954.

## Der Werkbündler

Willi Baus war ein langjähriges Mitglied des Schweizerischen Werkbundes SWB und Mitbegründer unserer Ostschweizer Ortsgruppe (1963). Mit den Ideen und Zielen des Werkbundes war er stark verwoben, sie prägten sein Verhalten und seine tägliche Arbeit. Er schätzte die Werkbundarbeit und beteiligte sich öfters selbst aktiv an der Programmgestaltung. Ältere Vereinsmitglieder zahlen in der Regel nur noch den Mitgliederbeitrag – nicht so Willi. Aktive Mitarbeit war für ihn auch als Senior eine Notwendigkeit und entsprach seiner Lebensart, seiner inneren Anlage.

Er war ein vielseitig Tätiger, Begabter, Interessierter, ein unruhiger Mensch. Man traf ihn an Ausstellungen in Zürich, Basel, Bern, bei Tonhalleanlässen, Kinoveranstaltungen und an öffentlichen Vorlesungen der Hochschule. Mit Willi konnte man über moderne Architektur, Bilder, neue Musik, gesellschaftskritisches Theater diskutieren. Er bildete sich seine Meinung oft über unübliche Wege. Ein Beispiel: Als Nichtarchitekt wußte er über Adolf Loos (1870–1933) im Detail Bescheid. Vor Jahren war er in Wien den Loosbauten nachgegangen, hatte sie innen und außen fotografiert, die jetzigen Bewohner interviewt und sich so an Ort die Kenntnisse verschafft.

Als Gestalter war Willi Baus um verständliche und nützliche Formgebung bemüht. Seine Anschauungen deckten sich mit der Werkbundidee ‹Die gute Form›, die von 1949 bis 1969 aktuell war und großen Einfluß auf die damalige Gestaltung hatte. Dies machte ihn in der Ortsgruppe zu einem wichtigen, kompetenten Mitglied. Viele Realisationen sind dank seiner Mitwirkung und unter seinem Einfluß möglich geworden. Erinnert sei an

- die Einführung des Vorkurses als obligatorische Grundausbildung an der hiesigen Schule für Gestaltung, 1963/64;
- die Aktion ‹Offene Planung› in St.Gallen, mit dem Werkbundbeitrag zum Thema ‹Moosbrugg – Damm – Umfahrung Gallusplatz› auf der großformatigen Informationswand bei der ‹Löwenburg›, 1976;
- die Broschüre über unsere Ortsgruppe im Jubiläumsjahr 1983;
- die Diaschau ‹Wohnen in St.Gallen›, ein Beitrag zum SWB-Seminar ‹Wie wir wohnen und wohnen möchten›, 1984.

Die Moderne, in den 20er und 30er Jahren entstanden, zog ihn an. So schätzte und verehrte er die konstruktiven Bilder eines Mondrian, Rodtschenko, Bill, Lohse, einer Taeuber-Arp, Loewensberg, aber auch die Bildwelten eines Klee. Den Bauhausideen war er zugetan.

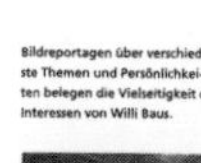

Oben: Aus der Bildfolge zum Artikel von Max Graf über ‹St.Gallen und das Neue Bauen› (sh. Bibliografie). Treppenhaus in der Unterzentrale Winkeln der NOK. 1984.

Unten: Sarcopoterium spinosum. Aus einer Folge von Landschafts-, Architektur- und Pflanzenaufnahmen von Naxos. 1975 (?).

Bildreportagen über verschiedenste Themen und Persönlichkeiten belegen die Vielseitigkeit der Interessen von Willi Baus.

Oben: Aus einer Bildreportage über Andreas Gentinetta, den letzten Schuhmacher von Rotmonten. 1980.

Unten: Aus einer Aufnahmefolge über den Maler Willy Thaler. 1977.

35

Ich lernte Willi Baus im Werkbund kennen und schätzen. Er war ein guter Mitstreiter. Ich erinnere mich an eine öffentliche Versammlung der städtischen CVP im Jahre 1980, die wir gemeinsam besuchten und zu beeinflussen gedachten. Es ging um das Museum und das Referendum gegen den Stadtratvorschlag mit Renovation. In der Diskussion setzten wir uns vehement für einen Neubau, also für den Abbruch des Kunklerbaues ein. Aber oha lätz! Wir beide wurden als miese Wanderprediger abgekanzelt, und dies vor voll besetztem Saal. Eine spannungsgeladene Stimmung entstand. Ein CVPler protestierte und war entsetzt über die schnodrige Art und Weise, wie mit uns verfahren worden war. Der Saal reagierte mit Applaus. Die nachfolgenden Abstimmungen verliefen turbulent, mit der Stimmfreigabe-Parole der Partei war jedoch am Ende nur ein halber Sieg für uns herausgekommen.

Persönlich standen wir uns nahe. Die letzten gemeinsamen Streifzüge durch unsere Stadt beim Suchen nach Bauten aus den 20er und 30er Jahren für einen Stadtführer (‹St.Gallen und das Neue Bauen›. *Docu-Bulletin*.), waren für beide, den Grafiker-Fotografen wie den Architekten, motivierend und im Rückblick auch erfolgreich; denn die Arbeit wird durch eine Werkbundarbeitsgruppe ausgeweitet und weitergeführt werden.

Willi hat Entwürfe für Grabsteine gemacht. Er liebte die Steinstücke, grob behauen mit präzis eingemeißelten Schrift- und Namenszügen. Für seinen verstorbenen Freund Albert Leemann, auch Grafiker und Lehrer, hatte er eine ‹unlesbare› Grabsteinschrift entworfen und ausführen lassen, mit der Begründung, sein Freund Albert wäre still, unbemerkt von der Gesellschaft, anonym durchs Leben gegangen. Auf Willis Grab wird kein steinernes Zeichen, auch kein Schriftzug stehen. So hat er es angeordnet, es sich gewünscht.

*Max Graf*

## Der Baus. Ein Versuch, Erinnerungen einzufangen.

Wenn Willi Baus den Kreis beschreibt, dann steht der Kreis wirklich im Raum. Dann spannt er sich bis fast zum Bersten, rollt sich durchs Zimmer, schlingert, kreiselt. Er biegt sich, dehnt sich, bis er endlich zwischen D und M seinen Platz findet. Mit großen, vehementen Bewegungen steigert Willi Baus sich in den Bogen hinein, wird selbst zur Form.

Er will seine Begeisterung in uns gespiegelt sehen, will seine Energie auf uns übertragen.

Er spürt sofort den kleinsten Hauch von Gleichgültigkeit und reagiert empfindlich darauf. In solchen Momenten kann er peinliche Fragen stellen, oder ein andermal wieder großzügig über unsere Krise hinwegsehen. Er verbirgt nicht, daß er nur zu einigen von uns den Zugang findet. Und es scheint ihn nicht zu stören. Er ist ungeduldig, wenn es um Beziehungen zwischen ihm und uns Schülern geht. Entweder er sieht den Funken springen, oder er läßt einen fallen. Das ist nicht gut, finden wir.

Seine Auffassung von Lehren ist die des Meisters, und er braucht Schüler, die von ihm lernen wollen. Die anderen lassen ihn kalt. Vermeintlich.

Seine Ansprüche an uns sind hoch, sie scheinen uns fern und unerreichbar. Der Weg, den er uns führt, erscheint uns manchmal unendlich mühsam zu gehen und dann plötzlich wieder leicht und abwechslungsreich. Er führt uns zu differenzierterem Sehen und durch die ersten gestalterischen Gehversuche. Und immer wieder fordert er uns auf, an uns zu arbeiten, unsere Sinne zu schärfen, wie er sagt, denn er haßt nichts so sehr wie Stumpfheit.

Wenn ich versucht habe, Splitter der Erinnerung zu einem Ganzen zu fügen, so zeichnet sich Willi Baus als besessen Suchender ab, interessiert an allem, was ihm noch verborgen war, immer unterwegs. Er wollte uns zeigen, wo wir unsere Ziele stecken müssen, damit wir sie niemals erreichen.

*Monika Schieß*

Auf den folgenden Seiten
eine Anzahl Schülerarbeite
gebildet. Sie stammen, sow
Entstehungsdaten gesicher
aus den letzten sieben Jah
der Pensionierung und zei
Blätter, die auf einen sehr
matischen Unterricht in vis
Methodik hinweisen. Obw
Willi Baus immer nach dur
ten Konzepten unterrichte
ist er in den letzten Jahren
ser Hinsicht besonders kon
quent gewesen. Dies schei
zuletzt auch auf Anregung
seines jüngeren Lehrerkoll
Hansruedi Buob, eines Abs
ten der HfG Ulm, zurückzu
gehen, der im Jahre 1972 d
tung der Fachklasse Grafik
nommen hatte.

5

Als ich während eines Besuchs bei Imre Reiner von diesem gefragt wurde, wo ich meine Ausbildung in Schrift genossen hätte und ich ihm den Namen Baus erwähnte und hinzufügte, dieser sei ein Koch-Schüler gewesen, da meinte Reiner, in diesem Falle könne es kein guter Unterricht gewesen sein. Wenn Reiner – zehn Jahre älter als Baus und ein Schneidler-Schüler – damit meinte, Baus sei einer jener Koch-Jünger, die Koch in epigonaler Schwäche immer wieder und wieder kopierten, dann hatte er sich allerdings gründlich getäuscht. Ich kenne keinen Schüler des Offenbacher Meisters, der sich in formaler Hinsicht derart verselbständigt hat. Seine stets wache Neugierde und sein fragendes Suchen führten ihn zwangsläufig zur Beschäftigung mit den neuesten Tendenzen der bildenden Kunst und mit modernem Design. Schon vor dem Zweiten Weltkrieg entstehen denn auch Arbeiten, die auf eine andere Quelle hinweisen: auf das Bauhaus in Weimar und Dessau. So, wie sich Willi Baus ein Leben lang mit Koch beschäftigt hat, so beschäftigte er sich mit den Ideen der Bauhausmeister und ganz allgemein mit der Moderne.

Was in Offenbach auf der einen, in Weimar und Dessau auf der andern Seite gelehrt und geschaffen wurde, scheint sich gegenseitig antagonistisch auszuschließen. Scharfe, unfreundliche Bemerkungen über die jeweils andere Seite lassen sich in der entsprechenden Literatur mühelos finden.

Baus focht das nicht an. Da für ihn weder die eine noch die andere Auffassung zum verbindlichen, blindlings gefolgten Dogma wurde, stand er beiden zwar freundlich und mit interessierter Anteilnahme – und was Koch betrifft, sogar mit liebender Verehrung –, aber doch mit so viel Distanz gegenüber, daß er imstande war, Stärken und Schwächen, Vor- und Nachteile abzuwägen und einen eigenen Weg zu finden.

Seine Weitherzigkeit gestalterischen Ideologien gegenüber kam seinen Schülern zugute. Was er ihnen vermitteln wollte, waren nicht kanalisierte Auffassungen (und natürlich noch viel weniger gestalterische Rezepte!), sondern die Fähigkeit, formale und farbliche Grundlagen individuell zu erarbeiten und darauf aufbauend ebenso persönlich nach der für die jeweilige Aufgabe adäquatesten und prägnantesten Lösung zu suchen. Daß er einen lehrte, formalen Bluff zu durchschauen, Form von Formalismus zu unterscheiden, haben jene Schülerinnen und Schüler, zu denen er und die zu ihm den Zugang fanden, wohl als die wertvollste Erfahrung aus seinem Unterricht mitgenommen.

12

13

Zwei Alphabete in der Art der Älteren (links) und der Jüngeren römischen Kursiven. Tusche auf Büttenpapier. Durchmesser der Rundflächen ca. 18 cm. Um 1950.

19

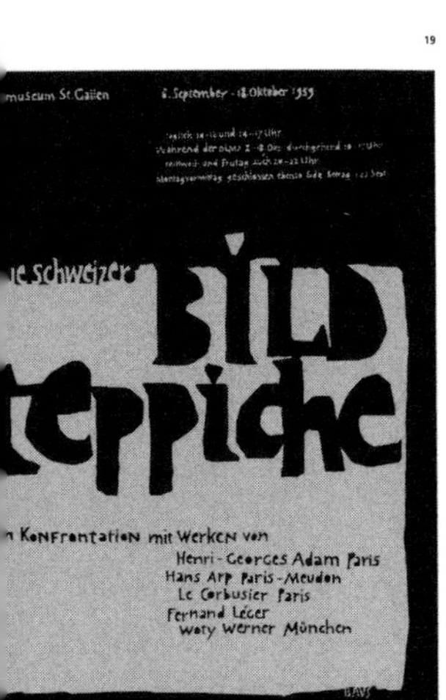


20

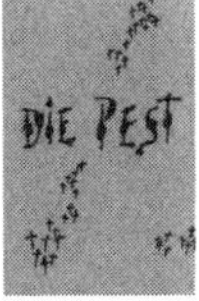

Während er in den dreißiger Jahren einige Buchumschläge eher konventioneller Art entworfen hatte, zeigen die wenigen Beispiele aus späterer Zeit einen persönlichen, unverwechselbaren Stil von großer Suggestivkraft.

…gen A4 für den Dritten In…onalen Deutschsprachigen …tellerkongreß, St. Gallen, …ür die Hochschule St. Gal…63; für die Museen der Stadt St. Gallen, Institutionen der Ortsbürgergemeinde, um 1960.

Plakat Bildteppiche. Einfarbige Lithografie, ocker auf schwarzem Papier. 90,5 x 128 cm. (Das Plakat wurde auch im Format 50 x 70 cm gedruckt.) 1959.

Nicht ausgeführte Umschlagentwürfe für die Büchergilde Gutenberg zu Camus, *Die Pest*. Einfarbige Entwürfe mit Feder (links), mit Pinsel (Mitte) auf sandgraues Papier. Umschlagvorderseite 13,6 x 20,8 cm. Zwischen 1945 und 1950. Aus späterer Zeit scheint der Entwurf rechts zu stammen, der offensichtlich ohne Auftrag, nur aus Interesse am Thema entstand. Zweifarbig schwarz/gelb, Pinsel mit Plakattempera auf beiges Papier.

37

…eiten auf den Seiten 37 …aben das Thema Blatt zum …Zu Beginn besuchten die … den Botanischen Garten, …dessen Leiter in die …nmorphologie einführte. … dazu war das Studium …igiger Literatur empfoh…r Stoff wurde über …ngeren Zeitraum wäh…es Tages pro Woche …itet und führte vom Skiz…der von genauesten …udien über das Anlegen …tischer Reihen mit ge…n Pflanzenmaterial zum …n der Blattformen, der …der und Nervaturen und …rdneten Darstellung ge…er Gesetzmäßigkeiten. …hlossen wurde jeweils mit …aktischen Anwendung. …ff, teilweise auch im …fieunterricht behandelt, …an verschiedene farbliche …male Probleme heran; …ers eingehend wurde …ie Symmetrie behandelt, …end von der bilateralen …r Rotationssymmetrie bis …n andern einfachen und …ierten Formen.

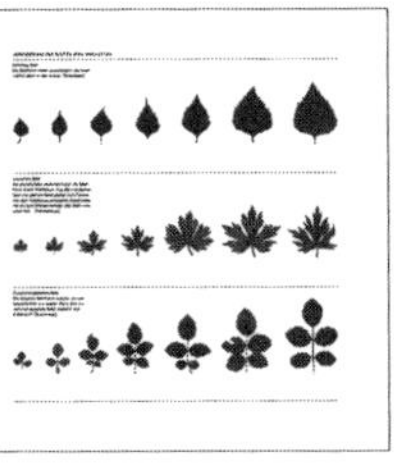

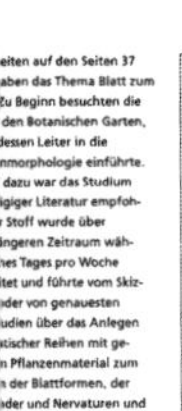

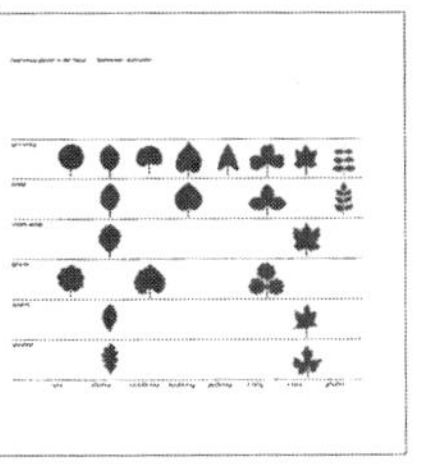

…utten, Naturstudie. Blei…rbstift auf Papier. Breite …chnung 13,5 cm. Marianne …nberger, um 1972.

Oben: ‹Veränderung der Blätter beim Wachstum›. Gepreßte Blätter, geordnet und auf Papier geklebt. Maße des Papiers 33 x 33 cm. Graziella Solci, um 1972.

Unten: ‹Gesetzmäßigkeiten in der Natur; Blattformen – Blattränder›. Veronesergrüne Plakattempera und schwarze Tusche auf Papier 33 x 33 cm. Anonym, ohne Datum.

38

Oben links: ‹Wandlungsschema der Blattform›. Olivgrüne Plakattempera und schwarze Tusche. Maße des Papiers 33 x 33 cm. Monika Schieß, 1974.

Oben rechts: ‹Blattformen und Ränder›, Ausschnitt. Olivgrüne Plakattempera und schwarze Tusche. Kreisdurchmesser 3 cm. Anonym, ohne Datum.

Unten links: ‹Blattformen und Blattränder›. Schwarze Plakattempera und schwarze Tusche auf Papier. Maße des Papiers 33 x 33 cm. Anonym, ohne Datum.

Seite 38, unten rechts: Ausschnitt aus Studien zum Thema Gliederung der Blattform. Bleistift auf Papier. Höhe der Blätter 5 cm. Heidi Inauen, um 1974.

39

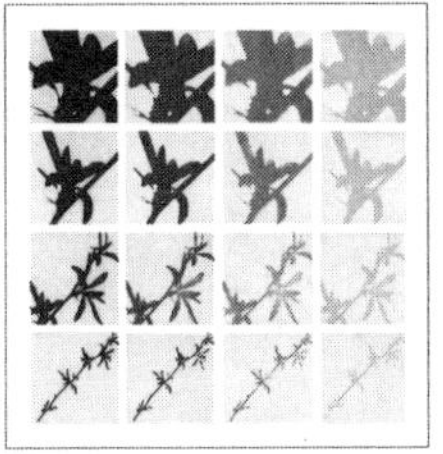

Oben links: Anwendungen für eine gedachte Zeitschrift. Fotogramme. Anonym, ohne Datum.

Oben rechts und unten: Progressionen. Fotogramme. Maße des Papiers 33 x 33 cm. Monika Schieß (oben) und anonym, beide wahrscheinlich 1974.

1

2

3

1: Lebenskreuz, Christuskreuz. Dieses Zeichen war schon vor Christu das Symbol für Gottheiten in Griechenland, Ägypten und China. 2: P truskreuz (Petrus soll mit dem Kop nach unten gekreuzigt worden sei 3: Leidenskreuz, deutet auf den Kreuzweg Christi hin. 4: Schächerkreuz, Zeichen für Not und Sterben 5: Schrägkreuz, drückt Schutz, abe auch Sperrung aus. 6: Kardinalskreuz, Lothringerkreuz. Die verdoppelte Horizontale macht aus dem Zeichen ein überrangiges Kreuz. 7: Papstkreuz, Lebensbaum. 8: Altes Orthodoxenkreuz, Bezeugung tiefer Gläubigkeit. 9: Orthodoxenkreuz. Der Querbalken steht als Fu stütze, kann aber auch das Sterben Christi andeuten (ähnlich wie 4). 10: Kreuz und Bischofsstab, Paxzeichen. 11 und 12: Kreuz über den Buchstaben Alpha und Omega, Anfang und Ende. (12 auch Ankerkreuz, fester Grund im Glauben.) 13: Keltisches Kreuz- und Sonnenzeichen. 14: Koptisches Kreuz, die Nägel des Gekreuzigten. 15: Zeichen der Kreuzzüge, aus dem das Jerusalemkreuz entstanden ist.

**Kreuzzeichen** Wie anders könnte der Mensch den Lebensraum um sich erfassen und erleben, ohne sich selbst in dessen Mitte gestellt zu fühlen? Aus diesem Erleben und Erkennen entstand die erste, bewußt gewordene Teilung des Lebensraumes durch eine Vertikale und eine Horizontale. Der sichtbare Ausdruck dieser Trennungslinien ergab das Kreuzzeichen, die primäre Orientierungshilfe des Menschen.

Ausgehend von dieser fundamentalen Konzeption des Lebensraumes und des Kosmos, ist das Kreuz mit Sicherheit das

24

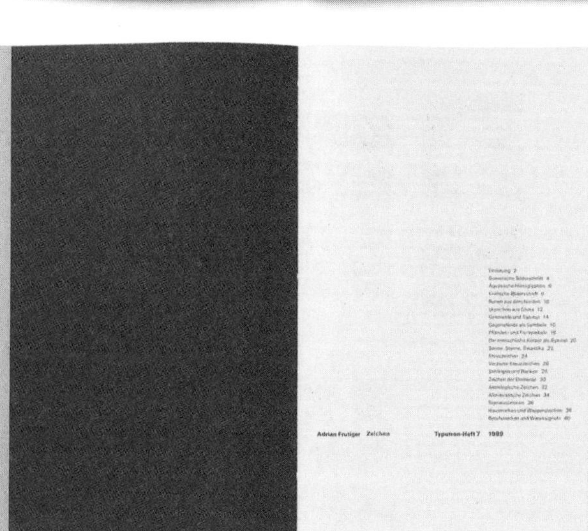

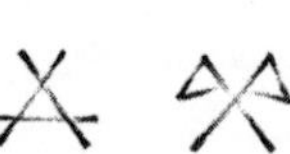

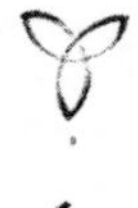

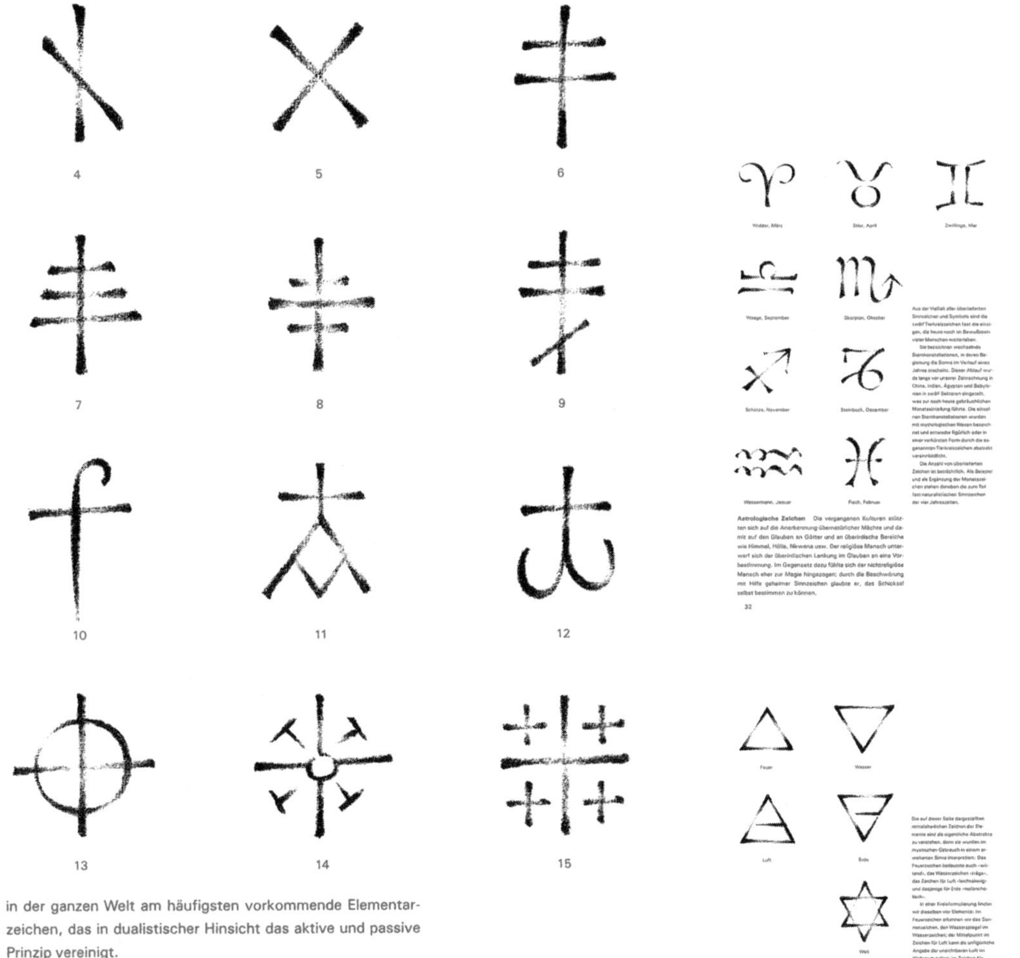

4 5 6 7 8 9 10 11 12 13 14 15

in der ganzen Welt am häufigsten vorkommende Elementarzeichen, das in dualistischer Hinsicht das aktive und passive Prinzip vereinigt.

Die bildliche Verbindung zum Richtkreuz sowie die Ähnlichkeit seiner Silhouette mit der menschlichen Gestalt ließen es zum tragenden Glaubenssymbol der Christenheit werden.

25

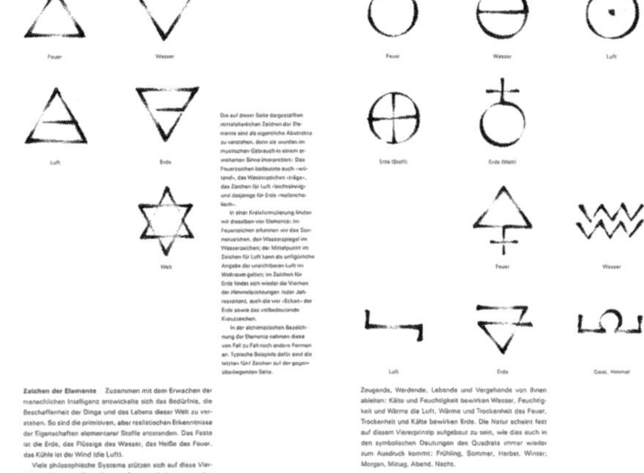

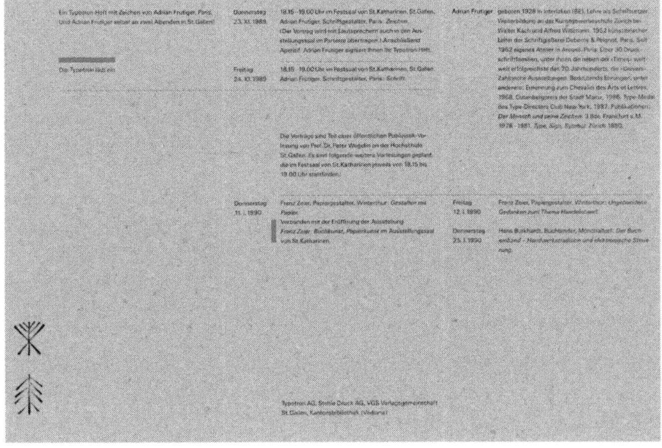

Adrian Frutiger: *Zeichen*. St.Gallen: Typotron, Nr. 7, 1989.
Abb.: Schutzumschlag, vordere Klappe des Schutzumschlags und S. 1 des ersten Bogens, S. 2 des ersten Bogens mit Innentitel, Doppelseiten. Dazu die Einladungskarte zur Vernissage.

Adrian Frutiger: *Zeichen*. St.Gallen: Typotron, no. 7, 1989.
Ill.: jacket, front flap of jacket and p. 1 of first sheet, p. 2 of first sheet and title-page, double-pages. Also invitation to the private view.

Richtigkeit und Heiterkeit
Gedanken zum Buch als Gebrauchsgegenstand von Franz Zeier
Richtigkeit und Heiterkeit
Gedanken zum Buch als Gebrauchsgegenstand von Franz Zeier
Richtigkeit und Heiterkeit
Gedanken zum Buch als Gebrauchsgegenstand von Franz Zeier

Genau und genau

Den Perfektionismus sehe ich als etwas Negatives, er ist eine Krankheit. Der Zwang zum Perfektionismus wird unbezähmbar, wenn er sich selbst zum Ziel nimmt, wenn ihn nicht echte Kreativität beschränkt oder überhaupt überflüssig macht. Kreative Freiheit ist eben nicht Maßlosigkeit, sie trägt das Maß für die Genauigkeit, die sie braucht, in sich. Klar, auch die alten Handwerker arbeiteten genau. Die romanischen und gotischen Dome wären längst eingestürzt, wenn ihre Fundamente nicht genau gelegt, ihre Steine nicht mit unübertrefflicher Zuverlässigkeit behauen und gefügt worden wären. Es gibt Genauigkeit, die nichts mit Perfektionismus zu tun hat. Die beiden unterscheiden sich nicht bloß durch Grade, sondern sind von verschiedener Herkunft und Qualität.

Perfektionismus

Perfektionismus ist Genauigkeit um der Genauigkeit willen: Genauigkeit, die nicht in Beziehung steht zu den Erfordernissen des Gegenstandes.

Aufgewärmtes

Das Schwinden oder Verschwundensein der Tradition ist nicht zu kompensieren mit dem Aufwärmen alter Techniken, wie es etwa mittelalterliche Heftarten und andere Spezialitäten sind.

12

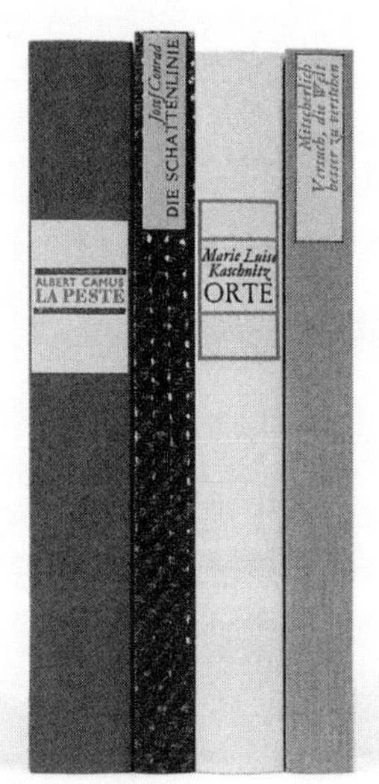

Widerspruch

In unseren Werkstätten versuchen wir, mit Hingabe, Können und Ausdauer etwas Erfreuliches zuwege zu bringen, während draußen zu gleicher Zeit das Unentbehrlichste, Wertvollste, Schönste in unvorstellbarem Maßstab frech und mutwillig für immer zerstört wird. Wie verschwindend klein ist die Wirkung unserer eigenen Bemühungen im Vergleich mit der Macht jenes Nihilismus, die täglich noch zunimmt. Unterschlagen wir uns selbst diesen Zustand nicht?

Jedenfalls scheint mir, daß die Zeit des selbstvergessenen und genüßlichen Ausmalens von Büchern und Einbänden, auch deren Sammeln, endgültig vorbei ist.

Nicht trennen

Die Arbeit nicht in einen planenden und einen ausführenden Teil zerspalten. Nicht in einen Teil, in dem man nur routinemäßig handwerklich arbeitet und einen anderen, den sogenannten kreativen Teil. Jede Arbeit am Buch ist kreativ, auch das Heften mit Nadel und Faden. Beim Heften lerne ich meinen Buchblock kennen, sehe ihn entstehen, empfinde seine Flexibilität, seine Maßverhältnisse, sein Gewicht, seine Färbung usw., was nötig ist, um den nächsten Arbeitsgang zu verstehen und gut auszuführen. Alles hat Teil am Charakter, den der Einband zuletzt zeigen wird.

Ich zweifle deshalb daran, ob es richtig sei, daß mehrere an einer Arbeit beteiligt sind, also daß einer heftet, ein anderer die Kapitale anbringt, ein dritter den Goldschnitt macht, ein vierter den Entwurf für das Décor und der letzte dessen Ausführung, wie es in der ‹reliure d'art› in Paris praktiziert wurde und noch wird. Was bis 1800 selbstverständlich und zweckmäßig war, konnte es in einer Zeit nicht mehr sein, in welcher der extremste Individualismus an die Stelle eines alle verbindenden Zeit- und Stilgefühls trat.

Sammeln und vergessen

Man möchte im Beruf immer zugleich mehr Erfahrung haben und mehr Unbefangenheit gegenüber den Problemen, die sich stellen. Beides zugleich ist anzustreben: Ersteres ist ein bewußtes Sammeln, das zweite ein Vergessen. Gut ist der daran, der die Unbefangenheit gar nie verlor.

Zurückgewonnen

Es ist immer schwierig, die Direktheit, Gelöstheit, die ein Entwurf an sich hat (z.B. für ein Rückenschild), in die Ausführung hinüberzuretten. Wenn man beide nebeneinanderhält, kommt die Frage, ob man sich nun für das Ausgeglichenere, Definitive entscheiden soll oder für das Unfertige, aber Lebendigere. Mit zunehmender Erfahrung sollten sich die beiden Dinge vereinen lassen: Man arbeitet auf eine brauchbare Lösung hin, und die Trennung in Entwurfs- und Ausführungsarbeit fällt dahin. Damit wäre auch ein Stück handwerklicher Freiheit zurückgewonnen.

Jonglieren

Das Spielerische ist im handwerklichen Prozeß mehr oder weniger immer dabei. Das Spielerische heißt hier nicht Allotria, es ist ein lockeres Vergleichen und Vertauschen, ein Erproben verschiedener Möglichkeiten, eine Art bewußt-unbewußtes Jonglieren mit wirklichen oder eingebildeten Elementen. Ganz sicher aber ist es nicht das Arrangieren absurder Einfälle, wieviele Leser oder Sammler auch bereit sein mögen, jede Verkehrtheit für einen Geniestreich zu halten.

26

27

Franz Zeier: *Richtigkeit und Heiterkeit.* St.Gallen: Typotron, Nr. 8, 1990, [2]1993. Abb.: Vorderseite sowie Vorder- und Rückseite des Schutzumschlags, Klappe des Schutzumschlags mit S. 1 des ersten Bogens, S. 2 des ersten Bogens mit Innentitel, Doppelseiten.

Franz Zeier: *Richtigkeit und Heiterkeit.* St.Gallen: Typotron, no. 8, 1990, [2]1993. Ill.: front and back of jacket, front flap of jacket and p. 1 of first sheet, p. 2 of first sheet and title-page, double-pages.

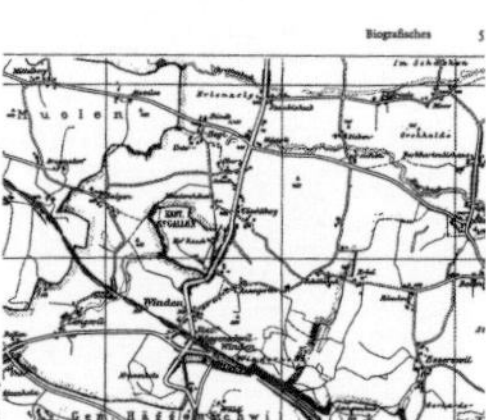

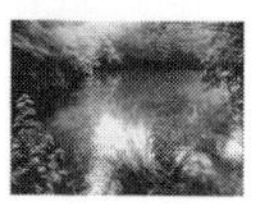

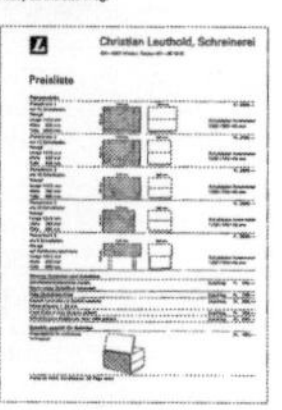

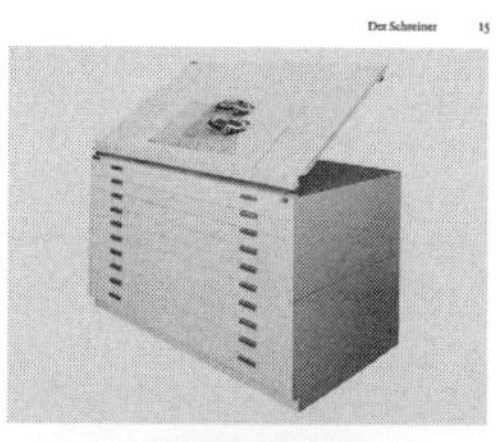

Jost Hochuli: *Christian Leuthold, Schreiner und Möbelentwerfer.* St.Gallen: Typotron, Nr. 9, 1991. Abb.: Doppelseiten.

Jost Hochuli: *Christian Leuthold, Schreiner und Möbelentwerfer.* St.Gallen: Typotron, no. 9, 1991. Ill.: double-pages.

22 Der Schreiner

Es gibt eine Schrift, für die Christian und ich eine gemeinsame Liebe hegen und die ihn zum Meister machte, sprachlos, buchstabenlos und doch unendlich beredt: das Holz. Der mehrtausendjährige, schwarze Eichenstrunk aus dem Moor des Hegibachs, dessen Stücke er ehrfürchtig rahmte; die tausendjährigen hochragenden Stämme in den westlichen Regenwäldern Kanadas, deren gefallene mächtige Leiber in den unberührten Forsten fünfhundert Jahre modern, bis sie wieder zu Erde werden und in dieser Zeit der neuen Generation von Giganten Licht und Nährgrund bescheren; die Tropenhölzer, die wir heute als ‹edel› bezeichnen und deren Stunde deshalb bald wird geschlagen haben; die harten Laubbäume unserer Gegend, deren Strukturen Generationen von kunstvollen Möbelschreinern das Streben nach Meisterschaft lehrten: Sie alle sprechen zu uns, weil sie still wachsend mit ihren Jahrringen das Tagebuch der Welt führten und führen. Wer wollte schon in seinem Schlafzimmer sein Herz an einen tausendjährigen Eisenschrank oder eine ebenso alte Plastikkommode hängen, vorausgesetzt, es gäbe diese? Nur was langsam wächst, findet die Sprache des Herzens, welche Stürme und Unheil und Wandel der Zeit überdauert; nur was Wurzeln hat, kann langsam in der Stille wachsen.

*Robert Schläpfer*

**Einen Bogen Papier habe ich jeweils mitgenommen zu den Kunden und einen Bleistift, keine Mappe voller Prospekte. Die Einfacheren sagten: ‹Häsch kei Foti! I wett's halt gsee.› Die Reicheren und Anspruchsvollen hingegen schätzten meine Zeichnungen.**

Der Schreiner 23

Stehpult und Mappenständer, zwei praktische, funktionell richtige, stabil gearbeitete Möbel. ‹Das Stehpult aus Großvaters Kontor in neuer, zeitgemäßer Form. Ein Liebhabermöbel für Wohnraum, Studierzimmer und Atelier, in Nußbaumholz ausgeführt. Kubisches Pultelement mit Klappdeckel und Schubladenfach.› So der Prospekt. Das Stehpult aber hat, nachdem ein Prototyp als Auftragsarbeit entwickelt worden war, nur einen Liebhaber gefunden: den Grafiker, der den Prospekt entwarf …

24 Der Schreiner

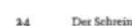

**‹Kannst du das nicht machen?› hieß es immer wieder. Über viele Möbel habe ich lange nachgedacht und sie durch Anregungen aus der Praxis entwickelt: Grafikschränke, Vitrinen und Ausstellungselemente, Mappenständer, Wechselrahmen und rahmenlose Bilderträger.**

**Das Z-Regal: Es war ein Lieblingskind meiner Werkstatt. Es war ein Sorgenkind. Das Ding, zu einfach, zu funktionell! Es ließ sich nicht verkaufen wie erwartet. Zur Ehre meiner Familie sei es gesagt: Alle lieben es.**

Der Schreiner 25

Tisch und Bänke, in den sechziger Jahren als Sitzecke für den Stand der Schweizer Gerbereien an der Semaine de Cuir in Paris entworfen und ausgeführt.

Das sogenannte Z-Regal, in neun verschiedenen Ausführungen angeboten, ein elegantes, praktisches Möbel und durchaus nicht teuer. Warum wohl hat es sich so schlecht verkauft?

26 Der Schreiner

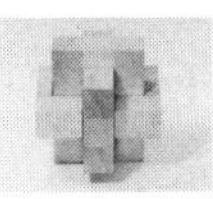

Brettspiele, Rätschen – auf unserem Bild spielt Christian auf einer solchen – und schöne Holzkonstruktionen; Christian macht es Freude, diese Dinge auszutüfteln und anzufertigen, und er weiß: seine Freunde freuen sich mit ihm. Manchmal sind die Konstruktionen – z. B. die am Anfang und am Schluß dieses Heftes abgebildeten – so vertrackt, daß sie, sind sie einmal in ihre Bestandteile zerlegt, nur einer wieder zusammenzusetzen versteht: der, der sie gemacht hat.

Der Schreiner 27

## Der Freund

Wir wohnen neben dem Spelteriniplatz, wo zweimal im Jahr der Jahrmarkt aufgestellt wird.

Stimmengewirr und Musik dringen durchs Fenster; allerhand Düfte auch: von Marroni, Bratwurst, Chääs- und Öpfelchüechli.

Ein Strom von Menschen schiebt sich durch die Standstraße. Ein Ballon fliegt in die Luft. Ein kleines Mädchen hebt die Ärmchen in die Höhe und weint.

Trotz des Lärms höre ich die Wohnungsglocke. Ich öffne die Tür. Draußen steht Chrigel – sein Gesicht weiß wie ein Leintuch. ‹Chani e chli abligge!› Wir führen ihn ins Nebenzimmer, wo er sich auf der Couch ausstreckt.

‹Wa isch denn passiert?›

‹I bi mit de Junge n uf die verruckt Bahn g'gange, die, wo z'letscht vertikaal omesaust, mittem Grend abwärts. Es isch mr e chli schlächt woorde.›

Er hat sich dann bald erholt. Wir saßen noch zusammen bei einem Gläschen Wein, und es war gemütlich – wie immer.

*Fredi Kobel*

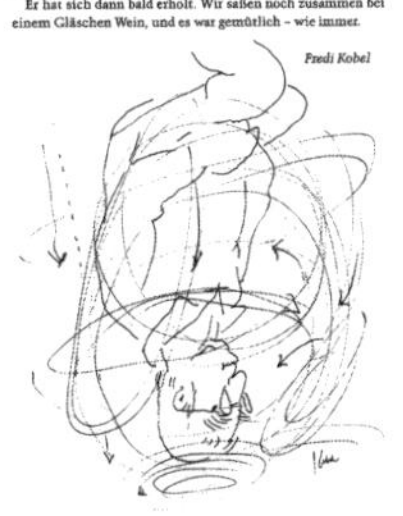

Der Freund 29

An einem schönen Samstagmorgen wollte mir Neni das Lehrerseminar in Kreuzlingen zeigen. Vor dem Eingang frage ich ihn, ob er uns angemeldet habe. ‹Nein, warum auch! Ich kenne den Rektor!›

Neni läutet und legt sein ‹gutes› Ohr an die Gegensprechanlage. Lange Pause. Er läutet noch einmal. Beim dritten Mal erst sagt eine weibliche Stimme. ‹Hallo, wer ist da?› ‹Leuthold.› ‹Ja, was wollen Sie?› ‹Ich habe einen Engländer da.› ‹Und ich bin am Haarewaschen.› ‹Das macht nichts, ich möchte ihm nur einige Kunstwerke zeigen. Ist der Rektor zu Hause? Sagen Sie ihm, der Leuthold sei da mit einem Engländer, und dann können Sie Ihre Haare weiter waschen. Es geht mir nur um …› Er redet und redet.

Derweil steht die Frau schon eine ganze Weile neben Neni, der mit seinem ‹guten› Ohr immer noch an der Anlage klebt. Sie spricht mit ihm, aber er hört nichts, da er selbst am Reden ist. Sie klopft ihm auf die Schulter. Neni erhebt sich, schaut die Frau ruhig an und meint: ‹Ich spreche schon lange mit Ihnen; warum antworten Sie nicht? Hören Sie etwa nicht gut?›

*Larry Peters*

## Der Sammler

Über Jahre hinweg hat Christian Leuthold gesammelt: Malereien, Plastiken, vor allem grafische Blätter, von regional wie von international bekannten Künstlerinnen und Künstlern. Einziges Kriterium: Er mußte sich angesprochen fühlen. Wie weitgespannt seine Interessen sind, zeigt eine Liste der Künstler, von denen er Arbeiten besitzt.

Horst Antes
Hans Arp
Jean Baier
Ueli Bänziger
Charles Barraud
Bernd Berner
Joseph Beuys
Max Bill
Hans Rudolf Bosshard
Serge Brignoni
Jürgen Brodwolf
Walter Burger
Antonio Calderara
Gianfredo Camesi
Guglielmo Capogrossi
Lynn Chadwick
Eduardo Chillida
Javacheff Christo
Herbert Distel
Otto Dix
Piero Dorazio
Angel Duarte
Franz Eggenschwiler
Hans Erni
Leopold Fetz
Lucio Fontana
Walter Fröhlich
Sam Francis
Richard Prühtrunk
Charlotte Fülscher
Ferdinand Gehr
Albert Gerster
Hans-Ruedi Giger
Ruppzecht Geiger
Wilhelm Gimmi
Diogo Graf
Hans Hartung
Rolf Hauenstein
Christoph Haurt
Walter Helbig
Ferdinand Hodler
Alfred Hofkunst
Werner Hofmann
Emil Hungerbühler
Max Hunziker
Rolf Iseli
Asger Jorn
Peter Kaeser
Théo Kerg
Lenz Klotz
Fredi Kobel
Nicholas Krushenik
François Lafranca
Köbi Lämmler
Walter Leblanc
Fernand Léger
Bernhard Luginbühl
Jean Lurçat
Urs Lüthi
Alberto Magnelli
Christian Megert
Joan Miró
Fernand Monnier
Robert Motherwell
Josef Felix Müller
Willi Müller-Brittnau
Rudolf Mumprecht
Otto Nebel
Alicia Penalba
Larry Peters
Serge Poliakoff
Slavoljerb Radojcic
Markus Raetz
Albert Rouiller
Albert Saner
Giuseppe Santomaso
Jacques Schedler
Adrian Schiesser
Bruno Schippl
Hugo Schuhmacher
Hans Schweizer
Roman Signer
Kimber Smith
Klaus Spahni
Peter Stein
Hanns Studer
Kumi Sugai
Antoni Tàpies
Mark Tobey
Günter Uecker
Willy Weber
Roland Werro
Therese Widler
Günter Wizemann
Kurt Wolf
Ossip Zadkine
Emil Zbinden

**Ich habe viele Bilder geschenkt bekommen, auch als ‹Zahlung› für meine Möbel. Schon während meiner Berner Lehrzeit war ich oft in Galerien, bei Toni Gerber, bei Kornfeld und Klipstein.**

**Ich bin mit vielen Künstlern zusammengekommen. Hans Arp habe ich noch kennengelernt. Zweimal hat Hans Hartung bei uns an seinen Holzschnitten gearbeitet: mit dem Beil, der Hacke, mit allem möglichen.**

Der Sammler 33

Nenis liebstes Bild: eine dreifarbige Aquatinta von Joan Miró. Sie hängt im Schlafzimmer, neben dem Kopfende seines Bettes.

34 Der Sammler

Neben Malereien, Plastiken und Grafiken sammelt Christian auch: Ginkgo- und andere Blätter, Versteinerungen, Mineralien, Holz- und rostige Metallstücke und vieles mehr, was ihn von der Form, von der Farbe her anzusprechen vermag. In die dazu passenden Rahmen gefaßt, werden die Dinge mit einemmal kostbar wie ‹richtige› Kunst. Manchmal verschenkt er Rähmchen an Freunde und läßt sie von diesen füllen.

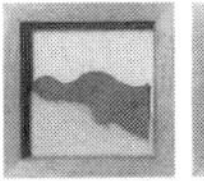

Von links oben nach rechts unten: Glasscherben von Peter Kaeser; Segeltuch, bemalt, von Larry Peters; Karton und Sand aus White Sands, New Mexico, von Ernst Heeb – Erinnerung an eine gemeinsame Amerika-Reise. Das Ginkgoblatt ist ein Geschenk von Christian an Trudi. Im letzten Rähmchen liegt ein Teil eines Föhrenzapfens aus Neuseeland.

Der Sammler 35

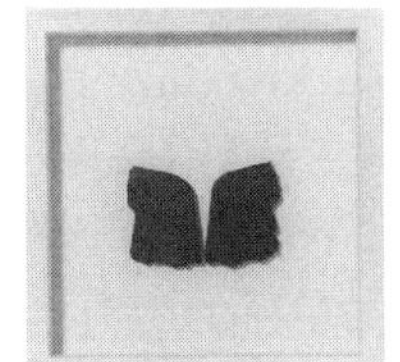

Stücke einer Mooreiche, 5–6000 Jahre alt, gefunden im Wilerbach. Christian hat einige der schwarzen Holzstücke gerettet, zu Hause in flache Täfelchen aufgeschnitten, je zwei zu axialsymmetrischen Kompositionen zusammengefügt und in weiß gestrichene, 5 cm tiefe Rahmen gefaßt.

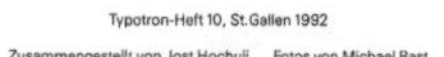

Typotron-Heft 10, St.Gallen 1992

Zusammengestellt von Jost Hochuli    Fotos von Michael Rast

nicht der Ton oberflächlicher Unverbindlichkeit; diese Art von Lässigkeit kann nur entstehen, wo intensiv gearbeitet wird. Leistung wird hier nicht verteufelt, Leistung ist hier gefordert. Aber es ist nicht die verbissen erreichte, es ist die mit Freude gegebene Leistung von Menschen in einem Betrieb, der nicht patriarchalisch pyramidal, sondern vernetzt orientiert und organisiert ist. Der Erfolg, den das vor 88 Jahren in der Blütezeit der st.gallischen Stickereiindustrie gegründete Unternehmen in den letzten 20, 30 Jahren hat, scheint nur eine logische Folge dieser Art Haltung und Arbeit zu sein: Die Firma gehört mit ihren Produkten weltweit zu den besten, ihre Stickereien, Pailletten und Applikationen werden von allen großen Namen der Haute Couture verlangt. Vor einigen Jahren hat sich das Unternehmen in Coldrerio, im südlichsten Tessin, eine Arbeits-, Begegnungs- und Weiterbildungsstätte geschaffen, das Centro Tognano. Der große lombardische Bauernhof aus dem 16. Jahrhundert wurde mit Geschmack umgebaut und den neuen Bedürfnissen angepaßt. Hier arbeiten die Entwerfer, in der Regel jeden Monat während einer Woche; hier finden die Mitarbeiterschulungen statt. Lehrlernen werden diese Schulungen genannt: lehrend lernen, lernend lehren. Die Firma geht seit einigen Jahren schrittweise und nach einem klugen Plan an die Mitarbeiter über. Auch das eine Vision. Möge sie sich erfüllen. J.H.

Modeschau

Gold-und-Silberlamé-Stickerei auf Seidentulle (Jean-Louis Scherrer) · Reicher Bijoux- und Perlenglanz auf Dentelle (Christian Lacroix) · Die Braut in besticktem Duchesse; zu beiden Seiten Roben aus applizierten Seidenblumen (Emanuel Ungaro)

40·41

Jost Hochuli: *Freude an schöpferischer Arbeit.* St.Gallen: Typotron, Nr. 10, 1992. Abb.: S. 2 des ersten Bogens mit S. 1 des Inhalts, Doppelseiten.

Das Heft ist ein Versuch, die Atmosphäre dieser einmaligen und weltweit als ganz besonders kreativ und exklusiv bekannten Stickereifirma wiederzugeben.

Der Raster entspricht demjenigen auf den Entwurfspapieren der Stickerei-Entwerfer, einem halben französischen Zoll. Die unbeschnittenen, im Verhältnis 2:3 reproduzierten Fotos liegen auf diesem Raster, was überraschende Konstellationen ergibt. Der gleiche Raster ist auch als silbernes Gitter auf den Umschlag gedruckt; über ihm liegt als transparente Folie der Schutzumschlag, der mit einer durchbrochenen Stickerei bedruckt ist (s. S. 105).

Dazu Einladungskarten zur Vernissage. Jede Karte war ein Original: die aufgeklebten Muster zeigten von verschiedensten Stickereien immer wieder andere Ausschnitte.

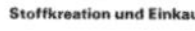

Am Anfang der Arbeit an den Saisonkollektionen stehen die Auswahl der Grundstoffe und die Farbgebung derselben · Begutachtung und Auswahl der Webproben, die die Lieferanten vorlegen

4 · 5

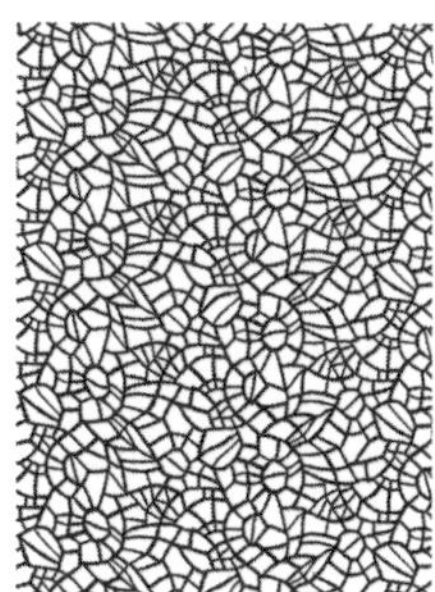

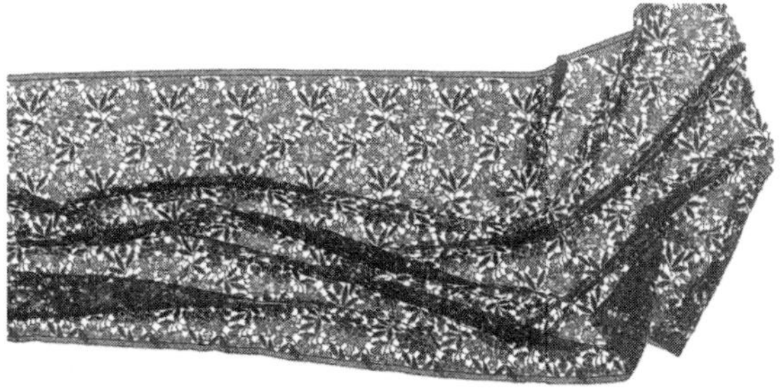

Jost Hochuli: *Freude an schöpferischer Arbeit*. St.Gallen: Typotron, no. 10, 1992. Ill.: p. 2 of first sheet and p. 1 of contents, double-pages.

The booklet is an attempt to convey the atmosphere of this unique embroidery firm, acknowledged worldwide as particularly creative and exclusive.

The grid reflects that on the design paper of embroidery designers: half a French inch. The uncropped photographs, reproduced in the proportion of 2:3, are placed on this grid, which results in surprising constellations. The same grid is also printed as a silver lattice on the cover; over it lies the transparent foil of the jacket, printed with an open-work piece of embroidery (cf. 105).

Also invitations to the private view. Each invitation was an original: the patterns stuck on are all different sections of different pieces of embroidery.

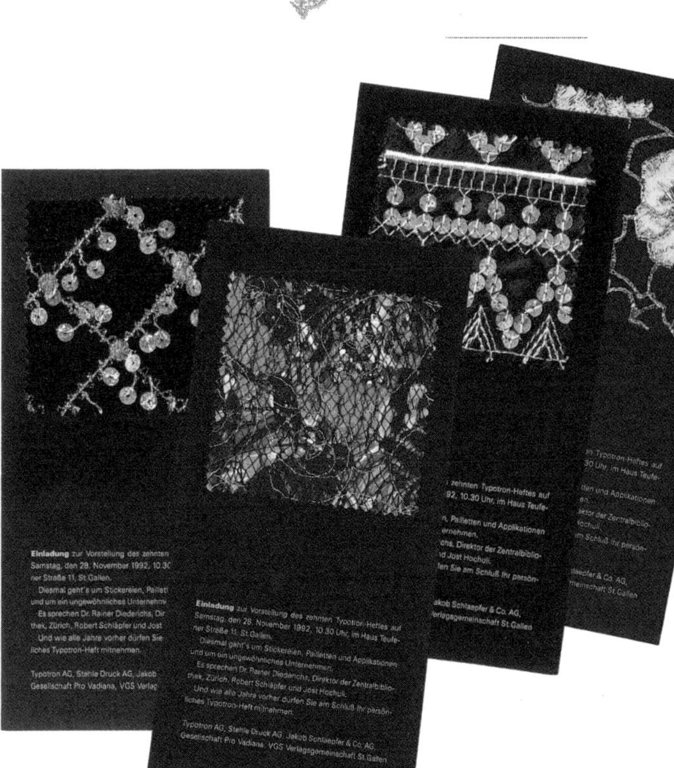

**E**

A B C D E A B C D E
F G H IJ K F G H IJ K
L M N O P L M N O P
**A B C D E**
Q R S T U Q R S T U
**F G H IJ K**
V W X Y Z V W X Y Z
**L M N O P**
A B C D E A B C D E
**Q R S T U**
F G H IJ K F G H IJ K
**V W X Y Z**
L M N O P L M N O P
Q R S T U Q R S T U
V W X Y Z V W X Y Z

**F**

A B C D E
F G H IJ K
L M N O P
Q R S T U
V W X Y Z

Adrian Frutiger 1928
Serifa 45 light
Serifa 75 black
Bauer (Neufville) 1967

Zur Bestimmung eines [Schrift-] Stils steht die Geometrie der Rundung im Vordergrund. Die Serifa ist nicht auf dem Zirkelkreis aufgebaut; sie ist leich oval und nur wenig eckig.

Adrian Frutiger

**Jost Hochuli: *Freude an Schriften / Joy in Type.* St.Gallen: Typotron, Nr. 11, 1993. Abb.: Schutzumschlag, Doppelseiten.**

Jost Hochuli: *Freude an Schriften / Joy in Type.* St.Gallen: Typotron, no. 11, 1993. Ill.: dust jacket, double-pages.

M

A
B C
D E F
A B C D E
G H IJ K
F G H IJ K
L M L M N O P O P
Q R S T U
Q R S T
V W X Y Z
U V W
X Y
Z

N

A
B C
D E F
G H IJ K
L M N O P
Q R S T
U V W
X Y
Z

Stanley Morison
1889–1967
Times New Roman
Times New Roman bold
Monotype 1932

The idea of designing a face to correspond with the specific needs of the newspaper was first thrown up in 1929 by work done in connection with the Printing Number of *The Times*, published on 29 October 1929. In 1930 experiments were made with the existing faces thought most suitable, Baskerville, Plantin, Imprint, Ionic and others. A special size of Perpetua was cut and a page of *The Times* composed in it. Finally, it was decided to put in hand a new design to be excogitated by Morison, who had entered into relationship with Printing House Square early in 1929. He pencilled the original set of drawings and handed them to Victor Lardent, a draughtsman in the publicity department of Printing House Square whom he considered capable of producing an unusually firm and lean line. Lardent made a first-class set of finished drawings of the capitals and lower case out of the pencilled patterns given him.

Stanley Morison

O

P

A B C D E
AZ YB CX WD EV
F G H IJ K
UF GT SH IJR QK
L LP M OM NN MO O PL P
KQ RIJ HS TG FU
Q R S T U
VE DW XC BY ZA
V W X Y Z

Ich hab eine braune Manchesterhose, und mit der hab ich endgültig alles Künstlermäßige abgelegt und bin ein Arbeiter und steh am Schraubstock und recke die Arme vor Glück und Wonne • Ich schwimme wieder schön in meiner Arbeit vom Morgen zum Abend, und in den Nächten träume ich davon.
Rudolf Koch

Rudolf Koch 1876–1934
Kabel book
Kabel ultra
Klingspor 1927–1929, ITC 1976

**RUDOLF KOCH**

Elisabeth Keller-Schweizer **Roman Signer** **Nicht** ausgeführte Projekte für den öffentlichen Raum

| Jahr | 1978 |
|---|---|
| Ort | Winterthur, Stadttheater |
| Veranstalter | Stadt Winterthur |
| Wettbewerb | Eingeladener Wettbewerb zur künstlerischen Gestaltung des Platzes vor dem Stadttheater |
| Projekt | **Wasserleiter** |
| Preis | – |

Beschreibung

Die Leiter soll mit ihrer Durchsichtigkeit einen Gegensatz zum Gebäude bilden. Sie soll auch mit den in Wirklichkeit nicht begehbaren Sprossen einen Hinweis auf das Geschehen im Innern des Theaters geben. Sie soll am Tage und in der Nacht als gut sichtbares Zeichen wirken.

Zwei sich gegenüberliegende Rohre stehen in einem Wasserbassin und sind auf einer Grundplatte angeschweißt. An den senkrechten Rohren sind waagrechte Rohrstutzen angebracht. In einem der senkrechten Rohre führen Druckschläuche zu jedem der Rohrstutzen, in denen sich die Wasseraustrittsdüsen befinden. Die austretenden Wasserstrahlen werden von den gegenüberliegenden Rohröffnungen aufgefangen und fallen im Rohr nach unten. Diese horizontalen Wasserstrahlen bilden die Sprossen der Leiter.

Das Wasser wird der Druckleitung der Wasserversorgung entnommen. Reduzierventile in den Zuflußleitungen zu den Düsen sorgen für gleichen Druck auf den verschiedenen Höhen.

Bei jedem Wasseraustritt ist eine Lampe im Rohrstutzen angebracht, die den austretenden Wasserstrahl ringförmig umschließt. Das austretende Licht folgt dem Wasserstrahl, die Leiter ist auch in der Nacht gut sichtbar. Das Wasserbassin soll gegenüber der Terrasse leicht erhöht werden, um darunter Platz für den Hohlraum zu schaffen, in dem die nötigen Anschlüsse Wasser, Elektrizität, installiert werden können.

Höhe der Leiter 9 m,
Sprossen alle 100 cm,
Abstand der Rohre 115 cm,
Durchmesser der senkrechten Rohre aus Edelstahl 15 cm.
Diese Rohre werden aus zwei verschraubbaren Hälften gefügt sein, um Montage und Revision leicht zu ermöglichen. Bassin aus Beton ca. 5,2/5,2 m (8 Plattenreihen)

*Modell, Privatbesitz. Konstruktionszeichnung, Besitz Roman Signer.*

LEITER

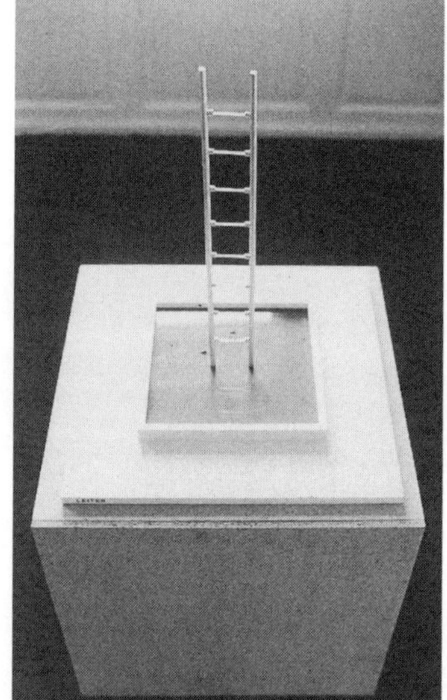

10 11

| Jahr | 1981 |
|---|---|
| Ort | Buchs SG, Interstaatliche Ingenieurschule |
| Veranstalter | Kantone St.Gallen und Graubünden, Fürstentum Liechtenstein |
| Wettbewerb | Engerer Projektwettbewerb für die künstlerische Gestaltung des Eingangsbereiches des großen Hörsaales |
| Projekt | **Windfahnen** |
| Preis | – |

Beschreibung

Mit den im Modell 1:10 und auf dem Plan im Maßstab 1:50 sichtbaren Windfahnen möchte ich im Innern des Gebäudes die natürlichen Windströmungen sichtbar machen.

Diese fünf Windfahnen an der Decke sind in einer Linie über dem Vorplatz zum Hörsaal angeordnet.

Die Konstruktion soll sich leicht im Winde bewegen. Deshalb sollen sich die Stangen der Fahnen auf Kugellagern drehen. Die Stangen aus Metall werden durch nicht wärmeleitende Kunststoffteile unterbrochen (Kältebrücke).

Die Rohrdurchbrüche durch die mit Sarnafil ausgeführte Dachhaut sind nach Angaben der Herstellerfirma leicht abzudichten.

Materialien: Konstruktion der Fahnen aus Aluminium, bemalt.

*Foto des Modells, Privatbesitz. Konstruktionszeichnung, Interstaatliche Ingenieurschule Buchs.*

16 17

**Elisabeth Keller-Schweizer: *Roman Signer. Nicht ausgeführte Projekte für den öffentlichen Raum.* St.Gallen: Typotron, Nr. 12, 1994. Abb.: Doppelseite mit Innentitel, weitere Doppelseiten, eine davon mit ausfaltbarem Blatt.**

Elisabeth Keller-Schweizer: *Roman Signer. Nicht ausgeführte Projekte für den öffentlichen Raum.* St.Gallen: Typotron, no. 12, 1994. Ill.: double-page with title, other double-pages, one with fold-out.

**S. 132/133: Jost Hochuli: *Josy Schildknecht, Marktfahrer.* St.Gallen: Typotron, Nr. 13, 1995. Abb.: Doppelseite mit Innentitel, weitere Doppelseiten.**

Pp. 132/133: Jost Hochuli: *Josy Schildknecht, Marktfahrer.* St.Gallen: Typotron, no. 13, 1995. Ill.: double-page with title, other double-pages.

| Jahr | 1983 |
| --- | --- |
| Ort | St.Gallen, Spisermarkt |
| Veranstalter | Spisermarkt AG |
| Wettbewerb | Engerer Projektwettbewerb für die künstlerische Gestaltung der öffentlich zugänglichen Räume des Spisermarktes |
| Projekt | **Tisch** |
| Preis | 1. Preis, von der Jury zur Ausführung empfohlen |

Beschreibung

Als ‹Standort› meines Projektvorschlages habe ich das Oblicht im Innenhof West gewählt. In dem nach oben offenen, im Untergeschoß durch Glasscheiben abgetrennten Raum steht ein Tisch aus Eisen.

Von unten her kann durch ein Loch im Boden ein starker Wasserstrahl herausschießen und den Tisch in die Höhe tragen. Von oben gesehen, erscheint das unter dem Tisch seitlich wegspritzende Wasser wie eine Decke aus Wasser. Nach einer gewissen Zeit des ‹Schwebens› senkt sich der Tisch wieder langsam. Das Wasser läuft durch eine Abflußöffnung in einen Wasserbehälter zurück.

Ich habe in dem Raum, der durch das Oblicht eingenommen wird, die Möglichkeit gesehen, ein Projekt vorzuschlagen, welches sich aus früheren Arbeiten entwickelt hat.

Das ‹Schweben›, die Schwerelosigkeit von Objekten durch die Einwirkung von Kräften, vor allem der Kraft des Wassers, beschäftigt mich seit längerer Zeit.

Ein typisches Beispiel ist die schwebende Platte auf einem Wasserstrahl. Der Tisch, der durch eine Explosion in die Luft geschleudert wurde, hat ebenso eine Beziehung zum nun vorgeschlagenen Projekt.

Konstruktion aus Eisen. Stangen aus Chromstahl. Fensterflächen aus dickem Glas oder Plexiglas. Betonschacht als Wasserbehälter mit starker Unterwasserpumpe.

Steuerung (elektr. Schieber, der die Wasserleitung langsam öffnen und schließen kann).

Es wird stets dasselbe Wasser in geschlossenem Kreislauf verwendet. Einfallender Regen fließt auch in den Wasserbehälter.

Es braucht deshalb im Wasserbehälter eine Vorrichtung, die für einen gleichbleibenden Wasserspiegel sorgt sowie einen Ablauf zur vollständigen Entleerung in die Kanalisation.

*Modell, Besitz Roman Signer. Planskizze, Besitz Architekturbüro Gebr. Senn.*

20 21

| Jahr | 1991 |
| --- | --- |
| Ort | Lustenau (A)/Widnau (CH), Werkhof |
| Veranstalter | Internationale Rheinregulierung St.Gallen/Lustenau |
| Wettbewerb | Direktauftrag |
| Projekt | **Wasserobjekt** |
| Preis | – |

Beschreibung

Das hier beschriebene Projekt soll auf dem Werkhof der Internationalen Rheinregulierung in Österreich entstehen.

Eine provisorische Leitung soll vom Rhein Wasser bis zum Objekt auf dem Werkhof führen. Dort sollen vier Stahlrohre von ca. 6 m Höhe senkrecht montiert werden. Oben sind Wassereimer mit der Öffnung nach unten angebracht. Das Wasser, das mit Druck oben ausströmt, kann die Eimer heben und wieder zurückfallen lassen. Das geschieht nicht mit allen Eimern gleichzeitig, auch nicht nacheinander, sondern zufällig.

Das niederfallende Wasser wird aufgefangen und weggeleitet.

Rohre, Stahl, verzinkt, Höhe ca. 6 m, Ø 6 cm, auf Betonfundamenten; provisorische Leitung (Feuerwehrschlauch), Unterwasserpumpe (im Rhein); elektronische Zuleitung; Wassereimer Blech verzinkt, Größe 15 l.

*Zeichnung, Besitz Roman Signer.*

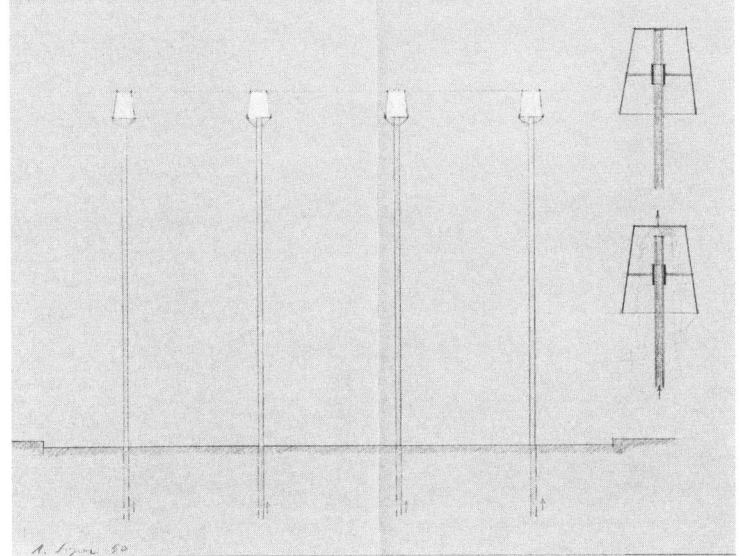

28 29

| Jahr | 1992 |
| --- | --- |
| Ort | München, Europäisches Patentamt, Hof 1 |
| Veranstalter | Europäisches Patentamt |
| Wettbewerb | Engerer Projektwettbewerb zur Erlangung von Entwürfen für die künstlerische Gestaltung des Hofes 1 des Europäischen Patentamtes |
| Projekt | **Faßlager** |
| Preis | – |

Beschreibung

Ein Feld aus Fässern: 7 x 7 = 49 Fässer; die Fässer aus Blech, 200 l Inhalt, oben offen, verzinkt und dunkelblau gestrichen. Eine Bodenplatte aus verzinktem Stahl, eben mit den Zementplatten des Hofes. Auf der Platte stehen die Fässer mit der Öffnung nach unten auf in der Stahlplatte ausgeschnittenen Löchern. Die Fässer sind auf Haltern aufgelegt und angeschraubt (auswechselbar). Von unten kommt ein dünner Wasserstrahl in jedes Faß.

Die Fässer beginnen zu klingen und zu summen (nicht zu dröhnen, wie man vermuten würde, sondern zu klingen, was Versuche, die ich gemacht habe, beweisen). Das Wasser fällt zurück in einen Hohlraum unter der Stahlplatte. In diesem Hohlraum befinden sich die Wasserleitungen und die Düsen sowie eine Unterwasserpumpe, die das Wasser mit Druck wieder hochbringt.

Die Anlage soll durch eine Drosselklappe reguliert und in der Stärke des Tones dem Hof angepaßt werden können.

*Zeichnungen, Besitz Roman Signer.*

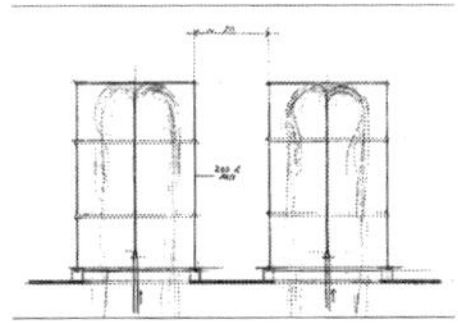

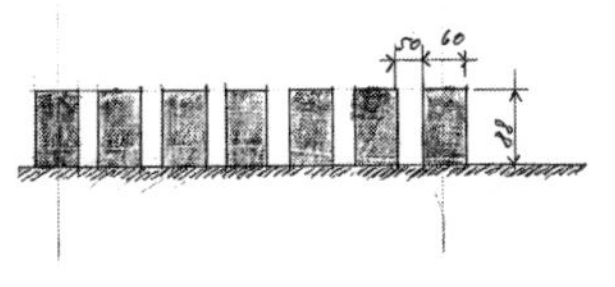

30 31

Josy Schildknecht, Marktfahrer

Zusammenstellung und Texte Jost Hochuli

Fotos Franziska Messner-Rast und Michael Rast

Typotron-Heft 13

Josef Schildknecht, genannt Josy, geboren am 6. Juli 1925 in St.Gallen. Bürger von Kirchberg SG. Sohn des Alois Schildknecht und der Josefine, geb. Rütti. Konfession: katholisch.

Aufgewachsen als elftes Kind des Ehepaares Schildknecht-Rütti an der Singenbergstraße 12. Im ganzen sind es sechzehn Kinder – fünf Schwestern und sieben Brüder sowie drei Halbschwestern und ein Halbbruder aus der ersten Ehe des Vaters.

Dieser betreibt eine kleine Handbuchbinderei. Da er damit die große Familie nicht zu ernähren vermag, gibt er den Beruf auf und führt danach ein Desinfektionsgeschäft. Überdies ist er bis zu seinem Tode Vorbeter in der Kathedrale.

Josef besucht die erste bis dritte Primarschulklasse im (längst abgerissenen) Graben-Schulhaus, die vierte bis achte Klasse im Schulhaus am Klosterplatz (das noch steht, wo aber schon lange keine Primarschüler mehr ein- und ausgehen).

In der vierten Klasse bekommt er seinen Ruf- und Übernamen: Josy. (Ein i am Ende des Namens täte es zwar auch; aber mit dem y läßt sich die rassigere Unterschrift schreiben – und außerdem ist ein y vornehmer.) Zu dieser Zeit, als Zehnjähriger, beginnt er auf dem Markt mitzuarbeiten: hilft am Mittwoch- und Samstagmorgen ab fünf Uhr dem Gemüsehändler Wohnlich beim Aufstellen des Standes und wird an den beiden schulfreien Nachmittagen für allerhand Hilfsarbeiten und Botengänge gebraucht. Nach Abschluß der obligatorischen Schulzeit tritt er in die Obst- und Gemüsehandlung von Emil Keller ein. Achtzehn Jahre arbeitet er für ihn, im Laden an der Goliathgasse, mittwochs und samstags auf dem Markt. 1957, zweiunddreißig Jahre alt, übernimmt er von Keller die Handlung und den Stand auf dem Markt. Nach fünfzehn Jahren gibt er das Geschäft an der Goliathgasse auf und führt weitere fünfzehn Jahre lang einen Laden im Krontal. Den Marktstand hat er über all die Jahre bis heute behalten.

Obst und Früchte verkauft er. Obst: darunter versteht der Marktfahrer Äpfel und Birnen; Früchte sind Bananen, Orangen, Grapefruits, Zitronen, Melonen, Kirschen, Zwetschgen, Pflaumen. Vom Obst verkauft er ausschließlich gute zweite Qualität. Das hat sich so ergeben; seine Stammkunden wissen es.

Dreimal verheiratet und dreimal geschieden. ‹Jedesmal Weibergeschichten…› Man glaubt's ihm. Keine eigenen Kinder.

Heuer ist Josy siebzig Jahre alt geworden. Noch immer steht er auf dem Markt, jeden Samstag, das ganze Jahr über; am Mittwoch nur noch, wenn es nicht zu kalt und hudlig ist. Ferien? Manchmal einige Tage in Lugano, immer im gleichen Hotel, im ‹Zurigo›.

Und jeden Abend im ‹Anker›, Rorschacher Straße 220, sauber geduscht und frisch gekämmt, im Seidenhemd und mit bunter Krawatte.

10
—
11

Die erste Mannschaft des FC Brühl, Nationalliga B, 1949. Josy in der vorderen Reihe der zweite von links. (Heute nennt sich der Club nicht mehr FC, sondern SC Brühl.)

Eine brenzlige Lage vor dem eigenen Tor! Hansjörg Badola, der Goalie, hat den Ball verpaßt und liegt am Boden, doch Josy klärt die Situation mit einem Kopfstoß.

12
13

‹Tempi passati – aber schön war's! Mit sechzehn bin ich dem FC Brühl beigetreten und habe während vielen Jahren zuerst mit den Junioren und dann in verschiedenen Mannschaften gespielt, von 1949 bis 1954 in der ersten. Viel herumgekommen sind wir; einmal waren wir sogar auf Madeira. Vier Jahr lang war ich Spielertrainer beim FC Herisau und ab 1958 eine zeitlang Sportpräsident des FC Brühl. Heute bin ich Ehrenmitglied dieses Clubs. Die Heimspiele besuche ich regelmäßig.›

‹Hoi, wa hätsch gärn? – Drüü Kilo vo dene Bere? – No föf Frangge. – Wie? Chaalt? Nei i schwitze. – Tangge. Tschau, widergüx!›

‹Sali, wa wötsch? – E Kilo Orange? Chasch ha! – Die Säson hebed d'Orange lang, und sind no guet. – Chonsch hüt zobed au an Mätsch? – Woromm nöd? – I haus. – Zwei Frangge, tangge. – Tschau, widerluege!›

24
25

‹Wa hät die Dame gärn? – Vo dene Chneller? – Joo, die sind saftig. Lueged Si doo, probiered Si! – E Kilo, gärn. – Acht Frangge, tangge beschtens, merci. – Uf Widerluege!›

‹Grüezi mitenand. – No schöni Öpfel wöle? – Zwei Frangge s Kilo. – Bitte schön, gärn. – Tangge villmool, merci. – Uf Widerluege mitenand, schöne Sontig!›

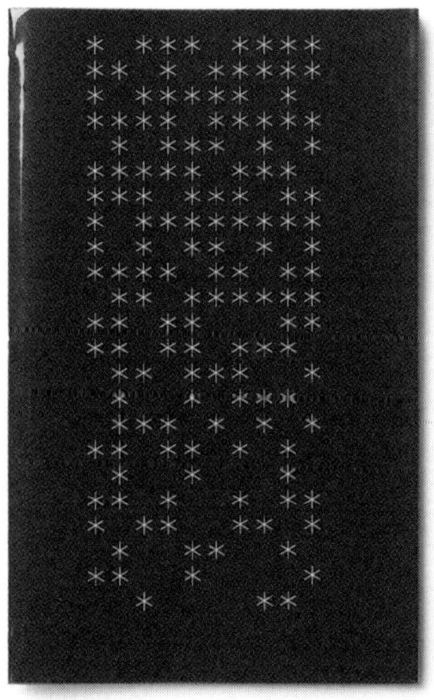

Typotron-Heft 14, Weihnachten 1996

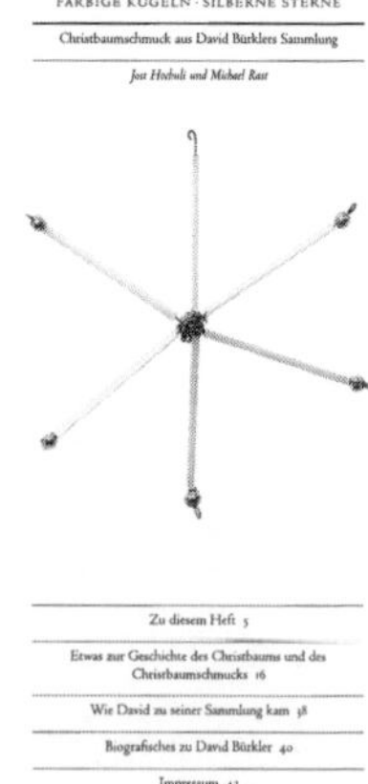

ZU DIESEM HEFT

Als ich 1982 zwischen Weihnachten und Neujahr die Reihe Typotron plante, hatte ich als vierte Veröffentlichung, für das Jahr 1986, ein Heft über David Bürklers Christbaumschmuck vorgesehen. Mag sein, dass die weihnachtliche Zeit mich auf den Gedanken brachte; jedenfalls wusste ich von Föns, dem Antiquar, dass David im Lauf der Jahre eine schöne Sammlung zusammengetragen hatte. Dreißig Jahre früher waren wir uns an der Kunstgewerbeschule begegnet, und ich freute mich, den seither bestehenden losen Kontakt wieder etwas fester knüpfen zu können.

Als David aber 1984 seine Sammlung im Historischen Museum St.Gallen zeigen konnte, änderte ich meine Pläne. Ich wollte nicht so rasch nach der weitherum beachteten Ausstellung das gleiche Thema nochmals aufgreifen; wenn ich einige Jahre warten würde – so glaubte ich –, hätte es wiederum den Reiz des Neuen. Aber dann fand 1988 eine weitere Ausstellung statt im Museum Allerheiligen in Schaffhausen und 1992 eine solche im Appenzeller Volkskundemuseum in Stein. Auch an andern Orten war von andern Sammlern Ähnliches zu sehen. Viele sammeln heute alten Christbaumschmuck; den Reiz des Neuen hat das Thema längst verloren.

Warum denn trotzdem ein Typotron-Heft über Christbaumschmuck?

Weil mich die Art, wie diese zerbrechlichen Gegenstände an Ausstellungen gezeigt werden, weil mich vor allem die in den letzten Jahren erschienenen Publikationen über Christbaumschmuck enttäuscht haben, und weil ich glaube, man müsse das anders machen.

Freilich ist der Christbaumschmuck am schönsten, wenn er am Baum hängt, aber das lässt sich zweidimensional nicht herüberbringen, so wenig wie das lebendige Licht der Kerzen. Es ist mit den Kugeln, Sternen, Vögeln wie mit allen Artefakten, die man in einem Museum ausstellt: Losgelöst von der realen Umgebung, für die sie gemacht, in der sie gebraucht wurden, kriegen sie eine neue Realität. Sind sie gar in einer Publikation nur zweidimensionales Abbild – sind sie also das Ding nicht selbst, sondern weisen sie nur auf das Gemeinte hin –, dann soll die so entstandene neue Realität als solche akzeptiert und entsprechend behandelt werden.

So müssen die einzelnen Stücke auf Abbildungen genügend Raum haben, oder sie müssen so aufeinander bezogen sein, dass Formen und Farben einander nicht weh tun, ja wenn möglich einander ergänzen oder einen neuen Zusammenklang

5

ETWAS ZUR GESCHICHTE DES CHRISTBAUMS UND DES CHRISTBAUMSCHMUCKS

Der Christbaum, wie wir ihn kennen, ist nicht besonders alt, obwohl er – wie viele christliche Bräuche – seine Wurzeln in heidnischen Zeiten hat. Die beiden wichtigsten Merkmale des Christbaums sind das Immergrün seiner Blätter und das Licht seiner Kerzen. Immergrün und Kerzenlicht: Beides sind uralte Wintersymbole und lassen sich, einzeln oder zusammen, sowohl südlich als auch nördlich der Alpen nachweisen.

Im alten Rom feierte man am 25. Dezember den Geburtstag des unbesiegten Sonnengottes, den Gott des Lichtes. Die Häuser wurden mit Tannenzweigen geschmückt, und man beschenkte sich gegenseitig.

Zwischen dem 25. Dezember und dem 6. Januar, in den Rauhnächten, in denen sich die bösen Geister besonders umtreiben, wehrte man ihnen, indem in den Häusern Lichter angezündet und immergrüne Zweige aufgehängt wurden. In der Schweiz soll es vor allem die Stechpalme gewesen sein, im Osten Deutschlands die Eibe, an andern Orten, z.B. in der Pfalz und im Hannöverschen, der Buchsbaum, im Elsass die Tanne oder die Fichte.

Im Elsass, das allgemein als die eigentliche Heimat des Weihnachtsbaumes gilt, schmückte man im 16. Jahrhundert die Wohnstuben mit den immergrünen Zweigen allerdings schon am Thomastag, am 21. Dezember. Das Schneiden, Abhacken und Absägen von Ästen scheint aber zu Auswüchsen geführt zu haben, denn aus dem Jahre 1561 ist eine obrigkeitliche Verfügung der Stadt Ammerschweiler bei Colmar bekannt, wonach kein Burger auf Weihnachten einen Tannenast haben durfte, der länger war als acht Schuh. (Nimmt man den Schuh mit einer durchschnittlichen Länge von etwa 30 cm an, so ergibt das immerhin einen Ast von 2 m 40 cm.)

Erste Berichte über mit Äpfeln, Oblaten und buntem Papier geschmückte Tannenzweige und -bäume finden sich im oberrheinischen Gebiet am Ende des 16. und zu Beginn des 17. Jahrhunderts.

Der Brauch des geschmückten, später auch mit Lichtern besteckten Weihnachtsbaumes setzte sich jedoch nur langsam durch. In unserem Land ist er, obwohl im alemannischen Teil schon länger bekannt, erst nach 1900 in die französische und die rätoromanische, und nur ganz zögerlich in die südliche Schweiz vorgedrungen. Richard Weiß berichtet in seiner 1946 erschienenen *Volkskunde der Schweiz*, dass der Lichterbaum das Alpengebiet und die Westschweiz nur unvollständig erobert

16

Jost Hochuli, Michael Rast:
*Farbige Kugeln, silberne Sterne.*
St.Gallen: Typotron, Nr. 14, 1996.
Abb.: Schutzumschlag, Doppelseite mit Innentitel, weitere Doppelseiten.

Jost Hochuli, Michael Rast:
*Farbige Kugeln, silberne Sterne.*
St.Gallen: Typotron, no. 14, 1996.
Ill.: jacket, double-page with title, other double-pages.

habe und «dass abgesehen vom Tessin und einigen konservativen Restgebieten (…) der Weihnachtsbaum seinen Siegeszug, der ihn in fast alle Länder der nördlichen Halbkugel führte, vollendet» habe.

Benützte Literatur im Impressum, S. 42

Lange scheint der Brauch nur in höfischen Kreisen gepflegt worden zu sein. In einem Brief vom Dezember 1709 an ihre Tochter, die Herzogin Elisabeth Charlotte von Lothringen, erinnert sich die Herzogin Elisabeth Charlotte von Orléans, besser bekannt unter dem Namen Liselotte von der Pfalz, an einen Christbaum, den sie als Kind 1662 im Schloss zu Hannover sah: «… on met sur ces tables des arbres de buis et a chaque branche on attache vne petitte bougie ce la fait le plus Jolis Effect du monde, j'aimerois a le voir encore a l'heure que je vous parle…» Dies ist der früheste bekannte Bericht über einen mit Lichtern geschmückten Baum.

Übersetzung im Impressum, S. 42

Weitere Abbildungen und Schilderungen des weihnachtlichen Lichterbaumes sind aus dem 18. Jahrhundert bekannt, doch hat sich daneben der Baum ohne Kerzen bis weit ins nächste Säkulum halten können. Die Zweige waren anfangs vor allem mit Essbarem geschmückt, mit Äpfeln, Nüssen, Backwerk und Zuckerzeug, auch mit buntem Papier, mit farbigen Bändern; im 18. Jahrhundert schon sind Äpfel, Nüsse und allerlei Zapfen vergoldet worden. Dieser selbst hergestellte Christbaumschmuck ist nur allmählich vom gekauften zurückgedrängt worden, ganz verdrängt wurde er nie.

Zum ersten gewerblich hergestellten Schmuck gehörten im 18. Jahrhundert die Sterne und Engel aus Nürnberger Rauschgold, aus dünnem, «rauschendem» Messingblech. Industriell gefertigter Christbaumschmuck ist in Deutschland seit der Mitte des letzten Jahrhunderts bekannt, doch begann er sich in der breiten Bevölkerung erst ab etwa 1870 durchzusetzen. Um diese Zeit kamen die ersten, bequem am Baum zu befestigenden Klemmhalter für die Kerzen auf den Markt. Mit der Erfindung und mit der industriellen Produktion des künstlichen Stearins, des billigen Paraffins und des gedrehten Dochts waren die Kerzen auch für die weniger Begüterten erschwinglich geworden und hatten die Talg- und Wachslichter ersetzt.

Die ersten industriell hergestellten gläsernen Kugeln, Ketten und Früchte wurden um 1850 aus dem Thüringer Wald geliefert, vor allem aus den Ortschaften Lauscha, Ernstthal und Steinheid (zwischen Coburg im Südwesten und Rudolstadt im Nordosten). Hier sind Glashütten seit dem Ende des 16. Jahrhunderts nachweisbar. In Heimarbeit wurden seit dem

19

18. Jahrhundert die Hüttenprodukte weiterverarbeitet, unter anderem seit der Mitte des 19. Jahrhunderts auch zu Christbaumschmuck. Die Schilderungen der sozialen Verhältnisse dieser thüringischen Glasbläserfamilien erinnern an Gerhart Hauptmanns schlesische Weber. Die glitzernden Herrlichkeiten kamen aus dunkeln, ungesunden Hütten. In Lauscha wurde bis nach dem Zweiten Weltkrieg und während der Zeit der DDR Schmuck gefertigt, und auch heute wird, industriell oder in Heimarbeit und zumeist in traditionellen Formen, Christbaumschmuck hergestellt.

Die anfangs dickwandigen Kugeln wichen langsam dünnwandigen. Teils beließ man sie und all die andern Formen durchsichtig, mehrheitlich wurden sie aber innen verspiegelt; die einen wurden danach in Gelatine/Stärke- oder Anilinfarben getaucht, andere mit Pinsel und Schwämmchen ornamental verziert, oder man streute Gold-, Silber- und Glasstaub auf Ornamente, die als Haftgrund mit farbloser Gelatine angebracht worden waren. Das Blasen war Männersache, Verspiegeln, Versilbern und Bemalen wurde, wie zum Schluss das Verpacken, von Frauen und Kindern besorgt.

Siehe S. 36/37

Nach 1900 wurde während Jahren der weiße Christbaum propagiert – nur in Weiß und Silber durfte der immergrüne Baum geschmückt sein. In dieser «weißen Periode» wuschen sparsame Hausväter von älterem Schmuck die Gelatinefarben weg, so dass die an den Innenwänden sitzende Verspiegelung sichtbar wurde. (Auch in David Bürklers Sammlung findet sich eine Kugel, auf der Spuren einst vorhandener, später abgewaschener Farbe sichtbar sind.)

Beim Glasschmuck unterscheidet man zwischen «frei» und «in die Form» geblasenen Gegenständen. Geschickte Glasbläser bliesen auch komplizierte Formen frei – Kännchen, Amphoren mit Henkeln, Lyren, Trompeten und anderes –, in der Regel aber wurden nur einfache Formen frei geblasen, alle komplizierteren, vor allem die mit strukturierter Oberfläche, wurden in Gipsformen geblasen. Diesen Schmuck erkennt man an der Naht zwischen den beiden Hälften.

Siehe S. 4, 12/13, 14/15, 16, 17

Sogenannte Reflexkugeln entstanden – freihändig oder in die Form geblasen – indem der Glasbläser die fertige Kugel an einer oder mehreren Stellen erwärmte und mit Holz- oder Kohlestäbchen oder mit einem Gipsstempel die Kugelwand strahlenförmig eindrückte.

Siehe S. 10/11, 14/15, 30/31

Ein anderes Produkt der Glasbläserei ist die Glasseide, aus der zum Beispiel die Schwänze der Vögel bestehen, die aber auch für Sterne und andere Formen verwendet wurde.

20

Bedeutungsvoll für die weitere Entwicklung des Christbaumschmucks und für das Aussehen des Baumes wurden ab den 70er Jahren des letzten Jahrhunderts die sogenannten leonischen Drähte. Sie waren Nebenprodukte der Metallschlägerei, die vor allem in Fürth und Nürnberg und in der Umgebung dieser beiden Städte betrieben wurde. Leonische Drähte sind gewellte, spiralig gedrehte oder gekrauste Metallfäden, aus denen Sterne, Schneekristalle und Ketten gearbeitet wurden; plattgedrückt kennen wir sie als Lametta. Mit leonischen Drähten wurden Glas- und Watteformen – Zeppeline, Ballone, Blumenkörbchen, Schlitten – umsponnen; den Watteformen gaben sie auch den nötigen Halt.

Siehe S. 12/13, 23, 24, 25

Ganz anders als der Lauschaer Glasschmuck ist jener aus dem böhmischen Gablonz (tschechisch Jablonec). Doch ähnlich wie im Thüringer Wald ist auch in Gablonz der Christbaumschmuck nur ein Nebenprodukt des Glasbläsergewerbes gewesen. Im Gegensatz zum thüringischen ist Gablonzer Schmuck mehr- und kleinteilig. Er besteht zumeist aus runden oder länglich gezogenen Hohlglasperlen, die frei oder in Formen geblasen wurden, aus ganzen, aneinander hängenden Glasperlensträngen, aus dünnen Glasröhrchen und aus farbigen Atlasglasstiften. Die einzelnen Teilchen wurden auf Draht oder Faden gezogen und zu den verschiedensten, teilweise sehr komplizierten Kombinationen verarbeitet, oft zusammen mit leonischen Drähten, etwa für den Mittelpunkt eines Sterns.

Siehe Titelseite und S. 12/13, 18

Siehe S. 12/13

Zinnschmuck für den Weihnachtsbaum kam aus den Zinngießereien in Nürnberg und aus den sächsischen Ortschaften Freiberg und Pegau. In Dießen am Ammersee gießt eine 1796 gegründete Firma neben allerhand anderen Formen für Zinnspielzeug und Zinnfiguren noch immer aus Schiefermodeln Sterne und Schmetterlinge und blütenförmige Ornamente als Christbaumschmuck. Die einzelnen Formteile bestehen aus facettierten Schüsselchen und Tropfen, und da die weiche, bleihaltige Legierung ursprünglich silbern glänzte, widerspiegelte der Zinnschmuck vielfältig die Lichter des Baums. Mit der Zeit allerdings kriegt das Zinn eine mausgraue, zwar schöne, aber stumpfe Patina.

Siehe S. 26/27

Zauberhaft und äußerst verletzlich ist der oft mit leonischen Drähten kombinierte Schmuck aus hauchdünnem Messingblech – Sterne, Rosetten und weitere Blütenformen.

Siehe S. 44/45

In David Bürklers Sammlung vertreten, hier aber nicht abgebildet, ist Christbaumschmuck aus Blech und aus Holz, aus Stroh, aus Papiermaché, geprägtem Papier und Karton, aus Porzellan, Wachs und aus Watte.

21

Kunstgewerblicher Christbaumschmuck konnte sich nie durchsetzen. Während und kurz nach dem Ersten Weltkrieg entstand solcher für die Wiener Werkstätten und für die Deutschen Werkstätten. Auch Künstler der Folkwangschule in Essen gestalteten damals Christbaumschmuck. Die Produkte erreichten nur eine kleine Schicht, da sie immer viel teurer waren als die in großen Serien von billigen Arbeitskräften gefertigten. Das scheint allerdings nur *ein* Grund zu sein, warum sich der «geschmackvolle» Schmuck nicht durchsetzte. Die anonymen Glasbläser, Zinngießer, Metallschläger und Holzhandwerker haben offenbar Formen geschaffen, die viel weniger persönlich sind als die des kunstgewerblichen Schmucks, und es ist sehr wohl möglich, dass man die Naivität, die aus dem traditionellen Schmuck spricht, eher mit dem Geschehen der Christnacht verbindet, als das mit dem bewusst gestalteten kunstgewerblichen Schmuck möglich ist – so schön der im einzelnen auch sein mag.

Das ist vielleicht auch eine Erklärung dafür, dass die Frage nach dem Kitsch beim Christbaumschmuck kaum gestellt wird; eine andere wäre die, dass viele ein Leben lang den Baum der verlorenen Kindheit vor Augen haben, als sie glaubten, ohne zu fragen und formale Probleme sie nicht beschäftigten.

Anderseits hat die Stilentwicklung in Architektur und Kunstgewerbe, haben die Technik und zweimal sogar die Politik den Christbaumschmuck beeinflusst. Deutlich macht sich z.B. um und nach 1900 der Jugendstil bemerkbar; gleichzeitig wurde in verschiedenen Materialien «technischer» Christbaumschmuck hergestellt: Schiffe – vom kleinen Raddampfer bis zum Ozeanriesen – Ballone, Autos und Zeppeline. Während des Ersten Weltkriegs wurden in Deutschland Kugeln mit dem Eisernen Kreuz, U-Boot- und Minenkugeln angeboten, in der Nazizeit Kugeln mit dem germanischen Lebensbaum, mit Runen oder Hakenkreuz.

Selbst in Häusern, in denen niemand mehr einen Gottesdienst besucht, in denen alle der Kirche den Rücken gekehrt haben, will man auf den geschmückten Lichterbaum zu Weihnachten nicht verzichten. Heißt das, dass uns das Licht und der immergrüne Baum, dass uns diese beiden Symbole auch dann noch bedeutungsvoll sind, wenn sie nicht mehr hinweisen auf das christliche Heilsgeschehen, wie sie ja auch ihre Bedeutung hatten lange vor und lange neben dem Christentum?

22

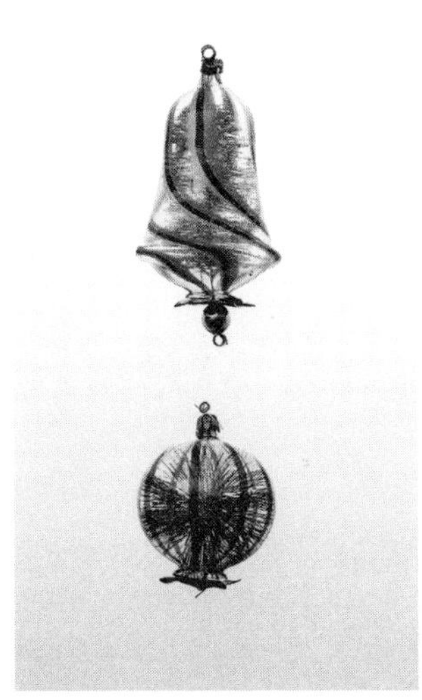

WIE DAVID ZU SEINER SAMMLUNG KAM

Für viele ist der Christbaum, sind Kerzenleuchten, Glanz und Glitzer von Kugeln und Lametta mit lieben Erinnerungen an die Kindheit verbunden – für David Bürkler nicht. Nein, Weihnachten, wie er sie als Kind erlebte, waren nicht schön.

Die Eltern, von Jugend an mit ihrer Kirche verfallen, waren einst beide der bigotten Atmosphäre der damaligen katholischen Kantonsrealschule entlaufen, die Mutter in der ersten, der Vater in der dritten Klasse. Die Kinder wurden protestantisch getauft, was zu andauernden Schwierigkeiten mit der Verwandtschaft führte. Der Hass auf die römische Kirche hielt deshalb lebenslang an und übertrug sich schließlich auf alles Christliche. Da wundert es nicht, dass Advents- und Weihnachtszeit bei Bürklers zu Hause voller Spannung waren – tränenreich, wie David sich erinnert. Zwar wurde an der Zürcher Straße 208 der Kinder wegen auch ein Christbäumlein geschmückt, doch geschah das eher widerwillig. Zerbrach eine Kugel, gab es Scherben – wenn das Schmücken lieblos besorgt wird, geschieht das um so öfter –, dann war's um den Frieden geschehen. Denn die Verhältnisse waren eng, der Verdienst schmal, eine neue Kugel eine nicht vorgesehene Ausgabe. Weihnachten bei Bürklers war keine friedvolle Zeit.

So hätte David bestimmt nicht begonnen, Christbaumschmuck zu sammeln, hätte sich nicht seine Verlobte und spätere Frau einen reich geschmückten Baum gewünscht. Zum Christfest 1969 schenkte er ihr die ersten Stücke. Zur gleichen Zeit erhielt er von seinen Eltern den Schmuck, der einst bei ihm zu Hause am Weihnachtsbaum gehangen hatte. Das war der Anfang der Sammlung.

Wo er seine Schätze fand? Bei Antiquitätenhändlern, im Brockenhaus, bei Trödlern, auf Flohmärkten – auf diesen vor allem. Wenn es das Glück wollte, so fand er das Gesuchte im heißen Sommer zu kleinen Preisen.

Als die Ehe zerbrach, wurde der Schmuck geteilt. David, der auch anderes zusammenträgt, was ihn interessiert, sammelte weiter und sammelt immer noch. Nicht, dass er das Sammeln fanatisch betreiben würde, das nicht. Er sammelt eher im Vorbeigehen, aber stetig, mit Ausdauer. Er hat nie viel Geld für seine Erwerbungen ausgegeben, und nur einmal hat er – allerdings vergebens – an einer Auktion schriftlich mitgeboten. Aber er hat das, was man «eine Nase» nennt, und so sind im Laufe der Jahre einige ziemlich seltene Stücke zusammengekommen. Da David geschickte Hände hat, kann er Reparaturen an den zerbrechlichen Dingen selbst ausführen und ist

38

B

**B wie Buch und Beil**

‹Wie die Bücher mit mir umgingen› ist der Titel eines Aufsatzes von Erwin Jaeckle, dem ehemaligen Chefredaktor der längst gestorbenen Tageszeitung *Die Tat*. Darin berichtet er von einer Begegnung mit dem Schöpfer und langjährigen Betreuer der ‹Manesse Bibliothek der Weltliteratur›, Walther Meier. Dieser leidenschaftliche Leser habe ihm ‹leuchtenden Auges› folgende Geschichte erzählt:

‹Als einer der revolutionsfeindlichen Franzosen zum Schafott geführt wurde, trat er seinen Weg mit einem Buch in der Hand an. Auf der Richtstätte angekommen, schob er das Lesezeichen sorgfältig zwischen die Seiten, übergab den Band dem Scharfrichter und legte sich, zu sterben, unter das Beil.›

Typografisches Allerlei – und allerlei anderes

(mäßig gepfeffert)

von Jost Hochuli

Zum zwanzigjährigen Bestehen der Typotron AG

Sommer 1997

Typotron-Heft 15

**F wie Fußnote**

Ob Anmerkungen als Fußnoten unten auf die Seite gestellt werden sollen, ob sie als Marginalien neben dem Haupttext auf dem Blattrand stehen oder ob sie am Ende eines Kapitels oder gesamthaft am Schluß eines Buches gesammelt werden sollen, hängt von Verschiedenem ab, auch von der Art des Textes. Bei vielen wissenschaftlichen, z.B. bei juristischen Büchern, ist die Fußnote sicher die angemessene Lösung.

In seinen zwei Standardwerken *Kunst und Illusion* sowie *Ornament und Kunst* hat Sir Ernst H. Gombrich die umfangreichen Texte von Anmerkungsziffern freigehalten: Der nicht an einem speziellen Problem Interessierte sollte die Werke ungestört und wie einen Essay lesen können. Am Schluß beider Bücher finden sich aber ausführliche Anmerkungsapparate, und der Wissenschafter findet über Pagina und Stichwort jede Behauptung und jeden zitierten Autor belegt.

Nur in England konnte der aus dem deutschen Sprachraum emigrierte Gombrich zu diesem Entschluß kommen. In England gehört es nicht zum guten Ton, wissenschaftliche Literatur erstens unverständlich zu schreiben und, zweitens, formal möglichst abschreckend zu edieren.

F

**G wie Gliederung**

Der St.Galler Hans Nef, Staatsrechtslehrer an der Universität Zürich und eine Zeitlang deren Rektor, ein scharfer Kopf, pflegte seinen Studenten zu sagen, wer in einer schriftlichen Arbeit mehr als eine dreistufige Titelhierarchie benötige, könne nicht denken.

Es mag Ausnahmen geben; in der Regel ist Nefs Aussage sicher richtig. Unsinnig und meist nichts anderes als pseudowissenschaftliche Wichtigtuerei ist eine ‹Gliederung› nach Dezimalklassifikation: optische Übersicht über einen Text gewinnt man mit ihr nicht.

**H wie Hurenkinder**

Um political correctness kümmerten sich die alten Setzer nicht – saftig wollten sie es haben und deutlich.

So bezeichneten sie als Hurenkind die letzte, nicht ganz volle Zeile eines Absatzes, wenn sie als erste Zeile auf der folgenden Seite steht. Noch heute will sich kein Typograf, keine Typografin ein Hurenkind nachsagen lassen: Der drastische Ausdruck bezeichnet einen gefürchteten Fehler.

Warum aber sind denn Hurenkinder so schlimm? Weil die Satzkolumne oben rechts nicht geschlossen ist? Das ist sie auch nicht, wenn in einem Prosatext ein längere
die Seiten gehender Abschnitt mit k
direkter Rede und Gegenrede vorko
die je auf einer neuen Zeile beginne
werde, meinen andere, der Sinn des
ablaufs gestört. Das aber müßte ein
ter Leser sein, wenn er dadurch den
menhang verlöre.

Nein, es gibt keinen einzigen, hal
stichhaltigen Einwand gegen eine ni
volle Ausgangszeile am Kopf einer S
Aber Typografen sind stur. Sie werd
deshalb weiterhin ängstlich jedes H
kind vermeiden. Ich auch.

**Q wie Quetsche**

Bevor im Jahre 1949 die Limmat ‹ausgeräumt› wurde, konnte man sie in der Nähe der Bahnhofbrücke – flußaufwärts – zu Fuß auch auf dem Mühlensteg überqueren. Dieser verband nicht nur die beiden Ufer, sondern gewährte auch Zugang zu einer etwas heruntergekommenen, aber malerischen Gebäudegruppe mitten im Fluß. In einem dieser Häuser befand sich die Buchdruckerei Aschmann und Scheller. Ihr Renommee muß in den letzten Jahren vor dem Abbruch ziemlich ramponiert gewesen sein, denn die Eingeweihten nannten sie nur Aschgrau und Schneller. Setzer, die dort gearbeitet hatten, behaupteten, in der Limmat müßten Tonnen von Blei liegen: ausgedrucktes Satzmaterial würde in dieser Quetsche weder abgelegt noch eingeschmolzen, sondern einfachheitshalber hinten hinaus ins Wasser geworfen.

R

***R* wie Regel, Rechtschreibreform und Raster**

Wer unsicher ist und Sicherheit sucht, hält sich an Regeln. Werden solche geändert, regt sich Widerstand: Das Geheul über die Änderung der deutschen Rechtschreibregeln ist ein deutliches Zeichen.

Wenn Typografinnen und Typografen in einer komplizierten Arbeit Sicherheit suchen, wenden sie in der Regel einen Raster an. Einfallslose Typografen und sture Dogmatiker verwenden diesen selbst dann, wenn jede andere Lösung intelligenter wäre.

entimeter contra Cicero

europäischen Gemeinschaften (EG, ECD, GATT), für alle Mitglied- der internationalen Meterkonven- für jene angelsächsischen Länder, noch nicht der Meterkonvention an- ssen hatten, gilt seit dem 1. Januar sschließlich das metrische Maß- . Die typografischen Maßeinheiten nd Punkt sollten nicht mehr ge- werden.

Vereinfachungen haben es in sich: Sie führen öfter als nicht zum Gegenteil. In der typografischen Praxis nämlich wird nun mit beiden Systemen gearbeitet: Zeilenlängen werden in Centimetern und Millimetern, Schriftgrade und Zeilenabstände in typografischen Punkten angegeben. Und um das Durcheinander noch etwas spannender zu machen, werden sowohl das englisch-amerikanische Pica-Punkt-System als auch das kontinentaleuropäische Cicero-Punkt-System angewendet.

D wie William Addison Dwiggins

Eine der vielseitigsten, farbigsten Persönlichkeiten auf dem Gebiet des Type Design und der Typografie im 20. Jahrhundert, ein liebenswürdiger, hilfsbereiter Freund.

Geboren 1880 in Martinsville, Ohio, lebte Bill Dwiggins ab 1904 in der kleinen Ortschaft Hingham südlich von Boston, nahe dem Meer und von Cape Cod; ein workaholic, der jedoch alles mit leichter Hand vor sich brachte, bei der Arbeit Pfeife rauchte oder Melodien pfiff und sich für einen 48-Stunden-Tag stark machte.

Neben seiner Arbeit als Werbegrafiker und Illustrator gestaltete er eine große Zahl von Büchern und entwarf für Linotype 17 Druckschriften, von denen Electra und Caledonia die bekanntesten wurden. Unter dem Pseudonym Dr. Hermann Püterschein – ein ausgewanderter Deutscher, so sollte angenommen werden – schrieb er teils sarkastische, teils bombastische, immer aber witzige Texte. Bekannt wurden seine Abhandlungen zur Buchgestaltung und zur Anzeigentypografie. In den letzten zehn Jahren seines Lebens führte er unter dem Impressum ‹Püterschein, Hingham› eine kleine Privatpresse.

1930 begannen er und ein kleiner Kreis von Freunden sich für Marionetten zu interessieren. Dwiggins – oder Dwig, wie ihn seine Freunde nannten – spielte zwar selbst nie, doch schrieb er Stücke, schnitzte Figuren, entwarf Kostüme und malte Bühnenbilder. 1937 baute er auf der andern Straßenseite, gegenüber seinem Wohnhaus, ein eigenes Studio, zweistöckig, oben das Atelier, unten das Marionettentheater, in dem 70 Personen Platz fanden und das ‹under the Püterschein authority› stand. Wenn Bill am Ende einer Aufführung nach vorne gerufen wurde, schritt er durch den Mittelgang, verschwand hinter der Bühne und erschien im selben Augenblick vor dem Vorhang, 30 cm klein, als Marionette.

Dwiggins war ‹Sekretär›, Dr. Hermann Püterschein ‹Präsident› einer (in Wirklichkeit gar nicht existierenden) Society of Calligraphers, die mit einer exquisit gestalteten Urkunde ‹Ehrenmitglieder› ernannte, unter ihnen Beatrice Warde und Stanley Morison. Auch einem den Verkehr besonders elegant dirigierenden Polizisten wollte Dwiggins die Urkunde überreichen; er unterließ es schließlich, weil er befürchtete, der so Geehrte könnte glauben, man wolle ihn auf den Arm nehmen.

William Addison Dwiggins starb am Weihnachtstag 1956.

E wie Egyptienne

Selbst Napoleon und Nelson haben ihre Spuren in der Typografie hinterlassen – wenn auch indirekt.

Ganz Genaues weiß man nicht über die Entstehung der Druckschrift mit dem Namen Egyptienne oder – englisch – Egyptian: Es ist nicht bekannt, wer eine solche Schrift als erster schnitt, auch nicht, wer sie so benannte und warum. Da sie zuerst 1815 im Schriftmusterbuch eines Londoner Schriftgießers erschien und schnell darauf auch von der Konkurrenz angeboten wurde, ist die folgende Erklärung einleuchtend:

Nach dem Ägyptenfeldzug des Napoleon Bonaparte interessierte man sich zu Beginn des 19. Jahrhunderts in Europa für alles, was mit diesem Land zusammenhing. Besondere Bedeutung erhielt das Ägyptische für England, dessen Flotte unter Nelsons Befehl die Armada des französischen Erbfeindes vor Abukir völlig vernichtet hatte. Ägyptisches war danach eine Zeitlang extremely fashionable.

J wie Jungfrau

Ein fehlerfreier, makelloser Korrekturabzug oder -print heißt in der Fachsprache Jungfrau – eine Seltenheit.

quisition

liebige Bücher sah die Inquisition die e Steigerung vor: Zensur, Verbot, nnung; ketzerischen Autoren warte- ängnis, Folter, Scheiterhaufen. her zensiert und verboten werden, Autoren eingekerkert und gefoltert. Bücher verbrannt, werden auch en gemordet. Die Kirche hat das Bei- geben – im Namen des Herrn.

K wie Kombinationen

Mit einem geistreichen Plakat machte vor einigen Jahren die New York Public Library auf sich aufmerksam:

Unter dem groß abgebildeten Buchstaben a las man: ‹Einer von 26. Wir haben sie alle – zum Teil in sehr interessanten Kombinationen›.

L wie Leiche

Wenn beim Setzen eine Zeile, ein Satz, ein Satzteil, ein Wort, wenn Buchstaben oder Satzzeichen versehentlich vergessen werden, sprechen Typografinnen und Typografen von einer Leiche.

Es war in den fünfziger Jahren, als in einem Inserat des *St.Galler Tagblatts* eine unvergeßliche Leiche begraben lag. Der Text hätte lauten sollen: ‹Gebrüder Rietmann bringen Wärme ins Haus.› Auf dem à fehlten die Pünktchen...

Jost Hochuli: *Typografisches Allerlei – und allerlei anderes (mäßig gepfeffert).* Zum zwanzigjährigen Bestehen der Typotron AG. St.Gallen: Typotron, Nr. 15, 1997. Abb.: Doppelseite mit Innentitel, weitere Doppelseiten.

Jost Hochuli: *Typografisches Allerlei – und allerlei anderes (mäßig gepfeffert).* On the twentieth anniversary of Typotron AG. St.Gallen: Typotron, no. 15, 1997. Ill.: double-page with title, other double-pages.

## KARL UELLIGERS SCHÜÜRLILÜT

Texte von Karl Uelliger und Fotos von Michael Rast, Auswahl und Einleitungen von Jost Hochuli

Schüür = Scheuer oder Scheune
Schüürli = kleine Scheuer
Lüt = Leute
Schüürlilüt = Leute in der kleinen Scheuer



Typotron-Heft
16
1997



Zu den letzten Häusern am südwestlichen Dorfende gehört das bemalte Uelligerhaus mit seinem schönen, wilden Garten. Schon früh verschwindet die Sonne hinter den Tannen der Wilket.

### BIOGRAFISCHE NOTIZEN

1914 15. April: Karl Uelliger wird als Kind armer Leute im Spital von Saanen (Berner Oberland) geboren. Bürger von Gsteig bei Gstaad (Berner Oberland). Neun Jahre Volksschule in Saanen. Danach während Jahren Arbeit auf Bauernhöfen, auf der Alp, im Wald und in Hotels. Seit seiner Jugendzeit wünscht er sich, Maler zu werden.

1950 Heirat mit Hanna Montfort aus Freiburg im Breisgau («das wichtigste Jahr meines Lebens»). Verschiedene Tätigkeiten als Fabrikarbeiter im Appenzeller Vorderland. Daneben versucht er immer wieder zu malen.

1958 übernimmt Hanna Uelliger die Werkkantine einer Automatenstickerei in Balgach im St.Galler Rheintal und ermöglicht damit Karl Uelliger (der ihr jeweils über die strenge Mittagszeit aushilft), seiner Malerei zu leben.

1962 erste Gelegenheit, seine Bilder öffentlich zu zeigen: Gemeinschaftsausstellung Rheintaler und Vorarlberger Künstler im Kunstmuseum St.Gallen.

1965 erste Einzelausstellung in der Galerie Zünd, St.Gallen. Ihr folgen im Verlauf der Jahre viele weitere Einzel- und Gemeinschaftsausstellungen, vor allem in der östlichen Schweiz.

1968 Kauf eines alten Bauernhauses in Dicken, einem abgelegenen Dorf der Gemeinde Mogelsberg im unteren Toggenburg.

1976 erscheint *Goldi und der Bergwind*, ein Kinderbuch mit Bildern und Texten von Karl Uelliger. 1981 folgt *Goldi beim Waldschloß*, 1984 *Goldi und der Schneemann*, 1996 postum *Goldi beim Schafhirten*, alle im Säntis Verlag, Urnäsch.

1989 veröffentlicht der Säntis Verlag eine umfangreiche und großformatige Monografie: *Karl Uelliger*. Texte von Armin Müller, Fotos von Amelia Magro. Ausführliches Ausstellungsverzeichnis.

1993 16. April: Eröffnung der großen Einzelausstellung im Ausstellungssaal des Regierungsgebäudes am Klosterhof, St.Gallen. 17. August: Karl Uelliger stirbt unerwartet.

### DIE TEXTE

Die Sonne, der Mond, die Sterne; der Morgen, der Abend, die Nacht; Wolken und Winde, Nebel, Schnee und Regen; die Wellen, die Wellen, die Wellen; Wald, Busch, Baum, Blatt und Blume; das Dorf, die Häuser.

Unter Sonne und Mond, im Wind und auf den Wolken, zwischen Büschen, auf Dächern und in Bäumen leben sie: die Raureiferin, der Hausdachschneebläser, der Nebelsänger und der Bauernengel, der ein Huhn davonträgt.

Für Karl Uelliger lebt die Natur. Bäume, Wind und Wolken erzählen Geschichten, wenn er in der Umgebung von Dicken wandert, über die Chäseren oder hinauf auf den Sitz. Er lauscht ihnen, wenn er – wieder und wieder – auf der Fähre zwischen Romanshorn und Friedrichshafen den Wellen zuschaut oder wenn er, auf dem Säntisgipfel, fasziniert ist vom auf- und absteigenden Nebel oder vom raschen Jagen der Wolken. Dann nimmt er einen kleinen Skizzenblock aus der Tasche und notiert sich mit knappen Strichen das Gesehene und Gehörte. Später erinnert er sich an die eine oder andere Idee und läßt ein Bild draus werden.

Dutzende und Aberdutzende von einzelnen Zetteln und kleinen Skizzenblocks, Hunderte von Skizzen und schriftlichen Gedanken liegen im Atelier und sonst im Haus herum, als Karl Uelliger am 17. August 1993 stirbt. Ruedi Bannwart, der langjährige Freund und umsichtige Verwalter des Nachlasses, hat sie zusammengetragen und ist daran, das Material zu ordnen.

Die Blöcke, die Zettel und Hefte sind kaum je größer als eine Postkarte, oft kleiner. Die frühesten datierten Notizen tragen die Jahrzahl 1980, die letzten entstanden wenige Tage vor Uelligers überraschendem Tod. 1981 führt er in einem Bändchen mit marmoriertem Überzugpapier während mehreren Monaten ein Tagebuch. Das ist die Ausnahme. Meistens stehen tagebuchartige Einträge verstreut zwischen anderem. Manchmal finden sich im gleichen Skizzenblock Einträge, die viele Monate auseinander liegen, und nicht selten hat Karl Uelliger nach Jahren die Rückseiten benützt.

Daß Uelliger eine starke Beziehung zur Sprache hatte, wußte man spätestens nach dem Erscheinen seines ersten Bilderbuches *Goldi und der Bergwind*. Die Freunde kannten seine kauzig-versponnenen Briefe, und denen, die ihn besuchten, müssen die beschriebenen Zettel aufgefallen sein, die in seinem Bauernhaus an Balken und Türpfosten befestigt waren. Mit diesem Heft wird zum ersten Mal eine größere Anzahl seiner Texte veröffentlicht. Sie ergänzen Michael Rasts Fotografien der Schüürlilüt. Texte und Schüürlilüt gehören zusammen, denn sie gehören der gleichen Welt an.

Auf dudenrichtige Rechtschreibung und Zeichensetzung hat Karl Uelliger keinen großen Wert gelegt. Seine eigenwillige Schreibweise kann aber manchmal etwas vermitteln, was in korrekter Orthografie verloren gehen würde. Jedenfalls sind hier die Texte mitsamt der Interpunktion so belassen, wie sie niedergeschrieben worden sind.

Heute will ich meine Fantasi in der Sonnenkutsche fahren lassen

Ich bin in jedem Engel

Eine Fliege flog
mir auf die Hand.
Eine kurze Zeit
– ihr Land.

Ein Traumkorb
spielt auf einer
schwachen Laier
zu leis geflockter
Winternacht,
Da hab' ich mir
gedacht, nicht viel,
und doch gelacht,
das solches mir
um Mitternacht
nicht ganz
hab schreibend
ausgedacht.

Leichte Töne tragen
meine Schwere
klingend in die
Nacht.

We d'Chrone flisterer am Baum
de treit d'r ledig Abelufi
e ganz e fina Duft
zum Wolkefänster us.
Vor jedes Hus.

Der Abend reift zur Nacht,
schon hängen dunkle Früchte
an den Gruppenbäumen,
ein langer Schatten
erntet Frucht um Frucht
und füttert sie
dem engen Tal
die Lichter hängen
Trauben ändlich
an den Hängen
die Nacht ein Fest
im engen Wintertale.

Die Nacht verliert die Träume
wenn der Tag am Fenster steht
die Nacht legt ihre Säume,
wenn der Tag zu ende geht.

Windspiel im Rittersporn
Der Nachtwind im Holderbusch
Ein Ton geht im Dorf herum

mit Wolken gehen
möcht ich wandern

Dämmertag webt
über braunem Hügelland
ein Silberweisses Wolkenband,
Noch giesst das Abendsonnenlicht
die Wolkenschale voll zum Rande.

In mir muss ich wohnen
dann bin ich überall zu Hause

Der Schritt ist mir ein Zeitmass

Der Herbst wird wieder alt und liebt sein Krähenlied



Millionäre fliehen meinen Stoppelbart, und ich grüsse fröhlich weiter, Grüessech wohl, e Grüessech Gott. [Mai 1985 in Baden-Baden]

Wenn ich nicht befolge, was die Stimme in mir sagt
trage ich die Folgen aus meinem nicht befolgen

Manchmal sitze ich gerne zur Wand hin.

Ich lebe mit der Zeit, doch trage ich mein Kleid.

Am Bahnhof

Menschen gehen,
Menschen kommen,
schwarz gekleidet,
weiss geschmückt,
Sonntäglich und werktäglich,
gross und klein,
Dick und dünn,
Jeder anders, alle gleich.

Heute trägt er gute Worte in sein Wohngemach

Lass das Umdichherum
vor dem Eingang stehen,
vor dem Eingang
deines Gedankenraumes
lass das Umdichherum
und übe Innenstille.

Der Zweifler hüpft auf eine Brunnenröhre
und trinkt vom besten Quell keinen Tropfen

Gutes Allen
Gutes Dir
Gutes uns
das ganze Jahr!
1993

Wir graben auf,
Wir graben zu,
Und einer bleibt,
Und findet Ruh.

Bin ich im Altersheim
ein Klapperstorch
und puschtet meine Locki
und hängt der Himmel
nicht mehr hoch

Der Alte flog noch manches Jahr

Ein älterer Mann fliegt auf einer Dole über den Altenmann, ein Wunschtraum nur wie wär's wenn es so wär. Ich würde immer auf der Dole bleiben und mich auf Globallüften treiben.
2.8.1993 auf dem Säntis [zwei Wochen vor seinem Tod; Altenmann = der Berg Altmann]



**Titel zu Bildskizzen**

Ich spielte mit den Farben, das Spiel zu einem Bilde, ich nenne es, ‹Es war einmal eine Zauberwelt› erwacht durch meine gehorsame Arbeit.

Manchmal schreiben sie Briefe in die Sternennacht

Er kennt sich aus im Flockenzauber

Der Bergwind singt am Brückentor die Melodie

Es trifft sich gut, dass ich den Mond erwischt habe.

Ein Bauernengel trägt ein Huhn davon

Eine Puppenfigur hätschelt im Schattentuch.

Mein Hausberg hat Wolkenfest zum Frühlingsanfang

Wanderer schenkt dem Mond Sommerhut.

Eine Wolke trägt zwei andere in die wilde Felsengalerie.

Raureiferin berührt vergessene Schattenblumen

I sta am Fänster u rede met de Herbstnacht.

Die alte Dorflaterne hat Geschichtentag Lokalgeburtstägler

Zurückversetzt hinter dem Haus das Schüürli. Kühe stehen keine mehr im Stall, kein Heu liegt mehr auf der Bühne. Stattdessen stapeln sich in ihm große Beigen harzig duftender Reisigbündel – Böscheli, wie man sie hierzulande nennt. Im Westen des Schüürli fällt das Gelände steil ab in das kleine Tobel des Wilketbaches.

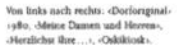

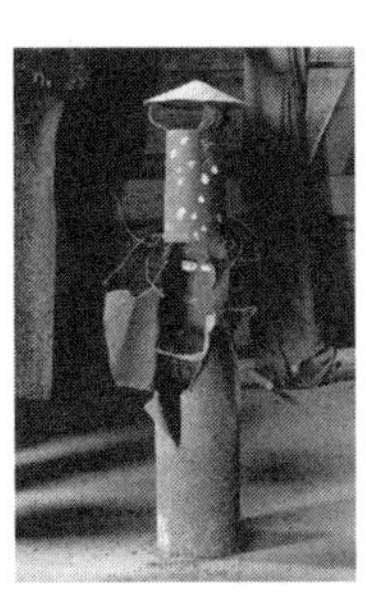

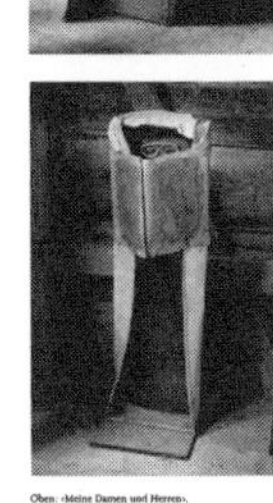

Sechzehnte Veröffentlichung in der von der Typotron AG, St.Gallen, herausgegebenen und von Jost Hochuli betreuten Reihe.

Gestaltung Jost Hochuli. Porträtaufnahme auf Seite 7 von Max Oertli. Satz in 10 und 8p Joanna Roman und 9p Gill Sans Bold der Monotype Library, erfaßt auf Apple Macintosh und belichtet auf DrySetter von Linotype-Hell sowie Druck auf Heidelberg Speedmaster SM 74 von Typotron AG, Lithos von Reprolitho AG, beide St.Gallen. Bindearbeiten von Brülisauer AG, Goßau SG. Papier des Inhalts und des Umschlags 100gm² GardaPat 13, holzfrei säurefrei mattgestrichen naturweiß, geliefert von Fischer Papier, St.Gallen. Deckel 170gm² Pop'set Umschlag schwarz holzfrei matt von Biber Papier AG, Regensdorf. Erster Bogen 120gm² Freelife Recycling holzfrei säurefrei chlorfrei grau von Fischer Papier, St.Gallen.

Wir danken Frau Hanna Uelliger-Montfort für das Interesse und die Anteilnahme am Entstehen dieses Hefts. Michael Rast dankt ihr zudem für Speise und Trank und für mütterliche Ermahnungen während jener vier Wochen, in denen er im Schüürli und um das Schüürli herum gearbeitet hat. Gottfried Meier, Dicken, danken wir für wertvolle Auskünfte.

 In Kommission bei VGS Verlagsgemeinschaft St.Gallen. Auslieferung ausschließlich durch Typotron AG, Postfach, CH-9016 St.Gallen. ISBN 3-7291-1088-8.

**Karl Uelliger, Michael Rast, Jost Hochuli: *Karl Uelligers Schüürlilüt.* St.Gallen: Typotron, Nr. 16, 1997. Abb.: Schutzumschlag, Doppelseite mit Innentitel, weitere Doppelseiten.**

Karl Uelliger, Michael Rast, Jost Hochuli: *Karl Uelligers Schüürlilüt.* St.Gallen: Typotron, no. 16, 1997. Ill.: jacket, double-page with title, other double-pages.

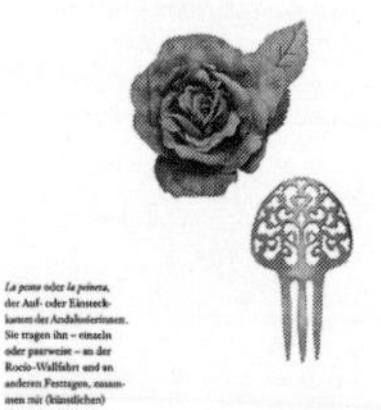

*La peina* oder *la peineta*, der Auf- oder Einsteckkamm der Andalusierinnen. Sie tragen ihn – einzeln oder paarweise – an der Rocío-Wallfahrt und an anderen Festtagen, zusammen mit (künstlichen) Blumen – oft ist es eine Rose.

**Andalusien im Appenzellerland**

**Ein Fest auf dem Äußeren Sommersberg**

Typotron-Heft 17

‹*Lindauerli*, gerade Tabakpfeife aus billigem Holz, schwarz lackiert; der runde Pfeifenkopf ist mit Weißblech ausgeschlagen und mit einem blechernen Deckel versehen. Das einfache L. – Ursprungsort ist Lindau am Bodensee – wird mit dem Pfeifenkopf nach unten geraucht.› (*Schweizer Lexikon*).

Das Lindauerli – im Dialekt *Lindauerli* – ist traditionell die Pfeife der Appenzeller Bauern und Sennen.

Ein Bericht mit Fotografien von Mäddel Fuchs
und Texten von Agustín Artillo und José-María Jiménez,
zusammengestellt und eingeleitet von Jost Hochuli

**Zur Einführung**

Zum zwölften Mal haben Marisa und Mäddel Fuchs über Pfingsten 1998 am Rocío, der andalusischen Wallfahrt, teilgenommen. Beide sind nicht katholisch, sind konfessionell nicht gebunden. Was sie an dieser Wallfahrt tief berührt und fasziniert, ist das Erlebnis von überströmender Lebensfreude zusammen mit tiefer Religiosität, das sie mit den Mitgliedern der Sevillaner Triana-Bruderschaft während jeweils einer Woche teilen dürfen. Die Begegnungen haben über die Jahre zu herzlichen, ja tiefen Freundschaften geführt.

Während vier Tagen haben im August 1997 vierzig Trianeras und Trianeros die beiden Schweizer Freunde in ihrer Heimat auf dem Äußeren Sommersberg besucht und auf Ausflügen das Appenzellerland ein wenig kennen gelernt. Auf den Abend des 20. August hatten Mäddel und Marisa zudem zahlreiche weitere Freunde eingeladen. Das Fest, das in dieser sternklaren Sommernacht bis in die Morgenstunden dauerte, ist das Thema dieses Hefts – eine außergewöhnliche kulturelle Begegnung: Andalusien im Appenzellerland.

Nur über das Fest zu berichten, wäre unvollständig gewesen. Damit man versteht, warum es zu diesem Anlaß kommen konnte, schien es mir notwendig, auch einiges über den Rocío vorauszuschicken, mit einigen wenigen Abbildungen eine Ahnung zu vermitteln von der unnachahmlichen Atmosphäre dieser Wallfahrt. J.H.

Die Gastgeber auf dem Äußeren Sommersberg: Marisa und Mäddel Fuchs. Mäddel lebt seit 13 Jahren auf dieser Alp, Marisa seit ihrer Heirat vor 11 Jahren. Sie trägt Flamenco, Mäddel, der Fotograf, die Weste, die er während des Rocío zu tragen pflegt.

4

**Ein Wort der Freundschaft zu Beginn**

Mit diesen Zeilen versuche ich auszudrücken, was der Rocío ist und wie er durch Kontakte mit dem Appenzellerland bereichert wurde.

Ursprung und tiefer Sinn des Rocío bestehen in einer Glaubenskundgebung rund um ein Bildnis, das vor fünf Jahrhunderten entdeckt wurde. Der Inhalt der Romería del Rocío spielt sich in einer von großartiger Schönheit geprägten Umgebung ab. Das nährt und stärkt diese tiefverwurzelte andalusische Frömmigkeit. Jene herrliche Mariendarstellung, die uns auch heute noch als solche erscheint, muß aus der Sicht des 15. Jahrhunderts betrachtet werden, aus der damaligen Bedeutung der Marismen des Guadalquivirs und einem ganz bestimmten Zeitpunkt, nämlich der Jahreszeit um den Pfingstmontag, zu welcher der andalusische Frühling heftig und ungestüm ausbricht. Das Datum ist nicht zufällig. Es wurde von den Menschen jener Zeit mit Bedacht gewählt, als großartiges Zusammenspiel verschiedener Naturereignisse: Frühlingsausbruch, Austrocknung der Salzteiche in den Marismen, erneutes Futterwachstum für das Vieh der Ganaderos und die mit Riesenschritten nahende Feldernte. Dies alles hilft, den Rahmen zu schaffen, der die Seele der Rocieros während der alljährlichen Pfingstwallfahrt so ungemein beflügelt.

Das Zusammentreffen des Muttergottesbildnisses mit all diesen natürlichen Gegebenheiten ist der Funke, der das Feuer entzündete, das heute die weltweit bekannte Bewegung des Rocío ausmacht. Aber was so geboren wurde, ausgelöst durch diese große Kraft, die im Ausbruch des Frühlings in Andalusien steckt, mußte eine Form bekommen, sich mit einem spirituellen Inhalt füllen, um zu dem zu werden, was der Rocío heute ist. Beginnend mit dem Letzten: Der Rocío vermittelt zwei Botschaften, die für den Menschen und im besonderen für die Katholiken unumgänglich sind: Die Notwendigkeit der Vermittlung einer Mutter, um zu unserem Schöpfer zu gelangen. Es erfüllt alle Rocieros mit Stolz, für unsere seelischen Angelegenheiten unsere Mutter Gottes, die Jungfrau von Rocío, zu haben, genau so wie wir mit alltäglichen Problemen zu unserer leiblichen Mutter gehen können.

Die andere Gewißheit, die uns unsere Glaubenskundgebung verschafft, ist das offensichtliche Zeichen der Auferstehung, das uns die Pfingstbotschaft des Evangeliums vermittelt. Wir finden hier eine der deutlichsten Offenbarungen des Kerns unseres katholischen Glaubens, die uns auf dem Weg durch diese Welt zu Begünstigten macht – nicht in der Welt, die nachher kommt, die meiner Meinung nach für alle gleich ist, ohne Unterschiede von Kulturen, sozialen Klassen und Glauben. An Pfingsten, nach dem Tod Jesu, offenbart Gott selbst sich den Aposteln und jetzt den Rocieros, indem er uns Hoffnung auf ein Sein nach dem Tod gibt.

5

Zur Geschichte der ‹Romería del Rocío›

(El Rocío liegt auf dem Gemeindegebiet von Almonte.) Bis zum Ende des 19. Jahrhunderts folgten weitere acht Bruderschaften. Im 20. Jahrhundert nahm die Zahl der Neugründungen stark zu – allein in den letzten zwölf Jahren um zwanzig. Heute, 1998, bestehen 95 Bruderschaften.

In neuester Zeit folgen Nuestra Señora del Rocío auch ‹agrupaciones› aus Argentinien und Brasilien, und bald sollen sich auch Wallfahrer aus Australien zur Rocío-Gemeinde gesellen. Doch woher immer die Bruderschaften oder Gruppierungen kommen – aus Barcelona, Madrid oder Rosario: immer stehen ihnen Andalusier Pate. Der Rocío wird eine andalusische Wallfahrt bleiben.

Über eine Million Menschen kommen während der Pfingsttage am Rocío sternförmig zusammen – jedes Jahr auf den praktisch gleichen, aber immer wieder anders wirkenden Wegen. 1998 jedoch mußten alle von Sevilla herkommenden Bruderschaften wegen des Bergwerkunglücks von Los Frailes einen beschwerlichen Umweg in Kauf nehmen.

8

Der Rocío

Am Donnerstag vor Pfingsten, morgens um sieben Uhr, bricht der Treck der Wallfahrer und Ochsenkarren im Quartier Triana auf. Um die Mittagszeit liegen die letzten Häuser von Sevilla hinter ihnen, und nach einigen mühseligen Kilometern auf asphaltierter Straße biegt die Wallfahrt in jenen Weg ein, der seit bald 200 Jahren von dieser Bruderschaft begangen wird. Im Durchschnitt sind es etwa 4000 Teilnehmer, doch gehören nicht alle zur Triana-Bruderschaft.

Zweimal werden sie auf ihrem 80 km langen Weg übernachten, bis sie am Pfingstsamstag mittag im Rocío ankommen.

9

Der Rocío

Der Rocío

10

11

Mäddel Fuchs, José María Jiménez, Jost Hochuli: *Andalusien im Appenzellerland · Ein Fest auf dem Äußeren Sommersberg.* St.Gallen: Typotron, Nr. 17, 1998. Abb.: Vordere Klappe über S. 2 des roten Umschlags mit erstem (grünem) und zweitem (gelbem) Bogen, Doppelseite mit Innentitel, weitere Doppelseiten.

Mäddel Fuchs, José María Jiménez, Jost Hochuli: *Andalusien im Appenzellerland · Ein Fest auf dem Äußeren Sommersberg.* St.Gallen: Typotron, no. 17, 1998. Ill.: front flap over p. 2 of red cover with first (green) and second (yellow) sheets, double-page with title, other double-pages.

**Das Detail in der Typografie** Buchstabe, Buchstabenabstand, Wort, Wortabstand, Zeile, Zeilenabstand, Kolumne

Compugraphic

Sekundäreigenschaft, nicht aber die grundlegende Struktur übernommen (Abb. 14, 15).

Da es sowohl im Foto-, als auch im CRT- und Lasersatz technisch möglich ist, Schriften zu ‹kursivieren›, verzichten manche Drucker auf die Anschaffung der originalen Fonts. Die Resultate fotografischer Verzerrung oder elektronischer Kursivierung sind nicht überzeugend, da auf optische Bedingungen keine Rücksicht genommen werden kann (Abb. 16).

Wie alle andern zweidimensionalen Figuren, die von unserm Auge wahrgenommen werden, unterliegen auch die Buchstaben optischen Gesetzen. Maßgebend für die Beurteilung ihrer formalen Qualitäten sind daher nicht Meßgeräte, sondern allein das gesunde menschliche Auge. Die folgenden Punkte, auf die bei der Gestaltung von Schrift zu achten ist, wollen wir deshalb lieber nicht optische Täuschungen, sondern optische Tatsachen nennen.[18]

1. Kreis und Dreieck wirken, bei genau gleicher Höhe, kleiner als das Rechteck. Damit sie gleich hoch wirken, müssen Spitzen und Rundungen ein wenig über resp. unter die Kopf- und Fußlinie gezogen werden (Abb. 17).

2. Die geometrisch genaue horizontale Halbierung einer Fläche ergibt eine obere Hälfte, die optisch größer wirkt als die untere. Zwei gleichwertige Hälften ergeben sich, wenn die horizontale Teilung über der geometrischen, nämlich in der sogenannten optischen Mitte liegt (Abb. 18).

3. Bei gleicher Strichstärke wirken Waagrechte breiter als Senkrechte. Um optisch ausgeglichene, gleich breit wirkende Stämme und Balken zu erhalten, muß die Waagrechte etwas schmaler sein. Das gilt nicht nur für gerade, sondern auch für runde Formen, die an der breitesten horizontalen Stelle sogar etwas breiter sein müssen als die entsprechenden Senkrechten. Aus optischen Gründen muß auch die Rechtsschräge etwas breiter, die Linksschräge etwas schmaler sein als die Senkrechte. Nicht alle gleich langen Senkrechten sind gleich breit: je mehr waagrechte Anschlüsse, um so schmaler der Stamm (Abb. 19).

4. Beim Zusammentreffen von Kurven mit Geraden oder andern Kurven sowie von zwei Schrägen ergeben sich – sofern nicht korrigiert wird – Knoten, die das Satzbild fleckig erscheinen lassen (Abb. 20; siehe auch Abb. 4).

20

Der Buchstabe

HAOT

Abb. 17

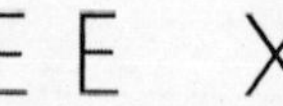

Abb. 18. Mittlerer waagrechter Balken links in geometrischer, rechts in optischer Mitte; Kreuzung links in geometrischer, rechts in optischer Mitte

Abb. 19 unkorrigiert korrigiert unkorrigiert korrigiert

Abb. 20 unkorrigiert korrigiert unkorrigiert korrigiert

21

**Bücher machen**

Eine Einführung in die Buchgestaltung, im besonderen in die Buchtypografie von *Jost Hochuli*

Liebe Leserin, lieber Leser Mit dem schmalen Bändchen, das Du in Händen hältst, versucht der Autor, junge Typografen und Grafiker und darüber hinaus alle jene, die an der Buchform interessiert sind, in die Buchgestaltung, insbesondere in die Buchtypografie, einzuführen. ‹Heranzuführen› wäre vielleicht treffender, denn der bescheidene Umfang erlaubt es höchstens, das Thema in großen Zügen zu umreißen.

Auch wenn es sich bei der vorliegenden Drucksache im streng fachlichen Sinn nicht um ein Buch, sondern nur um eine Broschur handelt: mit Ausnahme des Einbandes und des Vorsatzpapiers ist der Gegenstand mit einem ‹richtigen› Buch identisch.

Und wie in Deiner Buchhandlung schon viele Male, hast Du auch jetzt, noch bevor Du es in die Hand genommen hast, gesehen: das Format des Bändchens, seine Dicke, das Material des Deckels. Und hernach – wiewohl unbewußt – abgeschätzt: das Gewicht, die Handlichkeit (mit einer oder mit beiden Händen zu halten?), die Steife oder die Flexibilität und die übrigen taktilen Eigenschaften. Werde ich den Gegenstand gerne in die Hand nehmen, oder ist er meinen Fingern unangenehm? Schließlich hat das auf dem Deckel Gedruckte formale und farbliche Eindrücke hinterlassen und zusammen mit dem Titel und dem Namen des Autors Assoziationen und Erwartungen geweckt.

Du siehst, auch die Gestalt des Buches ist eine komplexe Sache. Sofern Du eine junge Grafikerin oder Typografin, ein junger Grafiker oder Typograf bist, merke Dir vor allem eines: Das Buch als Gebrauchsgegenstand ist ein dreidimensionaler Körper!

Agfa Compugraphic

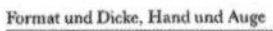

14

**Format und Dicke, Hand und Auge**

Der Gebrauchsgegenstand Buch ist für die menschliche Hand und das menschliche Auge bestimmt. Das legt hinsichtlich Format, Dicke (Umfang) und Gewicht obere und untere Grenzen fest. Innerhalb dieser Grenzen sind es der Zweck oder die Art des Buches, gewisse Traditionen oder zeittypische Strömungen und nicht zuletzt Papier- und Druckmaschinen-Formate, die die Buchformate bestimmen.

Reine Textbücher, für längeres, fortlaufendes Lesen gedacht (in der Regel also belletristische Werke) stellen normalerweise so wenig prinzipielle Probleme wie reine Schaubücher: Die ersten sollen schlank und leicht sein und möglichst von einer Hand gehalten werden können; die zweiten sollen die Abbildungen in genügender Größe zeigen, verlangen deshalb ein größeres Format und andere Proportionen. Schwieriger ist es, ein vernünftiges Format für jene wissenschaftlichen Werke, Sach- und Lehrbücher zu finden, bei denen Text- und Bildinformation gleichermaßen wichtig sind. Oft räumt man heute der Illustration (sofern sie lediglich Referenzfunktion hat) auf Kosten der Handlichkeit und Lesbarkeit unnötig viel Platz ein. Manche Abbildung verlöre nichts von ihrem Informationswert, wenn sie etwas kleiner reproduziert würde. Dies gilt besonders für Pläne, technische Zeichnungen, grafische Darstellungen u. ä.

Format und Dicke, Hand und Auge 15

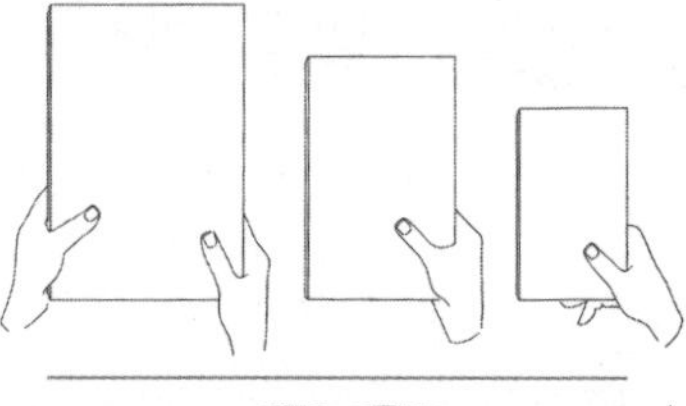

56 Die Seiten vor und nach dem Inhalt

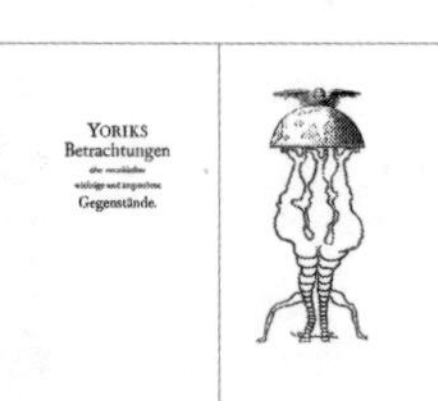


Der Haupttitel 57

1:3

Oben: Zwei ungewöhnliche, illustrierte Titel-Doppelseiten, mittelaxial und trotzdem nicht ‹klassisch›; beim ersten Beispiel steht der Titel sogar auf einer Verso-Seite, die Illustration rechts. (*Yoriks Betrachtungen…* Hamburg: Maximilian-Gesellschaft, 1972. 120 x 200 mm. Illustrationen und Ausstattung Hans Peter Willberg. – *Der Schatten der Scheuermagd.* Stuttgart: Klett-Cotta, 1986. 135 x 215 mm. Illustrationen und Ausstattung Heinz Edelmann. Siehe auch Abb. S. 34 unten, 71 unten rechts.)

Unten: Titel und Inhaltsverzeichnis – dreisprachig! – und Widmung auf der gleichen Doppelseite. (*Typographie*, 1967. 228 x 234 mm. Ausstattung Emil Ruder.)

Jost Hochuli's Alphabugs

28

NEW WAVE NEW WAVE NEW WAVE

29

FILM PODIUM

Agfa Compugraphic

36

FAU+PAS

37

minimum

38

allianz

39

Jost Hochuli: *Das Detail in der Typografie.* Wilmington (Mass.): Compugraphic, 1987. – Jost Hochuli: *Bücher machen.* Wilmington (Mass.): Agfa, 1989. – *Jost Hochuli's Alphabugs.* Wilmington (Mass.): Agfa, 1990. Schweizer Broschuren mit Klappen, 13,5 x 22,5 cm. Abb.: Umschläge, Doppelseiten.

Jost Hochuli: *Das Detail in der Typografie.* Wilmington (Mass.): Compugraphic, 1987. – Jost Hochuli: *Bücher machen.* Wilmington (Mass.): Agfa, 1989. – Jost *Hochuli's Alphabugs.* Wilmington (Mass.): Agfa, 1990. 'Schweizer Broschur' with flaps, 22,5 x 13,5 cm. Ill.: covers, double-pages.

Geboren 1942 in St.Gallen; Studium an der Universität Zürich, 1963 bis 1970: Geschichte der deutschen Sprache und Literatur, Musikwissenschaft und Kunstgeschichte. Nach der Promotion Gymnasiallehrer am Kantonalen Lehrerseminar Rorschach und am Gymnasium Friedberg, Gossau, für Deutsch, Kunstgeschichte, Orchester; 1981 bis 1986 Redaktor der Tageszeitung «Die Ostschweiz»; seither redaktioneller Mitarbeiter für Kunstkritik und Kulturmagazin; seit 1983 Lehrbeauftragter an der Berufsmittelschule und an der Schule für Gestaltung in St.Gallen für Deutsch, Geschichte und Kunstgeschichte.

4

Die Atelier-Galerie hat in der Ostschweiz einen ganz spezifischen Stellenwert. Sie als Galerie der aktuellen Ostschweizer Kunst zu bezeichnen, rechtfertigt sich vom klaren Konzept des Kunstkenners und Galeristen Alfons J. Keller her. Seine Galerie bleibt ausschließlich den Künstlern der Region vorbehalten, die er entdeckt und während deren Weiterentwicklung begleitet. So ist die Gruppe der Kunstschaffenden um Alfons J. Keller zu einer Schicksalsfamilie geworden. Kollegialität und aufbauende kritische und selbstkritische Auseinandersetzungen prägen sie ebenso wie die stilsicheren Auswahlkriterien des Galeristen. Nicht von ungefähr kommt es, daß öffentliche Aufträge und Wettbewerbsgewinne Künstlern zufallen, die hier ihre erste Einzelausstellung hatten. Einmalig für St.Gallen ist der kleine, aber parkartige Freiraum vor der Galerie als Schauplatz von Ostschweizer Skulpturen und Plastiken. Ebenso erlaubt ein Galerieraum jederzeit einen Einblick in die aktuelle Arbeit der Künstler, da diese hier unabhängig von Ausstellungen nach eigenem Ermessen neue Arbeiten präsentieren. Pikanterweise stammt das Atelierhaus im Garten der [illegible] aus der gleichen Zeit wie der Kunklerbau im Stadtpark; im Gegensatz zum Kunstmuseum kann aber die Atelier-Galerie die Chance wahrnehmen, viel lebhafter und spontaner auf die künstlerischen Kräfte der Ostschweiz zu reagieren. Das ist allerdings ein selbstloser Pioniereinsatz, der ohne die einengenden kommerziell ausgerichteten Erfolgsabsichten auch Experimente erlaubt. Das breite Spektrum der künstlerischen Aussagen beweist die lebendige Szene – rund 50 Ausstellungen im Zeitraum 10jährigen Wirkens. Geordnet in der Reihenfolge der Erstausstellungen: Günther Wizemann, Roland Lüchinger, Larry Peters, Iso-Iso, Ueli Bänziger, Peter Federer, Hannes Gamper, Toni Calzaferri, David Bürkler, Roman Signer, Kathrin Kummer, Lucie Schenker, Aldo Bachmayer, Verena Merz, Michèle Thaler, Fausto Tisato, Monika Sennhauser, Francesco Bonanno, Roland Lüthi. Daß die eingeschlagene Grundhaltung und die Verjüngung im letzten Jahr richtig waren, bestätigen die Biennalen der Schweizer Kunst: Monika Sennhauser, Roman Signer, Günther Wizemann sind in St.Gallen dabei, Aldo Bachmayer, Ueli Bänziger, Peter Federer, Kathrin Kummer waren 1985 Teilnehmer in Olten. Aber auch David Bürkler, Toni Calzaferri, Hannes Gamper, Roland Lüchinger, Larry Peters, Lucie Schenker, Iso-Iso sowie die jungen Francesco Bonanno, Roland Lüthi, Verena Merz, Michèle Thaler und Fausto Tisato haben die Grenzen der Region überschritten.

Vorwort von Roland Mattes

5

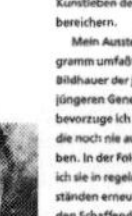

Seit zehn Jahren versuche ich, mit kleineren Ausstellungen und Aktionen von Künstlern aus der Stadt St.Gallen und der näheren Umgebung das Kunstleben der Region zu bereichern.

Mein Ausstellungsprogramm umfaßt nur Maler und Bildhauer der jungen und jüngeren Generation. Dabei bevorzuge ich Künstler, die noch nie ausgestellt haben. In der Folge präsentiere ich sie in regelmäßigen Abständen erneut, so daß sich den Schaffenden die Gelegenheit bietet, außerhalb des gewohnten Arbeitsraumes fortschreitende Veränderungen ihres Werks wahrzunehmen, selbstkritisch zu beurteilen und zur Diskussion zu stellen.

Beim Zusammenstellen meiner Ausstellungen lasse ich mich von meinem Gefühl leiten; ich versuche jeweils die Auswahl so zu treffen, daß sie gesamthaft wieder als Einheit erscheint.

6

Atelier-Galerie, Alfons J. Keller

7

Geboren 1943 in Oberbüren SG. 1960–64 Schule für textiles Gestalten in St.Gallen – Lehre als Textilentwerferin. Verschiedene Kurse an der Schule für Gestaltung.

Heirat, 2 Kinder; lebt und arbeitet in St.Gallen.

Industriedesign für die Textil-, Papier- und Kartenindustrie. Grafische Illustrationen.

Seit 1978 freischaffende Künstlerin; hauptsächlich Arbeiten aus textilen Materialien in gemischten Techniken: Wandgehänge, Objekte, Buchobjekte, Miniaturen, Installationen, daneben stets Zeichnung und Druckgrafik.

Nach einer figurativen Phase (Gipsabguß vom menschlichen Körper) zurück zu strukturellem Schaffen. Auflösung von gegebenen oder geschaffenen Flächen oder Formen in exakte geometrische oder freie Gebilde.

Mitglied der GSMBA. Anerkennungspreis der Stadt St.Gallen. Verschiedene öffentliche Arbeiten in der Ostschweiz.

34

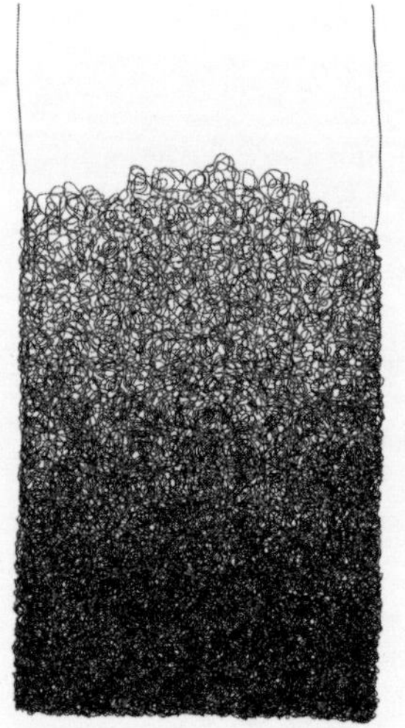

Lucie Schenker

35

*10 Jahre Atelier-Galerie, Galerie der aktuellen Ostschweizer Kunst.* St.Gallen: Atelier-Galerie, 1988. Einlagige Klappenbroschur, klammergeheftet, 19,7 x 29,7 cm. Abb.: Umschlag, Doppelseiten.

Der Fingerabdruck des Galeristen ist auf die Innenseite der Umschlagklappe gedruckt und erscheint in einem ausgestanzten Feld der Umschlagvorderseite.

*10 Jahre Atelier-Galerie, Galerie der aktuellen Ostschweizer Kunst.* St.Gallen: Atelier-Galerie, 1988. Single-section wire-stitched paperback with flaps, 29,7 x 19,7 cm. Ill.: cover, double-pages.

The gallery owner's fingerprint is printed on the inner side of the cover flap, and appears in a cut-out area of the front cover.

Anne Wanner-JeanRichard, Urs Hochuli: *Entwerfer unbekannt, Entwurf weggeworfen.* St.Gallen: Stehle Druck, 1994. Broschur mit Schutzumschlag, 17,5 x 28 cm. Abb.: Schutzumschlag (Vorder- und Rückseite), Doppelseiten.

Anne Wanner-JeanRichard, Urs Hochuli: *Entwerfer unbekannt, Entwurf weggeworfen.* St.Gallen: Stehle Druck, 1994. Paperback with dust jacket, 28 x 17,5 cm. Ill.: dust jacket (front and back), double-pages.

S. 146/147: Simone Schaufelberger-Breguet, Peter Killer, Peter E. Schaufelberger: *Jakob Greuter: Der Zweite Weltkrieg.* St.Gallen: VGS, 1989. Papierband, 20 x 30 cm. Abb.: Einband, Doppelseiten.

S. 146/147: Simone Schaufelberger-Breguet, Peter Killer, Peter E. Schaufelberger: *Jakob Greuter: Der Zweite Weltkrieg.* St.Gallen: VGS, 1989. Hardback, cased in paper, 30 x 20 cm. Ill.: binding, double-pages.

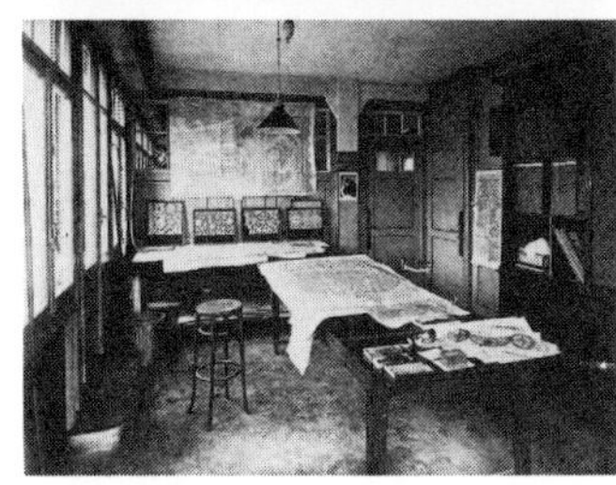

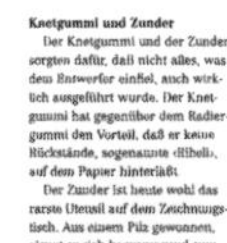

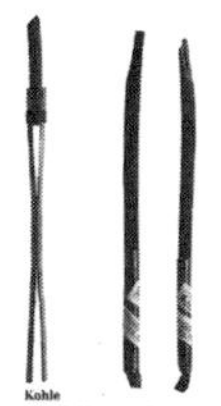

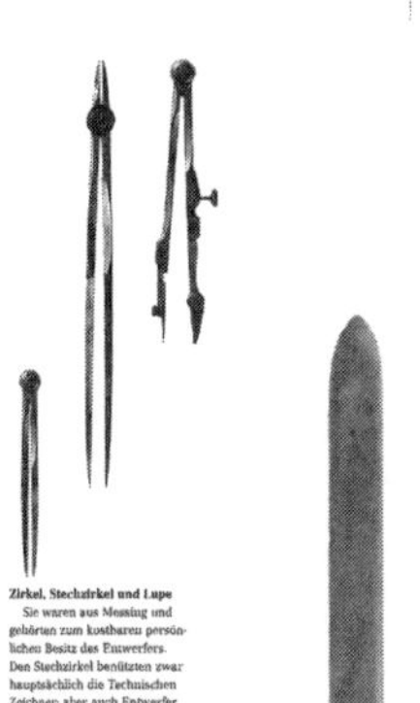

1 (S. 27). ‹Ein Feldflugplatz irgendwo in Finnland›. *Signal* 25. August 1940, Nr. 10. Mischtechnik, 32 x 48 cm. (Turmblatt)

2 (S. 27). ‹Höchste Anforderungen werden auch an die vierbeinigen Kameraden gestellt›. *Signal* 25. August 1940, Nr. 10, Farbfoto. Mischtechnik, 32 x 48 cm. (Turmblatt)

3. ‹Kurze Rast bei Kaffee aus der Feldküche›. *Signal* 25. August 1940, Nr. 10, Farbfoto. Mischtechnik, 48 x 32 cm. (Turmblatt)

4. Oben: ‹Abgesessen! Der Weg ist lang, der Tag ist heiß›. Unten: ‹Der Gegner sprengte Brücken. Deutsche Pioniere im Einsatz›. Beide Vorlagen: *Signal* 25. August 1940, Nr. 10, Farbfotos. Mischtechnik, 48 x 32 cm. (Turmblatt)

**1939**

1. September: Hitlers Armeen überfallen Polen und lösen damit den Krieg aus

3. September: Großbritannien und Frankreich erklären Hitler-Deutschland den Krieg

17. September: Zwei sowjetische Heeresgruppen rükken in Ostpolen ein

27./28. September: Warschau kapituliert

6. Oktober: Erlöschen des militärischen Widerstands in Polen

30. November: Sowjetunion eröffnet Krieg gegen Finnland

3

26 (S. 42/43). ‹Schnellboote führen einen Angriff: Zu mehreren hatten sie sich herangepirscht ein Boott kam zum Schuß …› (Originalzitat Greuter). *Signal* 10. September 1940, Nr. 11, farbige, aquarellierte Illustration. Mischtechnik, 32 x 48 cm. (Turmblatt)

27. ‹Ein anderer Teil des großen Schlachtfeldes der Luft über England und dem Kanal›. *Signal* 10. September 1940, Nr. 11, gezeichnete Umschlagrückseite. Mischtechnik, 48 x 32 cm. (Turmblatt)

28. ‹Minenräumboote bei der Arbeit›. *Signal* 1. Novemberheft 1940, Nr. 15, Farbfoto. Mischtechnik, 33 x 49,5 cm.

29. ‹La Valetta auf Malta›. Vorlage nicht eruiert, Doppelbild, vermutlich Januar 1941, deutsche Angriffe auf Malta. Mischtechnik, 48 x 35 cm.

30 (S. 46). ‹Vier Kreise, vier Bomben›. *Signal* 2. Juni 1941, Nr. 12. ‹Das Schicksal der deutschen Dezemberoffensive … im Südosten von Lüttich›. *SI* 27. Dezember 1944, Nr. 52. Mischtechnik, 35,5 x 49 cm.

31 (S. 46). Oben links: ‹20 000 Bruttoregistertonnen›. Oben rechts: ‹Am sinkenden Gegner vorbei auf neue Jagd›. *Signal* 2. Juni 1941, Nr. 12. Unten: ‹Wem gehört der Luftraum?› *SI* 13. Dezember 1944, Nr. 50. Mischtechnik, 35,5 x 49,5 cm.

32 (S. 47). ‹Europa steh vor Verkehrskataskastrophe› (Originalzitat Greuter). *SI* 22. November 1944, Nr. 47. Unten links: ‹Das Wasser scheint zu brennen›. *Signal* 2. Juni 1941, Nr. 12. Unten rechts: ‹Kriegsschauplatz Italien›. Nicht eruiert. Mischtechnik, weiß gehöht, 49,5 x 35,5 cm.

**1941**

Januar: Deutsches Fliegerkorps wird nach Sizilien verlegt; heftige Luftangriffe auf Malta

Mitte Februar: Deutsche Division – Kern des Afrika-Korps von General Rommel – wird nach Libyen entsandt; Vorstoß bis an die libysch-ägyptische Grenze

25. März: Beitritt Jugoslawiens zum Dreimächtepakt, löst zwei Tage später Putsch in Belgrad aus

12./13. April: Deutsche Truppen besetzen Belgrad

27

13. April: Japanisch-sowjetischer Neutralitätsvertrag

17. April: Kapitulation des jugoslawischen Heeres

21. April: Kapitulation der griechischen Epirus-Armee

27. April: Deutsche Truppen rücken in Athen ein

April/Mai: Erfolgloser irakischer Aufstand gegen britische Mandatsmacht

20. Mai–1. Juni: Eroberung Kretas gegen heftigen britischen Widerstand

7. Juni–14. Juli: Britische und freifranzösische Truppen zwingen Vichy-Truppen in Syrien zur Übergabe

28

29

44 | 45

1940

12. März: Finnisch-sowjetischer Friedensvertrag

9. April: Besetzung Dänemarks und der wichtigsten norwegischen Häfen durch deutsche Truppen

10. Mai: Beginn des deutschen Feldzugs im Westen, unter Verletzung der Neutralität der Niederlande, Belgiens und Luxemburgs; Einsetzen britischer Nachtangriffe auf deutsche Städte

14. Mai: Kapitulation des niederländischen Heeres

28. Mai: Kapitulation Belgiens

5. Juni: Neue deutsche Offensive: Improvisierte französische Sicherungslinie an Somme und Aisne wird überrannt

9. Juni: Der norwegische König Håkon befiehlt Einstellung der Kämpfe in seinem Land

4

28 | 29

1944

3. Januar: Rote Armee überschreitet polnisch-sowjetische Grenze von 1939

22. Januar: Alliierte Landungsversuche bei Anzio und Nettuno in Italien scheitern

Januar: Deutscher Ring südlich von Leningrad wird von Roter Armee gesprengt

4. März: Beginn der sowjetischen Frühjahrsoffensive in der Ukraine – Vormarsch bis an die Moldau, zu den Karpaten und bis nach Ostgalizien

19. März: Deutsche Truppen besetzen Ungarn

9. April–12. Mai: Sowjetische Eroberung der Krim

17. April: Japanische Großoffensive in China

12. Mai: Beginn des alliierten Großangriffs in Italien

65

66

4. Juni: Deutsche Truppen geben Rom auf

6. Juni: Beginn der alliierten Großlandung in der Normandie

9. Juni: Sowjetischer Angriff auf die finnische Front an der Karelischen Landenge, Vorstoß bis zur finnisch-sowjetischen Grenze von 1940

12. Juni: Beginn der Beschießungen Londons mit V-1-Raketen

12. Juni–15. Juli: Amerikaner erobern Marianen-Insel Saipan; Rücktritt des japanischen Kriegskabinetts

67

68

69

65. Oben links: ‹Londoner St.Pauls-Kathedrale im Rauch›. *SI* 15. Januar 1941, Nr. 3, Titelbild. Unten links: ‹Zerstörungen durch Bombenangriffe in Berlin: Luftbild eines britischen Aufklärungspiloten. Von den riesigen Gasbehältern des Gaswerks Mariendorf ist nur mehr das eiserne Kesselgerüst übriggeblieben›. *SI* 23. Februar 1944, Nr. 8. Bildstreifen oben rechts: ‹Die ersten aus Stockholm gefunkten Bilder von der furchtbaren Wirkung des russischen Bombenangriffs auf Helsinki›. *SI* 16. Februar 1944, Nr. 7. Bilder Mitte und unten: ‹Das sind die Männer des Maquis›. Mitte: ‹Im Lager›. Mitte unten: ‹Ein Stoßtrupp›. Mitte rechts: ‹Im offenen Kampf›. Rechts unten: ‹Das Attentat auf einen Zug mit Flugbenzin›. *SI* 23. Februar 1944, Nr. 8. Mischtechnik, 35 x 49 cm.

66. Oben links: ‹Unterwegs nach den Karpaten›. Unten links: ‹Eine halbe Million Lastwagen gehen täglich im Pendelverkehr zwischen der Front und der Etappe hin und her›. Bild im Zentrum: ‹Die hohe Stäbe der Wirtschaftstruppen verfügen über besondere Kommandowagen›. Oben rechts: ‹Ein Soldat namens Müller hat gleichzeitig mit dem Panzer, in dem er diente, den Tod gefunden›. Mitte rechts: ‹Auf dem Schlachtfeld von Apilia›. Unten rechts: ‹In den Ruinen von Monte Cassino›. Keines der Motive eruiert, Monte Cassino Februar/ März 1944, Bild Karpaten 1943, mittleres Bild rechts 1944. Mischtechnik, 35 x 49 cm.

67. ‹In der Route über den Brenner hängt der deutsche Krieg vor Rom›. *SI* 9. Februar 1944, Nr. 6. Mischtechnik, 35,5 x 48 cm.

68. ‹Der Krieg steht bereits weitab von der zweitgrößten Stadt Rußlands, und Leningrad wird wieder zur unbehindert funktionierenden Etappe›. *SI* 16. Februar 1944, Nr. 7. Mischtechnik, 35 x 48 cm.

69. ‹Auch im Krieg gibt es Ritterlichkeit›. *SI* 8. März 1944, Nr. 10, Farbaufnahme. Mischtechnik, weiß gehöht, 35,5 x 48 cm.

64 | 65

*Bauen in der Altstadt.* Basel: Pensionskassen Ciba-Geigy, 1990. Papierband, 20 x 30 cm.
Abb.: Einband, Doppelseite mit Innentitel, weitere Doppelseiten.

*Bauen in der Altstadt.* Basel: Pensionskassen Ciba-Geigy, 1990. Hardback, cased in paper, 30 x 20 cm.
Ill.: binding, double-page with title, other double-pages.

## St.Gallen

### Abkürzungen

| | |
|---|---|
| Adreßbücher | Adreß-Buch der Stadt St.Gallen, St.Gallen 1840. Offizielles Adreßbuch der Stadt St.Gallen und der Gemeinde Wittenbach, 99. Jg., St.Gallen 1987. |
| Altstadtinventar | Haller, Marie-Christine: Stadt St.Gallen, Ortsbildpflege Altstadt, St.Gallen 1977 (Manuskript im Stadtarchiv [Vadiana] St.Gallen). |
| BDM | Hardegger, August; Schlatter, Salomon; Schieß, Traugott: Die Baudenkmäler der Stadt St.Gallen, St.Gallen 1922 (Die Baudenkmäler des Kantons St.Gallen, Bd. I [mehr nicht erschienen]). |
| Chart. Sang. | Chartularium Sangallense, bearb. von Otto P. Clavadetscher, Bd. III, IV, V, St.Gallen 1983, 1985, 1988. |
| Ez I | Ehrenzeller, Wilhelm: Kloster und Stadt St.Gallen im Spätmittelalter, Von der Blütezeit des Klosters bis zur Einsetzung Ulrich Röschs als Pfleger 1458. Mit einer Darstellung der Appenzeller Kriege, St.Gallen 1931 (St.gallische Geschichte im Spätmittelalter und in der Reformationszeit, Erster Band). |
| Häuserverzeichnisse | Verzeichniß der Häuser in der Stadt St.Gallen, o. O. 1800.<br>Die Haus-Nummern und Haus-Eigenthümer der Stadtgemeinde Sanct Gallen, o. O. 1826.<br>Verzeichniß der Haus-Nummern und Haus-Eigenthümer der Stadtgemeinde St.Gallen, St.Gallen 1857.<br>Verzeichniß sämmtlicher Haus-Nummern und Haus-Eigenthümer nach der neuen Straßenbezeichnung und Häusernummerirung der Stadtgemeinde St.Gallen, St.Gallen 1866.<br>Amtliches Häuser- und Straßen-Verzeichnis der Stadtgemeinde St.Gallen, St.Gallen 1885, 1887, 1891, 1894, 1899.<br>Amtliches Häuser- und Straßen-Verzeichnis, St.Gallen 1903. |
| KBSG | Kantonsbibliothek (Vadiana) St.Gallen. |
| Schieß | Die ältesten Seckelamtsbücher der Stadt St.Gallen aus den Jahren 1405-1408, mit Ergänzungen, hg. von Traugott Schieß, St.Gallen 1919 (Mitteilungen zur vaterländischen Geschichte, hg. vom Historischen Verein des Kantons St.Gallen, XXXV). |
| StadtASG | Stadtarchiv (Vadiana) St.Gallen. |
| UBSG I bis VI | Urkundenbuch der Abtei Sanct Gallen, bearb. von Hermann Wartmann u. a., Zürich und St.Gallen 1863-1955. |



Das Spiser-Wappen aus der Chronik des Johannes Stumpf.

### Zur Geschichte der Spisergasse und der östlichen Altstadt

#### Die Spiser

Im August 1531 erschien einige Tage lang, kurz nach Sonnenuntergang, der Halleysche Komet am westlichen Himmel und ‹in der Frühe vor Tag ein auffallend feuriger Stern im Osten›. – Joachim von Watt, genannt Vadianus (1484-1551), und sein Bruder David, Johannes Kessler und vier weitere Begleiter stiegen in diesem Monat August auf die Bernegg, um ‹allda uf der Höche› Komet und Stern zu sehen. Dort oben verbrachten sie, wie Johannes Kessler in seiner Sabbata berichtet, die Nacht mit Beobachten und Erzählen. – Als dann ‹der liechte Morgen anfieng herbrechen und die nahende Son ir vorgende Morgenröte vor ir herumb spraitet und die wackeren Vogeli mit lieblichem Gesang die Tagzit verkündtend›, stiegen sie wieder hinab und machten sich auf den Heimweg. Weil es aber noch früh war und gemütlich, setzte sich die Gesellschaft ‹zuo mitter Berenegg nider gegen der Statt›. Und da begann Vadian aus der Geschichte seiner Stadt zu berichten und zu erklären, ‹was alte, ersame Gschlechter allhie und an welchen Gassen sy gesessen weren, och von wannenher etliche Gassen ire Nammen empfangen, als der Haiden Gaß, Judengaß, so man ietz nennet Hinder der Brotloben; item Sbisergaß und Sbiserthor [...]›.[1]

Nach Vadian und anderen Chronisten war es das sehr alte Geschlecht der Spiser, welches der Gasse und dem gleichnamigen Tor den Namen gab.

Der Dispensator (Rechnungsführer, Kassier) war im frühen Mittelalter als Hofbeamter für die Kassenführung und Auszahlung zuständig; als allgemeiner Wirtschaftsverwalter hatte er die Ausgaben für die Hofverwaltung zu leisten. Er war in der Regel dem Schatzmeister oder dem Kämmerer unterstellt. Am äbtischen Hof hatte der Dispensator, der Speiser, namentlich das Ernährungswesen unter sich.

Die Spiser oder Speiser waren ein altes sanktgallisches Ministerialengeschlecht, das einst als äbtisches Lehen die Spisegg an der Sitter unterhalb von St. Josefen besaß. Ein Růdolfus Dispensator wird schon 1222 als Zeuge in einer Urkunde genannt, gemäß welcher Abt Rudolf von Güttingen der Propstei St.Peterzell gegen einen jährlichen Zins ein Gut verlieh.[2]

Aus dem Jahr 1239 hat sich eine Quittung erhalten, welche der römische Bürger Paulus Soguatarius Ende Sep-

1 Johannes Kesslers Sabbata, mit kleineren Schriften und Briefen. Unter Mitw. von Emil Egli und Rudolf Schoch hg. vom Historischen Verein des Kantons St.Gallen, St.Gallen 1902, S. 361-362.

2 Chart. Sang. III, Nr. 1095, S. 155.



Landen und Völckeren Chronick wirdiger Thaaten Beschreybung, Zürich 1547, 5. Buch, S. 42; Wappenbuch der Stadt St.Gallen, bearb. von Hans Richard von Fels und Alfred Schmid, Rorschach 1952, S. 21, Tafel IX.

umbschlagen›, das auch in der Chronik des Johannes Stumpf (1547) abgebildet ist; sodann ein zweites, welches im Wappenbuch der Stadt St.Gallen zu finden ist, ein weißer Mühlstein in rotem Feld.[22] – Geblieben ist auch ein Gassenname, der an dieses einstmals blühende Geschlecht erinnert, der Name jener Gasse, die zu den schönsten unserer Stadt gehört.

#### Das Spisertor

In *Die Baudenkmäler der Stadt St.Gallen*, dem für die Baugeschichte unserer Stadt wichtigsten Werk, steht, das Spisertor sei vor der Ummauerung der untern Stadt fast das wichtigste Tor gewesen, weil die Straßen von Rorschach, Steinach und dem Thurgau sowie der Saumweg vom

*‹Spisertor› und ‹S. Loretz› aus der Darstellung der Stadt St.Gallen von Heinrich Vogtherr aus dem Jahr 1545.*

Appenzellerland und Rheintal hier ihren Einlaß hatten.[23]

Über seine ursprüngliche Anlage wissen wir ebenso wenig wie über die Zeit der Erbauung. Erwähnt ist es aber bereits 1319, und zwar in einer Urkunde, die im Stadtarchiv verwahrt wird. Darin heißt es, Abt Hiltbold von Werstein übergebe den Schwestern Adelhait und Jüzi Köbman einen Streifen Boden, zwischen der St.Laurenzenkirche und dem ‹Spiserthore› gelegen.[24] 1358 wird ‹Bilgrin dem Spiser und Cünin Völin, burger ze sant Gallen, sin hus› erwähnt, ‹gelegen ze sant Gallen an Spiser tor, das er kouft umb Růdolf den Spiser›.[25] (Es handelt sich bei diesem Haus um die ehemalige sogenannte ‹Hofstatt› neben dem Spisertor an der heutigen Zeughausgasse.)

Nach dem großen Stadtbrand von 1418 mußte auch das Spisertor wieder instandgestellt werden. Die Kosten für allerhand Arbeiten sind im Seckelamtsbuch verzeichnet. Bei der Reparierung des Spisertores wurde auffällig viel Holz gebraucht, was darauf schließen läßt, ‹daß sein Oberbau ebenso wie derjenige des Irertores ein hölzernes Blockhaus war, was auch mit der niedern Dachform auf dem ältesten Stadtbilde von Vogtherr übereinstimmen würde›.[26]

1557 wurde im Großen Rat über ‹Spiser unnd Schibiner thor› beraten und beschlossen, ‹das Spiser thor zum besten ze buwen, doch kein bhusung me darin zu machenn›.[27] Aber erst im Februar 1559 bestimmte der Kleine Rat, man solle das Spisertor ‹bis uf den grund abprechen und 3 gmach hoch buwen und allen ding machen wie buwmai-

23 BDM, S. 281.

24 UBSG III, Nr. 1250.

25 UBSG III, Nr. 1555.

26 BDM, S. 281; vgl. dazu Schieß, Traugott: Vor fünfhundert Jahren, in: St.Galler Schreibmappe für das Jahr 1919, S. 56.

27 StadtASG, Ratsprotokoll, 1557, f. 156v.



*Links: Das Spisertor, gezeichnet von Salomon Schlatter, vor dem Abbruch 1879.*

*‹Es war ein starker, kahler, viereckiger Turm mit steilem Giebel auf jeder der vier Fronten und Kreuzfirst. Die Toröffnung war spitzbogig überdeckt. Eine grosse Sonnenuhr, ein kleiner Auslugerker (sog. Sentinelle), eine Schlaguhr mit Glöcklein im Dachreitertürmchen belebten etwas die wuchtige Mauerfläche.›* BDM, S. 282.

*Ganz oben: ‹Östliche Altstadt, Burggraben und Oberer Brühl mit Spisertor und Platztor, um 1860.›*

*Oben: Das Spisertor, nach der Natur gezeichnet und gestochen von Johann Jacob Rietmann 1814.*

*‹Dem Torturm war ein großer, mit hohen, starken schießschartenbewehrten Mauern umgebener Zwinger vorgelagert, in dem ein kleines Häuschen mit der Wohnung des Torhüters stand. Dieser Vorhof hatte wieder nach jeder Seite ein verschließbares Tor, eines gegen die Straße vom Brühl und vom Thurgau her, das gegenüberliegende gegen die Muesbrücke und das Haupttor gegen die Speiservorstadt hin.›* BDM, S. 282.

VGS Verlagsgemeinschaft St.Gallen ISBN 3 7291 1067 5



Elisabeth Keller-Schweizer

**Verena Merz**

Mit Beiträgen von Henri Cueco und Florian Vetsch

**Elisabeth Keller-Schweizer: *Verena Merz*. St.Gallen: VGS, 1992. Steifbroschüre mit aufgesetzten Deckeln und Vorsatz, 24 x 30 cm. Abb.: Einband, Doppelseite mit Innentitel, weitere Doppelseiten.**

Elisabeth Keller-Schweizer: *Verena Merz*. St.Gallen: VGS, 1992. Softback with stiff boards, set-on covers and endpapers, 30 x 24 cm. Ill.: binding, double-page with title, other double-pages.

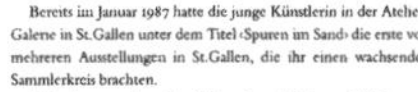

**1987**

Im Februar 1987 schloß Verena Merz ihr Studium der Malerei an der Ecole Supérieure Nationale des Beaux-Arts mit der höchsten Auszeichnung ab.

Die junge Malerin entschied sich, vorerst in Paris zu bleiben und sich dort als freischaffende Künstlerin niederzulassen. Bis sie ein eigenes Atelier fand, erhielt sie von der ‹Beaux-Arts› die Möglichkeit, im internen Atelier weiterzuarbeiten.

Ob der akademische Abschluß ihr das Tor zur Malerei nun endgültig geöffnet habe, diese Frage wird sich die Künstlerin intensiv gestellt haben. In einer Reihe von Bildern dieser Zeit beschäftigte sie sich jedenfalls mit dem Thema Tür, Tor, Eingang, Ausgang.

In großen Doppelbildern handelte sie das Thema fast exemplarisch ab. Je im Zentrum stehen dunkle, mit ‹Eingang› und ‹Ausgang› beschriftete Felder, umgeben von Tieren und figürlichen Szenen; auffallend beidemal ein Auto, das im Bild ‹Ausgang› auf der mit ‹Fluchtweg› bezeichneten Straße fährt (Kat. 874, 875).

Das andere Bildpaar gleicher Größe weist einen vergleichbaren Bildaufbau auf. Im Zentrum diesmal helle, viereckig ausgesteckte Felder, mit ‹Tür› und ‹Tor› überschrieben, gleichzeitig im Innern des Gevierts zusätzlich mit ‹Harmonie› und ‹Desaster› näher bezeichnet (Kat. 871, 872).

Bildharmonie einerseits und schöpferisches Chaos anderseits sind die Leitplanken, zwischen denen sich die ‹Realisation› dieser Bilder bewegt. Durch die verbale und bildliche Gegenüberstellung öffnet sich ein weites Assoziationsfeld, das für das Verständnis dieser Bilder nicht unwesentlich ist.

Das Motiv des Tors, das sowohl auftut als auch abschließt, ist im Bild ‹Flügel› (Abb. 48, S. 53) besonders schön realisiert. Auch das Triptychon ‹Wer-Wo-Was› geht vom zentralen Torgedanken aus und zeigt besonders im Bild ‹Wer› (Kat. 299) das assoziative Vorgehen der Malerin, das im Hin- und Herfluktuieren zwischen Text und Motiv liegt.

Gleichzeitig wird deutlich, wie Verena Merz beim Bearbeiten eines Themenfeldes von einem konkreten Motiv ausgeht und dieses schrittweise vom Ausgangspunkt löst. So geschehen in der Reihe der Bilder um ‹Kopfschmuck der Königin› (Kat. 382 und Abb. 49, S. 54), wo der Zusammenhang des überdimensionierten kristallinen Gebildes des Kopfschmucks mit dem verschwindend kleinen Kopf immer mehr verlorengeht (Abb. 50, S. 55) und schließlich als selbständiges – scheinbar abstraktes Motiv bildfüllend wird (Kat. 901). Der Anknüpfungspunkt für eine Anzahl von abstrakten Arbeiten mit dem Rhombusmotiv dürfte meiner Meinung nach hier zu suchen sein.

Das erste Jahr als freischaffende Künstlerin im Atelier an der Rue Châtillon 18 brachte neben den großen, befreienden Formaten der Papierarbeiten, die auf dem Boden entstanden (Abb. 65, S. 66), eine beachtliche Zahl weiterer Werke. Verena Merz konnte sie in Gruppenausstellungen in Frankreich und in der Schweiz zeigen.

50

Abb. 46 [1184, Ser. 3 a–c, +3]
**Main/Hand (u. a. Titel) 1987**
Collage und Mischtechnik auf Papier, 27 : 21 cm, sig. dat. V Merz 87, verschiedene Standorte, 0461

Bereits im Januar 1987 hatte die junge Künstlerin in der Atelier-Galerie in St.Gallen unter dem Titel ‹Spuren im Sand› die erste von mehreren Ausstellungen in St.Gallen, die ihr einen wachsenden Sammlerkreis brachten.

Nebst den vorwiegend großformatigen Arbeiten auf Papier entstand 1987 wieder eine ganze Reihe von Serien.

Von besonders sinnlicher Ausstrahlung sind die ‹Schiefertafeln›, abstrakte Materiallandschaften aus Farbe und Gips, die, wie im Falle von ‹Pierre du savoir› (Abb. 51 und 52, S. 56), mit Titeln versehen sind, die wiederum einen integrierenden Bestandteil der Werke bilden.

Gefundene Materialien regten Verena Merz besonders zum Arbeiten an. So auch im Falle der ‹Anatomieblätter›, einer Serie, die als Übermalung der bestehenden Blätter aus einem alten angesengten Anatomiebuch entstanden, das die Malerin in einer Mulde bei einem Brandobjekt in Paris gefunden hatte (Abb. 46, S. 50).

Wohl eines der dominantesten Motive ist das der Giraffe. Angesichts seiner Häufigkeit ist man versucht, sie als Markenzeichen von Verena Merz zu betrachten. Schon 1987 erschienen in einem Buch Skizzen zu einer ‹Histoire de la girafe›;[1] und einen bemalten Rahmen, der von einem langen Giraffenhals umrankt wird, versah Verena mit der Inschrift: ‹fait pendant l'année de la girafe 1987›,[2] was zeigt, daß die Malerin selber in der Dimension des Giraffenjahrs dachte. Die Ausstellung ‹Serafen & Co.› im Eisenwerk in Frauenfeld,[3] die ausschließlich diesem Thema gewidmet war, führte die Vielfalt des Themenkomplexes rund um die Giraffe auf eindrückliche Weise vor Augen (Abb. 62 und 63, S. 64).

Der lange Hals der Giraffe, gedreht, verknotet, treppen- oder leiterartig geformt, zur Spirale gedreht oder massiv überlängt, dient der Künstlerin zu den phantastischsten Bildschöpfungen (Abb. 55, S. 58, und Abb. 83, S. 80).

In einer übermalten Fotografie, auf der ein himmelwärts ragender Kran am Ende mit einem Giraffenkopf versehen ist,[4] oder im Motiv des ‹Gireiffel›, wo der Eiffelturm mit dem Giraffenhals zur Deckung kommt (Abb. 54, S. 57), und in vielen anderen Bild- und Wortschöpfungen zeigt sich Verena Merz als eine Art moderne Märchenerzählerin, die versucht, unsere Zivilisation mit archaischen Bildern zusammenzubringen.

Der Versuch, immer wieder Bilder zu finden für den Brückenschlag zwischen Mythologie und Zivilisation, ist wohl eine der gewichtigsten Leistungen ihrer Malerei. Die Vorstellung von den Mythen, die uns umgeben und sich auf uns niederlassen wollen, wie sie in einem Skizzenbuch formuliert ist (vgl. Anm. 2, S. 12) und wie sie im Selbstporträt mit ‹Kopfgeburten› eigenwillig zur Darstellung gelangt (Kat. 1343), trifft das geistige Klima sehr präzis, aus dem heraus Verena Merz ihre Bilder schöpfte.

1987 entstanden und 1990 überarbeitet und signiert ist eine große Arbeit auf Papier, die sich heute in der Eingangshalle des Kinder-

51

und Elefanten› im Januar 1989 in der Atelier-Galerie in St.Gallen trägt dieser Entwicklung Rechnung (Abb. 84, S. 81).

Was die Darstellung von Tieren betrifft, so fällt überhaupt auf, daß mit Vorliebe die exotischen – Giraffe, Elefant, Schildkröte, Krokodil, Känguruh und Kamel – phasenweise gehäuft und später wild gekreuzt erscheinen.

Ich sehe in der Vorliebe für diese archaischen Tiere wiederum eine Sehnsucht von Verena Merz nach einem Urzustand, wie sie auch in den Paradiesesdarstellungen zum Ausdruck kommt. In der Sehnsucht nach dem verlorenen Paradies erkenne ich eine wichtige Triebfeder ihres künstlerischen Schaffens, die gleiche, die sie auch auf Reisen, nach Indien und später nach Ägypten, führte.

1 Das Wort ‹Viecher› tritt verschiedentlich auf, z. B. auf einem Blatt aus der Serie Kat. 1237 als Titel. In dieser Zeit taucht auf Arbeiten auch der Stempel ‹agence metanimal› auf.

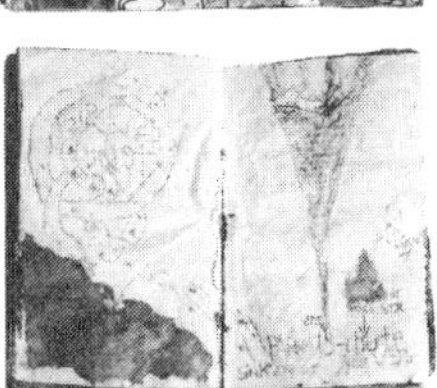

76

Abb. 76 [1333]
**Werkbuch 6 um 1987**
Collage und Mischtechnik auf Papier, 108 S. 14 : 11 cm, Nachlaßstempel, Nachlaß, St.Gallen, BC 10

Abb. 77 [1323]
**Werkbuch 3 um 1986**
Mischtechnik und Collage auf Papier, 108 S. 14 : 11 cm, Nachlaßstempel, Nachlaß, St.Gallen, BC 07

Abb. 78 [1324]
**Überarbeitetes Buch / Solus Liber Liber 1987**
Mischtechnik auf Papier, 32 S. 13,5 : 9 cm, sig. dat. Verena Merz 87, Nachlaß, St.Gallen, BC 21

Abb. 79 [330]
**Paradis 1988**
Mischtechnik auf Leinwand, 195 : 130 cm, sig. dat. V. Merz 88, Paris, Galerie Horloge, AH 01

77

86

Abb. 90 [438]
**o. T. (Giraffe mit roten Rhomben) 1989**
Mischtechnik auf Leinwand, 131 : 97 cm, sig. dat. V. Merz 89, Privatbesitz, St.Gallen, AS 01

Abb. 91 [389]
**Serafe um 1988**
Mischtechnik auf Zelttuch, 66 : 50 cm, sig. V Merz, Privatbesitz, St.Gallen, 0131

Abb. 92 [391]
**Serafen (1988)**
Mischtechnik auf Leinwand, 65 : 50 cm, sig. V Merz, Paris, Galerie Horloge, AH 08

87

**Daniel Studer: *Martha Cunz 1876–1961*. St.Gallen: VGS, 1993. Halbgewebeband mit aufgesetzten Deckeln, 22,5 x 30 cm. Abb.: Einband (Vorder- und Rückseite), Doppelseiten (s. auch S. 47).**

Daniel Studer: *Martha Cunz 1876–1961*. St.Gallen: VGS, 1993. Quarter-cloth binding with set-on covers, 30 x 22,5 cm. Ill.: binding (front and back), double-pages. (see also p. 47).

102 Das graphische Werk

für einige Zeit widmeten,[663] können zur Gruppe der Münchner Holzschneider gezählt werden, ebenfalls Hans Neumann und Carl Liner. Im weiteren Gustav Bechler, Georg Braumüller und seine spätere Frau Margarete Havemann, August Braun, Hermann Völkerling, Karl Schmoll von Eisenwerth, Eugen Herzig, Martha Wenzel, Alfred Braun-Heilbronn, R. Treumann, Albert Weisgerber, Ferdinand Mirwald und Daniel Staschus.[664]

Entscheidend für die Bedeutung Münchens ‹als Vorort des modernen deutschen Holzschnittes› war jedoch der schon mehrfach erwähnte Ernst Neumann. Wilhelm Michel schilderte im Aprilheft 1905 von *Deutsche Kunst und Dekoration* die Situation in der bayerischen Metropole in prägnanten Worten:

> ‹Seit vier bis fünf Jahren, seit dem Auftreten des hochbegabten und zielbewußten Ernst Neumann, hat der Holzschnitt hier fortwährend an Boden gewonnen. Die temperamentvollen, rassigen Arbeiten dieses Künstlers wirken heute noch richtunggebend fort, wenngleich Ernst Neumann München inzwischen den Rücken gekehrt hat. Wenn irgend Jemandem, so muß es wohl ihm zugerechnet werden, daß der Münchner Holzschnitt heute eine festgeschlossene Erscheinung ohne wesentlich divergierende Sondertendenzen darstellt.›[665]

Gabriele Münter, Kandinsky, 1906, Farblinolschnitt, 24,4:17,7 cm, Städtische Galerie im Lenbachhaus, München.

Die Stellung von Martha Cunz innerhalb der Gruppe der Münchner Holzschneider

Vergleicht man Holzschnitte der oben erwähnten Künstler mit denjenigen von Martha Cunz, so fallen vorwiegend technische und stilistische Ähnlichkeiten auf. Auch bei ihr ist eine deutlich dekorative Haltung feststellbar, die ganz auf entschieden zusammengefaßten, großzügigen Farbflächen aufbaut und weitgehend auf Konturen verzichtet. Thematische Analogien lassen sich weniger beobachten. Die modischen Schilderungen der eleganten Gesellschaftswelt, wie sie Wassily Kandinsky liebte, waren dem Empfinden von Martha Cunz fremd.[666] Hans Neumann, von Michel als ‹vielleicht der reifste Stilist des Münchner Holzschnittes› bezeichnet, bevorzugte gleichermaßen figürliche Szenen.[667] Das trifft auch auf Gabriele Münter zu, von der einige Porträt-Linolschnitte bekannt sind. Ihr wohl berühmtestes Blatt entstand 1906 und zeigt den pfeifenrauchenden Kandinsky vor wellenbandartigem, flächig aufgefaßtem Hintergrund.[668] Landschaftliche Elemente treten bei Münter und anderen Künstlern häufig als dekorative Accessoires auf, z. B. bei Karl Schmoll von Eisenwerth.[669] Wilhelm Michel meinte zu zwei lyrisch aufgefaßten Blättern dieses Künstlers:

> ‹Wie ein fröhliches und doch von leiser Wehmut verschleiertes Märchen erscheint sein «Waldritt», höchst intim und von fast illustrativem Reize erfüllt ist das «Weiße Kleid». Doch geht er hier durch allzu reiche Komplizierung des Druckes fast schon über die Grenze des Holzschnittmäßigen hinaus.›[670]

Strenger sind die Landschaftswiedergaben von Hermann Völkerling (1875–1924). Die nur ausschnittweise gezeigten Baumstämme in einer ‹Schneelandschaft›[671] lassen japanischen Einfluß erkennen. Im Gegensatz zu Martha Cunz und ihren Holzschneider-Kollegen, die alle den Handdruck mit Aquarellfarben bevorzugten, legte Völkerling allerdings mehr Wert auf die maschinelle Wiedergabe seiner Holzschnitte.[672]

Eine direkte Gegenüberstellung drängt sich hauptsächlich mit Arbeiten Gustav Bechlers (1870–1951) auf.[673] Seine in kräftigen Farben gehaltenen Wiedergaben rauher Winter- und Herbststimmungen lassen sich zu Holzschnitten der St.Gallerin in Beziehung bringen. Bechlers um 1904 entstandener ‹Scheidender Winter›[674] weist erhebliche Ähnlichkeiten zu ‹Triftgletscher› oder ‹Graustock und Titlis› (Holzschnitt-Katalog Nrn. 3 und 8) auf. Wie in diesen frühen Blättern von Martha Cunz wird auch in Bechlers Holzschnitt eine herbe Gebirgslandschaft geschildert. Die im wesentlichen in zwei Teile gegliederte Darstellung zeigt im Vordergrund eine sanft abfallende Wiese zur Zeit der Schneeschmelze. Hinten erhebt sich ein schneebedecktes Bergmassiv. Wie bei ‹Graustock und Titlis› lassen die schroffen Gipfel – vergleichbar mit

München als Vorort des modernen deutschen Holzschnitts 103

Carl Thiemann, Dachau, Münchner Straße, 1909, Farbholzschnitt, 39,5:49,7 cm.

‹Blick auf den Säntis›, ‹Grauer Tag am Melchsee› und ‹Bergsee› (Holzschnitt-Katalog Nrn. 6, 14 und 41) – nur mehr wenig Platz für den Himmel.

Von der ähnlichen künstlerischen Auffassung zeugt auch ein im Nachlaß von Martha Cunz erhaltener Holzschnitt Gustav Bechlers. Das Blatt mit dem Titel ‹Abend› mißt 34:49 cm und stellt eine winterliche Landschaft dar, die an Bilder Giovanni Segantinis erinnert. Es ist anzunehmen, daß Martha Cunz diese Arbeit von Bechler eingetauscht hat. Ein weiterer Kontakt zwischen den beiden Künstlern scheint aber nicht bestanden zu haben.

Zwei Münchner Holzschneider, deren Arbeiten gleichfalls mit denjenigen von Martha Cunz verglichen werden können, waren Daniel Staschus (geb. 1872) und Ferdinand Mirwald (1872–1948). Staschus, der nachweisbar Carl Thiemann beeinflußte[675], gab seine Blätter 1904 und 1907 in kleinen Mappen im Selbstverlag heraus.[676] Trotz der damit zusammenhängenden weiten Verbreitung waren sie Martha Cunz offenbar nicht bekannt, jedenfalls kommt der Name ‹Staschus› in keinem ihrer Briefe vor. Ein von Staschus um 1907 geschaffener Holzschnitt mit dem Titel ‹Vor Anker›[677] erinnert entfernt an den 1905 geschnittenen ‹Holländischen Fischerhafen› (Holzschnitt-Katalog Nr. 18). Daniel Staschus übte auf Ferdinand Mirwald nachhaltigen Einfluß aus. Die beiden Künstler hatten sich in Dachau kennengelernt und stellten – ganz im Gegensatz zu Martha Cunz – immer wieder die Umgebung des Künstlerortes dar. Mirwalds ‹Münchener Straße›[678] nimmt zudem das gleichnamige Blatt Carl Thiemanns vorweg. Das Holzschnittwerk von Ferdinand Mirwald ist verloren. Von den Holzstöcken besteht keiner mehr, Drucke gibt es nur noch ganz we-

158 Katalog der Holzschnitte

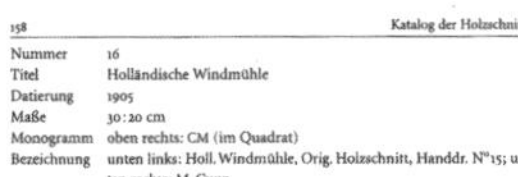

| | |
|---|---|
| Nummer | 16 |
| Titel | Holländische Windmühle |
| Datierung | 1905 |
| Maße | 30:20 cm |
| Monogramm | oben rechts: CM (im Quadrat) |
| Bezeichnung | unten links: Holl. Windmühle, Orig. Holzschnitt, Handdr. N°15; unten rechts: M. Cunz |
| Druck | 4 Hirnholz-Stöcke (im Kunstmuseum St.Gallen erhalten, auf der Rückseite ‹Abend in Volendam›, Holzschnitt-Katalog Nr. 19); Farben: grün, gelb, grau, blauschwarz. Von diesem Blatt existiert auch ein Maschinendruck in der Größe von 21:14 cm. |

‹Die Windmühlen wirken auf mich von nah gesehn auch viel kraftvoller, großartiger, als man sie gewöhnlich abgebildet sieht›[846], berichtete Martha Cunz ihren Eltern aus Volendam. Die Künstlerin war begeistert von der holländischen Landschaft und fertigte eifrig Skizzen für Holzschnitte an. Das Motiv der Windmühle kommt denn auch zweimal vor. Das vorliegende Blatt, das wegen seinem leuchtenden Gelb allgemeines Aufsehen erregte, zeigt eine Windmühle in starker Nah- und Untersicht. Es ist eine kühne Komposition mit einem ausladenden, diagonal zum hochrechteckigen Format gestellten Mühlearm. Diese extreme Diagonale, die von der unteren rechten Bildecke in die obere linke zielt, stellt eine Besonderheit des japonistischen Bildaufbaus dar. Die Kompositionsweise lebt aus der Spannung von Hochformat, auffälliger Untersicht und dynamischer Diagonale.

Bei diesem Holzschnitt hatte die Künstlerin zu Beginn kompositorische Schwierigkeiten. Sie fand immer, ‹daß es noch an irgend etwas fehle, konnte aber nicht daraufkommen, wie abhelfen›. Martha Cunz fragte darauf ihren Künstlerkollegen Adolf Thomann um Rat und erklärte:

> ‹Erst bot er mir an, mir unten eine Kuh einzusetzen, dann meinte er aber, ich hätte in der Luft mit Vögeln etwas dagegen führen sollen. Jetzt hab ich letzteres auf einem Druck probiert u. sieht die Geschichte gleich ganz anders aus, das gewisse Etwas, was mich immer störte, die Monotonie, ist jetzt behoben.›[847]

Im April 1905 bekundete sie noch immer Probleme und teilte mit:

> ‹Die Holzschnitte muß ich auch noch korrigieren u. besser drucken. Bin übrigens mit den Vögeln bei der Mühle schön in der Patsche. Ich war heute im zoolog.[ischen] Museum, um einige nötige Skizzen dazu zu machen. Wie ich aber nach Vögeln mit ausgespannten Flügeln wie in Flugstellung, fragte, meinte der Diener: Das haben wir nicht, denn wissen's, das braucht zuviel Platz.›[848]

Dazu meinte ihr Vater:

> ‹Daß Dich die Vögel für den Holzschnitt ärgern, ist uns etwas unverständlich, Eugen meint, es gebe ja doch nur ein paar Striche, die ebensogut etwas anderes vorstellen könnten, u. fliegende Vögel wird es doch auch in München geben; schließlich könntest Du ja einen Luftballon hineinmachen oder eine Flugmaschine nach eigener Konstruktion.›[849]

Diese – wohl nicht ganz ernst gemeinten! – Vorschläge überzeugten die Künstlerin nicht, und sie schrieb: ‹(N. B. die Vögel habe [ich] noch eingesetzt, ich zog sie der Flugmaschine doch noch vor!)›[850]

Schon kurz nach seiner Vollendung sandte Martha Cunz den Holzschnitt zur Teilnahme an die IX. Internationale Kunstausstellung im Glaspalast ein. Die Anzahl Arbeiten pro Künstler war begrenzt, doch setzte sie in diese Darstellung große Hoffnung, ‹da für kleinere Sachen eher Platz ist›[851]. Die in Basel tätige Jury für die Schweizerabteilung akzeptierte das Blatt. Im Juli 1906 erwarb die Eidgenossenschaft die ‹Holländische Windmühle›, zusammen mit ‹Auf der Messe› (Holzschnitt-Katalog Nr. 15).[852]

Literatur

O.[TTO] L.[ÜNING], ‹Die Weihnachtsausstellung der St.Gallischen Künstler›, in: *St.Galler Tagblatt*, 9. Dezember 1905. – TH.[EODOR] V.[ON] R.[EDING], ‹Münchner Brief. Eine Schweizer Künstlerin›, in: *Der Bund*, 5. Mai 1906. – ‹Turnus-Ausstellung des Schweizer Kunstvereins›, in: *Nationale Zeitung*, 7. Oktober 1906. – S. M., ‹Aus der Winterthurer Kunsthalle›, in: *Winterthurer Tagblatt*, 24. Februar 1911. – B., ‹Kollektivausstellung von drei Künstlerinnen im Antikensaal der Kunsthalle Winterthur›, in: *Der Landbote*, 25. Februar 1911. – *Katalog der Walze*, Lagerkatalog Kunsthaus Zürich, Zürich o. J. [1918], p. 19. – RUDOLF HANHART, *Martha Cunz – Holzschnitte*, St.Gallen o. J. [1961], p. 18, Nr. 18.

Ausstellungen

IX. Internationale Kunstausstellung Glaspalast München, 1905, Nr. 2046. – Martha Cunz – Zu Ehren ihres 70. Geburtstages, Kunstmuseum St.Gallen, 2.–24. November 1946, Graphikraum, Nr. 50.

178 Katalog der Holzschnitte

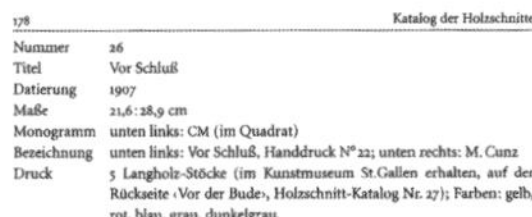

| | |
|---|---|
| Nummer | 26 |
| Titel | Vor Schluß |
| Datierung | 1907 |
| Maße | 21,6:28,9 cm |
| Monogramm | unten links: CM (im Quadrat) |
| Bezeichnung | unten links: Vor Schluß, Handdruck N° 22; unten rechts: M. Cunz |
| Druck | 5 Langholz-Stöcke (im Kunstmuseum St.Gallen erhalten, auf der Rückseite ‹Vor der Bude›, Holzschnitt-Katalog Nr. 27); Farben: gelb, rot, blau, grau, dunkelgrau. |

Zwei späte Jahrmarktsbesucher/innen schreiten an den langen Reihen der beleuchteten Verkaufsstände entlang. Die Komposition besteht aus mehreren parallel übereinander angeordneten Streifen, die von rechts ins Bild hineinführen. Dadurch entsteht eine leicht ellipsenförmige Diagonale, die der Szene Halt gibt. Besonders auffällig sind die Licht- und Komplementärkontraste, die das Blatt auszeichnen. Die Kombination von Blau und Violett mit Orange setzt dramatische Akzente und findet sich häufig in den Holzschnitten der Künstlerin (vgl. auch mit ‹Auf der Messe›, ‹Orangenhändler› und ‹Vor der Bude›, Holzschnitt-Katalog Nrn. 15, 25 und 27).

Literatur

‹Aus der Kunsthalle›, in: *Nationale Zeitung*, 19. März 1909. – O.[TTO] L.[ÜNING], ‹Weihnachtsausstellung im Kunstmuseum›, in: *St.Galler Tagblatt*, 14. Dezember 1909. – S. M., ‹Aus der Winterthurer Kunsthalle›, in: Winterthurer Tagblatt, 24. Februar 1911. – B., ‹Kollektivausstellung von drei Künstlerinnen im Antikensaal der Kunsthalle Winterthur›, in: *Der Landbote*, 25. Februar 1911. – *Katalog der Walze*, Lagerkatalog Kunsthaus Zürich, Zürich o. J. [1918], p. 20. – RUDOLF HANHART, *Martha Cunz – Holzschnitte*, St.Gallen o. J. [1961], p. 22, Nr. 26.

*Linda Graedel – Skizzen · Sketches 1985–1993* und *Linda Graedel – Werke · Paintings 1985–1993*. Neuhausen: Kuhn, 1993. Broschuren mit Schutzumschlag, 21 x 28 cm. Abb.: Schuber mit eingeschobenen Broschuren, Doppelseiten mit Innentiteln, eine weitere Doppelseite.

Auch wenn die Broschuren vollständig in den Schuber eingeschoben sind, stehen sie um einen Zentimeter vor und zeigen, zusammen mit dem bedruckten Rand des Schubers, eine für die Künstlerin charakteristische Farbkombination.

Linda Graedel

Skizzen · Sketches 1985–1993

Kuhn-Druck AG, Neuhausen am Rheinfall

Michael Studer, Thun
Pinsel, Tusche · brush, drawing ink

Linda Graedel

Werke · Paintings 1985–1993

Kuhn-Druck AG, Neuhausen am Rheinfall

Holzbeize auf Papier · wood dye on paper, 28 x 38 cm

Holzbeize auf Papier · wood dye on paper, 31 x 47 cm

16 · 17

*Linda Graedel – Skizzen · Sketches 1985–1993* and *Linda Graedel – Werke · Paintings 1985–1993*. Neuhausen: Kuhn, 1993. Paperbacks with dust jacket, 28 x 21 cm. Ill.: booklets in slip-case, double-pages with titles, another double-page.

When the booklets are fully inserted in the slip-case they still stand one centimetre proud, and, together with the printed border of the slip-case, form a colour combination characteristic of the artist.

*Alfons J. Keller · Unternehmer, Sammler, Kunstförderer, Galerist und Künstler zum siebzigsten Geburtstag.* St.Gallen: Kunstverein, 1994. Steifbroschüre mit Vorsatz und teilweise vorstehenden Kanten, 18,5 x 27,7 cm. Abb.: Einband (Vorderseite, Rückseite), Doppelseiten.

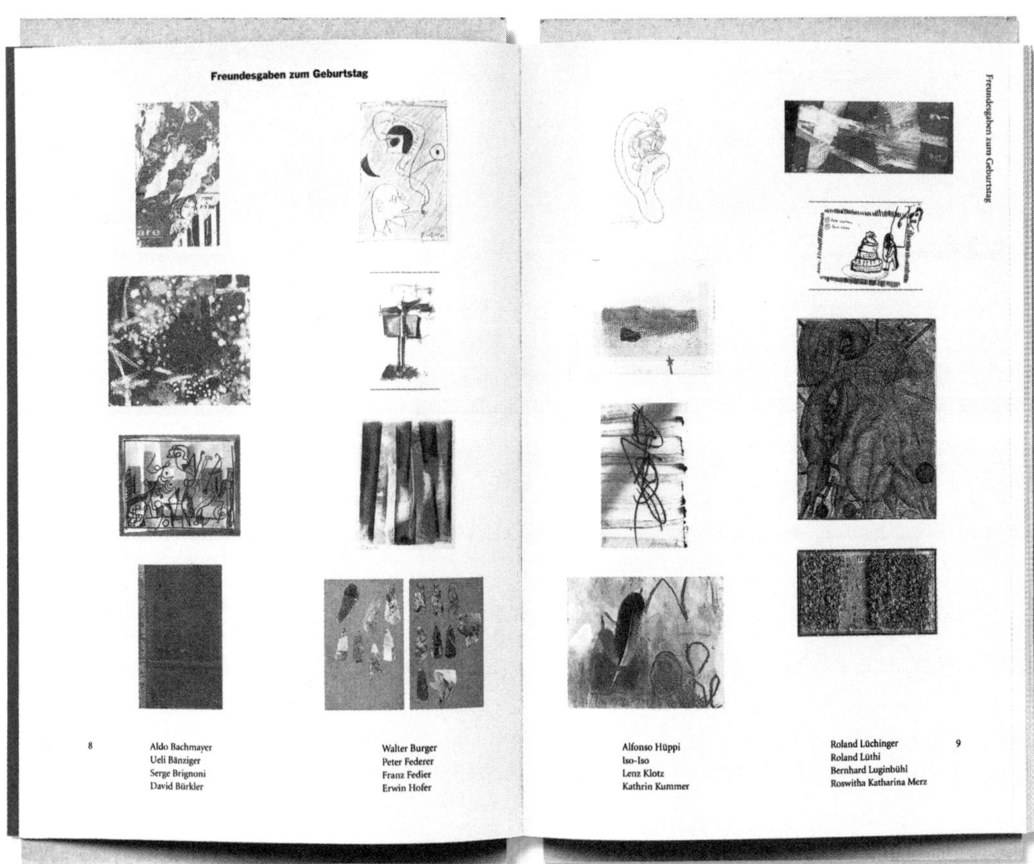


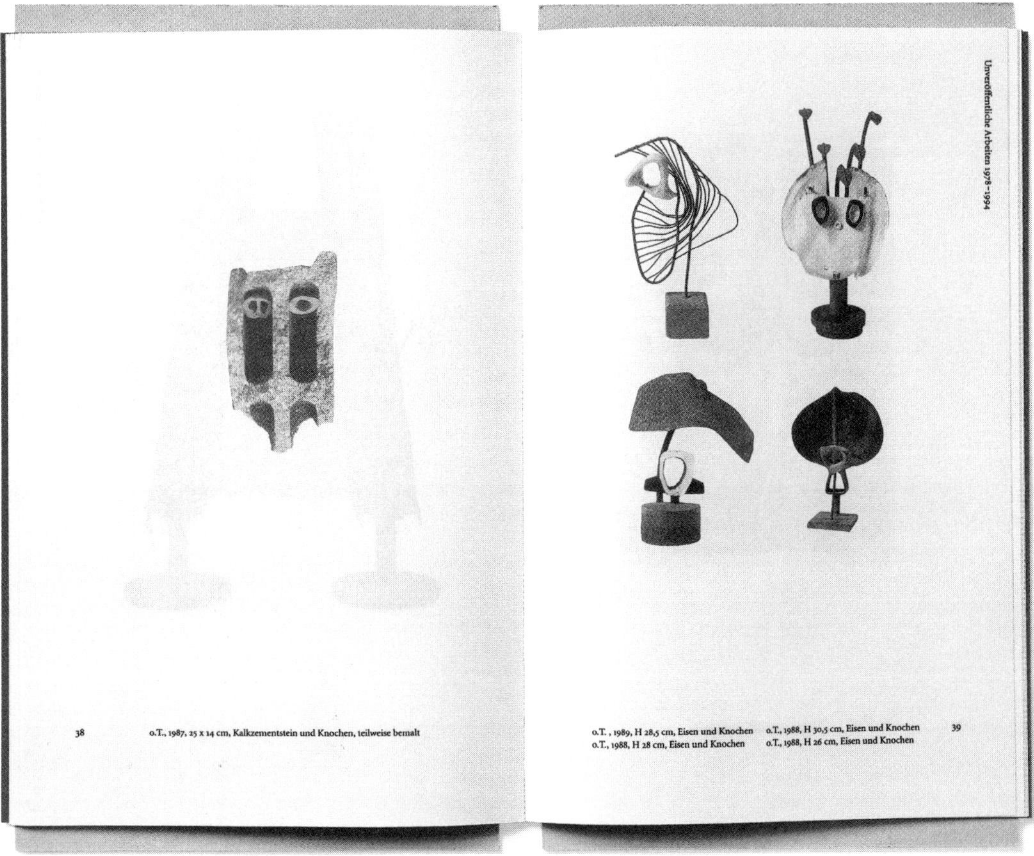


*Alfons J. Keller · Unternehmer, Sammler, Kunstförderer, Galerist und Künstler zum siebzigsten Geburtstag.* St.Gallen: Kunstverein, 1994. Softback with stiff boards, endpapers and partially protruding squares, 27,7 x 18,5 cm. Ill.: binding (front and back), double-pages.

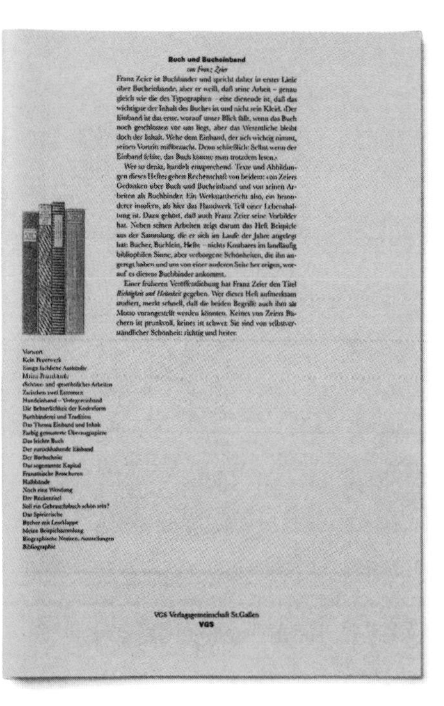

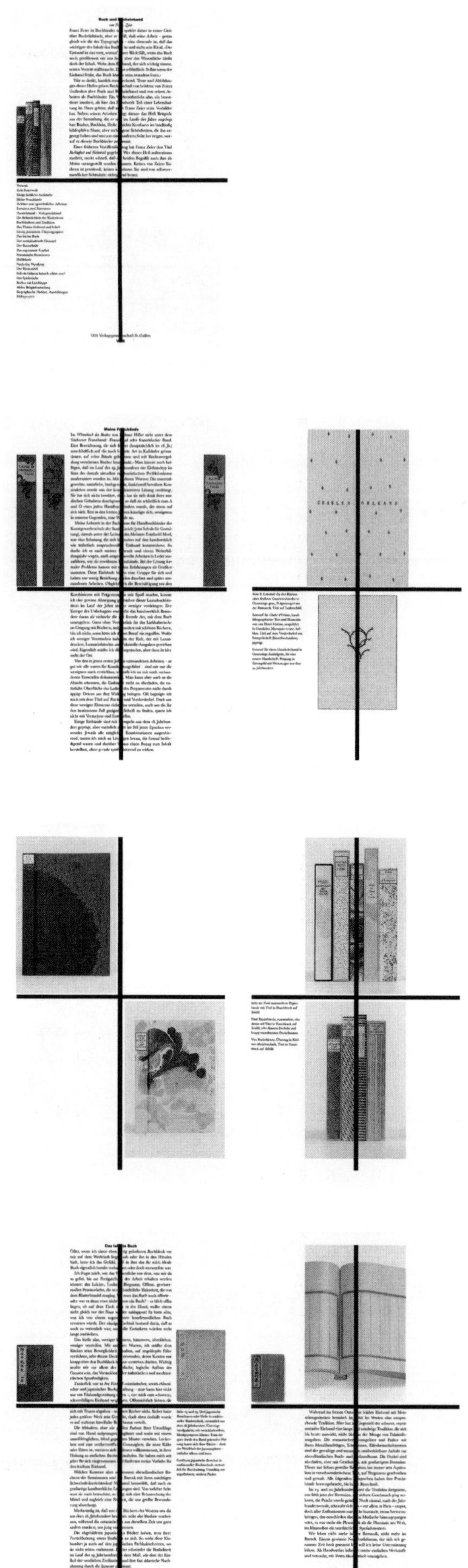

ISBN 3-7291-1076-4

**Buch und Bucheinband**
Aufsätze und Bemerkungen *von Franz Zeier* erschienen im Frühjahr 1995
bei der VGS Verlagsgemeinschaft St.Gallen

VGS

**Meine Franzbände**

Im *Wörterbuch des Buches* von Helmut Hiller steht unter dem Stichwort Franzband: ‹Franzband oder französischer Band. Eine Bezeichnung, die sich früher (hauptsächlich im 18. Jh.) ausschließlich auf die nach französ. Art in Kalbleder gebundenen, auf echte Bünde gehefteten und mit Rückenvergoldung versehenen Bücher beschränkt.› Man könnte noch beifügen, daß im Lauf des 19. Jahrhunderts der Einbandtyp im Sinn des damals aktuellen mechanistischen Perfektionismus modernisiert worden ist. Mit anderen Worten: Die materialgerechte, natürliche, buchgemäße, funktionell bewährte Konstruktion wurde von der komplizierteren Lösung verdrängt. Sie hat sich nicht bewährt, doch hat sie sich dank ihres modischen Gehabens durchgesetzt, so daß sie schließlich zum A und O eines jeden Handbuchbinders wurde, der etwas auf sich hielt. Erst in den letzten Jahren kündigte sich, wenigstens in unseren Gegenden, eine Wende an.

Meine Lehrzeit in der Fachklasse für Handbuchbinder der Kunstgewerbeschule der Stadt Zürich (jetzt Schule für Gestaltung), damals unter der Leitung des Meisters Friedhold Morf, war eine Schulung, die sich besonders auf den handwerklich wie ästhetisch anspruchsvollen Einband konzentrierte. So durfte ich es nach meiner Lehrzeit und einem Weiterbildungsjahr wagen, auch anspruchsvolle Arbeiten in Leder auszuführen, wie die erwähnten Franzbände. Bei der Lösung formaler Probleme kamen mir meine Erfahrungen als Grafiker zustatten. Diese Einbände bilden eine Gruppe für sich und haben nur wenig Beziehung zu den daneben und später entstandenen Arbeiten. Obgleich ich die Beschäftigung mit den etwas hochgezüchteten Objekten nicht lustlos betrieb, das Kombinieren mit Prägestempeln mir Spaß machte, konnte ich eine gewisse Abneigung gegenüber dieser Luxusbuchbinderei im Lauf der Jahre immer weniger verdrängen. Der Erreger des Unbehagens war nicht das handwerklich Besondere daran als vielmehr die mir fremde Art, mit dem Buch umzugehen. Ganz ohne Verständnis für das Liebhaberische im Umgang mit Büchern, insbesondere mit schönen Büchern, bin ich nicht, sonst hätte ich diesen Beruf nie ergriffen. Wofür ich weniger Verständnis habe, ist der Kult, der mit Luxusdrucken, Luxuseinbänden und Faksimile-Ausgaben getrieben wird. Eigentlich müßte ich dies begründen, aber dazu ist hier nicht der Ort.

Von den in jenen ersten Jahren entstandenen Arbeiten – so gut wie alle waren für Kunden ausgeführt – sind mir nur die wenigsten noch erreichbar, weshalb ich sie mit noch vorhandenen Entwürfen dokumentiere. Man kann aber auch so die Absicht erkennen, die Einbände nicht zu überladen, die natürliche Oberfläche des Leders, des Pergamentes nicht durch üppige Dekors um ihre Wirkung bringen. Oft begnügte ich mich mit dem Titel auf Rücken und Vorderdeckel. Doch um diese wenigen Elemente richtig zu verteilen, auch um die für den bestimmten Fall geeignete Schrift zu finden, sparte ich nicht mit Versuchen und Entwürfen.

Einige Einbände sind mit Stempeln aus dem 18. Jahrhundert geprägt, aber natürlich nicht im Stil jener Epochen verwendet. Jeweils alle möglichen Kombinationen ausprobierend, tastete ich mich an Lösungen heran, die formal befriedigend waren und darüber hinaus einen Bezug zum Inhalt herstellten, ohne gerade symbolisierend zu wirken.

8

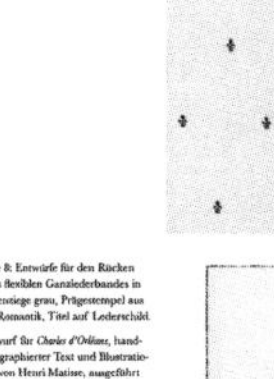


Seite 8: Entwürfe für den Rücken eines flexiblen Ganzlederbandes in Oasenziege grau, Prägestempel aus der Romantik, Titel auf Lederschild.

Entwurf für *Charles d'Orléans*, handlithographierter Text und Illustrationen von Henri Matisse, ausgeführt in Ganzleder, Maroquin écrasé, hellblau. Titel auf dem Vorderdeckel mit Stempelschrift (Einzelbuchstaben) geprägt.

Entwurf für einen Ganzlederband in Oasenziege dunkelgrün, für eine neuere Handschrift, Prägung in Zitrongold mit Werkzeugen aus dem 19. Jahrhundert.

9

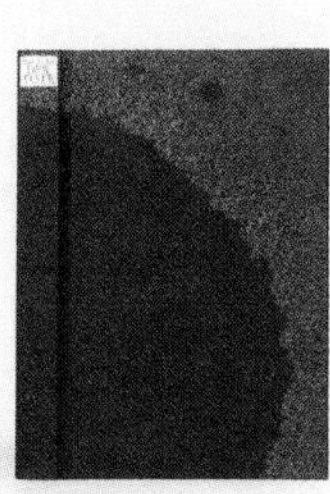

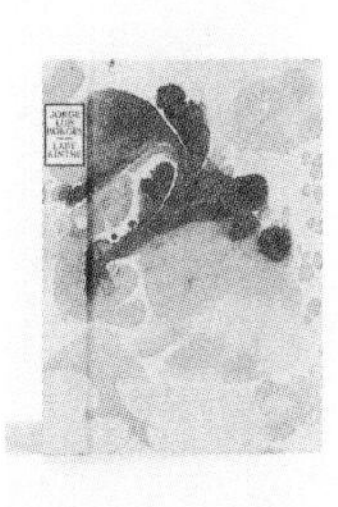

22

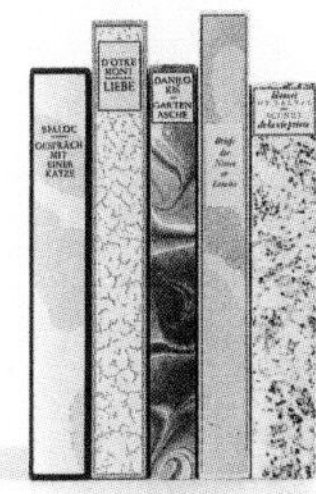

Seite 22: Zwei marmorierte Papierbände mit Titel in Handdruck auf Schild.

Fünf Papierbände, marmoriert, vier davon mit Titel in Handdruck auf Schild, sehr dünnen Deckeln und knapp vorstehenden Deckelkanten.

Vier Papierbände, Überzug in Kleister-Abziehtechnik, Titel in Handdruck auf Schild.

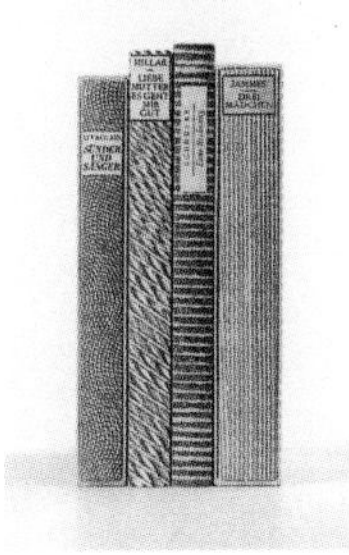

23

Franz Zeier: *Buch und Bucheinband.* St.Gallen: VGS, 1995. Einlagige Broschur mit Schutzumschlag, klammergeheftet. Abb.: Schutzumschlag, (S. 158, rechts:) Doppelseiten mit nachträglich angebrachten Balken zur Erklärung der axialsymmetrischen Anlage, (S. 159–161:) Doppelseiten.

Franz Zeier: *Buch und Bucheinband.* St.Gallen: VGS, 1995. Single-section wire-stitched booklet with dust jacket. Ill.: jacket, (p. 158, right:) double-pages with black bars subsequently added to emphasize the symmetrical layout, (pp. 159–161:) double-pages.

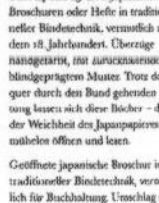

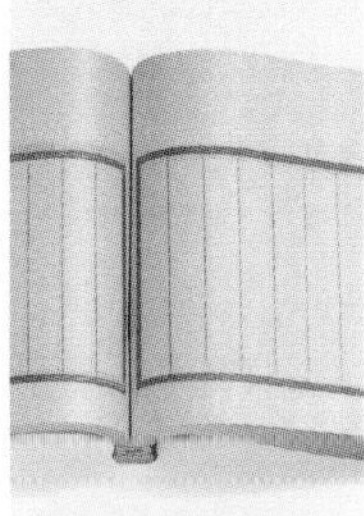

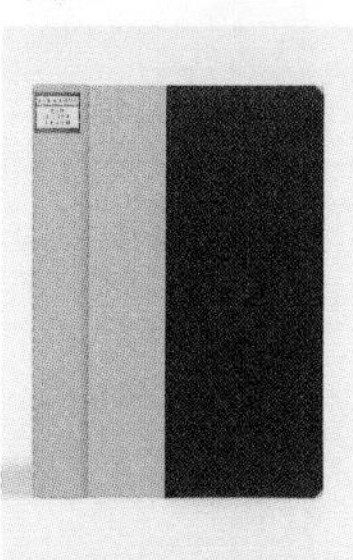

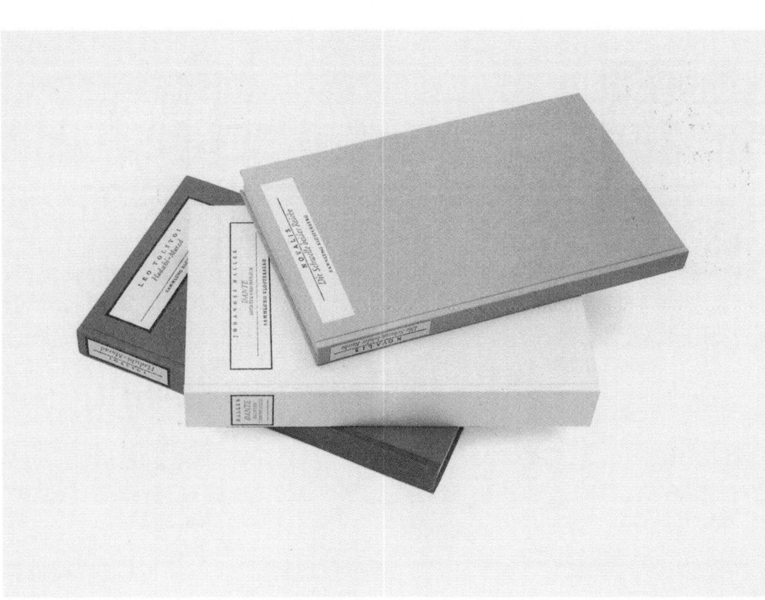

**Legende auf S. 159.**

Caption on p. 159.

Papierband in schwarzem Naturpapier, zweifarbige Titel auf Rücken und Vorderdeckel, Handsatz, mit Prägepresse gedruckt.

Papierband mit zweifarbigen Titelschildern auf Rücken und Vorderdeckel. Handsatz, mit Prägepresse gedruckt.

Seite 35, oben: Vier Papierbände mit Rückentitel auf Schild. Der schwarze Einband ist mit dreiseitigem schwarzem, der gelborange mit rot-violettem Farbschnitt versehen, ebenfalls dreiseitig.

Seite 35, unten: Papierband in Gelb mit dreiseitigem Farbschnitt und stark betontem Schild. Das Rot der Titelschrift korrespondiert mit dem roten Farbschnitt, der schwarze Rahmen des Schildes bildet das Gegengewicht zur Masse der Gelb- und Rotflächen. Für den berühmten Polemiker und Sprachmeister (die von ihm herausgegebene Zeitschrift hieß *Die Fackel*) sind die heftigen Töne kaum fehl am Platz.

34

35

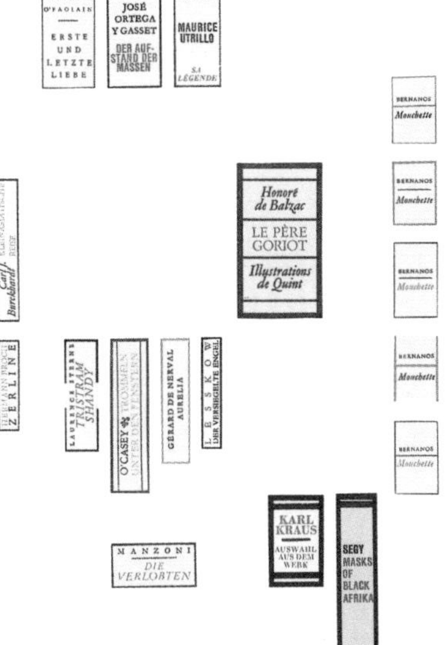


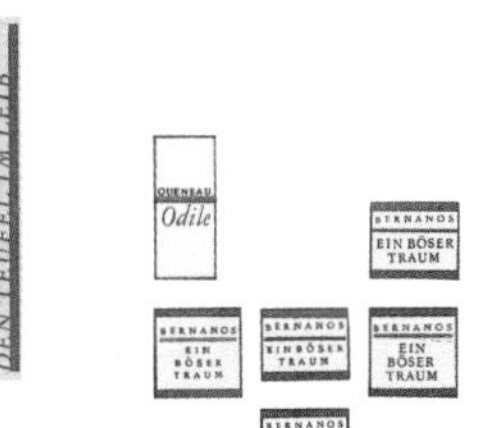

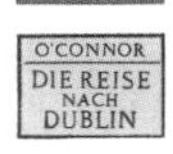


Das Rückenschild kann als kleine typographische Komposition betrachtet werden. Das weiße oder farbige Rechteck des Schildchens selbst ergänzt – zusammen mit der Titelschrift – den Einband zu der farbig formalen Einheit, die er zuletzt als Gegenstand bilden soll.

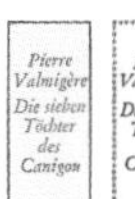

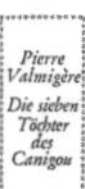

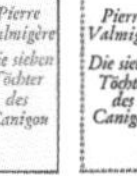


38

39

## Meine Beispielsammlung

Es ging mir nicht um das Anhäufen köstlicher und seltener Bücher und Einbände, auch nicht um Vollständigkeit innerhalb bestimmter Grenzen. Ich bin überhaupt kein typischer Sammler, und bibliophile Neigungen sind kaum vorhanden. Ich habe nicht Einbände gesammelt, sondern einfach Bücher, aber wiederum nicht nur Bücher mit festen Deckeln, sondern auch Broschuren, Hefte, einfache Drucksachen wie Assignaten, Etiketten von Buchbindern aus dem 18./19. Jahrhundert.

Ich habe ohne Methode gesammelt, habe ausgewählt, was mich ansprach, mir gefiel, was mich anregte, was mir Bestärkung für meine eigene Arbeit war. Manchen Fund habe ich nicht ohne Begeisterung nach Hause oder in meine Werkstatt getragen und kann ihn auch heute nicht in die Hand nehmen, ohne von ihm begeistert zu sein.

Es gefallen mir gleicherweise alte, neue, aber auch neueste Bücher, alle können sie anregend sein. Es gibt Einbände aus dem 18. Jahrhundert, die mir moderner erscheinen als viele heutige, die sich avantgardistisch benehmen.

Was in diesem Heft von dem, was sich im Lauf von etwa vierzig Jahren in meiner Sammlung zusammengefunden hat, abgebildet ist, hat eine besondere Nähe zu meinen eigenen Arbeiten.

Gänzlich fehlen moderne Handeinbände, Luxuseinbände, die mir allgemein wenig bedeuten. Die Stücke, die ich begeisternd fand, etwa jene, welche Otto Dorfner nach den Entwürfen des Grafen Kessler ausgeführt hat, oder die textilen Einbände der Sonja Delaunay, sind seit einem halben Jahrhundert in festem Besitz. Ich begnüge mich mit einigen Reproduktionen.

Eine Gruppe der Sammlung, die ich besonders schätze, bilden Verlegerausgaben, die in der Zeitspanne zwischen 1900 und etwa 1935 in Deutschland erschienen sind. Manche Einbände aus jener Epoche sind so einfach und frisch, alles ist so selbstverständlich an ihnen, daß ihre Originalität wahrscheinlich von den wenigsten bemerkt wird. Man hält sie meistens für ‹gewöhnlich›. Aber gerade das könnte ein Beweis für ihre Modernität sein.

Wichtig sind mir auch die Bücher, Einbände aus dem späten 18. Jahrhundert. Obwohl sie aus einer schon sehr geschwächten Epoche stammen, wenn man diese mit den vorangegangenen vergleicht, sind die Arbeiten immer wieder erstaunlich. Welche Farbigkeit, wieviel Abwechslung, Spannung, dabei Ausgewogenheit! Diese Buchbinder haben wie mühelos all die schönen Dinge hervorgebracht, waren einfache Handwerker, brauchten sich noch nicht Gestalter zu nennen oder sich gar als Schöpfer vorzustellen. Nichts war damals von weit her geholt. Begabung, Phantasie und Erfahrung, eine selbstverständliche Bescheidenheit erlaubten diesen Handwerkern, ihre heiteren Werke zu schaffen, zum Teil vielleicht unter sozialen Bedingungen, die uns zur Untätigkeit verurteilen würden.

Man lernt beim Betrachten von Einbänden nicht bloß durch das, was an ihnen unmittelbar ‹abzulesen› ist, was ein nur wörtliches Lernen wäre, sondern man spürt vielleicht etwas von der inneren Haltung der damaligen Handwerker, fühlt etwas von der Dichte und Farbigkeit der Atmosphäre, die sie erfüllte und von der sie ohne Zweifel umgeben waren. Aber auch das heutige Handwerk, sofern es noch wirklich Handwerk bleiben will, braucht atmosphärische Dichte. Die Frage ist nur, wie lange wir noch in der Lage sein werden, sie uns zu erhalten, gegen die verdünnenden Einflüsse und Tendenzen.

Daß es auch beim heutigen Verlagseinband manches zu entdecken gibt, bleibt unbestritten. Zwar meinte der bekannte Buchgestalter Jan Tschichold: ‹Ein wahrhaft schönes Buch ist etwas ungemein Seltenes. Im besten Fall kommt eins auf tausend Titel.› Dem will ich nicht widersprechen, doch in der Menge von Veröffentlichungen in den letzten Jahren war, was Gestaltung und echte Originalität angeht, manches zu finden, was sich anzusehen und vielleicht zu erwerben lohnte.

*Sechs Geschichten* von Paul Ernst aus dem Jahr 1900 ist eines der ganz frühen Bücher des damals aus der Zeitschrift *Die Insel* hervorgegangenen Insel Verlages. Der mit einem graublauen Naturpapier überzogene und asymmetrisch gestaltete Einband mit dem typographisch ausgewogenen Schild läßt noch englischen Einfluß spüren. Daß der ornamentlose, schlichte Band der Blütezeit des Jugendstils entstammt, würde man nicht denken.

Die weich eingebundenen, auf zwei bei den Deckelgelenken sichtbare Lederriemchen gehefteten Einbände aus dem Venedig des 18. Jahrhunderts sind – wie es scheint, ohne Umstände – mit Kleisterfarbe und Pinsel ornamentiert worden; sie können aus der gleichen Werkstatt stammen. Gedruckt wurden sie auf schwach oder kaum geleimtes Papier, weshalb sie auffallend leicht sind. Der eine Band ist unbeschnitten, beim anderen ist der Schnitt gehobelt, glatt.

Eigentlich kann man nicht sagen, die Überzüge seien ornamentiert, sie sind bloß ‹tachistisch› belebt, womit auch der Zweck erreicht wurde, die unvermeidlichen Gebrauchsspuren zu mildern. Diese Papierbände haben gut zweihundert Jahre gehalten, ihre Erscheinung zeigt trotz des hohen Alters etwas Erfrischendes, Direktes.

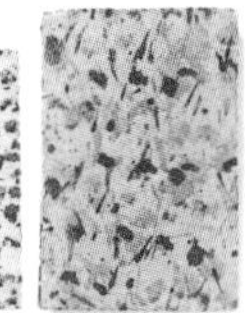

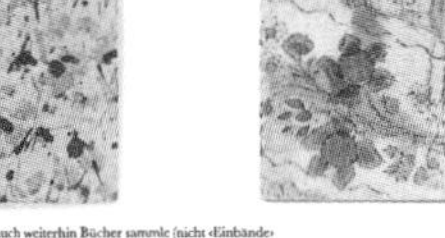

Man könnte an dieser Stelle daran erinnern, daß jeder Gegenstand, eben auch ein Buch, altert; nur sollten Gebrauchsspuren nicht durch Nachlässigkeit oder grobe Behandlung entstehen. Ein gebrauchter Gegenstand ist im Grunde schöner als ein neuer, er ist menschlicher, weil er eine Geschichte hat. Moderne Gegenstände, Gegenstände aus Kunststoff, haben wenig Aussicht, auf anständige Weise alt zu werden. Bücher hingegen sollten das noch dürfen, Büchern sollte man dies auch gönnen.

Das kleine Heft, aus einer einzigen Lage bestehend, besitzt einen Umschlag mit mehrfarbigem Holzmodeldruck. Das großzügig-bildhafte Muster von intensiver Farbigkeit zeigt in diesem Ausschnitt keinen Rapport, das Ganze wirkt eben deshalb, wie es mir scheint, weniger zeitgebunden, es spricht uns unmittelbar an.

Wenn ich auch weiterhin Bücher sammle (nicht ‹Einbände› nur!), werden es vor allem Bücher aus der Gegenwart sein, Broschuren, Hefte von Zeitschriften, Drucksachen. Ich möchte nicht nach Programm, sondern zu meinem Vergnügen sammeln; es kann auch bloß eine gelungene Eintrittskarte für ein Museum sein. Warum nicht?

Derartiges Sammeln läßt aufmerksam sein, eine schöne, unentbehrliche Eigenschaft, nicht nur für Buchhandwerker.

44

45

**René Moser** **Stationen I** **Arbeiten von 1973 bis 1993** **Buch der Vögel · Die blauen Stunden**

Verlag Kuhn-Druck, Neuhausen am Rheinfall

**René Moser** **Stationen II** **Arbeiten von 1973 bis 1993** **Buch der Geräte · Bäume und Idole**

Verlag Kuhn-Druck, Neuhausen am Rheinfall

**René Moser** **Stationen III** **Arbeiten von 1973 bis 1993** **Reduktionen, Monumentales, Plätze · Die Skulptur**

Verlag Kuhn-Druck, Neuhausen am Rheinfall

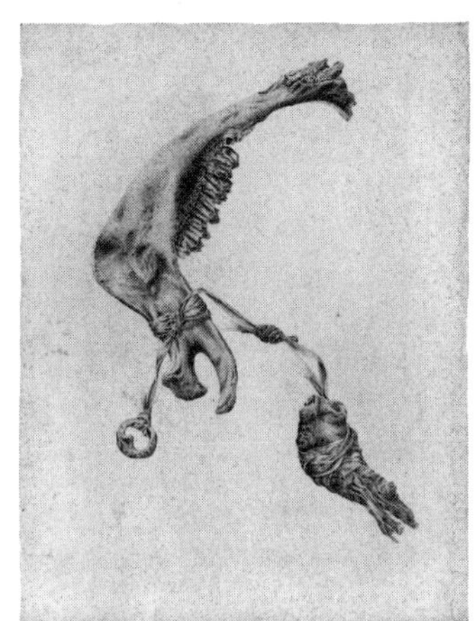

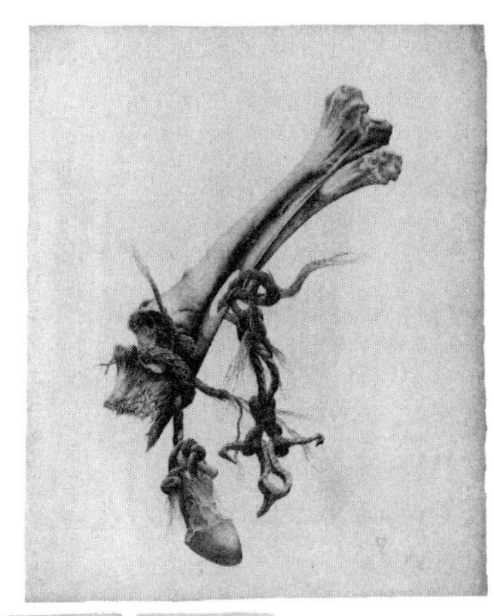

S. 14: Gerät 1979,
ca. 450 x 720 mm. Bleistift auf altem Papier.

S. 15, oben: Gerät 1979,
ca. 450 x 720 mm. Bleistift auf altem Papier. Coll. M. Kraft, Zürich.

S. 15, unten links: Gerät 1979,
ca. 400 x 720 mm. Bleistift auf altem Papier.
Priv. Coll., München.

S. 15, unten rechts: Gerät 1979,
ca. 450 x 720 mm. Bleistift auf altem Papier. Priv. Coll., Zürich.

14 15

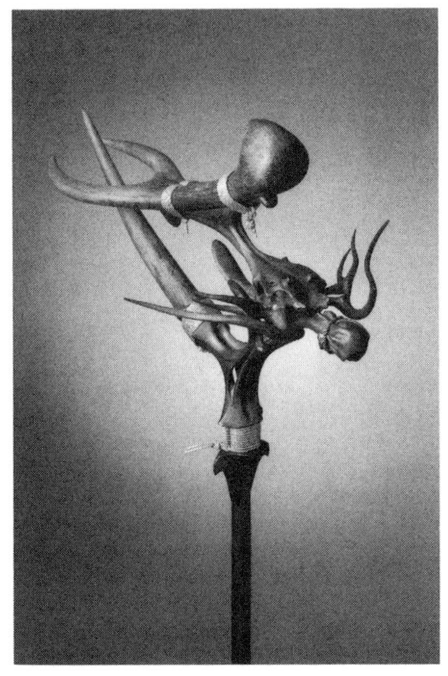

S. 22, 23: Stangenvogel II 1981,
1200 x 350 x 2500 mm. Bronze, Stahl, Holz, Schnur.
Gesamtaufnahme und Details.

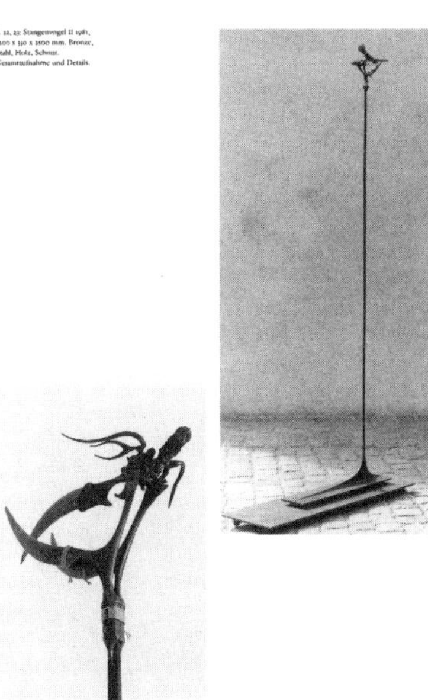

22 23

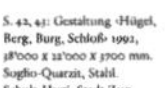

42 43

*René Moser, Stationen I, Arbeiten von 1973 bis 1993, Buch der Vögel · Die blauen Stunden. – René Moser, Stationen II, Arbeiten von 1973 bis 1993, Buch der Geräte · Bäume und Idole. – René Moser, Stationen III, Arbeiten von 1973 bis 1993, Reduktionen, Monumentales, Plätze · Die Skulptur.* Drei Bände in Schuber. Neuhausen: Kuhn, 1995. Broschuren mit Schutzumschlag, 21 x 28 cm. Abb.: Schuber mit Broschuren, Doppelseiten mit Innentiteln, weitere Doppelseiten.

*René Moser, Stationen I, Arbeiten von 1973 bis 1993, Buch der Vögel · Die blauen Stunden. – René Moser, Stationen II, Arbeiten von 1973 bis 1993, Buch der Geräte · Bäume und Idole. – René Moser, Stationen III, Arbeiten von 1973 bis 1993, Reduktionen, Monumentales, Plätze · Die Skulptur.* Three volumes in slip-case. Neuhausen: Kuhn, 1995. Paperbacks with dust jacket, 28 x 21 cm. Ill.: slip-case with books, double-pages with titles, other double-pages.

Kat.Nr. *Cat.No.* 28 — Inv.Nr. *Inv.No.* TM 20075

**Mustertuch, farbig, Buchstaben**
**Sampler, coloured, letters**

Schweiz? Switzerland? 19. Jh. 19th c.
Sammler *Collector*: Steiger, St.Gallen
Eingang *Date of acquisition*: 1906 — 37 x 28 cm
Zustand *Condition*: recht gut quite good

· Material: helles lockeres Leinen (jeder 10. Kettfaden gelblich), farbiges Seidengarn
· Stiche: Kreuzstich
· Motive: 2 Alphabete, Randmuster ringsum, einzelne Blume, Vogel, Säule mit Blumenkorb auf Wiese, Blumen um Musikinstrument
· Name: MAGDALENA

· Material: light, loosely woven linen (every 10th warp thread yellowish), coloured silk yarn
· Stitches: cross stitch
· Motifs: 2 alphabets, border patterns all round, single flower, bird, column with flower basket in field, flowers around musical instrument
· Name: MAGDALENA

Kat.Nr. *Cat.No.* 29 — Inv.Nr. *Inv.No.* TM 20083

**Mustertuch, farbig, Buchstaben**
**Sampler, coloured, letters**

Schweiz? Switzerland? 19. Jh. 19th c.
Sammler *Collector*: Weniger, St.Gallen
Eingang *Date of acquisition*: 1930 — 57 x 28,5 cm
Zustand *Condition*: recht gut quite good

· Material: locker gewebtes, helles Leinen, farbiges Seidengarn
· Stiche: Satin-, Stepp-, Augen-, Kreuzstich
· Motive: 9 Alphabete, 2 Zahlenreihen, Streifen mit geometrischen Mustern, Randmuster ringsum

· Material: loosely woven light linen, coloured silk yarn
· Stitches: satin stitch, back stitch, eye stitch, cross stitch
· Motifs: 9 alphabets, 2 rows of numbers, stripes with geometrical patterns, border patterns all round

Kat.Nr. *Cat.No.* 30 — Inv.Nr. *Inv.No.* TM 43381

**Mustertuch, farbig, Buchstaben**
**Sampler, coloured, letters**

Schweiz Switzerland 19. Jh. 19th c.
Sammler *Collector*: Scherraus, St.Gallen
Eingang *Date of acquisition*: 1991 — 67 x 22 cm
Zustand *Condition*: Gewebe defekt, fleckig fabric defective, stained

· Material: ungebleichtes Leinen, farbiges Seidengarn
· Stiche: Kreuzstich
· Motive: 9 Alphabete, 4 Zahlenreihen, kleine Blumenranke, Randmuster ringsum
· Name: Adeline Grütter, Initialen: B u C

· Material: unbleached linen, coloured silk yarn
· Stitches: cross stitch
· Motifs: 9 alphabets, 4 rows of numbers, small tendril of flowers, border patterns all round
· Name: Adeline Grütter; Initials: B u C

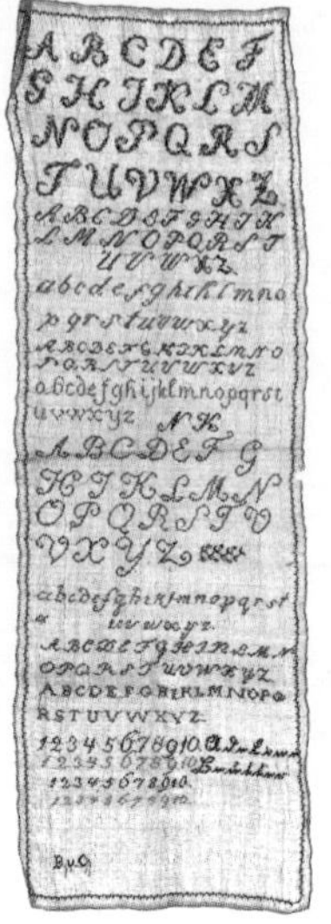

Kat.Nr. *Cat.No.* 31 — Inv.Nr. *Inv.No.* TM 41717

**Mustertuch, farbig**
**Sampler, coloured**

Kuba / Schweiz Cuba / Switzerland 1848
Sammler *Collector*: Schäfer-Nieriker, Zürich
Eingang *Date of acquisition*: 1986 — 49 x 38 cm
Zustand *Condition*: recht gut quite good

· Material: Baumwollstramin, buntes Wollgarn
· Stiche: Kreuzstich
· Motive: 3 Alphabete, Zahlenreihe 1–13, Streifen mit geometrischen Mustern, Randmuster ringsum, Krone, Blumen in Vasen, Korb, Rosenzweig, Vogel, Hahn, Hund, Hirsch, König, Reiter, Mann in Schiff, Frau mit Sonnenschirm
· Name: Adele Cabezar, Jahrzahl: 1848
· in Kuba geboren, heiratete nach Wohlen, Schweiz, wo sie 1896 starb

· Material: cotton canvas, coloured wool yarn
· Stitches: cross stitch
· Motifs: 3 alphabets, row of numbers 1–13, stripes with geometrical patterns, border patterns all round, crown, flowers in vases, basket, rose twig, bird, cockerel, dog, stag, king, horseman, man in boat, lady with parasol
· Name: Adele Cabezar; year: 1848
· born in Cuba, married and moved to Wohlen, Switzerland, where she died in 1896

32 33

**Muster und Zeichen**
gestickt und gesammelt auf textilem Grund

**Patterns and motifs**
stitched and ornamented on textile ground

Anne Wanner-JeanRichard — VGS Verlagsgemeinschaft St.Gallen 1996

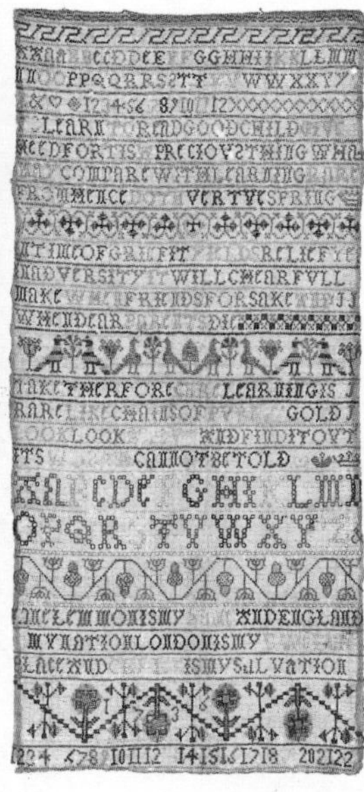

Anne Wanner-JeanRichard: *Muster und Zeichen, gestickt und gesammelt auf textilem Grund · Patterns and motifs, stitched and ornamented on textile ground.* St.Gallen: VGS, 1996. Ganzgewebeband mit Schutzumschlag, 20 x 30 cm. Abb.: Schutzumschlag und Doppelseiten.

Anne Wanner-JeanRichard: *Muster und Zeichen, gestickt und gesammelt auf textilem Grund · Patterns and motifs, stitched and ornamented on textile ground.* St.Gallen: VGS, 1996. Hardback, cased in cloth, with dust jacket, 30 x 20 cm. Ill.: dust jacket and double-pages.

Kat.Nr. *Cat.No.* 76 | Inv.Nr. *Inv.No.* TM 20098

**Mustertuch, farbig**
**Sampler, coloured**

Holland | 1809

Sammler *Collector*
John Jacoby

Eingang *Date of acquisition*
1955 | 36,5 x 39 cm

Zustand *Condition*
recht gut   quite good

- Material: weiße Baumwolle, farbiges Seidengarn
- Stiche: Kreuzstich
- Motive: Alphabet, Zahlenreihe, Blumenmuster ringsum, Sterne, bekrönte Tafeln mit Initialen, Blumen in Vasen, Schalen, Töpfen, auf Wiese, Blumenzweig, Früchte, Kirschen, Vögel, Pfau, Hase, Josua und Kaleb mit Traube, Mann mit Eimern an Schulterjoch, Mann und Frau unter Baum
- Initialen: AM, NO, WV, U, HB, Jahrzahl: 1809

- Material: white cotton, coloured silk yarn
- Stitches: cross stitch
- Motifs: alphabet, row of numbers, flower patterns all around, stars, crowned tablets with initials, flowers in vases, bowls, pots, in field, flower twig, fruit, cherries, birds, peacock, hare, Joshua and Caleb with bunch of grapes, man with buckets on a yoke, man and woman under a tree
- Initials: AM, NO, WV, U, HB; year: 1809

Kat Nr. *Cat.No* 77 | Inv Nr. *Inv.No.* TM 20094

**Mustertuch, farbig**
**Sampler, coloured**

Holland | 1811

Sammler *Collector*
John Jacoby

Eingang *Date of acquisition*
1955 | 45 x 48 cm

Zustand *Condition*
Stickerei verblaßt   embroidery faded

- Material: weißes Leinen, farbiges Seidengarn
- Stiche: Satin-, Holbein-, Stepp-, Augen-, Kreuzstich
- Motive: 2 Alphabete bis N und bis W, geometrische Motive mit Sternen, Sternblüten, Quadrate, Blumen aus Töpfen, aus Körben, aus Dreieck, Nelken, Baum mit Menschen und Vögeln, Phantasiebäume, Doppeladler, Windmühle mit Frauen und Hunden
- Initialen: IE, Jahrzahl: Anno 1811

- Material: white linen, coloured silk yarn
- Stitches: satin stitch, double running stitch, back stitch, eye stitch, cross stitch
- Motifs: 2 alphabets, one to N and one to W, geometrical motifs with stars, star-shaped motifs, squares, flowers out of pots, out of baskets, out of a triangle, carnations, tree with people and birds, imaginary trees, double eagle, windmill with women and dogs
- Initials: IE; year: Anno 1811

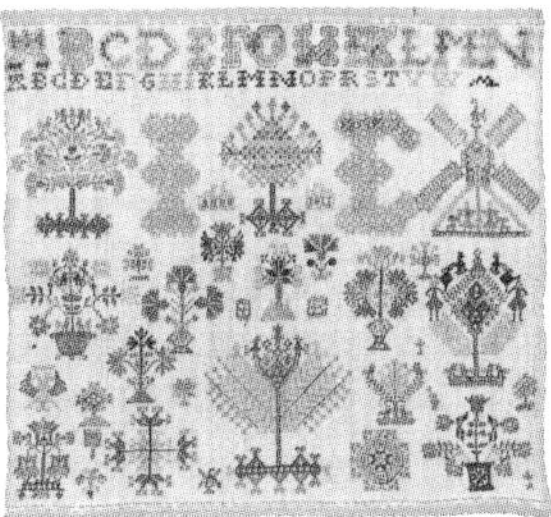

Kat Nr. *Cat.No* 78 | Inv Nr. *Inv.No.* TM 20095

**Mustertuch, farbig**
**Sampler, coloured**

Holland | Ende 18. Jh.   late 18th c.

Sammler *Collector*
John Jacoby

Eingang *Date of acquisition*
1955 | 31 x 28 cm

Zustand *Condition*
recht gut   quite good

- Material: weißes Leinen, farbiges Seidengarn
- Stiche: Kreuzstich
- Motive: Alphabet, einzelne Buchstaben zweimal gestickt, Randmuster ringsum, Kreuz, Quadrat, Herzmotive, Tafel mit geometrischen Formen und Vögeln, Blumen aus Gefässen, aus Dreieck, Blütenbäume, weitere Vögel, Doppeladler, Hunde, kleine Tiere, Schere, Kinder, Figuren
- Initialen: MA

- Material: white linen, coloured silk yarn
- Stitches: cross stitch
- Motifs: alphabet with a few letters embroidered twice, border patterns all round, cross, square, heart motifs, tablet with geometrical shapes and birds, flowers out of jugs, out of a triangle, trees in bloom, further birds, double eagle, dogs, small animals, scissors, children, figures
- Initials: MA

Kat.Nr *Cat No.* 79 | Inv.Nr *Inv.No* TM 20096

**Mustertuch, farbig**
**Sampler, coloured**

Holland | 19. Jh.   19th c.

Sammler *Collector*
John Jacoby

Eingang *Date of acquisition*
1955 | 42 x 49 cm

Zustand *Condition*
Gewebe fleckig, Stickerei verblaßt, beschädigt, unfertig
fabric stained, embroidery faded, damaged, unfinished

- Material: weißes Leinen, farbiges Baumwollgarn, farbiges Seidengarn
- Stiche: Augen-, Kreuzstich
- Motive: 2 Alphabete, eines A–I, Zahlenreihe, Quadrate, Blumen in Vasen, Blumenkranz von Engeln gehalten mit Initialen, Bäume, Schrankmöbel, Josua und Kaleb mit Traube, Männer unter Baum, Frau mit Rechen
- Initialen: CW, ES, IN, Name: Wilhelma Nadeveer

- Material: white linen, coloured cotton yarn, coloured silk yarn
- Stitches: eye stitch, cross stitch
- Motifs: 2 alphabets, one A–I, row of numbers, squares, flowers in vases, garland of flowers held by angels with initials, trees, cupboard, Joshua and Caleb with bunch of grapes, men under a tree, woman with rake
- Initials: CW, ES, IN; name: Wilhelma Nadeveer

**England, farbige Mustertücher, Streumuster**
**England, white samplers, scattered patterns**

Kat.Nr. *Cat.No.* 119 | Inv.Nr. *Inv.No.* TM 20114

**Mustertuch, farbig, Streumuster**
**Sampler, coloured, scattered patterns**

England | 16?1

Sammler *Collector*
John Jacoby

Eingang *Date of acquisition*
1955 | 51 x 26,5 cm

Zustand *Condition*
Stickerei verblaßt, Rand defekt
embroidery faded, border defective

- Material: locker gewebtes Leinen, farbiges Seidengarn, Metallfaden
- Stiche: Kloster-, gebündelter Renaissance-, Gobelin-, Plüsch-, Kreuz-, Perl-, Ketten-, Ceylon-, Flecht-, Spinnwebstich
- Motive: Flächenmuster, verstreute geometrische und pflanzliche Muster, Sterne, einzelne Blumen, Tulpe, Margerite, Stiefmütterchen, Blumen auf Wiese, Vogel, Pelikan, Hund, Eichhörnchen, Schmetterling
- Name: Katharine ? 16?1
- Inschrift: remember. thy. creatour. in. thy. daies. of. thy. iouth.
- Übersetzung: gedenke deines Schöpfers in deiner Jugend [Prediger Salomo 12.1]

- Material: loosely woven linen, coloured silk yarn, metal thread
- Stitches: couching stitch, rococo stitch, gobelin stitch, Pekinese stitch, cross stitch, petit point stitch, chain stitch, Ceylon stitch, interlacing stitch, spiderweb stitch
- Motifs: surface filling, scattered geometrical and plant patterns, stars, single flowers, tulip, marguerite, pansy, flowers in field, bird, pelican, dog, squirrel, butterfly
- Name: Katharine ? 16?1
- Inscription: remember. thy. creatour. in. thy. daies. of. thy. iouth.
- Source: Ecc. 12.1

Kat.Nr. *Cat.No* 120 | Inv.Nr. *Inv.No.* TM 20113

**Mustertuch, farbig, Streumuster**
**Sampler, coloured, scattered patterns**

England | 17. Jh.   17th c.

Sammler *Collector*
John Jacoby

Eingang *Date of acquisition*
1955 | 53 x 31 cm

Zustand *Condition*
Gewebe leicht fleckig   fabric slightly stained

- Material: locker gewebtes Leinen, farbiges Seidengarn, Metallfaden
- Stiche: gerader Renaissance-, Rokoko-, Stepp-, Gobelin-, Augen-, Verschling-, plaited braid-, Ketten-, Perl-, Reis-, Ceylon-, Spinnwebstich
- Motive: Flächenmuster, verstreute geometrische und pflanzliche Muster, Blumen in Umrahmung, Rosen, 4-Blattblume, Weintraube, Eichel, Vogel, Fliege, Raupe, Schnecke, Käfer, Hund, Affe
- Initialen: HR

- Material: loosely woven linen, coloured silk yarn, metal thread
- Stitches: Rumanian stitch, rococo stitch, back stitch, gobelin stitch, eye stitch, braid stitch, plaited braid stitch, chain stitch, petit point stitch, rice stitch, Ceylon stitch, spiderweb stitch
- Motifs: surface filling, scattered geometrical and plant patterns, flowers in frame, roses, 4-petalled flower, bunch of grapes, acorn, bird, fly, caterpillar, snail, beetle, dog, monkey
- Initials: HR

Kat.Nr *Cat.No.* 121 | Inv.Nr. *Inv.No.* TM 20116

**Mustertuch, farbig, Streumuster**
**Sampler, coloured, scattered patterns**

England | 17. Jh.   17th c.

Sammler *Collector*
John Jacoby

Eingang *Date of acquisition*
1955 | 25,5 x 16,5 cm

Zustand *Condition*
unfertig   unfinished

- Material: locker gewebtes Leinen, 2 blaue Kettfäden im Rand, Leinengarn, farbiges Seidengarn, Metallfaden
- Stiche: gebündelter Renaissance-, Stepp-, Gobelin-, gezopfter Leiterchen-, Ketten-, Perl-, Zopf-, Spinnwebstich
- Motive: verstreute geometrische und pflanzliche Muster, Blumen, Erdbeeren, Eicheln

- Material: loosely woven linen, 2 blue warp threads in the border, linen yarn, coloured silk yarn, metal thread
- Stitches: rococo stitch, back stitch, gobelin stitch, ladder stitch, chain stitch, petit point stitch, long-armed cross stitch, spiderweb stitch
- Motifs: scattered geometrical and plant patterns, single flowers, strawberries, acorns

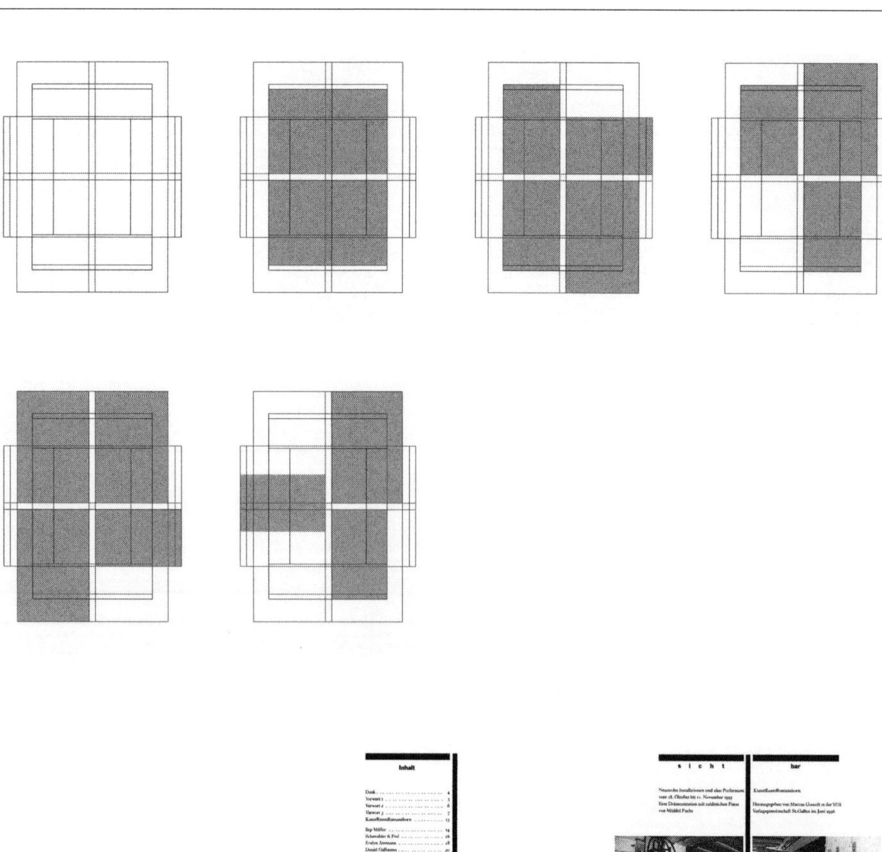

Marcus Gossolt (Hg.): *Sicht bar.* St.Gallen: VGS, 1996. Einlagige Broschur mit Schutzumschlag, klammergeheftet, 24 x 30 cm. Abb.: (S. 166, oben:) Entwurfsblätter mit dem Abbildungsraster und Versuchsanordnungen, (S. 166, unten:) Doppelseiten mit nachträglich angebrachten schwarzen Balken zur Erklärung der axialsymmetrischen Anlage und der davon abweichenden anaxialen Details, (S. 167:) Schutzumschlag, Klappe des Schutzumschlags über Umschlag mit S. 1 des ersten Bogen, S. 2 des ersten Bogens mit S. 1 des Inhalts (S. 168/169:) Doppelseite mit Innentitel, weitere Doppelseiten.

Marcus Gossolt (Hg.): *Sicht bar.* St.Gallen: VGS, 1996. Single-section wire-stitched booklet with dust jacket, 30 x 24 cm. Ill.: (p. 166, above:) design sheets with illustration grid and trial layouts, (p. 166, below:) double-pages with black bars subsequently added to emphasize the symmetrical layout and the divergent asymmetrical details, (p. 167:) dust jacket, jacket flap over cover, with p. 1 of first sheet, p. 2 of first sheet with p. 1 of contents, (pp. 168/169:) double-page with title, other double-pages.

s i c h t bar

## Inhalt



## s i c h t bar

Neunzehn Installationen und eine Performance im KunstRaumRomanshorn
vom 28. Oktober bis 11. November 1995
Eine Dokumentation mit zahlreichen Fotos
von Mäddel Fuchs

Herausgegeben von Marcus Gossolt in der VGS
Verlagsgemeinschaft St.Gallen im Juni 1996

## Schawalder & Frei

| | |
|---|---|
| Titel | Les fleurs du mal |
| Maße | Raummaße L/B/H: 21,00 m x 5,00 m x 2,60 m |

## Evelyn Ammann

| | |
|---|---|
| Titel | Magazine für einen störungsfreien Filztransport (1–36) |
| Maße | Raummaße L/B/H: 21,00 m x 5,00 m x 2,60 m |

**Marcus Gossolt**

| | |
|---|---|
| Titel | Zweckform des *ich kann* |
| Beschreibung, Maße | Video-Installation mit eingemauertem TV |
| | Raummaße L/B/H: 3,15 m x 1,32 m x 2,23 m |

Ist der Mensch nicht in die Gemeinschaft eingemauert wie ein Ziegelstein in die Wand?
*Herman Melville*

Und ist somit nicht auch der menschliche Geist ebenso eingemauert in der realen Welt, in Dogmen, Axiomen und Konventionen. Ein Leben voller Zwänge und Notwendigkeiten. Ausbrecher, die glauben zwischen den Welten schweben zu können, werden immer wieder zurückgeholt. Norm muß sein. Und doch gibt es Unbelehrbare, die Ausbruchsversuche unternehmen, auch wenn diese Versuche noch so sinnlos erscheinen. Sinnlos?
*Mäddel Fuchs*

26

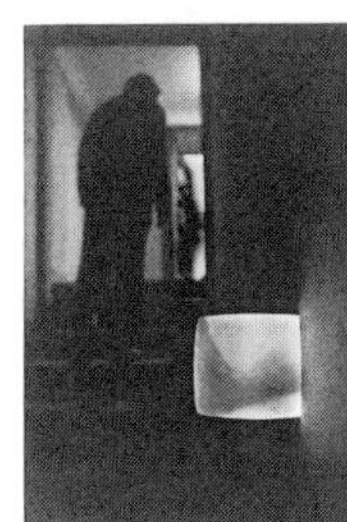

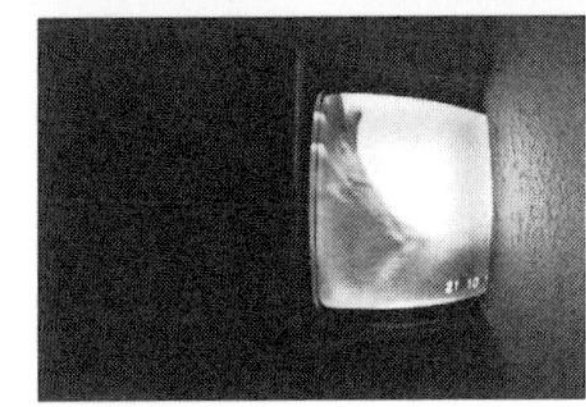

27

**Jan Kaeser**

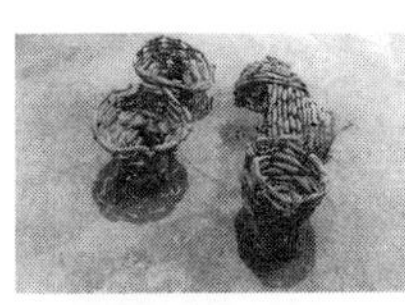

| | |
|---|---|
| Titel | Installation |
| Technik, Maße | *Wandarbeit* |
| | Karotten, Taktgerät, Lautsprecher |
| | Raummaße L/B/H: 4,73 m x 260 m x 2,40 m |
| | *Bodenarbeit* |
| | Karotten, verzinkter Eisendraht |
| | Raummaße L/B/H: 2,60 m x 2,60 m x 2,40 m, 1½ sec-Takt, der Bewegung entgegengesetzt |

32

33

**Teresa Perverelli**

| | |
|---|---|
| Titel | Teppich |
| Technik, Maße | Quadratischer Teppich, ca. 4,00 m x 4,00 m. Eine Komposition aus geformten und formlosen, gefundenen und verfremdeten Dingen Materialien: Textilien, Plastikfolien, Schaumstoffe, Latex, Wachs, Glas, Papier, Gips, Beton usw. |
| | Raummaße L/B/H: 4,20 m x 4,20 m x 2,40 m |

44

45

Legende auf S. 166.

Caption on p. 166.

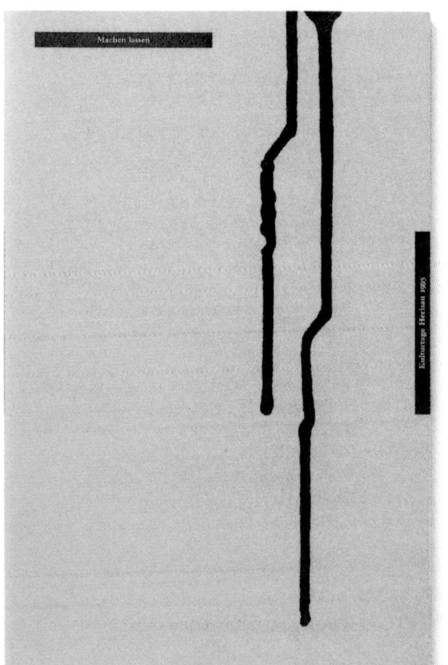


Ein Zeitungsbericht als Einführun

Im Rahmen der Herisauer Kulturtage 1995 kamen
wochnachmittag, am 14. Juni 1995, gegen hundert
zwischen fünf und neun Jahren in die vier Zeltrau
dem Alten Zeughaus, um mit Schminke, Farben, S
Lehm oder beim Instrumentenbau ihrer Fantasie fr
zu lassen. Die Appenzeller Kunstschaffenden, die a
bare Helfer im Hintergrund blieben, waren zum S
ebenso begeistert wie die Kinder selbst.

Wie ein Ameisenhaufen sei es ihm vorgekomme
zwei Uhr nachmittags all die vielen Kinder angeko
seien. So erzählt einer der prominenten Künstler un
lerinnen, die zum Gelingen beitrugen, aber eigentl
Namen nicht in der Zeitung lesen müssen». Nach e
einführenden Erklärungen sei alles wie von selbst g
Die Kinder hätten sich einen Ort ausgesucht: im K
zum Instrumentenbauen, im Lehmraum zum Mod
im textilen Raum oder im Malraum. Aus dem anf
Chaos habe sich ohne viel Zutun etwas entwickelt
den Kindern selbst.

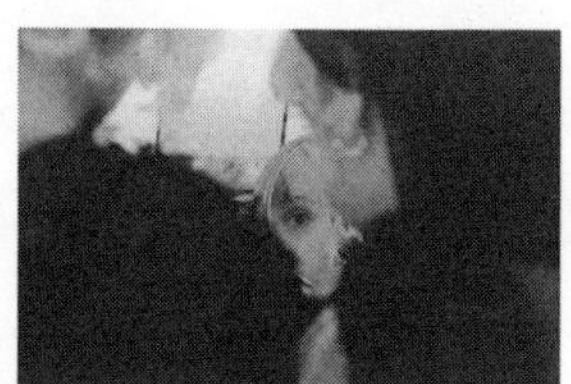

Alte Kleider, Lumpen, Bänder

Alte Kleider, Lumpen, Bänder

Eine große Faszination beim Beobachten der Kinder überrollt mich, wenn ich sehe, wie die Buben und Mädchen mit weit aufgerissenen Augen das Zeltinnere in ein paar Sekunden fixiert haben.

Dann plötzlich beginnt das Tun. – Als Erwachsene bin ich total überrascht, wie schnell und mit welch großer Sicherheit die Kinder ihre Fantasie und Kreativität umsetzen können.

In Windeseile stehen schon die ersten kostümierten und geschminkten Kinder parat, um den Neuankömmlingen mit Stoffresten, Hüten, Schuhen, Schmuck und Schminke im plötzlich entstandenen Chaos zur Seite zu stehen.

Die verwendeten Materialien: Stoffe (in verschiedenen Farben, Mustern und Größen), Tücher, Bänder, Gummiband, Gürtel, Hüte, Brillen, Perücken, Schuhe, Strümpfe, Krawatten, Haarschmuck und -spangen, Schmuck, Kordel, Plastiksäcke, Stroh, Reisbesen, Holzlatten, Spiegel, Ziegelsteine, Scheren, Leim, Sicherheitsnadeln, Schminke, Nagellack, Wimperntusche, Lippenstifte, Tische, Stühle, Watte, Heftklammern, Handtaschen.

*Claire Küng*

35

Klänge und Geräusche, Instrumente bauen

Gedanken zum Klangzelt. Nichts berührt Gemüt und Geist des Menschen tiefer als die Welt der Klänge.

Kinder sollten anfänglich experimentierend mit Klängen, mit Geräuschen und Instrumenten umgehen können. Nicht möglichst schnelle Anpassung an Vorgaben beflügelt die Fantasie der Kinder. Sie wollen ihre eigenen Wege gehen im Reich der Klänge. Oft erst nach langer Zeit äußert das Kind das Bedürfnis, unterrichtet zu werden. Dann können Vorgaben Sinn haben.

Aber zuerst: Mache loo!

Die verwendeten Materialien: Metallabfälle vom Schrottplatz, Hammer, Zange, Metallbohrer, Säge, Decofil, Schnur, Seil, Klebeband, Gummiringe, Draht, Nägel, Metallrohre, Karton- und Plastikröhren, Blechkanister, Töpfe und Deckel, Plastikelemente aus Verpackungen, Dosen, Büchsen, Perlen, Reis, Bohnen (getrocknet), Erbsen (getrocknet), Luftballons, Holz- und Metallstäbe.

*Walter Frei*

Klänge und Geräusche, Instrumente bauen

47

elfer blieben im Hintergrund, sorgten dafür, daß das bereitstand, halfen vielleicht einem Kind, eine Idee zen – mehr nicht. Das Allermeiste entstand aus den und Händen der Kinder selber. Die tollen Ergebnisse den selben Öffnungszeiten wie die Fotoausstellung n Stock) im Ausstellungsraum zu bewundern, der entliche Märchenwelt verkörpert. ‹Aber ebenso war der Entstehungsprozeß›, erzählt eine der Helfe- die strahlenden Gesichter, die vor sich hin sum- , konzentrierten Kinder bei der Arbeit.› Die Kinder espürt, daß das, was sie hier tun, ernstgenommen erzählt ein anderer ‹Diener›, der den Nachmittag als ng für alle Sinne› beschreibt.

elfer und Helferinnen, von denen zweihundert- ge Präsenz verlangt war, waren abends müde, aber n. Für einige war es ‹noch viel spannender, als wir orgestellt hatten›.

ger Wermutstropfen vielleicht waren manche Eltern, itte des Nachmittags in die Kinderwelt ‹eindrangen›.

Wohl müßte die Idee dieser ‹geschützten Kinderträume› ein anderes Mal noch besser erklärt werden.

Bestes Zeugnis sind die Kinder selber mit ihren Fragen: ‹Wie lang dörfed mer no bliibe?› – ‹Dörfed mer jetz jede Mittwoch cho?› Viele mußten zum Schluß ‹unbedingt noch etwas fertigmachen›. Von bildschirmverdorbenen, zu keiner Konzentration fähigen Kindern keine Spur. Alle trugen sie den Materialien Sorge, und wenn bei so manchem Werk für die Großen nicht auf den ersten Blick klar ist, was es darstellen soll, liegt es an deren Fantasie, nicht an jener der Kinder. Eine der vielen positiven Rückmeldungen von Kindern sei zum Schluß stellvertretend angeführt. Nach kurzem Überlegen sagte ein Mädchen auf die Frage der Helferin, ob es denn ‹lästig› gewesen sei: ‹Jo, ganz fescht›.

*Louis Mettler* in der *Appenzeller Zeitung*

Ein Zeitungsbericht als Einführung

7

Farben, Pinsel und Papier

23

Alte Kleider, Lumpen, Bänder

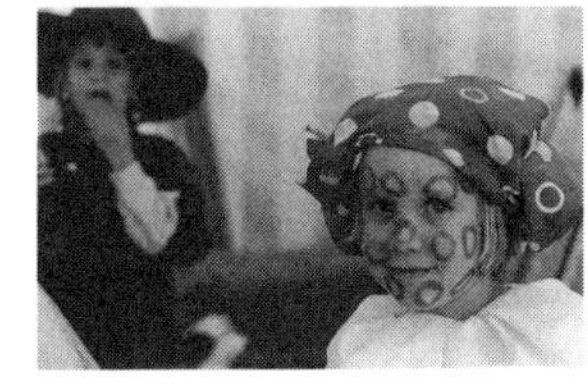

31

Alte Kleider, Lumpen, Bänder

41

Ueli Bänziger et al.: *Machen lassen.* St.Gallen: Typotron, 1996. Broschur mit Schutzumschlag, 20 x 30 cm. Abb.: Schutzumschlag, Doppelseiten.

Die Gestaltung dieses Bandes folgt einem ähnlichen Prinzip wie jene, die auf den S. 166–169 vorgestellt wird.

Ueli Bänziger et al.: *Machen lassen.* St.Gallen: Typotron, 1996. Paperback with dust jacket, 30 x 20 cm. Ill.: jacket, double-pages.

The design of this book follows a similar principle to that shown on pp. 166–169.

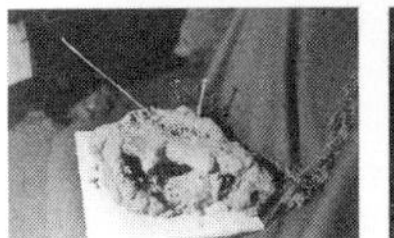

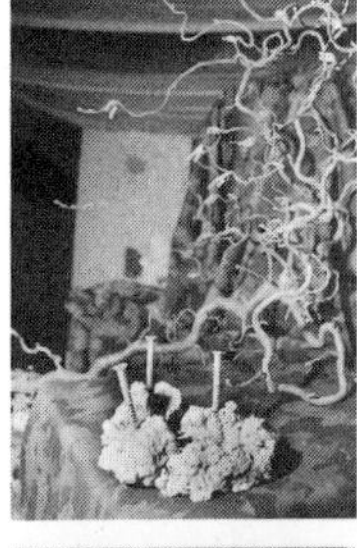

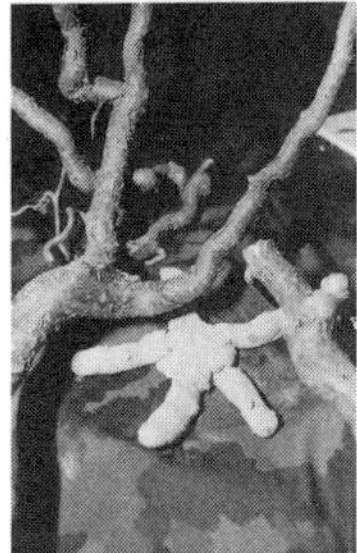

Im Zauberwald

77

**Inhalt**



**Vom Bauerndorf zur Industriegemeinde**
Die Entwicklung des Dorfbildes im 19. und 20. Jahrhundert

Die Jahrhundertwende vom 18. zum 19. Jahrhundert setzte klare Meilensteine in der politischen und wirtschaftlichen Entwicklung: 1798 brach als Folge der Französischen Revolution der alte Obrigkeitsstaat zusammen. Die Herrschaft der Stadt über die umliegende Landschaft war zu Ende. Die Kantonsverfassung von 1831 legte bis heute die Grundlage der demokratisch verfaßten Gemeinden.

Die maßgeblichen neuen Leitideen des Liberalismus schufen mit der Handels- und Gewerbefreiheit die Voraussetzungen für die wirtschaftliche Entfaltung.

Die einsetzende Industrialisierung führte zu Agglomerationsbildungen in den Industriezentren und zum Bevölkerungsrückgang in den Landgemeinden. An dieser Entwicklung hatte Neuhausen, seit 1938 offiziell als Neuhausen am Rheinfall bezeichnet, beispielhaften und großen Anteil.

Bis zu Beginn des 20. Jahrhunderts entwickelte sich Neuhausen vom kleinen Bauerndorf zur zweitgrößten Industriegemeinde des Kantons. Heute wohnen in der Agglomeration Schaffhausen-Neuhausen am Rheinfall rund 60 Prozent aller Kantonseinwohner.

‹Steter Wandel ist das Wesen der Geschichte›, stellte der Basler Kulturhistoriker Jacob Burckhardt (1818–1897) in seinem grundlegenden Werk ‹Weltgeschichtliche Betrachtungen› einprägsam fest.

Eindrücklich widerspiegelt sich dieser ‹stete Wandel› in der Bevölkerungsbewegung und der damit einhergehenden tiefgreifenden Änderung des Neuhauser Dorfbildes während des 19. und 20. Jahrhunderts.

Neuhausen stand mit seiner Bevölkerungszahl noch in der Mitte des 19. Jahrhunderts weit hinter den größeren Klettgaugemeinden zurück. Die erste schweizerische Volkszählung im Jahr 1850 verzeichnete für Neuhausen 922, für Hallau und Schleitheim dagegen je rund 2500 Einwohner.

Die Bevölkerungsbewegung der Gemeinde Neuhausen am Rheinfall ist gekennzeichnet durch zwei große Wachstumsphasen: die Wende vom 19. zum 20. Jahrhundert und die Zeit nach dem Zweiten Weltkrieg.

Während der Jahrhundertwende nahm die Bevölkerung innerhalb von zwei Jahrzehnten von 2023 im Jahr 1888 um 173 Prozent auf 5524 Einwohner im Jahr 1910 zu.

In der zweiten großen Wachstumsphase zwischen 1950 und 1969 stieg die Bevölkerungszahl von 7969 um 53 Prozent auf 12251 Einwohner.

Beiden Wachstumsperioden folgte eine Zeit der Stagnation oder leichter Abnahme der Bevölkerung. Parallel zu dieser Bevölkerungsbewegung lassen sich vier Entwicklungsstadien im Wandel des Dorfbildes feststellen:

Das alte Bauerndorf bis zur Mitte des 19. Jahrhunderts;

Die Entwicklung zur Industriegemeinde um die Jahrhundertwende;

Die weitgehende Überbauung während der Konjunkturjahre nach dem Zweiten Weltkrieg;

Der erstmalige Bevölkerungsrückgang in der neuesten Zeit nach 1969.

**Das alte Bauerndorf**

Bis über die Mitte des 19. Jahrhunderts herrschte in allen Bereichen des Dorfes ländliches Leben vor. Die Karte von Johann Ludwig Peyer (1780–1842) aus dem Jahr 1826 zeigt den alten Dorfkern, dessen Häu-

Einleitung

Altes Dorfzentrum beim Haus zum Sternen, um 1930

9

**Oberer Bohnenberg**

Vom einstigen Landsitz Oberer Bohnenberg erfahren wir bereits zu Beginn des 17. Jahrhunderts. Über dem Torbogen des Erdgeschosses befand sich eine 1602 datierte, abgegangene Wappentafel. Hans Friedrich Peyer (1615–1688) besaß das Landgut auf dem Bohnenberg samt Wirtshaus. Die Lage an der ‹Baslerstraße› begünstigte schon früh die Einrichtung einer Wirtschaft.

Anfangs des 19. Jahrhunderts erwarb Heinrich Bendel (1789–1862), Bäcker, Lohnkutscher und seit 1817 Wirt im ‹Bohnenberg›, das baufällige Haus und stellte es wieder in guten Zustand.

Im Jahr 1822 bat Bendel um die obrigkeitliche Bewilligung, für den ausschließlichen Gebrauch in seiner Gaststätte eigenes Bier brauen zu dürfen. Die kleine Hausbrauerei blieb nur vier Jahre in Betrieb.

Bis in die dreißiger Jahre des 20. Jahrhunderts diente der ‹Obere Bohnenberg› als Bauernhof. Nach dem Wegzug von Landwirt Jean Meister-Gasser (1890–1961) im Jahr 1933 ins Chlaffental, ließ Dr. Julius Weber (1879–1969) 1934 die alten Gebäude abreissen und nach dem Vorbild des ehemaligen Landsitzes für seine Tochter einen Neubau erstellen.

1973 kaufte die Einwohnergemeinde Neuhausen am Rheinfall von der Erbengemeinschaft Dr. Julius Weber, Ascona, die Liegenschaft, in deren Kellerräumen sich seit 1980 das von Fischereiaufseher Willi Schneider (1915–1983) eingerichtete Fischereimuseum befindet.

Dorfbild

Oberer Bohnenberg, um 1900

87

**Dorfbrunnen**

Das Trink- und Brauchwasser lieferten während Jahrhunderten öffentliche und private Brunnen, die von Grund- und Quellwasser gespiesen wurden.

Die von Geometer Auer in den Jahren 1864 bis 1866 gezeichneten 44 Originalblätter der Katastervermessung von Neuhausen führen im Dorf und seiner näheren Umgebung rund 30 Brunnen auf. Vier davon waren öffentliche Brunnen, darunter der Brunnen beim ‹Sternen› und der neben dem ältesten Schulhaus an der Zentralstraße, gegenüber der reformierten Kirche.

Hausleitungen kannte man nicht. Die Bewohner mußten ihr Wasser für den täglichen Gebrauch am Brunnen holen und in Kübeln in die Häuser tragen. Der Brunnen war deshalb ein beliebter Treffpunkt für die Dorfbevölkerung.

Die Versorgung der Einwohner mit genügend Trinkwasser wurde für die aufstrebende Industriegemeinde zu einem Problem erster Ordnung. Am Sonntag, dem 6. Juli 1875, konnte Neuhausen als erste Gemeinde im Kanton Schaffhausen eine moderne Hochdruck-Wasserleitung mit privaten Wasseranschlüssen feierlich einweihen.

Diese Pioniertat war möglich durch die enge Zusammenarbeit der Gemeinde mit den beiden ansässigen Industrieunternehmen, der Schweizerischen Industrie-Gesellschaft und den Neherschen Eisenwerken im Laufen.

Der Sternenbrunnen, der einzig erhaltene alte Dorfbrunnen, der mit der Jahreszahl 1875 an die erste Hochdruck-Wasserversorgung erinnert, wurde im Jahr 1973 von seinem alten Platz entfernt und bei der reformierten Kirche aufgestellt.

Dorfbild

Der Sternenbrunnen neben der Kirche, 1973

Öffentlicher Dorfbrunnen gegenüber der Kirche, undatiert

47

**Hotel Rheinfall**

Zu Beginn des 19. Jahrhunderts stand im Dorf nur das Gasthaus zum Rheinfall, gegenüber dem Haus zum Sternen gelegen. Es war der einzige Gasthof, in welchem Fremde übernachten konnten.

Die erste Nachricht von diesem Gasthaus stammt aus dem Jahr 1835. Gastwirt Riedmatter, zum Rheinfall, beschwerte sich bei der Postkommission über den Kronenwirt Ammann in Schaffhausen, der eine englische Familie ‹extrapostmäßig› zum Gasthof Rheinfall geführt und sie dabei schamlos überfordert hatte.

Um die Mitte des 19. Jahrhunderts diente der Gasthof vorübergehend auch als Gemeindehaus. Die Gemeinde hatte gemäß einem Vertrag vom 5. Mai 1849 das Recht, verschiedene Räumlichkeiten für ihre Zwecke zu benützen, so zum Beispiel den großen Saal zur Durchführung der ‹Gemeinds-Versammlungen›.

Auf dem First des Hotels Rheinfall erhob sich als kurioser Aufbau eine Camera obscura für die Fremden. Anläßlich des Wechsels von der alten Gemeindestube zum Sternen ins Nachbarhaus wurde der dortige Dachreiter dem Turm der Camera obscura aufgesetzt. Alt und morsch geworden, wurde der unförmige Aufbau im Jahr 1924 abgerissen.

Der Gasthof zum Rheinfall erlebte nach dem Zweiten Weltkrieg eine Auferstehung im Neubau an der Industriestraße 12. An Stelle des alten Gasthofes entstand das Hotel Rheinfall, das an Ostern 1957 mit 38 Betten als Hotel garni seinen Betrieb aufnahm.

Der Erfolg blieb aus. Am 30. September 1963 mußte das Hotel seine Tore schließen. In Zukunft durfte in dieser Liegenschaft keine Gaststätte mehr eingerichtet werden.

Gasthöfe

Hotel Rheinfall mit Camera obscura und Dachreiter, 1923

Hotel Rheinfall und Tram-Endstation, 1940

121

**Der Badische Bahnhof**

Die bei den Einheimischen geläufige Bezeichnung ‹Badischer Bahnhof› für die Station der Deutschen Bundesbahn in Neuhausen am Rheinfall erinnert daran, daß das ehemalige Großherzogtum Baden die durch den Kanton Schaffhausen führende Bahnlinie Basel–Konstanz erstellt hatte.

Neuhausen erhielt mit dem Bau des ‹Badischen Bahnhofs› im Jahr 1862 das erste Stationsgebäude. Die 1857 eröffnete Rheinfallbahn von Winterthur nach Schaffhausen fuhr ohne Halt durch die Neuhauser Gemarkung. Die Bewohner des Dorfes mußten in Schaffhausen oder Dachsen ein- und aussteigen. Die geplante Haltestelle in Neuhausen stieß auf den erbitterten Widerstand der am Fremdenverkehr interessierten Stadtbürger. In einer Neuhauser Station sahen sie ‹ein Grab für alle ihre Hoffnungen›. Ihre Einwände hatten keinen Erfolg.

Bei der Einweihung der Großherzoglich Badischen Bahn am 13. Juni 1863 stieg Großherzog Friedrich I. bei der Station Neuhausen aus, begrüßte die ‹Neuhauser Nobilitäten› und betrat die mit Blumen und Grünwerk geschmückte Veranda und genoß die Aussicht ‹auf den weltberühmten Katarakt›.

Ende des 19. Jahrhunderts setzte sich der Neuhauser Gemeinderat für eine Vergrößerung des Aufnahmegebäudes ein. Er beschwerte sich, daß für ‹die enorme Zahl von Fremden und Geschäftsleuten› nur gerade ein kleiner Wartsaal für alle drei Fahrklassen verfügbar wäre.

Die im Jahr 1901 durchgeführten Erweiterungs- und Umbauten vergrößerten das Aufnahmegebäude durch einen eingeschossigen Anbau im Westen und einen schön ausgestatteten Wartsaal erster Klasse.

Auffällig ist die zeitliche Übereinstimmung zwischen Bahnhof- und Hotelbau auf der nahe gelegenen Höhenterrasse über dem Rheinfall. In den Jahren 1862/63 entstand das Hotel Bellevue, direkt gegenüber der Bahnstation; Franz Wegenstein baute gleichzeitig in einer ersten Etappe das Grandhotel Schweizerhof aus. Für die Gäste, die mit der Bahn ankamen, ließ Hotelier Wegenstein auf eigene Kosten ein Trottoir mit einer schattenspendenden Baumallee bis zum Haupteingang des Hotels erstellen.

Der im Jahr 1985 renovierte ‹Badische Bahnhof› ist ein Zeuge der ehemaligen Neuhauser Hotellerie, als noch keine Autos verkehrten.

Auf den 1. Dezember 1995 wurde der ‹Badische Bahnhof› Neuhausen in eine ‹unbesetzte Haltestelle› umgewandelt und das Personal zurückgezogen. Die Fahrgäste können die Billette ohne Aufpreis im Zug lösen.

Industrie und Verkehr

Der Badische Bahnhof nach der Renovation, Eingang Straßenseite, 1986

**Der SBB-Bahnhof**

Mit der Eröffnung der ‹Eglisauerlinie› von Zürich nach Schaffhausen durch die Nordostbahngesellschaft im Jahr 1897 bekam Neuhausen seinen zweiten Bahnhof.

Bei der Planung der Linienführung oberhalb des Rheinfalls verlangten die städtische Verkehrskommission und Hotelier Franz Wegenstein umsonst eine Tunnelführung der Geleiseanlagen, um so die Landschaft zu schonen. Ohne Erfolg blieben auch Wegensteins Verhandlungen mit der Nordostbahn, unterhalb des Hotels Schweizerhof eine Haltestelle für Schnellzüge zu erstellen.

Die Direktion der Nordostbahn sträubte sich anfangs der neunziger Jahre beharrlich lange Zeit gegen den Bau eines Stationsgebäudes in Neuhausen. Sie argumentierte, das Dorf hätte bereits den ‹Badischen Bahnhof› und zudem läge die Station Dachsen in der Nähe. Der Regierungsrat des Kantons Schaffhausen wandte sich, nach mehreren erfolglosen Vorstellungen bei der Nordostbahn-Direktion, an das eidgenössische Eisenbahndepartement mit dem dringenden Gesuch, unterhalb der ‹Langen Trotte› eine Haltestelle für die aufstrebende Industriegemeinde Neuhausen anzulegen.

Nach der offiziellen amtlichen Übergabe der Stationsgebäude auf der Kollaudationsfahrt von Zürich nach Neuhausen am 25. Mai 1897 wurden die Gäste in den ‹Schweizerhof› eingeladen und mit einem ‹ausgezeichneten Diner mit Neuhauser Weinen›, Berbice 1895 und Schönegger Tokayer, ‹in selten feiner Qualität› verwöhnt. Die offizielle Einweihungsfeier fand vier Tage später, am Samstag, dem 19. Mai 1897 statt.

Bei der Ankunft der Züge am Neuhauser Bahnhof standen für die Fremden Hotelomnibusse und Pferdedroschken bereit. Droschkenkutscher und Hotelportiers mußten sich an eine vom Gemeinderat bestimmte Ordnung halten.

Kurze Zeit nach der Inbetriebnahme der ‹Eglisauerlinie› wurde in der eidgenössischen Volksabstimmung vom 20. Februar 1898 unter dem zügigen Motto ‹Die Schweizerbahnen dem Schweizervolk› die Verstaatlichung der Bahnen mit starker Mehrheit angenommen. Damit begann das Zeitalter der SBB, der Schweizerischen Bundesbahnen.

Neuhausen-Schweizerbahnhof, um 1900

155

**Robert Pfaff:** ***Neuhausen am Rheinfall – ein Dorfbild gestern und heute.*** **Neuhausen: Kuhn, 1996. Papierband, 21 x 28 cm. Abb.: Einband, Doppelseiten.**

Robert Pfaff: *Neuhausen am Rheinfall – ein Dorfbild gestern und heute.* Neuhausen: Kuhn, 1996. Hardback, cased in paper, 28 x 21 cm. Ill.: binding, double-pages.

**S. 174/175: Paul Heuer:** ***Manhattan.*** **St.Gallen: Typotron, 1996. Papierband mit aufgesetzten Deckeln, 22,5 x 30 cm. Abb.: Einband, Innentitel, Doppelseiten.**

S. 174/175: Paul Heuer: *Manhattan.* St.Gallen: Typotron, 1996. Hardback, cased in paper, with set-on covers, 30 x 22,5 cm. Ill.: binding, title-page, double-pages.

MANHATTAN

MANHATTAN Fotos und Texte Paul Heuer Typotron 1996

Variationen über das Thema Sicherheit: Feuerleitern in Mietshäusern der Lower East Side.

37

Manhattans Nobelstraße, die Fifth Avenue, wirkt skurriler und auch sympathischer, je mehr man sich Greenwich Village und den ethnischen Vierteln in Lower Manhattan nähert. Allerdings weichen Ordnung und Sauberkeit zusehends vom Standard weiter oben ab. Kraß wird's in Chinatown, wo Slalomtraining beim Herumturnen um die Abfallberge angesagt ist. Trotzdem habe ich dort nicht nur in chinesischen, sondern auch in anderen ostasiatischen Lokalen immer gut und mit Appetit gegessen, selbst wenn zu den ausgezeichneten Riesencrevetten Tee getrunken wurde. When in Rome, do as the Romans do.

39

Nach diesem Abstecher in die weitere Umgebung zurück nach Manhattan, dem Herz von New York City. Die Fahrt vom Flughafen ins Zentrum, auf teilweise holprigen, nur den des Englischen oft kaum mächtigen Taxifahrern bekannten Schleichwegen, ist nicht spektakulär, je nach Tageszeit mühsam – stop and go, frei nach schweizerischem Armeejargon: juфle u warte. Doch unversehens und ohne auch nur einen Blick auf das sagenhafte Wolkenkratzerpanorama erhascht zu haben, steht man vor dem Hotel neben dem Koffer.

Nicht nur der Neuling, auch der mit Manhattan vertraute Besucher stellt sich zu Beginn eines längeren Aufenthalts die Frage: Wo fange ich an, wie setze ich die Prioritäten? Fühle ich mich als Pfadfinder, Kulturreisender, Abenteurer oder einfach als Europäer, der das Staunen noch nicht verlernt hat? Das überwältigende Erlebnis Manhattan kann schnell durcheinanderwirbeln, was man sich fest vorgenommen hat. Die oft alle Grenzen des Vorstellungsvermögens sprengenden optischen und akustischen Wahrnehmungen rufen nach Improvisation.

Wenn ich schon ins Schwärmen komme – so unglaubhaft das anmuten mag: ich fühle mich in Manhattans Subway, der erstaunlich sauberen New Yorker Untergrundbahn, aber auch in den fast rund um die Uhr lebhaften Avenues und den in gewissen Gegenden gemütlichen, ja malerischen Querstraßen mindestens so sicher wie in der Pariser Métro oder in der unvergleichlichen, aber leider ziemlich vergammelten Berner Altstadt. Relativierend sei allerdings beigefügt, daß vor 20 Jahren alles noch anders war, lausig jenseits des Atlantiks, viel erfreulicher hierzulande. Die Bettler und die Obdachlosen sind aus Manhattans Straßen fast ganz verschwunden. Wo sie versteckt werden, ist allerdings eine andere Frage, denn vorhanden sind sie wohl noch immer. So hausen zum Beispiel auf der Höhe von Harlem am Hudson unten etwa 50 Obdachlose seit Jahren in einem verlassenen Amtrak-Tunnel und bekunden offensichtlich Mühe, sich im Rahmen eines Sozialprogramms an den Komfort der ihnen angebotenen Wohnungen zu gewöhnen.

Die Zahl der Verbrechen ist spürbar rückläufig. New York City ist im Jahr 1996 eine der sichersten Großstädte der USA, sicherer als Los Angeles, Washington, Miami oder New Orleans, um nur einige zu nennen. Die nackten Zahlen sind noch weit davon entfernt, eine heile Welt vorzutäuschen; aber deutlich weniger Morde und 75 000 gestohlene Autos weniger als fünf Jahre zuvor zeigen ganz klar, wie ernst es den New Yorker Behörden mit der Verbrechensbekämpfung ist.

Ich hatte mir vorgenommen, Manhattan mit Ausgangspunkt Times Square während mehreren Tagen zu durchwandern. Die gitterförmige Anordnung der Straßen – Avenues in der Längs-, Streets in der Querrichtung, in der Diagonale der Broadway – gestalten die Orientierung zum Kinderspiel. Einmal Downtown (Süden) Richtung Greenwich Village, Little Italy, SoHo, Chinatown, Financial District, dann über die vor gut hundert Jahren erbaute Brooklyn Bridge nach Brooklyn Heights, wo man sich in idyllischen Seitensträßchen mit wunderschönen Ziegelsteinhäusern ins 19. Jahrhundert zurückversetzt fühlt und auf dem Rückweg als Kontrapunkt die jenseits des East River emporragende Skyline von Lower Manhattan in sich aufzunehmen versucht.

Dann Uptown durch den Central Park, Manhattans gewaltige Lunge, quer durch das tagsüber dem schlechten Ruf zum Trotz bei normalem Verhalten durchaus ungefährliche Harlem, anschließend der langen Grünanlage am Riverside Drive entlang bis zum Fort Tryon Park, wo Hudson und Harlem River an Manhattans nordöstlichem Ende zusammenfließen.

Gegen Manhattans südlichem Ende zu, jenseits der 14. Straße, geht die schachbrettartige Symmetrie der Straßenanordnung zu Ende. Das Muster wird unregelmäßig. Zwischen Greenwich Village mit seinen verborgenen Gassen, verträumten Innenhöfen und reizenden Reihenhäuserzeilen und dem Finanzzentrum rund um die Wall Street liegen Little Italy, Chinatown, SoHo (*South of Houston*) und TriBeCa (*Triangle Below Canal*). In SoHo, TriBeCa und natürlich im Village ist die internationale Bohème zuhause. Chinatown andererseits ist eines der buntesten, wenn auch nicht das größte ethnische Viertel in den USA. Dort begegnet man auf Schritt und Tritt Einwanderern, die kaum ein Wort Englisch verstehen. Auch in Little Italy ist deutlich zu spüren, wie sehr die dortigen Bewohner, und nicht nur die Immigranten der ersten Generation, noch mit ihrer Heimat verbunden sind.

Der Marsch von der Lower East Side über die 1883 vollendete Brooklyn Bridge nach Brooklyn Heights ist ein unvergeßliches Erlebnis. Rund fünf Meter über den immer dicht befahrenen Fahrbahnen dieser im wahrsten Sinne des Wortes monumentalen Hängebrücke führt ein mit Holzlatten belegter Gehweg, auf dessen einen Seite sich Jogger, Radler und Rollschuhfahrer tummeln, während die andere Seite den beschaulicheren Fußgängern gehört. Wehe, wenn letztere sich auf die falsche Seite verirren. Dann verlieren die von der schnelleren Gilde den Humor. Der Ganztagesmarsch vom Times Square bis Brooklyn Heights und zurück mißt mit all den kleinen, von unersättlicher Neugier diktierten Umwegen rund 25 Kilometer. Da wird am Abend der Umgang mit einem Steak amerikanischer Dimensionen zum Genuß.

11

Faszinierender könnte der Kontrast mitten in der Millionenstadt nicht sein: die in der zweiten Hälfte des 19. Jahrhunderts für die römisch-katholische Kirche in neugotischem Stil gebaute St. Patrick's Cathedral, die größte Kathedrale der Vereinigten Staaten; unmittelbar dahinter der mit Beteiligung des griechischen Reeders Onassis gebaute Olympic Tower, ein eleganter Wolkenkratzer mit exklusiven Geschäften, Büros und sündhaft teuren Attika-Wohnungen.

Natürlich gibt's in Manhattan auch andere Kathedralen: den New York Stock Exchange an der Ecke Broad Street/Wall Street, die Kathedrale der Finanzwelt; dann das Jacob K. Javits Convention Center, eine Kathedrale des Handels. Der 1986 eröffnete, vom japanischen Stararchitekten I.M. Pei entworfene Stahl-Glas-Zweckbau wurde für Großausstellungen und Kongresse geschaffen.

59

Mitten in der Bronx sind wir die einzigen Weißen im Wagen. Nach halbstündiger Fahrt mit dem Subway Expreß schaut uns der mit eindrucksvollem Waffen-, Handschellen- und Kommunikationsarsenal behangene schwarze Polizist freundlich-fragend an: ‹Going to the Zoo?› Dann sollten wir hier aussteigen. Sehr sympathisch.

Der *International Wildlife Conservation Park*, ehemals Bronx Zoo, beherbergt auf 107 Hektaren Parklandschaft mit kleinen Wäldern, Seen und Wasserläufen über 4000 Tiere, Hunderte von Arten. Die meisten Tiere leben hier in einer ihnen vertrauten Umgebung, die Löwen, zum Beispiel, in einem gitterlosen, aber von einem tiefen Graben umgebenen, savannenähnlichen Revier, die Krokodile in sumpfigem Gelände, Schneeleoparden und Pandas in den ‹Himalayan Highlands›. Mit diesem größten Zoo der USA vergleichbar ist nur eine klimatisch privilegierte Anlage im südkalifornischen San Diego.

81

**Musikleben in der Schweiz**
Philippe Albèra, Isabelle Mili, Brigitte Bachmann-Geiser, Dominique Rosset, Dominik Sackmann, Christian Steulet, Judith Wyder

**Schweizer Geschichte**
Ein historischer Abriss von den Anfängen bis zur Gegenwart
Dieter Fahrni

**Switzerland in the Second World War**
Responding to the Challenges of the Time
Georg Kreis

**La danza in Svizzera**
Stéphane Bonvin, John Geissler, Jean-Pierre Pastori, Lilo Weber, Sylvie Zaech

**L'architettura in Svizzera**
Costruire nei secoli XIX e XX
Christoph Allenspach

**Schauspiel in der Schweiz**
Theater und Publikum in fünf Jahrhunderten
Beat Schläpfer

**La danse en Suisse**
Stéphane Bonvin, John Geissler, Jean-Pierre Pastori, Lilo Weber, Sylvie Zaech

**De l'exception à la règle**
Une introduction à la politique étrangère de la Suisse
Gerald Schneider

**Vom Sonderfall zum Normalfall**
Eine Einführung in die Außenpolitik der Schweiz
Gerald Schneider

**Returning to Normalcy**
An Introduction to Swiss Foreign Policy
Gerald Schneider

Reihe Information der Schweizer Kulturstiftung Pro Helvetia, Zürich. Neues Design ab 1999. Einfache Broschuren, 13,5 x 21 cm. Abb.: Umschläge, Doppelseiten.

Series Information Schweizer Kulturstiftung Pro Helvetia, Zürich. New design from 1999. Paperback, 21 x 13,5 cm. Ill.: covers, double-pages.

S. 178/179: Antoinette Riklin-Schelbert: *Schmuckzeichen Schweiz 20. Jahrhundert · 20th Century Swiss Art Jewelry.* St. Gallen: VGS, 1999. Papierband mit aufgesetzten Deckeln, 24 x 30 cm. Abb.: Einband, Doppelseiten.

S. 178/179: Antoinette Riklin-Schelbert: *Schmuckzeichen Schweiz 20. Jahrhundert · 20th Century Swiss Art Jewelry.* St. Gallen: VGS, 1999. Hardback, cased in paper, with set-on covers, 30 x 24 cm. Ill.: binding, double-pages.

Architektur
in der Schweiz
Bauen im 19. und 20. Jahrhundert
Christoph Allenspach
Pro Helvetia Schweizer Kulturstiftung Information

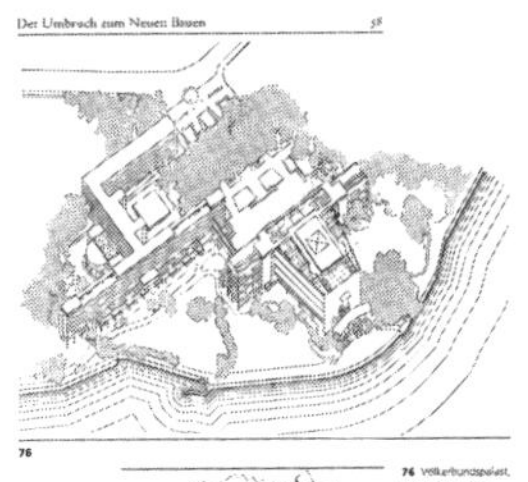

Designland Schweiz
Gebrauchsgüterkultur
im 20. Jahrhundert
Lotte Schilder Bär
Norbert Wild
Pro Helvetia Schweizer Kulturstiftung Information

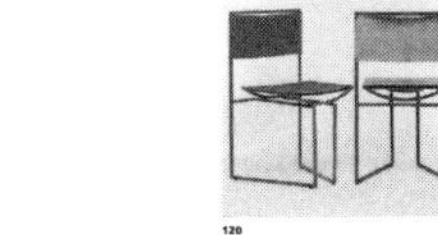

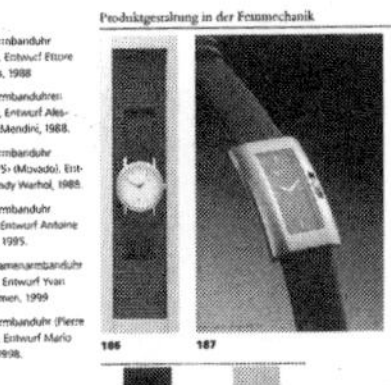

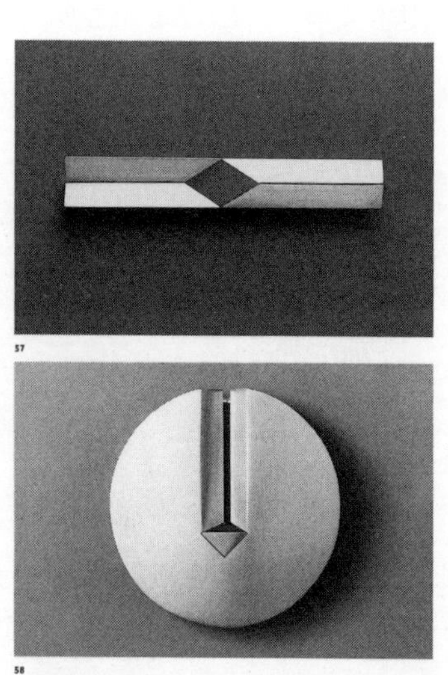

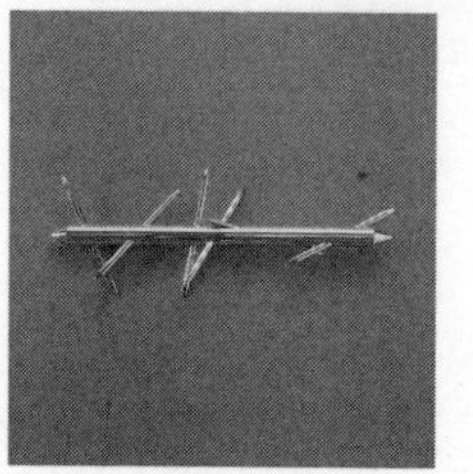

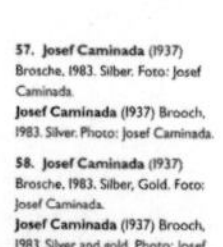

**57. Josef Caminada** (1937) Brosche, 1983. Silber. Foto: Josef Caminada.
**Josef Caminada** (1937) Brooch, 1983. Silver. Photo: Josef Caminada.

**58. Josef Caminada** (1937) Brosche, 1983. Silber, Gold. Foto: Josef Caminada.
**Josef Caminada** (1937) Brooch, 1983. Silver and gold. Photo: Josef Caminada.

**59. Beat Wigger** (1951) Halsschmuck, 1986. Silber, Diam. 16 cm. Foto: Reinhard Zimmermann.
**Beat Wigger** (1951) Neckpiece, 1986. Silver, diam. 16 cm. Photo: Reinhard Zimmermann.

**60. Therese Hilbert** (1948) Brosche, 1985. Silber, 15 x 12 x 3,2 cm. Foto: Otto Künzli.
**Therese Hilbert** (1948) Brooch, 1985. Silver, 15 x 12 x 3,2 cm. Photo: Otto Künzli.

180

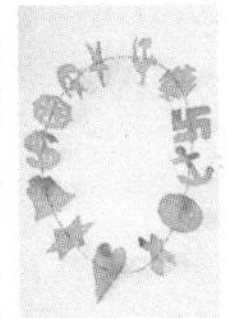

181

182

**180. Otto Künzli** (1948) Anhänger ‹The Big American Neckpiece›, 1986. 13 Zeichen: Szackiger Stern, Mondsichel und Stern, Rad des Gesetzes, Dollarzeichen, Freiheitsglocke, Davidstern, Herz, Kreuz, Yin Yang, Anker, Hakenkreuz, Tantra, Hammer und Sichel. Jedes Zeichen ist auf der Rückseite graviert: ‹made in U.S.A.›. Edelstahl, Diam. ca. 8,5 cm. Foto: Otto Künzli.
**Otto Künzli** (1948) 'The Big American Neckpiece.' 1986. 13 symbols: 5-pointed star, crescent moon and star, wheel of justice, dollar sign, Liberty Bell, Star of David, heart, cross, Yin Yang, anchor, swastika, Tantra, hammer and sickle. Each symbol is engraved with 'made in U.S.A.' on the reverseside. Stainless steel, diam. ca. 8,5 cm. Photo: Otto Künzli.

**181. Otto Künzli** (1948) Anhänger dito. Die 13 Zeichen in Abständen aufgereiht. Foto: Otto Künzli.
**Otto Künzli** (1948) Neckpiece ditto. The 13 symbols spread out. Photo: Otto Künzli.

**182. Otto Künzli** (1948) Anhänger ‹The Broken Mickey Mouse›, 1988. Holz, Blattgold, Farbe, Stahl, 8,5 x 12 x 7 cm. Foto: Otto Künzli.
**Otto Künzli** (1948) Pendant 'The Broken Mickey Mouse.' 1988. Wood, gold leaf, paint, steel, 8,5 x 12 x 7 cm. Photo: Otto Künzli.

**183. Otto Künzli** (1948) ‹Cozticteocuitlatl 1995–1998 B. M.› (aztekisch ‹Gelber Götterkot›), 1995-1998. Über 60 Anhänger, Gold und Silber gegossen, max. 7 x 10 cm. Foto: Otto Künzli.
**Otto Künzli** (1948) 'Cozticteocuitlatl 1995–1998 B. M.' ('The yellow feces of the gods,' Aztec). Approx. 60 pendants, cast gold and silver, max. 7 x 10 cm. Photo: Otto Künzli.

183

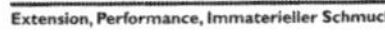

**Extension, Performance, Immaterieller Schmuck**

In den achtziger Jahren sprengt Schmuck alle Grenzen und wird autonom. Im konventionellen Sinn wird er immer weniger tragbar. Er weitet sich aus, erobert den Raum und wird durch die Körperbewegung zur Performance oder zum Theater. Einzig der Bezug zum Körper bleibt gewahrt. Die Grenzen zwischen Kunst und Handwerk, von Kleid und Schmuck sind verwischt. Die Objekte entziehen sich jeder Zuordnung.

Als erste in der Schweiz tritt Nina von Albertini in den frühen achtziger Jahren mit *objects to wear* an die Öffentlichkeit. Ihre aus Silberplatten geschnittenen klaren Formen schmiegen sich an Rücken, Schulter und Brust und betonen die Würde des Körpers. Von der Trägerin verlangen sie natürlichen Stolz und Selbstvertrauen.

Auf dem Kleid oder auf der Haut getragen sind es Schmuckobjekte, isoliert vom Körper, Skulpturen. Von Albertini kommt nicht von einer klassischen Goldschmiedeausbildung her. Um ihre kühnen Ideen zu verwirklichen, suchte sie in Florenz, Paris und New York Spezialisten als temporäre Lehrmeister auf und arbeitete auch mit den Navajo-Silberschmieden in Arizona. Danach begann ihre Erfolgsgeschichte: Die Nobelgalerien Teufel in Köln und Gimpel & Hanover in Zürich stellten ihre Werke aus und stießen auf ein großes Medienecho. Eine Premiere und ein Spektakel für die Sinne war 1984 die als Performance präsentierte Schau ihrer Körperobjekte beim Schmuckdesigner und engagierten Förderer des Künstlerschmucks Gian Carlo Montebello in Mailand. Ein grauer Felsen und eine große rote Spindel bildeten die Kulisse für die tänzerische Vorführung zu Musik von Nina Hagen. Die auf der nackten Haut getragenen silbernen *body objects*, die mit dem blutroten Samt des raffiniert gestylten Kleids kontrastierten, wirkten futuristisch. Anwesend war eine internationale Kulturprominenz.[1]

Auch Carole Guinards fragil balancierendes Schulterobjekt, eine Stahlrute mit transparenten Plexiglasscheiben, und ihr ‹Collier bois› sind *objects to wear*. Ebenso Christophe Grabers Gürtel aus japanischen Eßstäbchen und Therese Hilberts großes Halsobjekt aus Stahldraht mit rot lackierten Stäben.

Auf andere Weise lotet Johanna Dahm die Grenzen des Schmucks aus: Sie erprobt die Wechselwirkung von Körper und Raum. Ihre aus geometrischen Grundformen entwickelten Filzkragen sind einerseits autonome Skulpturen. Getragen werden sie zu Objekten, die Nacken und Gesicht schmückend und schützend umrahmen. Ihre Halsbogen hinwiederum, deren Formen sich aus der Spannkraft von Metallrohr und Gummischnur ergeben, umschreiben einen virtuellen Raum um den Körper, so daß Schmuck, Körper und virtueller Raum zu einem Ganzen werden. Eine Weiterentwicklung vollzieht Dahm in den achtziger Jahren mit der Transformation der Materie in Schatten oder Licht. Es entsteht – als äußerstes Einswerden von Schmuck und Körper – der Lichtschmuck. ‹A light kiss› nennt sie, um nur ein Beispiel zu nennen, die Stabbrosche, die eine Sonne, einen Halbmond oder einen Stern als liebkosendes Lichtzeichen auf Wange, Kinn oder Ohrläppchen zaubert. Die auf den Körper geworfenen Lichtzeichen sind vergänglich, flüchtig, ohne Gewicht, ohne Wert, nicht besitzbar und nicht von Dauer. Das projizierte Licht schmiegt sich – ähnlich wie die Tätowierung – dem Körper an und verändert sich durch dessen Bewegung. 1988 setzt Johanna Dahm den Prosatext der frühromantischen Dichterin Karoline von Günderode ‹Ein apokalyptisches Fragment› in eine Lichtinstallation um. Sie gliedert den Text in fünfzehn Abschnitte, denen sie je eine Schablone zuordnet. Die Zeichen werden durch einen Lichtstrahl auf den Boden geworfen und huschen über die Körper der vorüberziehenden Besucher: entmaterialisierter Schmuck als endgültige Absage an den Schmuck als Prestigeobjekt.

Um den Dialog mit dem Körper und um Körpererfahrung geht es dem gelernten Goldschmied Thomas Kürzi bei seiner Werkreihe ‹Versuche mit Eisstücken›. Das Auflegen von Eisstücken auf den Körper, das Beobachten des Schmelzprozesses wegen der Körperwärme, das langsame Einsinken des Eises und das Eindringen der gefährlichen Kälte in den Körper verändert die Körperbefindlichkeit des Trägers. Zurück bleibt eine nasse Spur auf dem Kleid, die sich nach dem Trocknen verflüchtigt: ein vergängliches Zeichen. Die Aktion war nur mittels fotografischer Dokumentation fixierbar. Sie wurde 1981 in der damals für Avantgardekunst renommierten Genfer Galerie Apartment ausgestellt.

Schon in seiner frühen Schaffensperiode hatte Pierre Degen mit seinen Schmuckobjekten provoziert. 1979 erregten seine in Bristol gezeigten ‹Extensions›, bei der der Körper aktiv werden mußte, Aufsehen. Sie bildeten ein erfrischendes Gegengewicht zur immer noch verbreiteten funktionalen Designästhetik. Degens Schmuck war zum Theater und zur Performance geworden, einer Balance zwischen Spiel und Ernst. So die den tragisch endenden Flug des Ikarus evozierende, tragbare Skulptur ‹Large Propeller›, deren Form sich durch Drehung verflüchtigt. Mit seiner 1982 in London und New York gezeigten skulpturalen Installation: am Körper befestigte Alltagsgegenstände – Besen, Gartengeräte, Leitern, schwarze Ballone, die je nach Bewegung ihre Konstellation ändern – will Degen Material, Objekte und Technik in ein neues Licht rücken. Alte Sehgewohnheiten sollen abgelegt, Schmucktragen ironisch demaskiert werden.

Auch die von Renzo Ildebrando 1988 realisierte Aktion ‹Bahnhofstraße Zürich› war eine konzeptionelle Arbeit. An der Zürcher Edelmeile, Ort des Reichtums und der Ordnung, gesäumt von Banken, Juwelierläden, Pelzgeschäften, wollte Ildebrando, der sich als Vertreter der ‹nichtstofflichen Lebensqualität in der Schweiz› verstand, einen imaginären Juwelierladen eröffnen: Vom Bahnhof ausgehend, wo täglich Tausende von Menschen zusammenkommen, sollte der imaginäre Laden, in dem es weder etwas zu kaufen noch zu verkaufen geben sollte, zum See führen. An den ‹strategischen Punkten des materiellen Lebens› öffnete Ildebrando – vom Publikum kaum beachtet – zwölf Straßenroste und fügte je einen handgefertigten Bronzezylinder von 6 x 3 Zentimeter ein. Auf dem Weg vom Bahnhof zum See, dem entgegengesetzten Pol zum Treiben am Bahnhof, sollten die Menschen durch das Berühren der eiser-

184

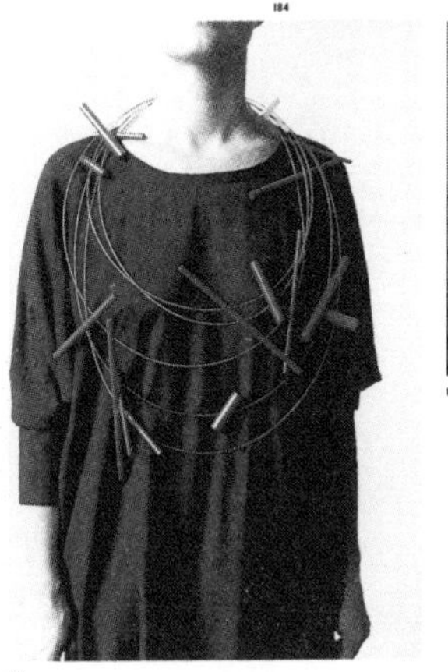

185

186

**184. Carole Guinard** (1955) Schulterschmuck, 1987. Plexi, Messing, Stahl, Gummi, 100 x 25 cm. Foto: Magali Koenig.
**Carole Guinard** (1955) Shoulder ornament, 1987. Plexi, brass, steel, rubber, 100 x 25 cm. Photo: Magali Koenig.

**185. Therese Hilbert** (1948) Halsschmuck, 1983. Messing, rot lackiert, PVC, Stahl, 45 x 43 cm. Foto: Otto Künzli.
**Therese Hilbert** (1948) Neckpiece, 1983. Red lacquered brass, PVC, steel, 45 x 43 cm. Photo: Otto Künzli.

**186. Carole Guinard** (1955) ‹Collier bois›, 1984. Holz, Schnur (Kleinserie), 42 x 36 cm. Schweizerische Eidgenossenschaft. Foto: Magali Koenig.
**Carole Guinard** (1955) 'Collier bois' ('Wood Neckpiece'), 1984. Wood and string (limited edition), 42 x 36 cm. Swiss Confederation. Photo: Magali Koenig.

12

Die beiden Seiten des Gürtelanhängers zeigen zwei auf Inrô selten anzutreffende Darstellungen von Heilsgestalten des Buddhismus: Der Bodhisattva der Weisheitskraft (jap. *Fugen Bosatsu*) ruht mit dem Zepter in Händen auf seinem Symboltier, dem weißen Elefanten; der Bodhisattva der erleuchteten Weisheit (jap. *Monju Bosatsu*) sitzt mit der Schriftrolle der ‹Transzendierenden Weisheit› auf seinem Symboltier, dem Löwen. Das Inrô trägt die Respektsignatur für den großen Lackkünstler Koma Kwansei (gest. 1835).

*Fünfteiliges Inrô*: verschiedene Lacktechniken mit Perlmutt- und Schildpatteinlagen; 2. Hälfte 19. Jahrhundert.

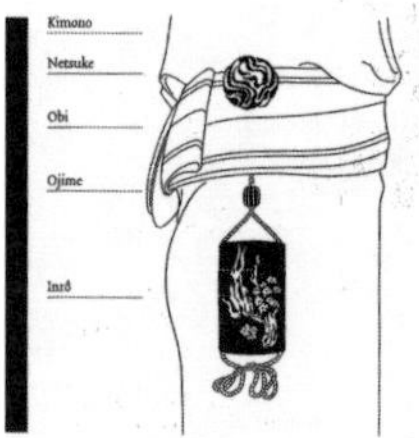


DIE WELT AM GÜRTEL

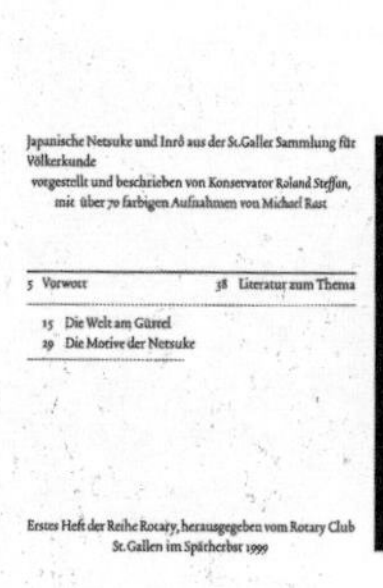

Japanische Netsuke und Inrô aus der St.Galler Sammlung für Völkerkunde
vorgestellt und beschrieben von Konservator Roland *Steffan*,
mit über 70 farbigen Aufnahmen von Michael Rast



Erstes Heft der Reihe Rotary, herausgegeben vom Rotary Club St.Gallen im Spätherbst 1999

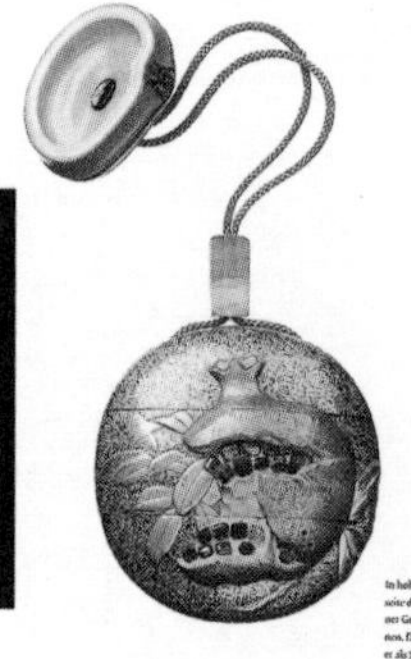

VORWORT

Neben den einzigartigen Leistungen in Baukunst, Landschaftsgestaltung, Plastik, Malerei und Dichtung vermögen uns vor allem die kunsthandwerklichen Fähigkeiten und Erfindungen der Japaner zu fesseln. Die Verbindung von intellektueller und ästhetischer Bildung bekundet sich in der Wahl der Schmuckmotive und deren feinsinniger Umsetzung in das angemessene Material. Dies überrascht und entzückt unser Auge als zur Vollendung gebrachte Textilkunst, Graphik, Keramik, Schnitzerei und Lackarbeit. Die beiden letzteren begegnen uns beispielhaft in Form von Gürtelknöpfen (jap. Netsuke) und Gürtelanhängern (jap. *Inrô*).

Die Anzahl japanischer Netsuke (sprich: Netske) und Inrô in der St.Galler Sammlung für Völkerkunde ist nicht sehr groß. Die beiden Gattungen sind aber jeweils in so vielen Varianten und Ausführungen vertreten, dass sie sehr gut aufzuzeigen vermögen, worauf es bei diesen Erzeugnissen des Kunsthandwerks und der Kleinkunst ankommt. Sie bezaubern durch ihren ungemeinen Reichtum trefflicher Gedanken und Einfälle wie auch durch eine unerhörte Virtuosität der Ausführung. Die meisten Stücke sind signiert und stammen aus dem 18. und 19. Jahrhundert, also der Zeit, in der sie

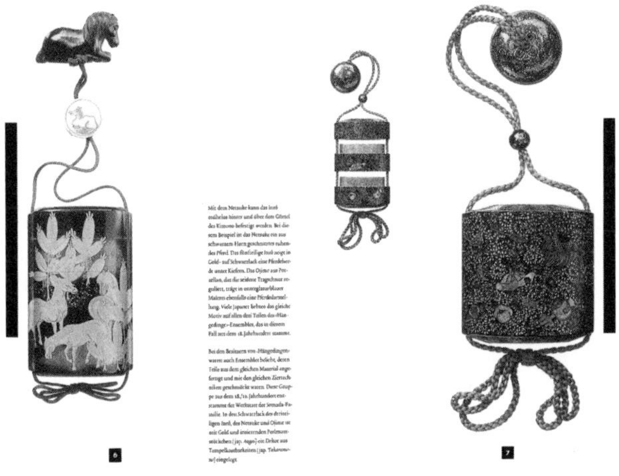

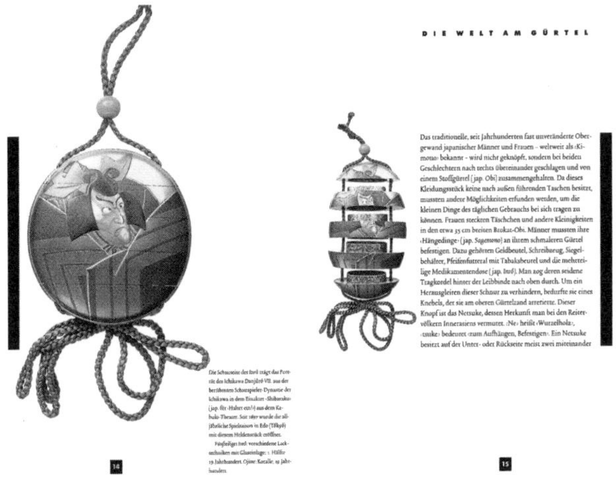

Roland Steffan: *Die Welt am Gürtel.* Kronbühl: ‹Ostschweiz›, Reihe Rotary, 1999. Einlagige Broschur mit Schutzumschlag, 15 x 24 cm. Abb.: Schutzumschlag, Klappe des Schutzumschlags über Umschlag mit S. 1 des ersten Bogens, Doppelseiten.

Roland Steffan: *Die Welt am Gürtel.* Kronbühl: ‹Ostschweiz›, Rotary series, 1999. Single-section paperback with jacket, 24 x 15 cm. Ill.: dust jacket, flap of dust jacket over cover with p. 1 of first sheet, double-pages.

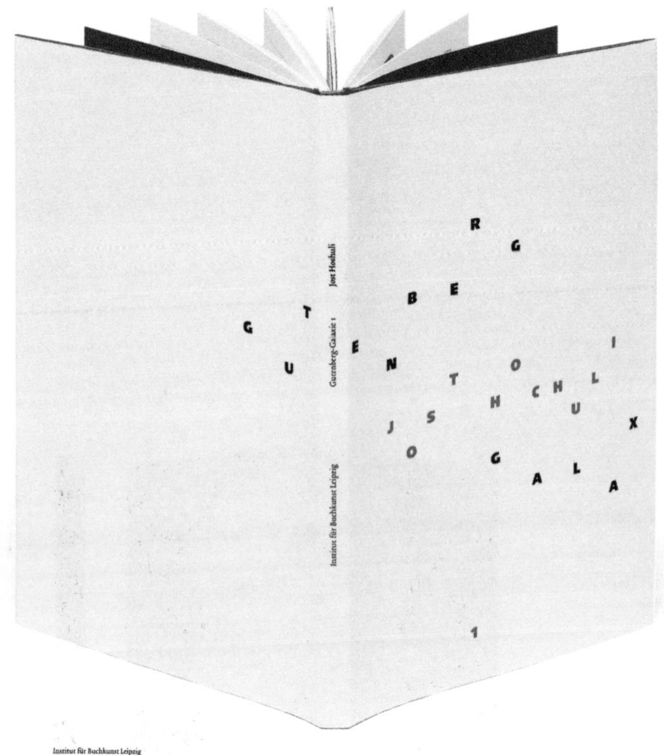


Institut für Buchkunst Leipzig

GUTENBERG-GALAXIE 1 JOST HOCHULI

Die Reihe Gutenberg-Galaxie ist den Trägern des Gutenberg-Preises der Stadt Leipzig gewidmet. Sie wird herausgegeben von Julia Blume und Günter Karl Bose, Institut für Buchkunst Leipzig, mit Unterstützung des Kulturamtes der Stadt Leipzig.

Laudatio

entgegen tritt. Weil alles, was wir von Johannes Gutenberg wissen, aus einigen wenigen Protokollen und Gerichtsakten gezogen ist, können wir nur sehr vage die Konturen seiner Person zeichnen. Der Bart, der so gut zu seiner Physiognomie zu passen scheint, ist ihm gute hundert Jahre nach seinem Tod umgehängt worden. Das Porträtkupfer des französischen Stechers Lemaissin von 1584 hat alle Streitsucht der Forschung überdauert und wird auch in jüngeren Publikationen noch als ‹ältestes erhaltenes Porträt› vorgestellt. Natürlich ist schon die Frage, ob Gutenberg der dargestellten Person ähnlich gewesen sein könnte, absurd. Es scheint, dass seine Physiognomie treffender und ungleich realistischer aus dem Blinken einiger Sterne der Galaxis zu erschließen ist, die seit McLuhan seinen Namen trägt. Eine Spektralanalyse des Lichts einiger Sterne dieser Galaxie aber würde ergeben, daß eine spezifische Färbung der Verschiebung im Rot nicht anders als durch die Wirkung eines Typografen aus St.Gallen zu erklären ist, dem ich hier von ganzen Herzen zu der Verleihung des Gutenberg-Preises der Stadt Leipzig gratuliere.

*Günter Karl Bose*

Inserate zur Schaltung in Fachzeitschriften für Lüscher, Leber + Co. AG, Bern, 1986. 21 x 29,7 cm.

Nächste Doppelseite:

Signet und Drucksachen für Michael Rast, Fotograf, St.Gallen 1996. Zweifarbig schwarz/zinnober. Auf Briefbogen A4, auf Notizkarten A6 und Visitenkarten ist die runde Öffnung, die ‹Linse›, ausgestanzt.

Logo und Drucksachen für TypoRenn, Peter Renn, Teufen AR, 1999. Zweifarbig schwarz/zinnober.

20 Gebrauchsgrafische Arbeiten

21

**Julia Blume, Günter K. Bose (Hg.): *Jost Hochuli.* Reihe Gutenberg-Galaxie, 1. Leipzig: Institut für Buchkunst, 2000. Ganzgewebeband mit Schutzumschlag. Innerhalb eines Reihenkonzepts von Stephanie Marx und Andrea Bernscherer gestaltet von J.H. Abb.: Schutzumschlag, Doppelseite mit Innentitel, weitere Doppelseiten.**

Julia Blume, Günter K. Bose (ed.): *Jost Hochuli.* Reihe Gutenberg-Galaxie, 1. Leipzig: Institut für Buchkunst, 2000. Hardback, cased in cloth, with dust jacket. Designed by J.H. within a series design concept by Stephanie Marx and Andrea Bernscherer. Ill.: dust jacket, double-page with title, other double-pages.

BÜCHERLUST · VOM KLEID ZUM INHALT

Den Zugang zum Buch verdanke ich meiner Mutter. In einfachsten Verhältnissen aufgewachsen und lebenslang von kränklicher Natur, haben ihr Bücher viel bedeutet, und als sie im Alter erblindete, hat sie die Trennung von ihnen schmerzlich empfunden.

Auch mein Elternhaus war ein einfaches, und die Bücher, die da standen, konnten keinesfalls als Bibliothek bezeichnet werden. Aber zum Geburtstag und zu Weihnachten erhielten mein Bruder und ich stets ein Buch, und wenn noch andere Geschenke unter dem Christbaum lagen: Das Buch – selbst wenn es nur ein Büchlein war – war mir immer das Liebste.

Wir wurden erzogen, zu den Gegenständen Sorge zu tragen. So wurden wir auch angeleitet, unsere Bücher ‹einzufassen›, das heißt, ein Packpapier über Umschlag oder Einband zu legen und an den Kanten einzuschlagen. Das mache ich heute nicht mehr, aber die Sorgfalt im Umgang mit Büchern ist mir geblieben, und es ist mir tief zuwider, wenn ich sehe, dass jemand unachtsam mit Büchern umgeht. Unvergesslich bleibt mir der Besuch in der herrschaftlichen Villa eines Schulkameraden: In seinem Zimmer standen und lagen die Bücher kreuz und quer im Regal, Einbände geknickt, Umschläge zerrissen. Für mich ein Lehrstück insofern, als mir dämmerte, dass nicht alles gut sein muss, was aus sogenannt besseren Häusern kommt.

Etwa um die gleiche Zeit, in der sechsten Klasse der Primarschule, erhielten wir eine deutsche ‹Sprachlehre›. Der schmale Papierband von einigen Dutzend Seiten hatte es mir sofort angetan: Er trug ein leuchtend rotes Überzugpapier, Ton in Ton unauffällig schräg gestreift und mit kleinen schwarzen Punkten unregelmäßig gesprenkelt. Die Originalvorlage muss ein Kleisterpapier gewesen sein, die schwarzen Punkte winzig kleine Tuschekleckse, die der Gestalter mit einer Feder oder einem Pinsel darüber gespritzt hatte. Der Inhalt des Bändchens, die

**Die bei den Büchern angegebenen Maße beziehen sich durchweg auf den Buchblock, auch dort, wo nur Umschläge oder Einbände gezeigt werden. Breite steht vor Höhe. Mit Ausnahme der auf dieser Doppelseite gezeigten drei Bändchen, die ab Blei im Hochdruckverfahren hergestellt worden sind, sind alle folgenden Bücher Offset gedruckt.**

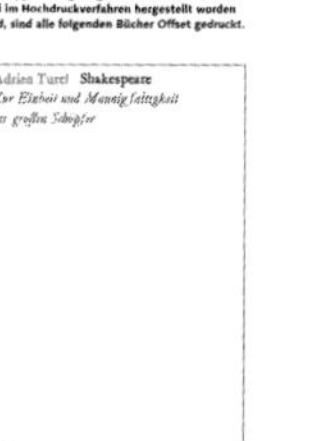
Adrien Turel **Shakespeare**
*Zur Einheit und Mannigfaltigkeit der großen Schöpfer*

Albin Zollinger **Fluch der Scheidung**
*Briefe an seine erste Frau*

Peter Lehner
**Angenommen, um 0 Uhr 10** *Zerzählungen*

**Umschläge zu Peter Lehner: *Angenommen, um 0 Uhr 10*. Zerzählungen. – Albin Zollinger: *Fluch der Scheidung*. Briefe an seine erste Frau. – Adrien Turel: *Shakespeare. Zur Einheit und Mannigfaltigkeit der großen Schöpfer*. Alle St. Gallen: Tschudy, 1965. Ganzgewebebände, 10,4 x 16,8 cm, dreifarbig schwarz/zinnober/grau; Linotype Garamond.**

**Mit Ausnahme eines um die gleiche Zeit erschienenen Schriftmusterbuches für die Druckerei Tschudy waren dies Hochulis erste (und für lange Jahre die letzten) buchgestalterischen Arbeiten.**

deutsche Sprachlehre, verlor für mich wegen des ansprechenden Kleides seine gefürchtete Trockenheit. Zum ersten Mal war ich von der äußeren Form eines Buches berührt, selbst wenn es damals nur das Überzugpapier war, und das Kleid hat mir den Inhalt sympathisch gemacht.

Übrigens scheint dieses Papier einige Jahre später auch Jan Tschichold gefallen zu haben; der Leipziger Gutenberg-Preisträger von 1965 verwendete es 1952 für seinen Rechenschaftsbericht mit dem Titel Im dienste des buches.

Als Gestalter kaufe ich seit Jahren viele Bücher nur ihrer äußeren Form wegen, um sie meiner Beispielsammlung einzufügen. Beim Blättern und Analysieren ihrer typografischen Struktur bin ich aber schon oft an Wörtern, Sätzen, ganzen Abschnitten hängen geblieben, und das buchgestalterische Beispiel erschloss mir unerwartet einen zuvor unbekannten Inhalt.

Es war nicht das literarische Programm, das mich seinerzeit bewog, Mitglied der Büchergilde Gutenberg zu werden. Ich tat es, weil ich wusste, dass Gildenbücher gestalterisch auf einem besonders hohen Niveau stehen und dass die besten deutschen Büchermacher für sie arbeiten. Besonders lockten mich die von Juergen Seuss unkonventionell und einfallsreich inszenierten ersten Bände der ‹Bibliothek Exilliteratur›. Damit lernte ich aber eine Seite des deutschsprachigen Schrifttums des 20. Jahrhunderts kennen, von der ich vorher nichts gewusst hatte. Und zu einem mindestens ebenso großen Erlebnis wie die Bücher von Arnold Zweig, Anna Seghers, Egon Erwin Kisch, Lion Feuchtwanger und anderen wurde mir dabei die kenntnisreiche und akribisch genaue editorische Arbeit des Herausgebers Hans-Albert Walter; im Falle von Gustav Reglers Die Saat, einem Roman aus den Bauernkriegen, begleitet ein 424-seitiger Kommentarband den 436-seitigen Text – und er ist ebenso spannend wie dieser!

36 Bücher 37

Bücherlust · Vom Kleid zum Inhalt

Der ehemalige Hauptredaktor der *Typografischen Monatsblätter*, TM, Rudolf Hostettler, hatte mir einst bei einem Besuch in seinem Haus die 16 Bände von *Goethes Werken* in der Großherzog-Wilhelm-Ernst-Ausgabe des Insel Verlags gezeigt. Die flexiblen Bände, die kurz nach der Jahrhundertwende erschienen waren und deren Ausstattung Harry Graf Kessler und Emery Walker bestimmt hatten, waren für Hostettler der Inbegriff des reinen Textbuchs. Viele Jahre später konnte ich mir zwar nicht Goethes, aber immerhin Immanuel Kants sämtliche Werke in der gleichen Ausstattung erwerben. Goethe oder Kant – mir kam es nicht drauf an: Was ich wollte, war ein Beispiel der Großherzog-Wilhelm-Ernst-Ausgaben. Aber beim Blättern im ersten Band stieß ich unter dem fünften Abschnitt auf die Abhandlung mit dem Titel ‹Beantwortung der Frage: Was ist Aufklärung?› – ein Text, der mich nach dem Lesen des ersten Satzes nicht mehr losließ. Die etwas mehr als acht Seiten beginnen mit einer Einführung von höchster kristallener Klarheit:

‹Aufklärung ist der Ausgang des Menschen aus seiner selbstverschuldeten Unmündigkeit. Unmündigkeit ist das Unvermögen, sich seines Verstandes ohne Leitung eines Anderen zu bedienen. Selbstverschuldet ist diese Unmündigkeit, wenn die Ursache derselben nicht am Mangel des Verstandes sondern der Entschließung und des Mutes liegt, sich seiner ohne Leitung eines Andern zu bedienen. Sapere aude! Habe Mut, dich deines Verstandes zu bedienen! ist also der Wahlspruch der Aufklärung.›

Sätze, bedenkenswert zu jeder Zeit – heute vor allem deswegen, weil irrationales Sektierertum und fanatischer religiöser Fundamentalismus eine gefährliche Rolle spielen. Ich lernte sie kennen, weil ich das Buch, in dem sie stehen, als gut gemachten Gegenstand besitzen wollte ...

Auch wenn ich nur wenige Tage in London weile – ein Gang zu den Antiquariaten entlang der Charing Cross Road steht immer auf dem

Peter Härtling
**Niembsch**
oder
Der Stillstand
Eine Suite
Büchergilde
Gutenberg
1993

**Umschlag (dreifarbig dunkelblau und grünlichgrau – heller und dunkler – auf hellem graugrünem Papier), Haupttitel, Inhaltsverzeichnis und Doppelseite 1:1 aus Peter Härtling: *Niembsch oder der Stillstand. Eine Suite*. Frankfurt am Main: Büchergilde, 1993. Ganzgewebeband, 11,7 x 21 cm; Centaur Roman Monotype.**

**Eine der wenigen Arbeiten auf dem Gebiet der Belletristik – nicht weil der Gestalter keine Lust darauf gehabt hätte, sondern weil er nie die entsprechenden Aufträge erhielt.**

Programm. Für erfolgreiche Antiquariatsbesuche brauche ich dreierlei: eine aufgeräumte Stimmung, die feste Absicht, etwas entdecken zu wollen und die Bereitschaft, das Entdeckte auch zu kaufen – sofern es im Bereich meiner Möglichkeiten liegt.

Vor wenigen Jahren, an einem schönen, hochsommerlichen Morgen, waren die Voraussetzungen günstig. Einen Fund hatte ich schon gemacht: Berthold Wolpes *Handwerkerzeichen* von 1936. Das kleine Büchlein kannte ich aus der Fachliteratur. Es ist aus zwei Gründen bemerkenswert: Erstens war die Bauersche Gießerei in Frankfurt am Main mutig genug, das Werklein zu veröffentlichen, obwohl Wolpe ein Jahr zuvor hatte nach England emigrieren müssen; zweitens aber war darin zum ersten Mal Wolpes Matthias-Claudius-Schrift verwendet worden, die dann später, nach dem Krieg, unter dem Namen Hyperion bekannt geworden ist.

In guter Laune verließ ich den kleinen Laden und überquerte eine von der Hauptverkehrsader abgehende Seitenstraße. Kaum auf der Fahrbahn, fiel mir im Fenster des gegenüber liegenden Antiquariats ein gelber Umschlag auf, und nur wenige Schritte weiter wusste ich: Dies musste auch ein ‹Wolpe› sein. Tatsächlich war es einer der schönsten, kräftigsten jener typischen Umschläge, die er über drei Jahrzehnte hinweg und zu Hunderten für Faber & Faber entworfen hatte. Der nur wenig lädierte Umschlag schützte die zweite Auflage von Holbrook Jacksons Werk *The Reading of Books*, über das Lesen von Büchern, und war 1946 entworfen worden. Zweimal also Wolpe an einem Morgen!

Die zweite Trouvaille allerdings hatte Folgen, die ich nicht voraussehen konnte. Ich nehme an, dass es in den meisten Hochsprachen ähnliche Einführungen in das Lesen von Literatur gibt wie dieses Buch von Holbrook Jackson. Germanisten, Romanisten, Anglisten – alle, die sich beruflich mit Literatur befassen, mögen nachsichtig lächeln, wenn ich

18 sein, eine Pestbeule der Liebe? Ich lief davon. Ich scheute mich, einen Arzt aufzusuchen, probierte es mit volkstümlichen Kuren; war eine Heilung abzusehen? Ich spürte keine gravierenden Symptome, das Blut rann rot – ach, dieses Labyrinth, meine vergeblichen Handreichungen an ein vernünftiges Leben. Ich verließ Wien, hielt mich für einige Wochen auf einem Gut in Oberösterreich auf, wo ein ärmlicher Baron residierte, der sich, in einem Brief, als Liebhaber meiner Verse ausgewiesen hatte; er und seine Frau rührten mich mit ihrer rustikalen Schwärmerei, ein schätzenswertes Paar; auf dem Gut hatte ich zufällig – die Zeit ist um, lieber Schlorer, ich habe noch nicht gepackt, seien

Rondo

Er versprach den Schwestern, seinen Besuch in Linz nicht übermäßig auszudehnen, sie hielten ihm vor, Madame von Zarg könne Schwierigkeiten mit ihrem Manne haben, er hingegen versicherte, solche hätten sich auch früher nie eingestellt, er habe sich mit Karoline zu arrangieren verstanden, desgleichen mit ihrem liebenswerten Gemahl. Die Postverbindungen nach Linz waren zufriedenstellend, die Übernachtungsstätten hinreichend kommod. Er war die ganze Fahrt über leicht gelaunt, so daß er sich des öfteren unterhielt, selbst auf törichte Fragen einging. Er

STRENG, ABER FREI

Die Bücher, die Jost Hochuli gestaltet, verkörpern die Vereinigung von Gegensätzen. Sie sind streng rational durchdacht und geplant, wie es sich für einen Schweizer Typografen gehört, und dann können sie aussehen, als ob sie spielerisch, mit leichter Hand hingeworfen sind. Sie sind kühl konzipiert und strahlen Wärme aus. Sie scheinen ganz dem klassischen Typografie-Ideal zu folgen, bei dem es ausschließlich um die angemessene Beförderung der Inhalte – Wort und Bild – gehen darf. Und dann setzt er aktive subjektive Typo-Signale ein. Man kann die Ambivalenz sogar statistisch erfassen: Antiqua-Schriften und Grotesk-Schriften sind in seinem Werk paritätisch vertreten. Diese allgemeinen Behauptungen seien durch ein paar konkrete Beispiele unterbaut.

*Altstadt St. Gallen*. Das Buch im Format 17,5 x 24 cm ist auf einem strengen Raster aufgebaut. Zweispaltiger, abgesenkter Satzspiegel, die Kopfzone darüber lässt Raum für die Hauptüberschriften, die wegen dieser klärenden räumlichen Distanzierung im Grundschriftgrad gesetzt werden können. Das ergibt eine ruhige typographische Einheitlichkeit. Jedes Kapitel beginnt nochmals abgesenkt auf der unteren Hälfte der Satzspiegelhöhe, durch das ganze Buch hindurch. Die Fotos, die strengen Zeichnungen und die zweifarbigen Karten fügen sich dem Raster ein. Die Schrift ist die magere Univers, verbunden mit der Kursiven und der Fetten, natürlich einwandfrei durchschossen und ausgeschlossen (die handwerkliche Präzision versteht sich bei Jost Hochuli von selbst). Das alles klingt nach konstruktivistischer Kühle. Das Buch ist aber nicht kühl. Das liegt nicht nur an der Ausstrahlung der schönen Altstadt-Häuser, die abgebildet sind und um die es ja geht in diesem Buch. Es liegt vor allem daran, wie diese Bilder auftreten, es liegt am Papier. Es ist zwar recht glatt (damit die Details der Fotos gut kommen), aber es ist nicht kühl-weiß, sondern warm, leicht bild- und lesefreundlich getönt.

Und die strenge Grotesk wird lustig durchsetzt von den schwarzen Blitzern der fetten Initialen, die nicht größer sind als die Grundschrift, und akzentuiert von den fetten Überschriften.

Ganz wichtig für den Gesamteindruck, das Gesamtgefühl, ist das Buch-Äußere. Auch die Einband-Grafik (einen Schutzumschlag gibt es nicht) folgt dem Raster des Innenteiles. Sie sagt, wie das Buch heißt, sie stellt dar, was im Inneren zu sehen und zu lesen ist, sie ist dreiseitig rot umfaßt vom Hochuli-typischen Rahmen (oder Balken). Doch da ist kein Hochglanz, das fühlt sich warm und sympathisch an. Es ist gedruckt in schwarz und rot auf gelblich-sandfarbenem, leicht geripptem, grifffreundlichem Papier. Die Überleitung zum Innenteil leistet der verwandte, etwas dunklere Farbton des Vorsatzpapiers. Solche sorgfältige und bewußte Abstimmung der Materialien und Farben ist typisch für alle Bücher Hochulis. Sie kommen aber nicht alle so fein daher wie hier. Das liegt am Thema Altstadt.

*St. Gallen auf alten Postkarten*. Ein Nostalgie-Thema. Das Äußere (Format 22,5 x 15,2 cm, ein postkartengerechtes Querformat also) scheint zunächst auch nostalgisch wirken zu wollen. Graue Pappe, in eine tiefgeprägte Fläche die Reproduktion einer Postkarte eingeklebt, sie stellt den Bahnhof von St. Gallen von anno dazumal dar, weich, Ton in Ton. Dazu ein blauer Leinenrücken und leinenverstärkte Ecken, wie man es vor hundert Jahren und mehr gemacht hat. Aber: ein frecher roter Balken, der zum noch frecheren roten Vorsatzpapier weiterführt, freche schräge Linien oben im Verlagslogo, die sich im Inneren bei der fetten schwarzen Pagina fortsetzen, und die Schrift. Das ist die Univers, alles andere als nostalgisch.

Groß ist die Gefahr, bei solchen Themen ins Tümelnde abzugleiten (die entsprechenden Buchhandlungen aller Zonen halten unzählige

48 49

Zusammenschub der Sedimente und der unterliegenden kristallinen Gesteine die Entstehung der Alpen ihren Anfang. Die Gesteinsschichten wurden gefaltet und die Schichtpakete über viele Dutzende Kilometer als so genannte Decken übereinander geschoben. Vor vielleicht 70 Millionen Jahren tauchten die ersten Berge als Inselkette aus dem Meer auf. Sofort setzte die Abtragung durch exogene Prozesse ein. Der Schutt sedimentierte in den Meeresbecken rund um die Inseln und wurde in der Folge zu den Flyschgesteinen verfestigt.

Der weitere Zusammenschub ließ vor rund 40 Millionen Jahren die Inselberge zu einer einzigen großen Insel, den Alpenbogen, zusammenwachsen. Aus dem nun schon mächtigen Gebirge trugen Urflüsse das Verwitterungs- und Erosionsmaterial, Geröll, Sand, Schlamm, in die nördliche Vortiefe hinaus. Alpennah wurde in erster Linie das grobe Material, weiter draußen das feinere deponiert. Vor den Austrittstoren der großen Flüsse wurden riesige Geröllkörper akkumuliert. Alle diese Sedimente werden unter dem Begriff Molasse zusammengefasst (Grafik 6). Die bis über 5000 m mächtigen Aufschüttungen wurden im Laufe der Jahrmillionen zu Molasse-Gestein zusammengepresst, insbesondere zu Nagelfluh, Sandstein und Mergel.

In der letzten Hauptphase der Alpengenese vor 15 bis 5 Millionen Jahren wurden von Süden her die so genannten helvetischen Decken auf die Molassegesteine aufgeschoben. In Alpennähe zerbrach die Molasse in Pakete, die nun ebenfalls übereinander gestapelt und schräg gestellt wurden. In dieser Phase erfolgte die Platznahme der alpinen Frontgebirge wie Alpstein und Churfirsten sowie die Bildung der Molasse-Voralpen (Grafik 7). Schließlich wurde der Alpenkörper in der Ostschweiz um 1500 bis 2000 m emporgehoben. Im Molasse-Vorland schwankt der Hebungsbetrag um 1000 m. Dies bedeutete vor 10 bis 5 Millionen Jahren das Ende der Aufschüttung im Molasse-Vorland; im Gegenteil, die Flüsse begannen sich nun im neuen Molasse-Hochland einzuschneiden.

Die Gebirgsbildung der Alpen ist dafür verantwortlich, dass unter anderem auch jene Gesteinsschichten herausgehoben und durch die Erosion freigelegt wurden, aus denen später unsere Kiesel im Flussschotter modelliert werden sollten.

*Glazial-Geologie*

Die Klimaschwankungen des Tertiärs wurden im Quartär ausgeprägter und der Rhythmus kürzer. Zudem schritt die generelle Temperaturabnahme weiter voran, sodass sich ein Wechsel von Kaltzeiten und Warmzeiten herausbildete. Vor 2 Millionen Jahren bauten sich deshalb im alpinen Hochgebirge erste

32

**Grafik 6. Paläogeographie der Unteren Süßwassermolasse (25 Mio. Jahre vor heute)**

Während der Molassezeit schütteten die Urflüsse aus den werdenden Alpen riesige Schuttfächer im Vorland auf. Zweimal erstreckte sich ein untiefer Meeresarm durch dieses Vorland: Untere und Obere Meeresmolasse. Zweimal dehnte sich im gleichen Raum eine weite Tieflandebene wie die Poebene heute aus: Untere (siehe obige Karte) und Obere Süßwassermolasse. Aus Keller & Krayss 1991.

Gletscher auf, die in Kaltzeiten größere Gebirgsvergletscherungen hervorriefen. Schließlich wechselten ab 1,5 Millionen Jahren echte Eiszeiten (Glaziale) mit milderen Zwischeneiszeiten (Interglaziale) ab. Während den Glazialen wuchsen die Eismassen im Alpenraum derart an, dass mächtige Gletscher durch die Täler der Alpenflüsse bis ins Vorland vorstoßen und sich dort fladenartig ausbreiten konnten. Erst hier im Unterland waren die Temperaturen hoch genug, dass die Eismassen abtauten und der Gletschervormarsch zum Stillstand kam. Über die älteren Eiszeiten ist äußerst wenig bekannt, erst für die jüngeren sind mehr Hinweise vorhanden, denn in jeder nächstfolgenden Eiszeit wurden die Hinterlassenschaften der früheren durch die Gletscher umgepflügt und weitgehend zerstört. Daher ist das letzte Glazial in seinem Ablauf und in seinen Ausmaßen sehr gut dokumentiert, haben doch seither keine Eisvorstöße mehr bis ins Vorland stattgefunden.

33

Zwei hellgraue Dolomite, der mit einem breiten rötlichen B
Reiner, weißer Dolomit hat d der Gebirgsbildung zerrissen Gesteine wieder verheilt und sammengekittet.

Gut zugerundeter, massiger K kalk.

Zerbrochener, plattiger Mola Sandstein.

18

**Literaturhinweise**


Brinkmann, R. (1967): *Abriss der Geologie*, Band 1: *Allgemeine Geologie*. F. Enke Verlag, Stuttgart.

Goudie, A. (1995): *Physische Geographie, eine Einführung*. Spektrum Akademischer Verlag, Heidelberg / Berlin / Oxford.

Heierli, H. (1984): *Die Ostschweizer Alpen und ihr Vorland*. Sammlung geologischer Führer, Borntraeger, Berlin / Stuttgart.

Keller, O. (1995): ‹Kleine Geologie und Landschaftsgeschichte Vorarlbergs›. In: *Käfer von Vorarlberg und Liechtenstein*, Band 2. Vigl-Druck, Dornbirn.

Keller, O. & Krayss, E. (1991): *Geologie und Landschaftsgeschichte des voralpinen Appenzellerlandes*. Das Land Appenzell, Verlag Appenzeller Hefte, Herisau.

Keller, O. & Krayss, E. (1993): ‹The Rhine-Linth-Glacier in the Upper Wurm: A model of the last Alpine Glaciation›. *Quaternary International*, Vol. 18, INQUA / Pergamon Press Ltd., Oxford / New York.

Keller, O. & Krayss, E. (1999): ‹Quartär und Landschaftsgeschichte›. In: *Erläuterungen zur Geologischen Übersichtskarte des Kantons Thurgau 1:50 000*. Mitteilungen der thurgauischen naturforschenden Gesellschaft 55, Frauenfeld.

Labhart, T. P. (1992): *Geologie der Schweiz*. Ott Verlag, Thun.

Trümpy, R. (1980): *Geology of Switzerland*, 2 Bände. Schweizer. Geolog. Kommission, Wepf & Co. Publishers, Basel / New York.

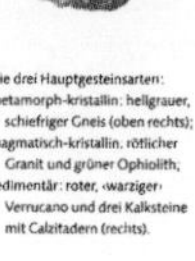

Die drei Hauptgesteinsarten:
metamorph-kristallin: hellgrauer, schiefriger Gneis (oben rechts);
magmatisch-kristallin: rötlicher Granit und grüner Ophiolith;
sedimentär: roter, ‹warziger› Verrucano und drei Kalksteine mit Calzitadern (rechts).

40

41

**S I T T E R K I E S E L**

Text und wissenschaftliche Grafiken von Oskar Keller
Farbig gezeichnete Kiesel in wirklicher Größe von Urs Hochuli

Edition ‹Ostschweiz›
Wittenbach, zum Johannistag 2000

So, denken wir, könnte der Kiesel erzählen:

**Lebenslauf eines Kieselsteins**

Soeben bin ich auf einer Kiesbank im Sitterlauf beim Erlenholz nahe St.Gallen aufgelesen worden. Warum gerade ich? Wohl weil ich unter all den anderen Steinen durch meine violett-rote Farbe mit weißen und dunkelroten, eckigen Flecken, die als große Gesteinskörner wie Warzen etwas hervortreten, aufgefallen bin. Sonst ist nichts Besonderes an mir. Ich habe ungefähr die Größe einer menschlichen Faust, bin allseitig zugerundet und bestehe zur Hauptsache aus körnigem, rotem Material. Man nennt mich Verrucano, deutsch auch Warzenstein, und ich stamme aus einer Gegend, die heute nicht mehr dort ist, wo sie einmal war. Das klingt unverständlich. Doch, der Reihe nach!

Meine Reise, das will ich betonen, besteht nicht einfach aus einer Ortsveränderung, sondern ist ganz wesentlich auch eine Reise durch die Zeit. Der Anfang liegt unvorstellbar weit zurück. Vor 250 Millionen Jahren dehnte sich während der Permzeit in der Region des heutigen Graubünden eine heiße Sandwüste aus. Aus ihr stammt mein Materialinhalt: Quarzsand und durch Verwitterung entstandene rote Eisen- und Aluminiumoxide. Selten auftretende Regengüsse schwemmten diese meine Hauptbestandteile zusammen mit größeren Quarz- und Feldspatsplittern in ein nahes Becken etwas weiter im Süden. Dieses Gemenge wurde hier sedimentiert, von immer neuen Ablagerungen überdeckt und im Laufe gewaltiger Zeiträume zusammengepresst und verfestigt. Vor 200 Millionen Jahren bin ich damit als Gestein hunderte Meter unter weiterer Sedimentbedeckung entstanden.

*Für das Verständnis von Raum und Zeit dieses Lebenslaufs können die Grafiken 1 und 5 hilfreich sein.*

Es verstrichen dann rund 100 Millionen Jahre – unvorstellbar, eine halbe Ewigkeit –, in der ich tief in der Erdkruste in absoluter Dunkelheit, eingeklemmt und unter ungeheurem Druck aller überlagernder Schichten zum Warten verurteilt war.

Als in der mittleren Kreidezeit vor 100 Millionen Jahren die afrikanische Erdkrustenplatte auf ihrer Nordwanderung mit der europäischen Platte zusammenstieß – die Geologen sagen ‹kollidierte› –, kam Bewegung auch in meine Krustengegend. Die Auftürmung des Alpengebirges setzte schrittweise ein. Schließlich wurde ich als Teil einer mächtigen Gesteinsdecke im Zeitraum vor 70 bis 40 Millionen Jahren in der Oberkreide und im Alttertiär nordwärts verschoben und dabei über den Meeresspiegel emporgehoben.

Jetzt begannen Verwitterung und Erosion mit dem Abtrag aller über mir liegenden Schichten, bis ich im Verband der Verrucano-Gesteine im mittleren Tertiär vor etwa 35 Millionen Jahren als Festgestein freigelegt wurde. Das war der Moment, da ich zum ersten Mal ans Tageslicht trat.

Wo denn genau? Da seither jene Gegend geologisch und morphologisch völlig umgestaltet worden ist, weiß ich das auch nicht sicher, aber es dürfte im Gebiet des heutigen Prättigaus oder Unterengadins gewesen sein.

Die Gebirgsbildung der Alpen nahm ihren Fortgang, ich wurde weiter nach Norden geschoben und in die Höhe gepresst, bis ich vor 30 Millionen Jahren aus einer Verrucano-Felswand herausbrach und als Felsblock in ein Nebental des Urrheins hinunterdonnerte, zerbarst und als metergroßes Felsstück zerschlagen und zersplittert liegen blieb.

Und bald brach, als nächstes Ereignis, ein Hochwasser über mich herein. Die wilden Wogen des Gebirgsflusses erfassten mich und wälzten mich mit Urkraft hinunter zum damaligen Rhein. Dort kam ich viel kleiner und stark abgerundet an und wurde sogleich von den Fluten des Urrheins rollend weiter ins Vorland hinaus verfrachtet. Als ich nur noch Faustgröße hatte – so sehr bin ich durch den ruppigen Transport abgeschliffen worden – und der Fluss seine Kraft im Flachland verloren hatte,

Verrucano in roter Varietät mit großen, kantigen hellen und dunklen Splittern

6 7

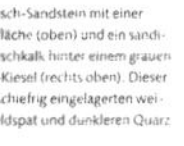

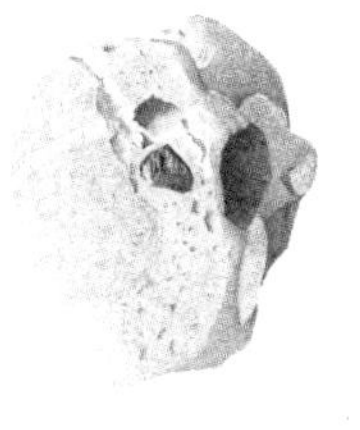

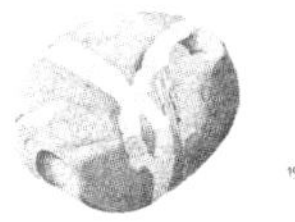

lysch-Sandstein mit einer hfläche (oben) und ein sandi- Flyschkalk hinter einem grauen is-Kiesel (rechts oben). Dieser t schiefrig eingelagerten wei- Feldspat und dunkleren Quarz

Nagelfluhstein. Er ist aus ver- edenartigen Geröllen zusam- gesetzt, verfestigt durch lsteinfüllungen in den Zwi- nräumen. Seinerseits ist er als zes ebenfalls ein Geröll. Also zweimaliger Fließwasser- sport vor mit einer dazwi- ngeschalteten Phase der Ge- sbildung.

Kalk-Kieselstein weist oben unten die für Nagelfluhgerölle chen runden Vertiefungen, so nnte Lösungseindrücke auf.

19

**Grafik 7. Geologisch-tektonisches Profil der Westseite des Rheintals**

**Säntis–Walensee–Sardona–Flims**

**vereinfachte, generalisierte Darstellung**
**Überhöhung 1,5fach**

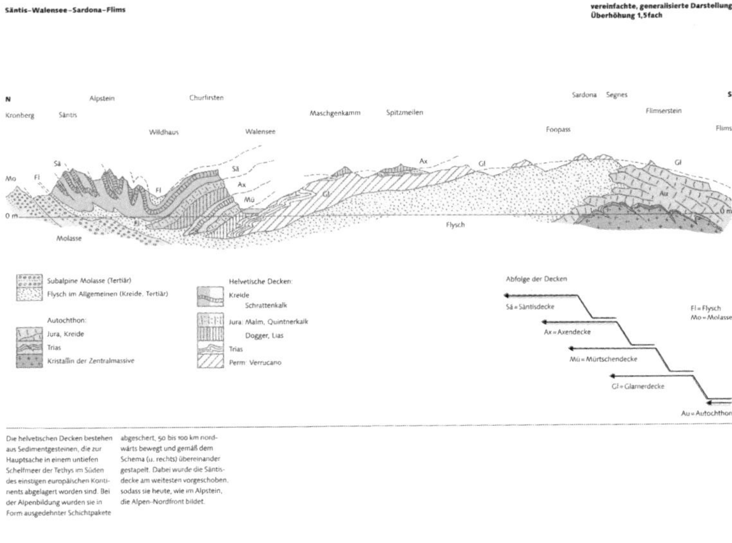


Die helvetischen Decken bestehen aus Sedimentgesteinen, die zur Hauptsache in einem untiefen Schelfmeer der Tethys im Süden des einstigen europäischen Kontinents abgelagert worden sind. Bei der Alpenbildung wurden sie in Form ausgedehnter Schichtpakete abgeschert, 50 bis 100 km nordwärts bewegt und gemäß dem Schema (u. rechts) übereinander gestapelt. Dabei wurde die Säntisdecke am weitesten vorgeschoben, sodass sie heute, wie im Alpstein, die Alpen-Nordfront bildet.

34 35

Anthropogene Kiesel vom Erlenholz. Diese sind heute in fast jeder Geröllbank anzutreffen: schwarzgrauer, gesprenkelter Teer-Kiesel, orange Ziegelstein-Kiesel und splittrige Glasscherben-Kiesel.

42 43

**Oskar Keller (Text), Urs Hochuli (Illustrationen): *Sitterkiesel*. St.Gallen: VGS, 2000. Edition ‹Ostschweiz›, Nr. 1. Klappenbroschur mit Schutzumschlag, 14,8 x 23,5 cm. Abb.: Bedruckter Schutzumschlag (Transparentpapier) über bedrucktem Umschlag, Doppelseite mit Innentitel, weitere Doppelseiten.**

Oskar Keller (text), Urs Hochuli (illustrations): *Sitterkiesel*. St.Gallen: VGS, 2000. Edition ‹Ostschweiz›, no. 1. Paperback with flaps and dust jacket, 23,5 x 14,8 cm. Ill.: printed jacket (translucent paper) over printed cover, double-page with title, other double-pages.

Eine St.Galler ‹Spezialität› und teilweise noch ursprünglich – die Mülenenschlucht. Hier begann im Jahr 612 die Geschichte von Kloster und Stadt St.Gallen.

**Mülenen**

Fotografien von Michael Rast

Textbeiträge von Théo Buff, Fredy Brunner, Richard Butz, Cornel Dora, Christine Fischer, Philipp Hostettler, Elisabeth Keller-Schweizer, Hans Peter Knapp, Edgar Krayss, Fred Kurer, Marcel Mayer, Theodor Nef und Hanspeter Schumacher

zusammengestellt von Richard Butz und Liv Sonderegger

Edition ‹Ostschweiz›, Wittenbach 2001

**Annäherungen – eine Spurensuche**

**Kräfte der Erde, Wirkung des Wassers**

Felswand am untern Teil des Schluchtwegs: Hier schüttete einstmals am Meeresrand der Ur-Rhein mit seinen Geröllmassen ein Delta auf. Später wurden die Schichten schief gestellt und gehoben.

Michael Rast (Fotografien), Richard Butz, Liv Sonderegger (Zusammenstellung): *Mülenen.* St.Gallen: VGS, 2001. Edition ‹Ostschweiz›, Nr. 2. Klappenbroschur mit Schutzumschlag, 14,8 x 23,5 cm. Abb.: Bedruckter Schutzumschlag (Transparentpapier) über bedrucktem Umschlag (Vorderseite sowie Vorder- und Rückseite mit beiden Klappen), Doppelseite mit Innentitel, weitere Doppelseiten. Dazu die Einladungskarte zur Vernissage.

**Einladung zu einer Buchvernissage**

auf Samstag, den 23. Juni 2001, 10.30 Uhr in der Mülenenschlucht, im mittleren Teil, auf dem Platz zwischen den Häusern Mühlenstraße 21 und 24.

**Mülenen**
zweite Publikation der Edition ‹Ostschweiz› · ein Kulturprojekt der ‹Ostschweiz› Druck

Begrüßung durch *Urs Kolb*, Einführung durch *Richard Butz*, Musik von *Daniel Covini*, Mülenenbewohner.

11.00–11.45 und 12.15–13.00 Führungen zu den Themen Wasser, Geologie, Industriegeschichte, Botanik und Geomantie.

Parallel zu den Führungen finden zu gleichen Zeiten im ehemaligen Turbinenkeller des Hauses Mühlenstraße 14 (Malerei Imocolor AG) Lesungen und Kurzvorträge statt. Musik von Daniel Covini.

Die Anwesenden erhalten ihr persönliches Exemplar *Mülenen*.

*Bei schlechtem Wetter findet der Anlass in der Kellerbühne statt. Beginn 10.30 Uhr.*

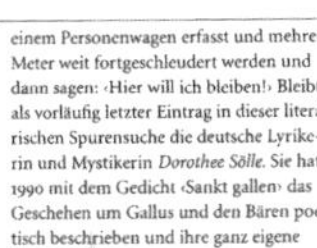

**Eine Bahn wird zum Schräglift**

Michael Rast (photographs), Richard Butz, Liv Sonderegger (compilation): *Mülenen*. St.Gallen: VGS, 2001. Edition ‹Ostschweiz›, no. 2. Paperback with flaps and dust jacket, 23,5 x 14,8 cm. Ill.: printed jacket (translucent paper) over printed cover (front, front and back with both flaps), double-page with title, other double-pages. Also the invitation to the private view.

Paramenten- und Fahnenstickerei, die bis anhin nicht besonders gut dokumentiert war. Die Geschäftsleitung der Bischoff Textil AG zeigte sich daraufhin bereit, den gesamten Nachlass der Firma Fraefel zu erwerben und ihrem Museum zuzuführen.

Die täglichen Aufgaben eines Textilentwerfers hinderten mich aber vorerst daran, den Nachlass zu bearbeiten. Erst nach meiner Pensionierung im Winter 1997 begann ich, die Entwürfe, Musterbücher, Fotofolianten und Stickereien zu ordnen und zu dokumentieren. Ohne den ständigen Kontakt mit Adelheid und Arnold Fraefel wäre mir diese Arbeit allerdings nicht möglich gewesen. Ihnen verdanke ich genaue Auskünfte über die einzelnen Materialien und die Techniken bei der Herstellung von Paramenten und Fahnen. Zudem erhielt das Museum im Laufe der vergangenen Jahre einige weitere wertvolle Stücke, die noch im Familienbesitz geblieben waren.

*Urs Hochuli*

1987 bearbeitete Anne Wanner-JeanRichard, Konservatorin am Textilmuseum St.Gallen, den Nachlass teilweise und hielt an einem Fach-Kongress in Lyon einen Vortrag. Einzelne Paramente und Fahnen wurden im Rahmen verschiedener Ausstellungen im Textilmuseum St.Gallen gezeigt.

Links: Stickmuster für Paramente

Seidenstickerei in verschiedenen Stichtechniken und Applikation auf Leinen, Handstickerei. 12 x 15 cm.

Rechts: Stickmuster für Paramente

Seiden- und Metallstoff auf Baumwollstoff appliziert und mit Seide und Metallfaden gestickt. Lorrainestickerei über Karnationsmalerei für eine Stola mit den vier Evangelisten, hier Johannes. 26 x 37 cm.

Die Karnationsmalerei wurde bei Fraefel besonders gepflegt. Das Wort bezieht sich auf den kunstwissenschaftlichen Begriff ‹Inkarnat›, d.h. Fleischton. In der Karnationsmalerei wurde zuerst weißer Seidensatin mit Weizenstärke versteift und die Zeichnung darauf gedruckt. Mit dem Pinsel malte man nun in feinsten Farbschattierungen ein Bild. Dieses wurde darauf von Hand, mit der Lorrainemaschine oder mit der Kettenstichmaschine überstickt.

Der Aufwand der Stickerei richtete sich nach den finanziellen Möglichkeiten des Kunden. In der billigsten Version wurde die Karnationsmalerei unbestickt belassen; etwas aufwändiger war ein zusätzlicher Sparstich, am kostbarsten und teuersten, wenn die Malerei vollständig von Hand überstickt wurde.

6 7

12

28 29

**Urs Hochuli, Ivo Ledergerber, Bernhard Bischoff (Fotos): *Heilig Kreuz und Eichenlaub.* St.Gallen: VGS, 2002. Edition ‹Ostschweiz›, Nr. 3. Klappenbroschur mit Schutzumschlag, 14,8 x 23,5 cm. Abb.: Bedruckter Schutzumschlag (Transparentpapier) über bedrucktem Umschlag, Doppelseite mit Innentitel, weitere Doppelseiten.**

Urs Hochuli, Ivo Ledergerber, Bernhard Bischoff (photographs): *Heilig Kreuz und Eichenlaub.* St.Gallen: VGS, 2002. Edition ‹Ostschweiz›, no. 3. Paperback with flaps and dust jacket, 23,5 x 14,8 cm. Ill.: printed jacket (translucent paper) over printed cover, double-page with title, other double-pages.

**Heilig Kreuz und Eichenlaub**

Paramente und Fahnen, Entwürfe, Muster und anderes aus der Paramenten- und Fahnenfabrik Fraefel & Co., St.Gallen, 1883–1983

Bearbeitet und mit sticktechnischen Erläuterungen, firmengeschichtlichen Notizen und einem Glossar versehen von *Urs Hochuli* unter Mitarbeit von Adelheid und Arnold Fraefel-Ledergerber

…tos von *Bernhard Bischoff* Texte von *Ivo Ledergerber*

Dritte Publikation der Edition ‹Ostschweiz›, Wittenbach 2002

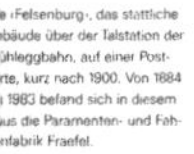

…e ‹Felsenburg›, das stattliche …bäude über der Talstation der …ühleggbahn, auf einer Post…rte, kurz nach 1900. Von 1884 … 1983 befand sich in diesem …us die Paramenten- und Fah…nfabrik Fraefel.

Stickmuster für Paramente

Mehrfarbige Seidenstickerei auf gestärktem Seidensatin. Motiv für einen Kaselstab, Handmaschinenstickerei. 9,5 x 18 cm.

**Zu dieser Publikation**

Auf verschiedenen Fotos im Büchlein *Mülenen*, der letztjährigen Veröffentlichung der Edition ‹Ostschweiz›, fiel ein großes, stattliches Gebäude auf: die ‹Felsenburg› im untersten Teil der Schlucht. Im Aufsatz über die wirtschaftliche Bedeutung der Mülenen in früherer Zeit hat der Historiker Marcel Mayer auf dieses Haus hingewiesen; in ihm befand sich während rund hundert Jahren, bis 1983, die Paramenten- und Fahnenfabrik Fraefel & Co.

Das Archiv dieser Firma – Musterbücher, Entwürfe und einzelne fertige Stücke – ist noch vorhanden in einer Sammlung, in der schon manch andere wertvolle Zeugnisse st.gallischen Textilschaffens sorgfältig aufbewahrt und gepflegt werden: im Museum der Bischoff Textil AG.

Urs Hochuli, der dieses Museum während vieler Jahre betreut hat, erzählt in seiner Einführung von der Rettung des Fraefelschen Archivs im letzten Moment. Er hat für dieses Büchlein die sachkundigen Legenden, das Glossar und die kurze Firmenchronik verfasst, wobei er auf die wohlwollende Mithilfe von Adelheid und Arnold Fraefel-Ledergerber zählen konnte, den letzten Inhabern der Firma. Impressionen, Erinnerungen und Gedanken zu Paramenten und Fahnen hat Ivo Ledergerber geschrieben, der Bruder von Adelheid Fraefel-Ledergerber. Seine feinen Texte geben den Abbildungen und den sachlichen Legenden Hintergrund und Weite. Bernhard Bischoff, Sohn des Gründers der Bischoff Textil AG und seines Museums, hat fotografiert – mit Freude und großem Engagement. Der Herausgeber dankt ihnen allen. *J. H.*

Einführung

An einem milden Abend im Frühling 1985 stieg ich die Mülenen hinan. Im unteren Teil der Mühlenstraße stand eine gefüllte Abfallmulde, in die ich einen neugierigen Blick warf. Da lagen ganze Bündel von Zeichnungen, einige Musterbücher mit handgestickten Motiven, Entwürfe zu kirchlichen Gewändern und für Fahnen und vieles mehr. Die Mulde stand vor der ‹Felsenburg›, und als Stickereientwerfer war mir sofort klar, dass es sich hier um weggeworfenes Material der Firma Fraefel handeln musste.

Ich setzte mich deshalb am andern Tag sofort mit Arnold Fraefel in Verbindung und bat ihn, das in der Mulde liegende Gut und weitere Materialien nicht fortzuwerfen. Dabei erfuhr ich denn auch, dass seine Firma schon 1983 aufgelöst worden war, hundert Jahre nach der Gründung.

Bei der Durchsicht der geretteten Dokumente stellte sich rasch heraus, dass es sich hier nicht nur um wertvolle Zeugnisse aus einer Blütezeit der St.Galler Stickereiindustrie handelte, sondern auch eines speziellen Zweiges derselben, der

5

13

**Der Augustinus-Egger-Ornat**

In einem Schreiben ‹An die hochwürdige Geistlichkeit der Diözese St.Gallen› vom Februar 1904 wurde auf zwei Jubiläen von Bischof Augustinus Egger hingewiesen: auf das 50-Jahr-Jubiläum der Priesterweihe am 17. Mai 1906 und auf die Feier zum 25-Jahr-Jubiläum der Bischofsweihe am 6. August 1907.

Man beabsichtigte ‹dem hochwürdigsten Jubilaren ein Geschenk von Seite der hochwürdigen Geistlichkeit und der ehrwürdigen Frauenklöster der Diözese zu überreichen und zwar in Form eines Pontifikalornates. Mit Herren Paramentier Fräfel & Co. in St.Gallen sind bereits Unterhandlungen angeknüpft, derselbe bietet sich an, den Ornat auszuführen aus echtem Goldprokat [!] mit echten Goldborten und -Fransen, bestem Ganzseidenfutter, die gestickten Garnituren vollständig in Handarbeit reich in Seide und echt Gold ausgeführt, die vielen Figuren ebenfalls feinst gestickt.›

Der ganze Ornat wurde auf 10 000 Franken veranschlagt. ‹Da bereits zu diesem Zwecke 3000 Franken vorhanden sind, die Klöster und religiösen Institute in der Diözese ebenfalls um einen Beitrag ersucht werden, könnte der Plan ausgeführt werden, wenn im Laufe von drei Jahren jeder Pfarrer 30 Fr. und jeder Kaplan oder Vikar 15 Fr. beitragen würde.›

Unterschrieben wurde der Brief ‹Namens des Residentialkapitels: Dr. Ferd. Rüegg, Domdekan und Joh. Jos. Eberle, Pfarr-Rektor›.

Am 18. März 1904 wurde an ‹Herrn Fräfel & Co. Paramentengeschäft St.Gallen› handschriftlich der Auftrag erteilt. Darin wird ausgeführt, dass die Lieferung des kompletten Ornates Ende Juli 1906 erfolgen sollte, da die Feier zum Abschluss der fünfzig Priesterjahre und zu Anfang des fünfundzwanzigsten Bischofsjahres stattfinden werde. Das Schreiben enthält auch eine genaue Aufstellung der zu stickenden Figuren. Der schriftliche Auftrag wurde von Pfarr-Rektor Eberle unterzeichnet.

Da Bischof Egger am 12. März 1906 starb, hat er den Ornat nie gesehen, nie getragen und wahrscheinlich auch nichts von ihm gewusst.

Bischof Augustinus Eggers Nachfolger, Ferdinandus Rüegg, verfügte später, ‹dass dieser Ornat ins Inventar der Kathedralkirche aufzunehmen sei und dass für eine sorgfältige Aufbewahrung desselben Sorge getragen werden möchte›.

Der Ornat besteht aus einer Kasel, vier Dalmatiken, vier Pluvialen. Dazu gehören die entsprechenden Stolen und Manipel, das Kelchvelum mit Bursa, das Gremiale, der Überzug für das Faldistorium, das Kissen und die Mitra. Es ist nirgends vermerkt, ob die dazugehörenden Schuhe und die Handschuhe auch angefertigt wurden.

Dies ist der letzte vollständige Ornat, der für die Kathedrale von St.Gallen angefertigt wurde. Teile des Ornates werden heute noch an der Weihnachts-, Oster- und Gallus-Vesper getragen.

24

Augustinus-Egger-Ornat, Kasel, Vorderseite

Goldbrokat mit reich besticktem Stab. 60 x 92 cm.

Auf roter Seide in Anlegetechnik und Nadelmalerei ausgeführte Ornamentik und Blumen umrahmen auf Brusthöhe eine Rocaille mit dem Herz-Jesu-Symbol. Im unteren Teil ist ein Messingmedaillon in eine barocke Kartusche eingenäht. Darauf steht: Auspiciis Ferdinandi / Clerus et Monasteria / Dioec. St.Galli / Praesuli suo / Augustino sacerdotium / aureum celebraturo. (Unter der Aufsicht Ferdinands [des damaligen Domdekans und Nachfolgers von Bischof Augustinus Egger] als Geschenk des Klerus und der Klöster der Diözese St.Gallen zum goldenen Priesterjubiläum.)

25

**Die Fahnenstickerei**

Im Nachlass der Firma Fraefel finden sich 28 Folianten in den Maßen 44 x 65 cm. Sie enthalten einige tausend Fotos von Paramenten und Fahnen. Die meisten Aufnahmen sind in ausgezeichneter Qualität, selbst die ältesten aus den achtziger Jahren des 19. Jahrhunderts. 14 dieser Bücher, deren Einzelblätter mit Schraubverschlüssen zusammengehalten werden, enthalten Fahnen und Standarten. Man weiß, dass 1890 die ersten Fahnen gestickt wurden. Zu den frühesten Arbeiten gehört eine Fahne, die man 1891 an den Grütli-Verein in Peoria, Illinois, lieferte. Auf der rechten Seite hält ein Adler in seinen Fängen die Schweizer Fahne und das amerikanische Banner, umrahmt von Eichenlaub und Lorbeer. Auf der linken Seite ist die sitzende Helvetia von einem Blumenkranz umrahmt und den Worten ‹Heil Dir Helvetia!›.

Das Fabrikationsprogramm der Firma Fraefel umfasste alle üblichen Fahnen für Turn-, Schützen-, Sänger- und Musikvereine, Sport- und Militärvereine, Handwerksvereine und Studentenverbindungen. Fahnen für katholische Männer-, Jünglings- und Arbeitervereine wurden besonders häufig hergestellt.

Für Paramente und für Fahnen wurde die gleiche entwerferische und sticktechnische Sorgfalt aufgewendet. Da machte es keinen Unterschied, ob es sich um die Darstellung des Gekreuzigten oder um jene einer Haubitze handelte. Da findet man in gleicher technischer Vollendung das Kreuz neben dem Eichenlaub, die Krönung Mariens neben dem Karabiner, den heiligen Martin neben dem Fliegerabwehrgeschütz und den Wahlspruch der Temperenzler neben dem Bierhumpen des Bierbrauergesellen-Vereins.

Ein besonders interessanter Teil des Archivs sind die Originalentwürfe von Vereinsfahnen. Sie sind mit Tempera auf Karton gemalt und haben alle ungefähr die Maße 20 x 20 cm. Einige sind datiert. Oft erstaunen sie durch ungewöhnliche malerische Qualität.

Als ein Ergebnis des Zweiten Vatikanischen Konzils (1962–1965) wurde die Paramentik stark vereinfacht. Einige Teile wurden ganz weggelassen, z. B. Manipel, Bursa, Kelchvelum. Das brachte eine markante Wendung in der Produktion des Betriebs, der sich vermehrt auf die Herstellung von Vereins- und Dekorationsfahnen verlegte. Zudem wurde es immer schwieriger, qualifizierte Handstickerinnen zu finden. In der zweiten Hälfte der sechziger Jahre stellte der Betrieb deshalb die Paramenten- und Fahnenherstellung ein und führte nur noch die Abteilung der Abzeichen- und Berufskleiderstickerei weiter, bis 1983, hundert Jahre nach der Gründung der Firma, auch diese geschlossen wurde.

34

Stickmuster für eine Vereinsfahne, Kettenstichstickerei auf Seide. 29,5 x 23 cm.

Eichenlaub war zusammen mit dem Lorbeer ein beliebtes Sujet auf Vereinsfahnen. Eichen und Eichenlaub sind Sinnbilder für Aufrichtigkeit und Kraft. Bei den alten Griechen und Römern waren die Eichen dem Göttervater Jupiter bzw. Zeus geweiht, bei den Germanen dem Donar. Die Verehrung der Eichen lebte auch nach der Christianisierung fort.

35

S. 190/191: Marianne Gächter-Weber, Urs Hochuli, Toni Bürgin: *Natur und Landschaft, Textiles und Gezeichnetes.* St.Gallen: Textilmuseum, 2001. Broschur mit Schutzumschlag, 17,5 x 28 cm. Abb.: Schutzumschlag (Vorder- und Rückseite), Doppelseite mit Innentitel, weitere Doppelseiten.

S. 190/191: Marianne Gächter-Weber, Urs Hochuli, Toni Bürgin: *Natur und Landschaft, Textiles und Gezeichnetes.* St.Gallen: Textilmuseum, 2001. Paperback with dust jacket, 28 x 17,5 cm. Ill.: jacket (front and back), double-page with title, other double-pages.

**Natur und Landschaft** **Textiles und Gezeichnetes**

Historische Textilien und Naturzeichnungen von Urs Hochuli
begegnen sich im Dialog

Textilmuseum St.Gallen

**Natur und Landschaft** **Textiles und Gezeichnetes**

Historische Textilien und Naturzeichnungen von Urs Hochuli
begegnen sich im Dialog
Beiträge von Toni Bürgin, Marianne Gächter-Weber und Urs Hochuli



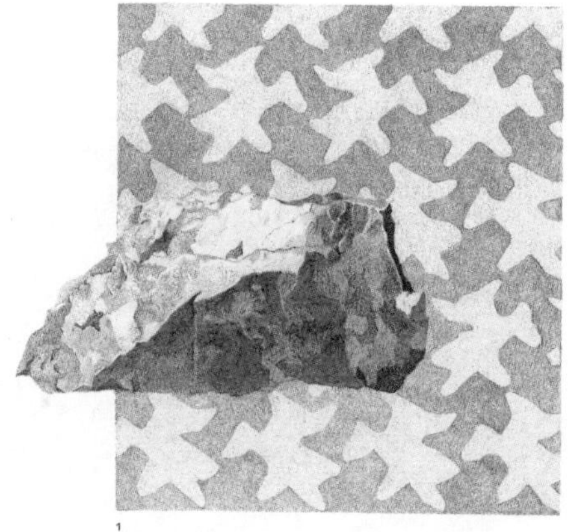
1

Textilmuseum St.Gallen 2001

18

Naturelementen, die als Teil einer Landschaft betrachtet werden können, wie blühende Wiese, Sträucher, Laubbäume und ein weiter Himmel. Ähnlich wie bei den Heidnischwirkereien ist hier die umgebende Natur die Bühne des Geschehens. (Abb. 11)

Folgen wir der Zeit, so schließt sich an die barocke Formensprache in der Technik der Nadelmalerei eine bildliche Darstellung einer Flusslandschaft an. Im 18. Jahrhundert bildet sich ein neues Naturverständnis, das sich ebenfalls auf textile Arbeiten auswirkt. Es ist die Bewunderung der Landschaft als Schöpfung Gottes. Sie hat bereits in der 2. Hälfte des 17. Jahrhunderts eine neue Bildgattung geschaffen: die Landschaftsmalerei.

In einer hügeligen Umgebung steht ein Schloss mit Türmen über einem felsigen Abgrund. Im Mittelgrund ist eine dörfliche Siedlung zu erkennen. Sie ist am Flussufer gelegen. Im Vordergrund links ragt eine große, ihres Wipfels beraubte Esche (?) in das Bild. Unter dem Baum hat sich eine weibliche Person in ländlicher Bekleidung niedergelassen, mit einem Korb neben sich. Zwei andere Frauen stoßen zu ihr, eine von ihnen trägt einen wohl gefüllten, geflochtenen Korb an ihrem Arm. Zwei Männer scheinen eine schwere Last in den am Flussufer angelegten Kahn zu legen. Das dargestellte Geschehen ist eng mit der Landschaft, der Natur verwebt. Auf dem weißen Ripsgrund der Stickerei ist das Licht eingefangen, die Stiche wirken wie hingepinselt.

Ein möglichst großer Naturalismus in der Darstellung wurde angestrebt. Dies war wohl auch der Grund für die Kombination von textiler Technik mit Tuschzeichnung, was bei der Wiedergabe des Wassers deutlich wird. Jean-Jacques Rousseaus Einfluss, ‹Zurück zur Natur›, wird sichtbar. (Abb. 12)

Am Anfang, aber auch gegen Ende des Jahrhunderts sind in allen Sparten des gestaltenden Handwerks fernöstliche Motive zu entdecken. Einen wichtigen Impuls für die Vorliebe dieser Formenwelt gab einerseits der Besuch des Gesandten aus Siam am französischen Hof bei Louis XIV. in Versailles um 1684–86, andererseits waren es auch die Handelseinfuhren aus dem Fernen Osten der großen französischen, englischen und holländischen Handelsorganisationen. Sie belieferten die interessierte Kundschaft mit chinesischen Rollbildern, mit Tapeten und Malereien. Die Begeisterung für fernöstliche Motive erlebte ihren Höhepunkt um 1760. Die Darstellung von idyl-

**Abb. 11: Wandpaneel Venus und Minerva, Seidenstickerei auf Leinen. Frankreich, 1680–1720. Textilmuseum St.Gallen, Inv. Nr. J 2329.**

**Abb. 12: Flusslandschaft, Nadelmalerei und Tuschzeichnung auf weißem Rips. Frankreich (?) 1780–1800. Textilmuseum St.Gallen, Inv. Nr. J 2136.**

8 Peyrotte, Alexis. 1699–1769. *Second livre de Cartouches chinois.* In: Berliner, Rudolf. Bd. 3, Abb. 1270, 1271.

9 Meyer, Thomas: *Lexikon der Gewebe.* Frankfurt, 1966. S. 136. Feine bedruckte Baumwollstoffe, in besonderer Drucktechnik. Diese sind bereits um 1620 von der ‹Compagnie des Indes› aus Indien und Persien nach Europa importiert worden.

10 Brédif, Josette: *Toiles de Jouy. Classic printed Textiles from France 1760–1843.* London, 1989.

19

12

lischem, fernöstlichem Landleben, erkennbar an Tapeten mit Pavillons, mit Parks in üppiger Blütenpracht und den Menschen in der speziellen Haartracht, oft unter spitzförmigen, geflochtenen Sonnenschirmen und Hüten, muss den damaligen Europäern paradiesähnlich vorgekommen sein. Es gab zu dieser Zeit in Europa Kupferstecher[8], die in diesem Stil Ornamentvorlagen schufen, um so z. B. die Seidengewebeproduktion in Lyon zu beeinflussen.

Bei dem kleinen Abschnitt (angeschnittener Rapport) entspannt sich ein Chinese sitzend zwischen üppigen Blumensträuchern, eine lange Pfeife rauchend. Über ihm ist ein Schirm gespannt. Ein Teil, wahrscheinlich der eines Gartenpavillons, ist sichtbar. (Abb. 13)

In der zweiten Hälfte des 18. Jahrhunderts wurden die kostbaren Seidengewebe, die für Wandbespannungen und Interieurstoffe Verwendung fanden, abgelöst von den gedruckten Gewebebahnen aus Baumwolle (sog. Indiennes).[9]

Rasche technische Entwicklungen führten vom Holzmodeldruck zum Mehrfarbendruck, zum Reservedruck und zum Rouleauxdruck. Sehr erfolgreich war die Produktion Oberkamp in Jouy, einem kleinen Ort in der Nähe von Versailles.[10] Mit Druckstoffen aus Jouy beklebte man die Zimmerwände der wohlhabenden, vornehmen Bürgerschicht, bekleidete Sofas und Stühle. Wie groß die Bedeutung der Druckstoffe aus Frankreich war, ist lesbar an der Bezeichnung:

11

36

28

Der Gleichschritt, mit dem die Blüten- und Tierdarstellungen des Frühbarocks die Motive der Spitzengestaltung eingeläutet hat, ist im Jugendstil aufgelöst, frei. Blüten auf Spitzen sind im Jugendstil eine Komposition an sich.

*Marianne Gächter-Weber*

29

**Abb. 28: Kragen, Maiglöckchen, Klöppelspitze mit unterbrochenem Faden. Österreich, Wien, um 1900. Textilmuseum St.Gallen, Inv. Nr. 3454.**

**Abb. 29: Krawatte, Blütengebinde, Klöppelspitze mit fortlaufendem Faden. Frankreich, Chantilly, 1850–1870. Textilmuseum St.Gallen, Inv. Nr. 444.**

### Landschaft aus der Sicht der Naturforschung

Am 19. Juli 2000 wurde von den Ministern des Europarates die Europäische Landschaftsschutz-Konvention verabschiedet. Darin wird unter Landschaft ein Gebiet verstanden, das sich in der Zeit durch die Aktivitäten von Natur und Mensch entwickelt hat. Die Landschaft bildet dabei ein Ganzes, das die natürlichen und kulturellen Komponenten in sich vereint. Einfacher ausgedrückt ist eine Landschaft ein bestimmter Ausschnitt der Erdoberfläche. Die Geografie als beschreibende Wissenschaft untersucht die Elemente der Landschaft und kann deshalb im Sinne von Emil Egli als Gesamtlandschaftskunde verstanden werden. Geologie, Paläontologie, Zoologie, Botanik und Ökologie sind weitere Wissenschaften, die sich eingehend mit Elementen der Landschaft beschäftigen.

In der Folge wird versucht, Landschaft aus der Sicht der Naturforschung zu beleuchten und aufzuzeigen, wie weit der menschliche Einfluss auf die Landschaft bereits reicht. Daneben führt ein kleiner Exkurs zu den Kunstformen der Natur und schließt mit einem Bericht über den Zeichenunterricht im Museum.

#### Landschaft im Wandel der Zeit

Panta rhei – Alles fließt *Heraklit, griechischer Philosoph (550–480 v. Chr.)*

Auch das scheinbar so festgefügte Antlitz der Erde ist einem steten Wandel unterworfen. Die Kräfte der Natur nagen allerorts an ihrer Oberfläche und tief im Erdinnern wirken heiße Mechanismen, die Vulkane zum Speien bringen, Erdbeben auslösen und gar ganze Kontinente auf Wanderschaft schicken. Gerade große Naturkatastrophen wie Bergstürze, Erdbeben oder Vulkanausbrüche zeigen, wie rasch sich Teile der Erdoberfläche und damit ganze Landstriche schlagartig ändern können. Auch wir Menschen üben durch unser Wirken einen entscheidenden Einfluss auf die Gestalt und das Wesen der Landschaft aus.

Der Erforschung der Landschaft durch die Naturwissenschaft ging das Betrachten und künstlerische Erfassen voraus. Aus dem erwachenden Gefühl für die Natur entwickelte sich zu Beginn der Renaissance die Landschaftsmalerei als eigenständiges Genre. Dabei spielte die Entdeckung der Zentralperspektive im 15. Jahrhundert eine zentrale Rolle, denn erst sie erlaubte eine wirklichkeitsnahe Raumdarstellung. Zu den Pionieren der frühen Landschaftsmalerei gehörten Leonardo da Vinci und Albrecht Dürer. Eine Blütezeit er-

Drei Schriftmuster (S. 192/193, von oben nach unten): Schriftmusterbuch von Buchdruckerei und Verlag H. Tschudy & Co. AG, St. Gallen, 1964. Halbkunstlederband mit aufgesetzten Deckeln, 14,8 x 29,7 cm. Abb.: Einband, Rectoseiten (nur diese sind bedruckt) mit Innentitel, Inhaltsübersicht, Schriftmuster. – Folder der Layout-Press Carlo Pedrazzoli, St. Gallen, 1967. Gefalzt 20,9 x 29,6 cm, sechsteilig. – Schriftmusterbuch für Compugraphic Corp., Wilmington (Mass.), 1985. Papierband, A4. Abb.: Doppelseiten.

Three type specimens (pp. 192/193, from top to bottom): type specimen book for Buchdruckerei und Verlag H. Tschudy & Co. AG, St. Gallen, 1964. Quarter imitation leather binding with set-on covers, 29,7 x 14,8 cm. Ill.: binding, recto pages (only these are printed), title-page, contents page, type specimens. – Folder for Layout-Press Carlo Pedrazzoli, St. Gallen, 1967. Folded 29,6 x 20,9 cm, 6 parts. – Type specimen book for Compugraphic Corp., Wilmington (Mass.), 1985. Paperback, A4. Ill.: double-pages.

**Niedermann**DruckSchriften

071 35 54 35

Niedermann Druck AG, Rorschacher Straße 290
9016 St.Gallen, Telefon 071 35 54 35

8 **Sabon normal**

ABCDEFGHIJKLMNOPQRSTUV
WXYZ

ABCDEFGHIJKLMNOPQRSTUVWXYZÄÖÜabcde
fghijklmnopqrstuvwxyzfiflàöüßéèà1234567890 1234
567890-.,:;'!?‹›«»()*+§–/&

Vorbild für die Proportionen der Gemeinen ist die Scriptura humanistica, die

Ihre Formen sind durch die Stempelschneider eines Nicolaus Jenson, eines

Wichtig für eine angenehm zu lesende Buchschrift und von besondere

Die Großbuchstaben sollten, damit sie das Gesamtbild nicht zu seh

Seit den Untersuchungen des französischen Ophthalmologen E

Die obere Buchstabenhälfte genügt. Warum dem so ist, bleib

Während die Versalien – die Großbuchstaben – in

Die richtigen Proportionen von Versalien und

Großbuchstaben sollten nicht zu weit von ih

Wenn die Lesbarkeit einer Druckschrift von der differenzierten und deutlichen Gestaltung der o

Etwas ausführlicher muß noch über die Kursiven gesprochen werden. Ihr hervorst

Tatsächlich aber ist das nur eine sekundäre Erscheinung. Die geschriebe

Die später als Cancellaresca corsiva bekannte Verkehrsschrift

Sie hat im Durchschnitt weniger Federansätze und damit

Zum ersten Mal im Buchdruck brauchte sie im J

Während Aldus und andere Buchdruc

Als solche ist sie nach wie vor di

Erst im letzten Jahrhundert

Maßgebend für Beurtei

Folgende Punkte den

**Sabon normal** 9

Da das Auge des erwachsenen Lesers während der Fixations perioden keine Einzelbuchstaben, sondern Wortbilder regis triert, liegt es auf der Hand, daß diese im Leseprozeß eine be sonders wichtige Rolle spielen. Bei einer gut lesbaren Druck schrift sind die Einzelbuchstaben immer im Hinblick auf ihr e Wirkung im Wortbild gezeichnet. Sie müssen sich bei deutl

icher Unterscheidbarkeit untereinander bestmöglich ins Wo rtganze einfügen. Größere Textmengen werden in der Regel mit Kleinbuchstaben gesetzt, zu denen für Satz- und einzeln e Wortanfänge Versalien treten. Mittellängen, Ober- und U nterlängen unserer Kleinbuchstaben ergeben charakteristisc he Wortumrisse, die durch den i-Punkt und die Punkte der U

mlaute, durch die spezielle Höhe des t und selbstverständlic h durch die jedem Buchstaben eigene Kontur weiter differen ziert werden. Satz, der nur aus Versalien besteht, ergibt dage gen im Umriß lediglich mehr oder weniger lange Rechtecke. Reiner Versalsatz ist ausgesprochen schwer lesbar. Die deut liche Ausbildung der Ober- und Unterlängen ist deshalb ein

Da das Auge des erwachsenen Lesers während der Fix ationsperioden keine Einzelbuchstaben, sondern Wor tbilder registriert, liegt es auf der Hand, daß diese im L eseprozeß eine besonders wichtige Rolle spielen. Bei ei ner gut lesbaren Druckschrift sind die Einzelbuchstab en immer im Hinblick auf ihre Wirkung im Wortbild g

ezeichnet. Sie müssen sich bei deutlicher Unterscheidb arkeit untereinander bestmöglich ins Wortganze einfü gen. Größere Textmengen werden in der Regel mit Kl einbuchstaben gesetzt, zu denen für Satz- und einzelne Wortanfänge Versalien treten. Mittellängen, Ober- u nd Unterlängen unserer Kleinbuchstaben ergeben cha

rakteristische Wortumrisse, die durch den i-Punkt un d die Punkte der Umlaute, durch die spezielle Höhe de s t und selbstverständlich durch die jedem Buchstaben eigene Kontur weiter differenziert werden. Satz, der n ur aus Versalien besteht, ergibt dagegen im Umriß ledi glich mehr oder weniger lange Rechtecke. Reiner Vers

Da das Auge des erwachsenen Lesers während der Fixationsperioden keine Einzelbuchstaben, sondern Wortbilder registriert, liegt es auf der Hand, daß diese im Leseprozeß eine besonders wichtige Rolle spiel en. Bei einer gut lesbaren Druckschrift sind die Einzelbuchstaben immer im Hinblick auf ihre Wirkung i m Wortbild gezeichnet. Sie müssen sich bei deutlicher Unterscheidbarkeit untereinander bestmöglich ins Wortganze einfügen. Größere Textmengen werden in der Regel mit Kleinbuchstaben gesetzt, zu denen f ür Satz- und einzelne Wortanfänge Versalien treten. Mittellängen, Ober- und Unterlängen unserer Klein

buchstaben ergeben charakteristische Wortumrisse, die durch den i-Punkt und die Punkte der Umlaute, durch die spezielle Höhe des t und selbstverständlich durch die jedem Buchstaben eigene Kontur weiter d ifferenziert werden. Satz, der nur aus Versalien besteht, ergibt dagegen im Umriß lediglich mehr oder we niger lange Rechtecke. Reiner Versalsatz ist ausgesprochen schwer lesbar. Die deutliche Ausbildung der Ober- und Unterlängen ist deshalb ein wichtiges Postulat. Es wird nicht nur erfüllt durch genügende Län ge, sondern auch durch charakteristische Zeichnung, z.B. der Serifen. Eine Frage, die den Setzer über Jah

10 **Sabon normal kursiv**

*ABCDEFGHIJKLMNOPQRSTUVWXYZÄÖÜab*
*efghijklmnopqrstuvwxyzfiflàöüßéèà1234567890*
*34567890-.,:;'!?‹›«»()*+§–/&*

*Vorbild für die Proportionen der Gemeinen ist die Scriptura humanistica,*

*Ihre Formen sind durch die Stempelschneider eines Nicolaus Jenson, e*

*Wichtig für eine angenehm zu lesende Buchschrift und von besond*

*Die Großbuchstaben sollten, damit sie das Gesamtbild nicht zu*

*Seit den Untersuchungen des französischen Ophthalmologe*

*Die obere Buchstabenhälfte genügt. Warum dem so ist, bl*

*Wenn die Lesbarkeit einer Druckschrift von der differenzierten und deutlichen Gestaltung*

*Etwas ausführlicher muß noch über die Kursiven gesprochen werden. Ihr herv*

*Tatsächlich aber ist das nur eine sekundäre Erscheinung. Die geschri*

*Die später als Cancellaresca corsiva bekannte Verkehrsschr*

*Sie hat im Durchschnitt weniger Federansätze und dam*

*Zum ersten Mal im Buchdruck brauchte sie im*

*Während Aldus und andere Buchdru*

*Als solche ist sie nach wie vor d*

*Erst im letzten Jahrhunde*

*Maßgebend für Beurte*

*Folgende Punkte der*

112 **Künstler-Schreibschrift**

*ABCDEFGHIJKLMNOPQRSTUVWXYZ*

*Wenn die Lesbarkeit einer Druckschrift von der differenzierten und deutlichen Gestaltung der oberen Hälf*

*Etwas ausführlicher muß noch über die Kursiven gesprochen werden. Ihr hervorstechendstes*

*Tatsächlich aber ist das nur eine sekundäre Erscheinung. Die geschriebene Aus*

*Die später als Cancellaresca corsiva bekannte Verkehrsschrift weist gege*

*Sie hat im Durchschnitt weniger Federansätze und damit wenig*

*Zum ersten Mal im Buchdruck brauchte sie im Ja*

*Während Aldus und die anderen Buchdru*

*Als solche ist sie nach wie vor die*

*Erst im letzten Jahrhundert ei*

*Maßgebend für Beurteilu*

*Folgende Punkte die bei*

**Künstler-Schreibschrift** 113

*NiedermannDruckSchriften.*
St. Gallen: NiedermannDruck, 1985. Ganzgewebeband mit Schutzumschlag, A4.
Abb.: Innentitel, Doppelseiten.

*NiedermannDruckSchriften.*
St. Gallen: NiedermannDruck, 1985. Hardback, cased in cloth, with dust jacket, A4. Ill.: title, double-pages.

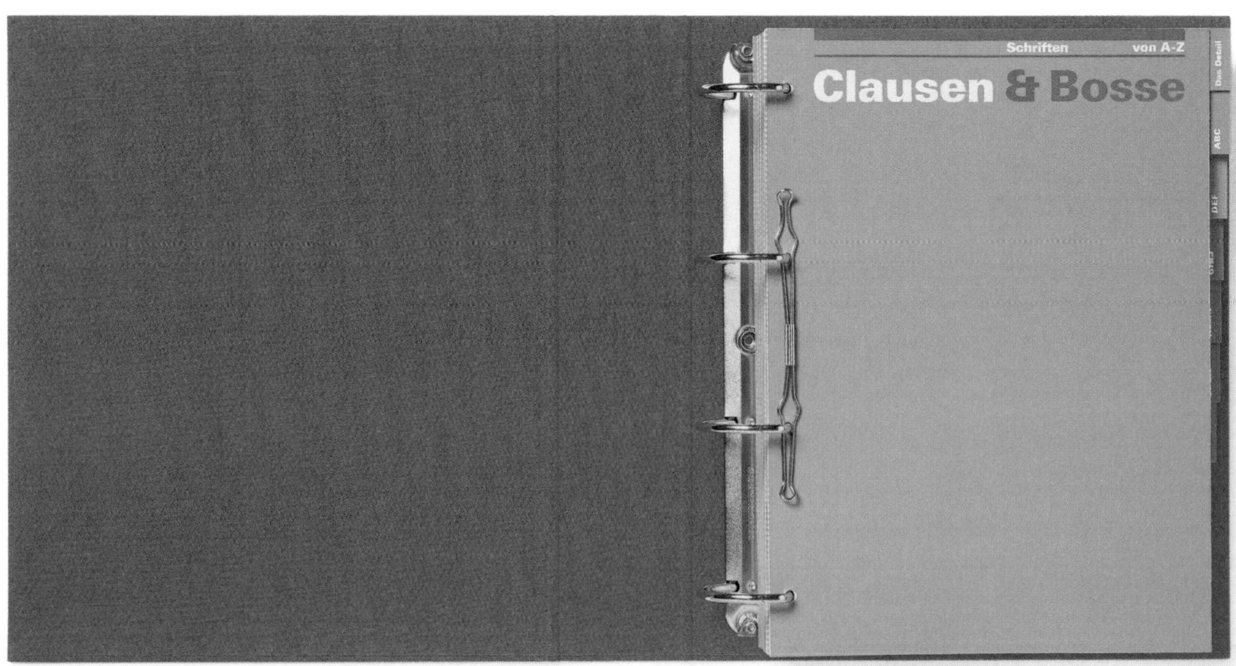

*Clausen & Bosse, Schriften von A–Z.* Schriftmusterbuch. Leck: Clausen & Bosse, 2001. Ganzgewebeordner in gewebebezogenem Schuber, Inhalt 22 x 29,7 cm. Abb.: (S. 196/197:) Ordner in Schuber, Ordner geöffnet; (S. 198/199:) Doppelseiten.

*Clausen & Bosse, Schriften von A–Z.* Type specimen book. Leck: Clausen & Bosse, 2001. Full cloth folder in cloth-covered slip-case, content 29,7 x 22 cm. Ill.: (pp. 196/197:) folder in slip-case, folder open; (pp. 198/199:) double-pages.

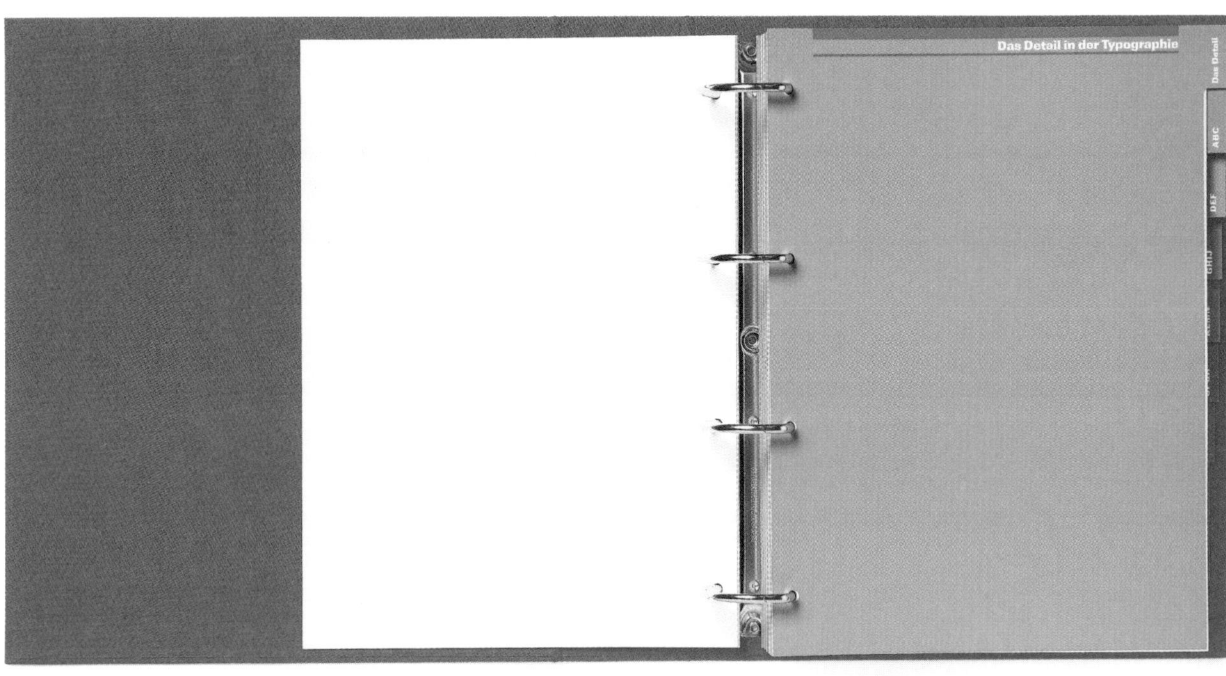
Das Detail in der Typographie

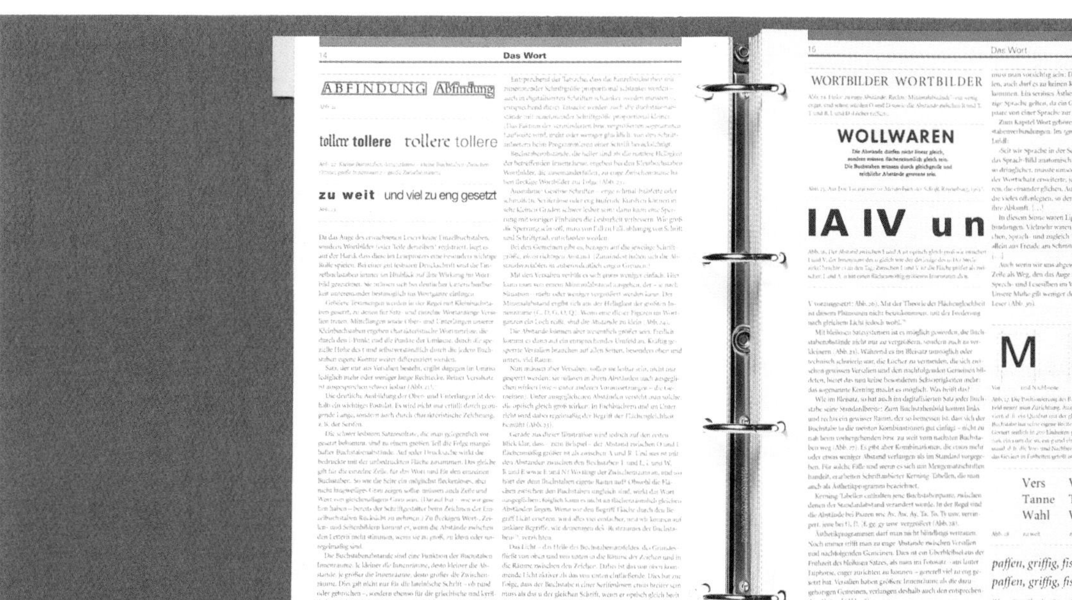
Das Wort
WORTBILDER WORTBILDER
WOLLWAREN
IA IV u n
M Migh

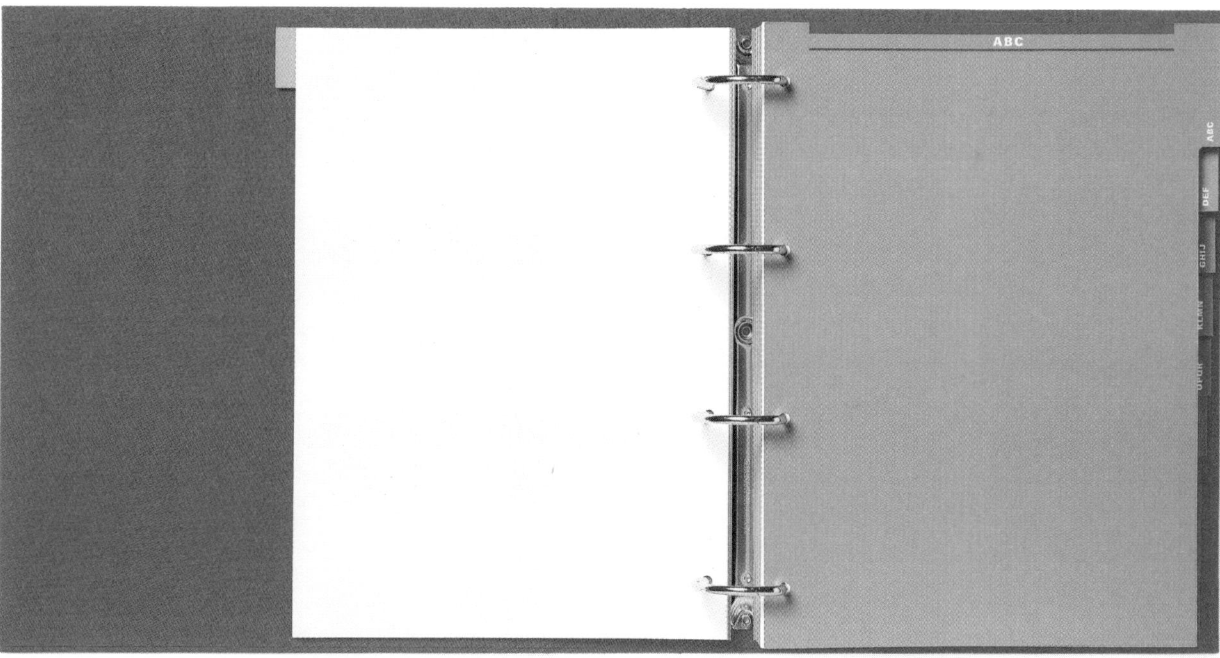
ABC

16/18 p Regular

ABCDEFGHIJKLMNOPQRS TUVWXYZ&ÆŒÄÖÜÇabcdefg hijklmnopqrsßtuvwxyzfffiffifl ffl æ œäöüç12345678901234567890ABCDEFGHIJKLMNOPQRSTUVWXYZ&ÆŒÄÖÜÇ!?¡¿([/†‡§£$¢{ƒ%‰.,:;-–—‘’“”›‹»«*

Vorhandene Schnitte: Regular, Italic, Semibold, Semibold Italic, Bold, Bold Italic

John Baskerville (1706–1775), ursprünglich Schreibmeister und Schriftbildhauer, verstärkte in seinen um die Mitte des 18. Jahrhunderts vermutlich von John Handy geschnittenen Schriften den Kontrast zwischen Haar- und Grundstrichen. Damit leitete er den Übergang ein zu den klassizistischen Schriften eines Didot und Bodoni. Unsere digitalisierte Version basiert auf einem Nachschnitt der Monotype, der 1932 erschienen ist.

Anschlagzahlen Regular

| Punkt | cm 2 | 3 | 4 | 5 | 6 | 7 | 8 | 9 | 10 | 10,5 | 11 | 11,5 | 12 |
|---|---|---|---|---|---|---|---|---|---|---|---|---|---|
| **8** | 16 | 25 | 33 | 41 | 49 | 58 | 66 | 74 | 82 | 86 | 91 | 95 | 99 |
| **8,5** | 16 | 23 | 31 | 39 | 46 | 54 | 62 | 70 | 77 | 81 | 85 | 89 | 93 |
| **9** | 15 | 22 | 29 | 37 | 44 | 51 | 59 | 66 | 73 | 77 | 80 | 84 | 88 |
| **9,5** | 14 | 21 | 28 | 35 | 42 | 49 | 55 | 62 | 69 | 73 | 76 | 80 | 83 |
| **10** | 13 | 20 | 26 | 33 | 40 | 46 | 53 | 59 | 66 | 69 | 72 | 76 | 79 |
| **10,5** | 13 | 19 | 25 | 31 | 38 | 44 | 50 | 56 | 63 | 66 | 69 | 72 | 75 |
| **11** | 12 | 18 | 24 | 30 | 36 | 42 | 48 | 54 | 60 | 63 | 66 | 69 | 72 |
| **11,5** | 11 | 17 | 23 | 29 | 34 | 40 | 46 | 52 | 57 | 60 | 63 | 66 | 69 |
| **12** | 11 | 16 | 22 | 27 | 33 | 38 | 44 | 49 | 55 | 58 | 60 | 63 | 66 |

8 p Versalien und Kapitälchen

DIE IDEEN VON WILLIAM MORRIS HAT IN DEUTSCHLAND

Die Ideen von William Morris hat als erster aufgegriffen und in die

9 p Versalien und Kapitälchen

DIE IDEEN VON WILLIAM MORRIS HAT IN DEUTSCH

Die Ideen von William Morris hat als erster aufgegriffen un

10 p Versalien und Kapitälchen

DIE IDEEN VON WILLIAM MORRIS HAT IN DEU

Die Ideen von William Morris hat als erster aufgegriff

12 p Versalien und Kapitälchen

DIE IDEEN VON WILLIAM MORRIS HAT

Die Ideen von William Morris hat als erster a

28 p Regular

Die Ideen von William Morris hat in Deutschl

24 p Regular

and als erster aufgegriffen und in die Tat umgesetzt der

20 p Regular

Leipziger Verleger und Drucker Carl Ernst Poeschel (1874–1933).

18 p Regular

Poeschel hatte 1902 das Sammelwerk ›Die neue Buchkunst‹ betreut, in d

16 p Regular

em ein Situationsbericht aus England enthalten war; er hatte 1904 England besuc

14 p Regular

ht und dort unter anderen auch Emery Walker getroffen. Im gleichen Jahr veröffentlichte er ei

6/8 p Regular mit Italic und Semibold

Die Ideen von William Morris hat in Deutschland als erster aufgegriffen und in die Tat umgesetzt der Leipziger Verleger und Drucker Carl Ernst Poeschel (1874–1933). Poeschel hatte 1902 das Sammelwerk *Die neue Buchkunst* betreut, in dem ein Situationsbericht aus England enthalten war; er hatte 1904 **England** besucht und dort unter anderen Emery Walker getroffen. Im gleichen Jahr veröffentlichte er ein schmales Büchlein mit dem Titel *Zeitgemäße Buchdruckerkunst*. Zusammen mit Walter Tiemann, Lehrer und später Direktor der Leipziger Akademie für graphische Künste und Buchgewerbe, gründete Poeschel 1907 die Janus-Presse, die erste deutsche Privatpresse. Dass Poeschel England besucht und dort Anregungen erhalten hatte, ist kein Zufall. Deutschland war um die Jahrhundertwende

6,5/8,5 p Regular mit Italic und Semibold

Die Ideen von William Morris hat in Deutschland als erster aufgegriffen und in die Tat umgesetzt der Leipziger Verleger und Drucker Carl Ernst Poeschel (1874–1933). Poeschel hatte 1902 das Sammelwerk *Die neue Buchkunst* betreut, in dem ein Situationsbericht aus England enthalten war; er hatte 1904 **England** besucht und dort unter anderen Emery Walker getroffen. Im gleichen Jahr veröffentlichte er ein schmales Büchlein mit dem Titel *Zeitgemäße Buchdruckerkunst*. Zusammen mit Walter Tiemann, Lehrer und später Direktor der Leipziger Akademie für graphische Künste und Buchgewerbe, gründete Poeschel 1907 die Janus-Presse, die erste deutsche Privatpresse. Dass Poeschel England besucht und dort Anregungen erhalten hatte, i

7/9 p Regular mit Italic und Semibold

Die Ideen von William Morris hat in Deutschland als erster aufgegriffen und in die Tat umgesetzt der Leipziger Verleger und Drucker Carl Ernst Poeschel (1874–1933). Poeschel hatte 1902 das Sammelwerk *Die neue Buchkunst* betreut, in dem ein Situationsbericht aus England enthalten war; er hatte 1904 **England** besucht und dort unter anderen Emery Walker getroffen. Im gleichen Jahr veröffentlichte er ein schmales Büchlein mit dem Titel *Zeitgemäße Buchdruckerkunst*. Zusammen mit Walter Tiemann, Lehrer und später Direktor der Leipziger Akademie für graphische Künste und Buchgewerbe, gründete Poeschel 1907 die Janus-Presse, die erste deutsche Privatpresse. Dass Poeschel

7,5/9,5 p Regular mit Italic und Semibold

Die Ideen von William Morris hat in Deutschland als erster aufgegriffen und in die Tat umgesetzt der Leipziger Verleger und Drucker Carl Ernst Poeschel (1874–1933). Poeschel hatte 1902 das Sammelwerk *Die neue Buchkunst* betreut, in dem ein Situationsbericht aus England enthalten war; er hatte 1904 **England** besucht und dort unter anderen Emery Walker getroffen. Im gleichen Jahr veröffentlichte er ein schmales Büchlein mit dem Titel *Zeitgemäße Buchdruckerkunst*. Zusammen mit Walter Tiemann, Lehrer und später Direktor der Leipziger Akademie für graphische Künste und Buchgewerbe, gründete Poeschel 1907 die Janus-Presse,

8/10 p Regular mit Italic und Semibold

Die Ideen von William Morris hat in Deutschland als erster aufgegriffen und in die Tat umgesetzt der Leipziger Verleger und Drucker Carl Ernst Poeschel (1874–1933). Poeschel hatte 1902 das Sammelwerk *Die neue Buchkunst* betreut, in dem ein Situationsbericht aus England enthalten war; er hatte 1904 **England** besucht und dort unter anderen Emery Walker getroffen. Im gleichen Jahr veröffentlichte er ein schmales Büchlein mit dem Titel *Zeitgemäße Buchdruckerkunst*. Zusammen mit Walter Tiemann, Lehrer und später Direktor der Leipziger Akademie für graphische Künste und Buchgewerbe

8,5/10,5 p Regular mit Italic und Semibold

Die Ideen von William Morris hat in Deutschland als erster aufgegriffen und in die Tat umgesetzt der Leipziger Verleger und Drucker Carl Ernst Poeschel (1874–1933). Poeschel hatte 1902 das Sammelwerk *Die neue Buchkunst* betreut, in dem ein Situationsbericht aus England enthalten war; er hatte 1904 **England** besucht und dort unter anderen Emery Walker getroffen. Im gleichen Jahr veröffentlichte er ein schmales Büchlein mit dem Titel *Zeitgemäße Buchdruckerkunst*. Zusammen mit Walter Tiemann, Lehrer und später Direktor der Leipziger Akademie für graph



9/11 p Regular mit Italic und Semibold

Die Ideen von William Morris hat in Deutschland als erster aufgegriffen und in die Tat umgesetzt der Leipziger Verleger und Drucker Carl Ernst Poeschel (1874–1933). Poeschel hatte 1902 das Sammelwerk *Die neue Buchkunst* betreut, in dem ein Situationsbericht aus England enthalten war; er hatte 1904 **England** besucht und dort unter anderen Emery Walker getroffen. Im gleichen Jahr veröffentlichte er ein schmales Büchlein mit dem Titel *Zeitgemäße Buchdruckerkunst*. Zusammen mit Walter Tiemann (1876–1951), Lehrer und später Direktor der Leipziger Akademie für graphische Künste und Buchgewerbe, gründete Poeschel 1907 die Janus-Presse, zusammen mit der Ernst-Ludwig-Presse die erste deutsche Privatpresse. Dass Poeschel England besucht und dort Anregungen erhalten hatte, ist kein Zufall. Deutschland war um die Jahrhundertwende fasziniert von englischer Architektur und englischem Kunsthandwerk. Hermann Muthesius, Architekt, der maßgebliche Anreger und 1907 Mitgründer des Deutschen Werkbundes, war von 1896–1903 als Angehöriger der deutschen Gesandtschaft in London gewesen, um den englischen Hausbau und die Arts-and-Crafts-Bewegung zu studieren. Bis zum Ersten Weltkrieg und nachher wieder bis 1933 war der Einfluss Englands auf das Buch- und Schriftwesen Deutschlands bedeutend. Edward Johnston, Emery Walker und Eric Gill hatten während dieser Zeit enge Verbindung mit dem Insel-Verlag und mit der Cranach-Presse von Harry Graf Kessler. Als Schülerin von Edward Johnston brachte Anna Simons dessen Schriftlehre nach Deutschland, wo sie in verschiedenen Städten Kurse erteilte und Johnstons 1906 geschriebenes Lehrbuch *Writing and Lettering, and Illuminating* bereits vier Jahre später ins Deutsche übersetzte (*Schreibschrift, Zierschrift und angewandte Schrift*). Den Anregungen aus England folgten auch die Bremer Presse und die Verlage von Eugen Diederichs, Georg Müller, Ernst Rowohlt, Kurt Wolff, Hans von Weber und andere. Deutsche Schriftgießereien, allen voran die Bauersche Gießerei in Frankfurt a. M. und Gebrüder Klingspor in Offenbach, veröffe

9,5/11,5 p Regular mit Italic und Semibold

Die Ideen von William Morris hat in Deutschland als erster aufgegriffen und in die Tat umgesetzt der Leipziger Verleger und Drucker Carl Ernst Poeschel (1874–1933). Poeschel hatte 1902 das Sammelwerk *Die neue Buchkunst* betreut, in dem ein Situationsbericht aus England enthalten war; er hatte 1904 **England** besucht und dort unter anderen Emery Walker getroffen. Im gleichen Jahr veröffentlichte er ein schmales Büchlein mit dem Titel *Zeitgemäße Buchdruckerkunst*. Zusammen mit Walter Tiemann (1876–1951), Lehrer und später Direktor der Leipziger Akademie für graphische Künste und Buchgewerbe, gründete Poeschel 1907 die Janus-Presse, zusammen mit der Ernst-Ludwig-Presse die erste deutsche Privatpresse. Dass Poeschel England besucht und dort Anregungen erhalten hatte, ist kein Zufall. Deutschland war um die Jahrhundertwende fasziniert von englischer Architektur und englischem Kunsthandwerk. Hermann Muthesius, Architekt, der maßgebliche Anreger und 1907 Mitgründer des Deutschen Werkbundes, war von 1896–1903 als Angehöriger der deutschen Gesandtschaft in London gewesen, um den englischen Hausbau und die Arts-and-Crafts-Bewegung zu studieren. Bis zum Ersten Weltkrieg und nachher wieder bis 1933 war der Einfluss Englands auf das Buch- und Schriftwesen Deutschlands bedeutend. Edward Johnston, Emery Walker und Eric Gill hatten während dieser Zeit enge Verbindung mit dem Insel-Verlag und mit der Cranach-Presse von Harry Graf Kessler. Als Schülerin von Edward Johnston brachte Anna Simons dessen Schriftlehre nach Deutschland, wo sie in verschiedenen Städten Kurse erteilte und Johnstons 1906 geschriebenes Lehrbuch *Writing and Lettering, and Illuminating* bereits vier Jahre später ins Deutsche übersetzte (*Schreibschrift, Zierschrift und angewandte Schrift*). Den Anregungen aus England folgten auch die Bremer Presse und die Verlage von Eugen Diederichs, Georg Müller, Ernst Rowohlt, Kurt Wolff, Hans von Weber und andere. Deutsche Schri

10/12 p Regular mit Italic und Semibold

Die Ideen von William Morris hat in Deutschland als erster aufgegriffen und in die Tat umgesetzt der Leipziger Verleger und Drucker Carl Ernst Poeschel (1874–1933). Poeschel hatte 1902 das Sammelwerk *Die neue Buchkunst* betreut, in dem ein Situationsbericht aus England enthalten war; er hatte 1904 **England** besucht und dort unter anderen Emery Walker getroffen. Im gleichen Jahr veröffentlichte er ein schmales Büchlein mit dem Titel *Zeitgemäße Buchdruckerkunst*. Zusammen mit Walter Tiemann (1876–1951), Lehrer und später Direktor der Leipziger Akademie für graphische Künste und Buchgewerbe, gründete Poeschel 1907 die Janus-Presse, zusammen mit der Ernst-Ludwig-Presse die erste deutsche Privatpresse. Dass Poeschel England besucht und dort Anregungen erhalten hatte, ist kein Zufall. Deutschland war um die Jahrhundertwende fasziniert von englischer Architektur und englischem Kunsthandwerk. Hermann Muthesius, Architekt, der maßgebliche Anreger und 1907 Mitgründer des Deutschen Werkbundes, war von 1896–1903 als Angehöriger der deutschen Gesandtschaft in London gewesen, um den englischen Hausbau und die Arts-and-Crafts-Bewegung zu studieren. Bis zum Ersten Weltkrieg und nachher wieder bis 1933 war der Einfluss Englands auf das Buch- und Schriftwesen Deutschlands bedeutend. Edward Johnston, Emery Walker und Eric Gill hatten während dieser Zeit enge Verbindung mit dem Insel-Verlag und mit der Cranach-Presse von Harry Graf Kessler. Als Schülerin von Edward Johnston brachte Anna Simons dessen Schriftlehre nach Deutschland, wo sie in verschiedenen Städten Kurse erteilte und Johnstons 1906 geschriebenes Lehrbuch *Writing and Lettering, and Illuminating* bereits vier Jahre später ins Deutsche übersetzte (*Schreibschrift, Zierschrift und angewandte Schrift*). Den Anregungen aus England folgten auch die Bremer Presse und die Verlage

10,5/12,5 p Regular mit Italic und Semibold

Die Ideen von William Morris hat in Deutschland als erster aufgegriffen und in die Tat umgesetzt der Leipziger Verleger und Drucker Carl Ernst Poeschel (1874–1933). Poeschel hatte 1902 das Sammelwerk *Die neue Buchkunst* betreut, in dem ein Situationsbericht aus England enthalten war; er hatte 1904 **England** besucht und dort unter anderen Emery Walker getroffen. Im gleichen Jahr veröffentlichte er ein schmales Büchlein mit dem Titel *Zeitgemäße Buchdruckerkunst*. Zusammen mit Walter Tiemann (1876–1951), Lehrer und später Direktor der Leipziger Akademie für graphische Künste und Buchgewerbe, gründete Poeschel 1907 die Janus-Presse, zusammen mit der Ernst-Ludwig-Presse die erste deutsche Privatpresse. Dass Poeschel England besucht und dort Anregungen erhalten hatte, ist kein Zufall. Deutschland war um die Jahrhundertwende fasziniert von englischer Architektur und englischem Kunsthandwerk. Hermann Muthesius, Architekt, der maßgebliche Anreger und 1907 Mitgründer des Deutschen Werkbundes, war von 1896–1903 als Angehöriger der deutschen Gesandtschaft in London gewesen, um den englischen Hausbau und die Arts-and-Crafts-Bewegung zu studieren. Bis zum Ersten Weltkrieg und nachher wieder bis 1933 war der Einfluss Englands auf das Buch- und Schriftwesen Deutschlands bedeutend. Edward Johnston, Emery Walker und Eric Gill hatten während dieser Zeit enge Verbindung mit dem Insel-Verlag und mit der Cranach-Presse von Harry Graf Kessler. Als Schülerin von Edward Johnston brachte Anna Simons dessen Schriftlehre nach Deutschland, wo sie in verschiedenen Städten Kurse erteilte und Johnstons 1906 geschriebenes Lehrbuch *Writing and Lettering, and Illuminating* bereits vier Jahre später ins Deutsche übersetzte (*Schreibschrift, Zierschrift und angewandte*



8/10 p Italic mit Regular und Semibold Italic

*Die Ideen von William Morris hat in Deutschland als erster aufgegriffen und in die Tat umgesetzt der Leipziger Verleger und Drucker Carl Ernst Poeschel (1874 bis 1933). Poeschel hatte 1902 das Sammelwerk* Die neue Buchkunst *betreut, in dem ein Situationsbericht aus England enthalten war; er hatte 1904* ***England*** *besucht und dort unter anderen Emery Walker getroffen. Im gleichen Jahr veröffentlichte er ein schmales Büchlein mit dem Titel* Zeitgemäße Buchdruckerkunst. *Zusammen mit Walter Tiemann (1876–1951), Lehrer und später Direktor der Leipziger Akademie für graphische Künste und Buchgewerbe, gründete Poeschel 1907 die Janus-Presse, zusammen mit der Ernst-Ludwig-Presse die erste deutsche Privatpresse. Dass Poeschel England besucht und dort Anregungen erhalten hatte, ist kein Zufall. Deutschland war um die Jahrhundertwende faszi-*

8,5/10,5 p Italic mit Regular und Semibold Italic

*Die Ideen von William Morris hat in Deutschland als erster aufgegriffen und in die Tat umgesetzt der Leipziger Verleger und Drucker Carl Ernst Poeschel (1874–1933). Poeschel hatte 1902 das Sammelwerk* Die neue Buchkunst *betreut, in dem ein Situationsbericht aus England enthalten war; er hatte 1904* ***England*** *besucht und dort unter anderen Emery Walker getroffen. Im gleichen Jahr veröffentlichte er ein schmales Büchlein mit dem Titel* Zeitgemäße Buchdruckerkunst. *Zusammen mit Walter Tiemann (1876–1951), Lehrer und später Direktor der Leipziger Akademie für graphische Künste und Buchgewerbe, gründete Poeschel 1907 die Janus-Presse, zusammen mit der Ernst-Ludwig-Presse die erste deutsche Privatpresse. Dass Poeschel England besucht und dort Anregungen erhalten hatte, ist kein*

9/11 p Italic mit Regular und Semibold Italic

*Die Ideen von William Morris hat in Deutschland als erster aufgegriffen und in die Tat umgesetzt der Leipziger Verleger und Drucker Carl Ernst Poeschel (1874–1933). Poeschel hatte 1902 das Sammelwerk* Die neue Buchkunst *betreut, in dem ein Situationsbericht aus England enthalten war; er hatte 1904* ***England*** *besucht und dort unter anderen Emery Walker getroffen. Im gleichen Jahr veröffentlichte er ein schmales Büchlein mit dem Titel* Zeitgemäße Buchdruckerkunst. *Zusammen mit Walter Tiemann (1876–1951), Lehrer und später Direktor der Leipziger Akademie für graphische Künste und Buchgewerbe, gründete Poeschel 1907 die Janus-Presse, zusammen mit der Ernst-Ludwig-Presse die erste deutsche Privatpresse. Dass Poeschel England besucht und dort*

9,5/11,5 p Italic mit Regular und Semibold Italic

*Die Ideen von William Morris hat in Deutschland als erster aufgegriffen und in die Tat umgesetzt der Leipziger Verleger und Drucker Carl Ernst Poeschel (1874–1933). Poeschel hatte 1902 das Sammelwerk* Die neue Buchkunst *betreut, in dem ein Situationsbericht aus England enthalten war; er hatte 1904* ***England*** *besucht und dort unter anderen Emery Walker getroffen. Im gleichen Jahr veröffentlichte er ein schmales Büchlein mit dem Titel* Zeitgemäße Buchdruckerkunst. *Zusammen mit Walter Tiemann (1876–1951), Lehrer und später Direktor der Leipziger Akademie für graphische Künste und Buchgewerbe, gründete Poeschel 1907 die Janus-Presse, zusammen mit der Ernst-Ludwig-Presse die erste deutsche Privat-*

11/13 p Regular mit Italic und Semibold

Die Ideen von William Morris hat in Deutschland als erster aufgegriffen und in die Tat umgesetzt der Leipziger Verleger und Drucker Carl Ernst Poeschel (1874–1933). Poeschel hatte 1902 das Sammelwerk *Die neue Buchkunst* betreut, in dem ein Situationsbericht aus England enthalten war; er hatte 1904 **England** besucht und dort unter anderen Emery Walker getroffen. Im gleichen Jahr veröffentlichte er ein schmales Büchlein mit dem Titel *Zeitgemäße Buchdruckerkunst*. Zusammen mit Walter Tiemann (1876–1951), Lehrer und später Direktor der Leipziger Akademie für graphische Künste und Buchgewerbe, gründete Poeschel 1907 die Janus-Presse, zusammen mit der Ernst-Ludwig-Presse die erste deutsche Privatpresse. Dass Poeschel England besucht und dort Anregungen erhalten hatte, ist kein Zufall. Deutschland war um die Jahrhundertwende fasziniert von englischer Architektur und englischem Kunsthandwerk. Hermann Muthesius, Architekt, der maßgebliche Anreger und 1907 Mitgründer des Deutschen Werkbundes, war von 1896 bis 1903 als Angehöriger der deutschen Gesandtschaft in London gewesen, um den englischen Hausbau und die Arts-and-Crafts-Bewegung zu studieren. Bis zum Ersten Weltkrieg und nachher wieder bis 1933 war der Einfluss Englands auf das Buch- und Schriftwesen Deutschlands bedeutend. Edward

11,5/13,5 p Regular mit Italic und Semibold

Die Ideen von William Morris hat in Deutschland als erster aufgegriffen und in die Tat umgesetzt der Leipziger Verleger und Drucker Carl Ernst Poeschel (1874–1933). Poeschel hatte 1902 das Sammelwerk *Die neue Buchkunst* betreut, in dem ein Situationsbericht aus England enthalten war; er hatte 1904 **England** besucht und dort unter anderen Emery Walker getroffen. Im gleichen Jahr veröffentlichte er ein schmales Büchlein mit dem Titel *Zeitgemäße Buchdruckerkunst*. Zusammen mit Walter Tiemann (1876–1951), Lehrer und später Direktor der Leipziger Akademie für graphische Künste und Buchgewerbe, gründete Poeschel 1907 die Janus-Presse, zusammen mit der Ernst-Ludwig-Presse die erste deutsche Privatpresse. Dass Poeschel England besucht und dort Anregungen erhalten hatte, ist kein Zufall. Deutschland war um die Jahrhundertwende fasziniert von englischer Architektur und englischem Kunsthandwerk. Hermann Muthesius, Architekt, der maßgebliche Anreger und 1907 Mitgründer des Deutschen Werkbundes, war von 1896–1903 als Angehöriger der deutschen Gesandtschaft in London gewesen, um den englischen Hausbau und die Arts-and-Crafts-Bewegung zu studieren. Bis zum Ersten Weltkrieg und nachher wieder bis 1933 war der Einfluss Englands auf das Buch-

12/14 p Regular mit Italic und Semibold

Die Ideen von William Morris hat in Deutschland als erster aufgegriffen und in die Tat umgesetzt der Leipziger Verleger und Drucker Carl Ernst Poeschel (1874–1933). Poeschel hatte 1902 das Sammelwerk *Die neue Buchkunst* betreut, in dem ein Situationsbericht aus England enthalten war; er hatte 1904 **England** besucht und dort unter anderen Emery Walker getroffen. Im gleichen Jahr veröffentlichte er ein schmales Büchlein mit dem Titel *Zeitgemäße Buchdruckerkunst*. Zusammen mit Walter Tiemann (1876–1951), Lehrer und später Direktor der Leipziger Akademie für graphische Künste und Buchgewerbe, gründete Poeschel 1907 die Janus-Presse, zusammen mit der Ernst-Ludwig-Presse die erste deutsche Privatpresse. Dass Poeschel England besucht und dort Anregungen erhalten hatte, ist kein Zufall. Deutschland war um die Jahrhundertwende fasziniert von englischer Architektur und englischem Kunsthandwerk. Hermann Muthesius, Architekt, der maßgebliche Anreger und 1907 Mitgründer des Deutschen Werkbundes, war von 1896–1903 als Angehöriger der deutschen Gesandtschaft in London gewesen, um den englischen Hausbau und die Arts-an



12/14 p Italic

*ABCDEFGHIJKLMNOPQRSTUVWXYZ&ÆŒÄÖÜÇabcdefghijklmnopqrsßtuvwxyfffiffifl fflæœäöüç123456789012345678 90!?¡¿([/†‡§£$¢{ƒ%‰.,:;-–—‘’“”›‹»«*

10/12 p Italic mit Regular

*Die Ideen von William Morris hat in Deutschland als erster aufgegriffen und in die Tat umgesetzt der Leipziger Verleger und Drucker Carl Ernst Poeschel (1874–1933). Poeschel hatte 1902 das Sammelwerk* Die neue Buchkunst *betreut, in dem ein Situationsbericht aus England enthalten war; er hatte 1904 England besucht und dort unter anderen Emery Walker getroffen. Im gleichen Jahr veröffentlichte er ein schmales Büchlein mit dem Titel* Zeitgemäße Buchdruckerkunst. *Zusammen mit Walter Tiemann, Lehrer und später Direktor der Leipziger Akademie für graphische Künste und Buchgewerbe, gründete Poeschel 1907 die Janus-Presse, zusammen mit der Ernst-Ludwig-Presse die erste deutsche Privatpresse. Dass Poeschel England besucht und dort Anregungen erhalten hatte, ist kein Zufall. Deutschland war um die Jahrhundertwende fasziniert von englischer Architektur und englischem Kunsthandwerk. Hermann Muthesius, Architekt, der maßgebliche Anreger und 1907 Mitgründer des Deutschen Werkbundes, war von 1896–1903 als Angehör*

12/14 p Semibold

**ABCDEFGHIJKLMNOPQRSTUVWXYZ&ÆŒÄÖÜÇabcdefghijklmnopqrsßtuvwxyzfffiffifl fflæœäöüç12345678901234567890!?¡¿([/†‡§£$¢{ƒ%‰.,:;-–—‘’“”›‹»«***

8/10 p Semibold mit Semibold Italic

**Die Ideen von William Morris hat in Deutschland als erster aufgegriffen und in die Tat umgesetzt der Leipziger Verleger und Drucker Carl Ernst Poeschel (1874–1933). Poeschel hatte 1902 das Sammelwerk *Die neue Buchkunst* betreut, in dem ein Situationsbericht aus England enthalten war; er hatte 1904 England besucht und dort unter anderen Emery Walker getroffen. Im gleichen Jahr veröffentlicht er ein schmales Büchlein mit dem Titel *Zeitgemäße Buchdruckerkunst*. Zusammen mit Walter Tiemann, Lehrer und später Direktor der Leipziger Akademie für graphische Künste und Buchgewerbe, grün**

9/11 p Semibold mit Semibold Italic

**Die Ideen von William Morris hat in Deutschland als erster aufgegriffen und in die Tat umgesetzt der Leipziger Verleger und Drucker Carl Ernst Poeschel (1874–1933). Poeschel hatte 1902 das Sammelwerk *Die neue Buchkunst* betreut, in dem ein Situationsbericht aus England enthalten war; er hatte 1904 England besucht und dort unter anderen Emery Walker getroffen. Im gleichen Jahr veröffentlicht er ein schmales Büchlein mit dem Titel *Zeitgemäße Buchdruckerkunst*. Zusammen mit Walter Tiemann, Lehrer und später Direktor de**

12/14 p Semibold Italic

***ABCDEFGHIJKLMNOPQRSTUVWXYZ&ÆŒÄÖÜÇabcdefghijklmnopqrsßtuvwxyzfffiffifl fflæœäöüç12345678901234567890!?¡¿([/†‡§£$¢{ƒ%‰.,:;-–—‘’“”›‹»«****

8/10 p Semibold Italic mit Semibold

***Die Ideen von William Morris hat in Deutschland als erster aufgegriffen und in die Tat umgesetzt der Leipziger Verleger und Drucker Carl Ernst Poeschel (1874–1933). Poeschel hatte 1902 das Sammelwerk*** **Die neue Buchkunst** ***betreut, in dem ein Situationsbericht aus England enthalten war; er hatte 1904 England besucht und dort unter anderen Emery Walker getroffen. Im gleichen Jahr veröffentlichte er ein schmales Büchlein mit dem Titel*** **Zeitgemäße Buchdruckerkunst.** ***Zusammen mit Walter Tiemann, Lehrer und später Direktor der Leipziger Akademie für graphische Künste und Buchgewerbe, gründete***

9/11 p Semibold Italic mit Semibold

***Die Ideen von William Morris hat in Deutschland als erster aufgegriffen und in die Tat umgesetzt der Leipziger Verleger und Drucker Carl Ernst Poeschel (1874–1933). Poeschel hatte 1902 das Sammelwerk*** **Die neue Buchkunst** ***betreut, in dem ein Situationsbericht aus England enthalten war; er hatte 1904 England besucht und dort unter anderen Emery Walker getroffen. Im gleichen Jahr veröffentlichte er ein schmales Büchlein mit dem Titel*** **Zeitgemäße Buchdruckerkunst.** ***Zusammen mit Walter Tiemann (1876–1951), Lehrer und später Dir***

12/14 p Bold

**ABCDEFGHIJKLMNOPQRSTUVWXYZ&ÆŒÄÖÜÇabcdefghijklmnopqrsßtuvwxyzfffiffifl fflæœäöüç12345678901234567890!?¡¿([/†‡§£$¢{ƒ%‰.,:;-–—‘’“”›‹»«***

8/10 p Bold mit Bold Italic

**Die Ideen von William Morris hat in Deutschland als erster aufgegriffen und in die Tat umgesetzt der Leipziger Verleger und Drucker Carl Ernst Poeschel (1874–1933). Poeschel hatte 1902 das Sammelwerk *Die neue Buchkunst* betreut, in dem ein Situationsbericht aus England enthalten war; er hatte 1904 England besucht und dort unter anderen Emery Walker getroffen. Im gleichen Jahr veröffentlicht er ein schmales Büchlein mit dem Titel *Zeitgemäße Buchdruckerkunst*. Zusammen mit Walter Tiemann, Lehrer und später Direktor der Leipziger Akademie für graphische Künste und B**

9/11 p Bold mit Bold Italic

**Die Ideen von William Morris hat in Deutschland als erster aufgegriffen und in die Tat umgesetzt der Leipziger Verleger und Drucker Carl Ernst Poeschel (1874–1933). Poeschel hatte 1902 das Sammelwerk *Die neue Buchkunst* betreut, in dem ein Situationsbericht aus England enthalten war; er hatte 1904 England besucht und dort unter anderen Emery Walker getroffen. Im gleichen Jahr veröffentlicht er ein schmales Büchlein mit dem Titel *Zeitgemäße Buchdruckerkunst*. Zusammen mit Walter Tiemann, Lehrer und sp**

12/14 p Bold Italic

***ABCDEFGHIJKLMNOPQRSTUVWXYZ&ÆŒÄÖÜÇabcdefghijklmnopqrsßtuvwxyzfffiffifl fflæœäöüç12345678901234567890!?¡¿([/†‡§£$¢{ƒ%‰.,:;-–—‘’“”›‹»«****

8/10 p Bold Italic mit Bold

***Die Ideen von William Morris hat in Deutschland als erster aufgegriffen und in die Tat umgesetzt der Leipziger Verleger und Drucker Carl Ernst Poeschel (1874–1933). Poeschel hatte 1902 das Sammelwerk*** **Die neue Buchkunst** ***betreut, in dem ein Situationsbericht aus England enthalten war; er hatte 1904 England besucht und dort unter anderen Emery Walker getroffen. Im gleichen Jahr veröffentlichte er ein schmales Büchlein mit dem Titel*** **Zeitgemäße Buchdruckerkunst.** ***Zusammen mit Walter Tiemann, Lehrer und später Direktor der Leipziger Akademie für graphische Künste und B***

9/11 p Bold Italic mit Bold

***Die Ideen von William Morris hat in Deutschland als erster aufgegriffen und in die Tat umgesetzt der Leipziger Verleger und Drucker Carl Ernst Poeschel (1874–1933). Poeschel hatte 1902 das Sammelwerk*** **Die neue Buchkunst** ***betreut, in dem ein Situationsbericht aus England enthalten war; er hatte 1904 England besucht und dort unter anderen Emery Walker getroffen. Im gleichen Jahr veröffentlichte er ein schmales Büchlein mit dem Titel*** **Zeitgemäße Buchdruckerkunst.** ***Zusammen mit Walter Tiemann, Lehrer und spä***

138 **Fournier**

16/18 p Roman

ABCDEFGHIJKLMNOPQRSTUV WXYZ&ÆŒÄÖÜÇabcdefghijklmn opqrsßtuvwxyzffffifflflffiæœäöüç12345 67890 1234567890 ABCDEFGHIJKLMNOP QRSTUVWXYZ&!?¡¿([/†‡§£$¢{ƒ%‰.,: ;-–—‘’“”›‹»«*

Vorhandene Schnitte. Roman, Roman TallCaps, Italic, Italic TallCaps

Pierre Simon Fournier (1712–1768). Drucker und Stempelschneider in Paris, war ein Zeitgenosse Baskervilles. 1925 veröffentlichte Monotype zwei Schnitte, die vermutlich auf eine Vorlage in den Schriftproben von Fournier aus dem Jahre 1742 zurückgehen. Die eine der beiden Schriften ist die Barbou, die andere die Fournier. Diese letztere wurde digitalisiert. Wie beim Original und beim Monotype-Nachschnitt haben die Normale und die Kursiv auch in der digitalisierten Form je eine andere Mittellängen-Höhe. Ebenso sind zwei Versalgarnituren erhältlich, eine größere und eine kleinere.

Anschlagzahlen Roman

| Punkt | cm 2 | 3 | 4 | 5 | 6 | 7 | 8 | 9 | 10 | 10,5 | 11 | 11,5 | 12 |
|---|---|---|---|---|---|---|---|---|---|---|---|---|---|
| 8 | 19 | 28 | 38 | 47 | 56 | 66 | 75 | 85 | 94 | 99 | 103 | 108 | 113 |
| 8,5 | 18 | 27 | 35 | 44 | 53 | 62 | 71 | 80 | 89 | 93 | 97 | 102 | 106 |
| 9 | 17 | 25 | 33 | 42 | 50 | 59 | 67 | 75 | 84 | 88 | 92 | 96 | 100 |
| 9,5 | 16 | 24 | 32 | 40 | 48 | 55 | 63 | 71 | 79 | 83 | 87 | 91 | 95 |
| 10 | 15 | 23 | 30 | 38 | 45 | 53 | 60 | 68 | 75 | 79 | 83 | 87 | 90 |
| 10,5 | 14 | 22 | 29 | 36 | 43 | 50 | 57 | 65 | 72 | 75 | 79 | 82 | 86 |
| 11 | 14 | 21 | 27 | 34 | 41 | 48 | 55 | 62 | 68 | 72 | 75 | 79 | 82 |
| 11,5 | 13 | 20 | 26 | 33 | 39 | 46 | 52 | 59 | 65 | 69 | 72 | 75 | 79 |
| 12 | 13 | 19 | 25 | 31 | 38 | 44 | 50 | 56 | 63 | 66 | 69 | 72 | 75 |

8 p Versalien und Kapitälchen

DIE IDEEN VON WILLIAM MORRIS HAT IN DEUTSCHLAND ALS E
Die Ideen von William Morris hat als erster aufgegriffen und in die Tat

9 p Versalien und Kapitälchen

DIE IDEEN VON WILLIAM MORRIS HAT IN DEUTSCHLAN
Die Ideen von William Morris hat als erster aufgegriffen und in

10 p Versalien und Kapitälchen

DIE IDEEN VON WILLIAM MORRIS HAT IN DEUTSC
Die Ideen von William Morris hat als erster aufgegriffen

12 p Versalien und Kapitälchen

DIE IDEEN VON WILLIAM MORRIS HAT IN
Die Ideen von William Morris hat als erster auf

28 p Roman

Die Ideen von William Morris hat in Deutschland a

24 p Roman

ls erster aufgegriffen und in die Tat umgesetzt der Leipziger

20 p Roman

Verleger und Drucker Carl Ernst Poeschel (1874–1933). Poeschel hatte

18 p Roman

1902 das Sammelwerk ›Die neue Buchkunst‹ betreut, in dem ein Situationsberic

16 p Roman

ht aus England enthalten war; er hatte 1904 England besucht und dort unter anderen auch

14 p Roman

Emery Walker getroffen. Im gleichen Jahr veröffentlichte er ein schmales Büchlein mit dem Titel ›Zeit

6/8 p Roman mit Italic · 6,5/8,5 p Roman mit Italic · 7/9 p Roman mit Italic

7,5/9,5 p Roman mit Italic · 8/10 p Roman mit Italic · 8,5/10,5 p Roman mit Italic

139 **Fournier**

8/11 p Roman mit Italic

Die Ideen von William Morris hat in Deutschland als erster aufgegriffen und in die Tat umgesetzt der Leipziger Verleger und Drucker Carl Ernst Poeschel (1874–1933). Poeschel hatte 1902 das Sammelwerk *Die neue Buchkunst* betreut, in dem ein Situationsbericht aus England enthalten war; er hatte 1904 England besucht und dort unter anderen Emery Walker getroffen. …

8,5/11,5 p Roman mit Italic · 10/12 p Roman mit Italic · 10,5/12,5 p Roman mit Italic

140 **Fournier**

9/10 p Italic mit Roman · 11/13 p Roman mit Italic · 8,5/10,5 p Italic mit Roman · 11,5/13,5 p Roman mit Italic · 9/11 p Italic mit Roman · 12/14 p Roman mit Italic · 9,5/11,5 p Italic mit Roman

141 **Fournier**

12/14 p Italic

*ABCDEFGHIJKLMNOPQRSTUVWXYZ&ÆŒÄÖÜÇabcdefghijklmnopqrsßtuvwxyzffffifflflffiæœäöüç1234567890 1234567890!?¡¿([/†‡§£$¢{ƒ%‰.,:;-–—‘’“”›‹»«**

12/14 p Roman TallCaps

ABCDEFGHIJKLMNOPQRSTUVWXYZ&ÆŒÄÖÜÇabcdefghijklmnopqrsßtuvwxyzffffifflflffiæœäöüç1234567890 1234567890!?¡¿([/†‡§£$¢{ƒ%‰.,:;-–—‘’“”›‹»«*

10/12 p Italic mit Roman · 10/12 p Roman TallCaps mit Italic TallCaps

12/14 p Italic TallCaps

10/12 p Italic TallCaps mit Roman TallCaps

Legende auf S. 196.

Caption on p. 196.

Thomas Mann
Buddenbrooks
S. Fischer

Thomas Mann
Essays I
1893 · 1914
S. Fischer

Thomas Mann
Essays I
1893 · 1914
S. Fischer

Thomas Mann
Buddenbrooks

S. Fischer

Thomas Mann
Essays I 1893 · 1914

S. Fischer

| | |
|---|---|
| 6. Juni 1875 | Paul Thomas Mann wird als zweites Kind von Thomas Johann Heinrich Mann und seiner Frau Julia, geb. da Silva-Bruhns, in Lübeck geboren. Geschwister: Luiz Heinrich (1871), Julia (1877), Carla (1881), Viktor (1890) |
| 1889 | Eintritt in das ›Katharineum‹ |
| 1893 | Abgang vom Gymnasium aus der Obersekunda (heutige 11. Klasse); Umzug nach München |
| 1894 | Volontariat bei der Süddeutschen Feuerversicherungsbank |
| 1894–1895 | Gasthörer an der Technischen Hochschule München: Kunstgeschichte, Literaturgeschichte, Nationalökonomie |
| 1895–1898 | Aufenthalte in Italien mit Heinrich Mann: Rom, Palestrina |
| 1898–1899 | Redakteur beim *Simplicissimus* (München) |
| 3. Oktober 1904 | Verlobung mit Katia Pringsheim, geb. 24. Juli 1883 |
| 11. Februar 1905 | Hochzeit in München |
| 9. November 1905 | Geburt von Erika Julia Hedwig |
| 18. November 1906 | Geburt von Klaus Heinrich Thomas |
| 27. März 1909 | Geburt von Angelus Gottfried Thomas (Golo) |
| 7. Juni 1910 | Geburt von Monika |
| Januar 1914 | Bezug des eigenen Hauses München, Poschingerstr. 1 |
| 24. April 1918 | Geburt von Elisabeth Veronika |
| 21. April 1919 | Geburt von Michael Thomas |
| 10. Dezember 1929 | Verleihung des Nobelpreises für Literatur |
| 11. Februar 1933 | Abreise nach Holland. Beginn des Exils |
| Frühherbst 1933 | Niederlassung in Küsnacht bei Zürich |
| Mai–Juni 1934 | Erste Reise in die USA |
| 1936 | Aberkennung der deutschen Staatsbürgerschaft. Thomas Mann wird tschechischer Staatsbürger |
| September 1938 | Übersiedlung nach Amerika. Tätigkeit als ›Lecturer in the Humanities‹ an der Universität Princeton |
| April 1941 | Umzug nach Kalifornien, Pacific Palisades |
| 23. Juni 1944 | Thomas Mann wird Staatsbürger der USA |
| April–Sept. 1947 | Erste Europa-Reise nach dem Krieg |
| 21. April 1949 | Tod des Bruders Viktor |
| Mai–August 1949 | Zweite Europa-Reise und erster Besuch im Nachkriegsdeutschland. Vorträge zu Goethes 200. Geburtstag in Frankfurt am Main und Weimar |
| 21. Mai 1949 | Selbstmord des Sohnes Klaus |
| 12. März 1950 | Tod des Bruders Heinrich |
| Juni 1952 | Rückkehr nach Europa |
| Dezember 1952 | Endgültige Übersiedlung in die Schweiz, Erlenbach bei Zürich |
| April 1954 | Einzug in das Haus in Kilchberg, Alte Landstraße 39 |
| 8. und 14. Mai 1955 | Schiller-Rede in Stuttgart und Weimar |
| 12. August 1955 | Tod Thomas Manns |

*Große kommentierte Frankfurter Thomas-Mann-Ausgabe.* Frankfurt am Main: S. Fischer, 2002 ff. Ganzgewebebände mit Schutzumschlag in Kartonschuber, 12,5 x 20,5 cm.
Abb. (S. 200/201:) Bände in Schuber, Umschläge, vordere Klappe über Vorsatz; (S. 202/203:) Doppelseiten mit Reihen- und Buchtitel, Doppelseiten aus den Buddenbrooks.

*Große kommentierte Frankfurter Thomas-Mann-Ausgabe.* Frankfurt am Main: S. Fischer, 2002 ff. Hardbacks, cased in cloth with dust jacket, in board slip-case, 20,5 x 12,5 cm. Ill. (pp. 200/201:) volumes in slip-case, jackets, front flap over endpaper; (pp. 202/203:) double-pages with series and book titles, double-pages from Buddenbrooks.

Thomas Mann
Große kommentierte Frankfurter Ausgabe
Werke – Briefe – Tagebücher

Herausgegeben von
Heinrich Detering, Eckhard Heftrich, Hermann Kurzke,
Terence J. Reed, Thomas Sprecher, Hans R. Vaget,
Ruprecht Wimmer in Zusammenarbeit mit dem
Thomas-Mann-Archiv der ETH,
Zürich

Band 1.1

Thomas Mann

BUDDENBROOKS

Verfall einer Familie

*Roman*

*Herausgegeben und textkritisch*
*durchgesehen von Eckhard Heftrich*
*unter Mitarbeit von Stephan Stachorski*
*und Herbert Lehnert*

S. FISCHER VERLAG

*Frankfurt a. M.*

Thomas Mann
Große kommentierte Frankfurter Ausgabe
Werke – Briefe – Tagebücher

Herausgegeben von
Heinrich Detering, Eckhard Heftrich, Hermann Kurzke,
Terence J. Reed, Thomas Sprecher, Hans R. Vaget,
Ruprecht Wimmer in Zusammenarbeit mit dem
Thomas-Mann-Archiv der ETH,
Zürich

Band 1.2

Thomas Mann

BUDDENBROOKS

Verfall einer Familie

*Roman*

KOMMENTAR

*von Eckhard Heftrich und Stephan Stachorski*
*unter Mitarbeit von Herbert Lehnert*

S. FISCHER VERLAG

*Frankfurt a. M.*

Thomas Mann
Große kommentierte Frankfurter Ausgabe
Werke – Briefe – Tagebücher

Herausgegeben von
Heinrich Detering, Eckhard Heftrich, Hermann Kurzke,
Terence J. Reed, Thomas Sprecher, Hans R. Vaget,
Ruprecht Wimmer in Zusammenarbeit mit dem
Thomas-Mann-Archiv der ETH,
Zürich

Band 14.1

Thomas Mann

ESSAYS I

1893–1914

*Herausgegeben und textkritisch durchgesehen*
*von Heinrich Detering*
*unter Mitarbeit*
*von Stephan Stachorski*

S. FISCHER VERLAG

*Frankfurt a. M.*

142

»Anschließen … ja, ja, ich werde wohl guten Tag sagen müssen. Aber es ist mir recht zuwider, müssen Sie wissen. Ich bin hierher gekommen, um meinen Frieden zu haben …«

»Frieden? Vor wem?«

»Nun! Vor wem …«

»Hören Sie, Fräulein Buddenbrook, ich muß Sie auch noch *Eines* fragen … aber bei Gelegenheit, später, wenn Zeit dazu ist. Nun erlauben Sie, daß ich Ihnen Adieu sage. Ich setze mich dahinten auf die Steine …«

»Soll ich Sie nicht vorstellen, Herr Schwarzkopf?« fragte Tony mit Wichtigkeit.

»Nein, ach nein« … sagte Morten eilig, »ich danke sehr. Ich gehöre doch wohl kaum dazu, wissen Sie. Ich setze mich dahinten auf die Steine …«

Es war eine größere Gesellschaft, auf die Tony zuschritt, während Morten Schwarzkopf sich rechter Hand zu den großen Steinblöcken begab, die neben der Badeanstalt vom Wasser bespült wurden, – eine Gruppe, die vor dem Möllendorpfschen Pavillon lagerte und von den Familien Möllendorpf, Hagenström, Kistenmaker und Fritsche gebildet ward. Abgesehen von Konsul Fritsche aus Hamburg, dem Besitzer des Ganzen, und Peter Döhlmann, dem Suitier, bestand sie ausschließlich aus Damen und Kindern, denn es war Alltag, und die meisten Herren befanden sich in der Stadt bei ihren Geschäften. Konsul Fritsche, ein älterer Herr mit glattrasiertem, distinguiertem Gesicht, beschäftigte sich droben im offenen Pavillon mit einem Fernrohr, das er auf einen in der Ferne sichtbaren Segler richtete. Peter Döhlmann, mit einem breitkrempigen Strohhut und rundgeschnittenem Schifferbart, stand plaudernd bei den Damen, die auf Plaids im Sande lagen oder auf kleinen Sesseln aus Segeltuch saßen: Frau Senatorin Möllendorpf, geborene Langhals, die mit einer langgestilten Lorgnette hantierte, und deren Haupt von grauem Haar unordentlich umstanden war;

143

Frau Hagenström nebst Julchen, die ziemlich klein geblieben war, aber, wie ihre Mutter, bereits Brillanten in den Ohren trug; Frau Konsul Kistenmaker nebst Töchtern und die Konsulin Fritsche, eine runzelige kleine Dame, die eine Haube trug und im Bade Wirtspflichten versah. Rot und ermattet sann sie auf nichts als Réunions, Kinderbälle, Verlosungen und Segelpartien … Ihre Vorleserin saß in einiger Entfernung. Die Kinder spielten am Wasser.

Kistenmaker & Sohn war die aufblühende Weinhandlung, die in den letzten Jahren C. F. Köppen aus der Mode zu bringen begann. Die beiden Söhne, Eduard und Stephan, arbeiteten bereits in dem väterlichen Geschäft. – Dem Konsul Döhlmann fehlten gänzlich die ausgesuchten Manieren, über die etwa Justus Kröger verfügte; er war ein biederer Suitier, ein Suitier, dessen Spezialität die gutmütige Grobheit war und der sich in der Gesellschaft außerordentlich viel herausnehmen durfte, weil er wußte, daß er besonders bei den Damen mit seinem behäbigen, dreisten und lauten Gebaren als ein Original beliebt war. Als auf einem Diner bei Buddenbrooks sich das Erscheinen eines Gerichtes lange Zeit verzögerte, die Hausfrau in Verlegenheit und die beschäftigungslose Gesellschaft in Mißstimmung geriet, stellte er die gute Laune wieder her, indem er mit seiner breiten und lärmenden Stimme über die ganze Tafel brüllte:

»Ick bün so wied, Fru Konsulin!«

Mit eben dieser schallenden und groben Stimme erzählte er augenblicklich fragwürdige Anekdoten, die er mit plattdeutschen Wendungen würzte … Die Senatorin Möllendorpf rief, erschöpft und außer sich vor Lachen, einmal über das andere:

»Mein Gott, Herr Konsul, hören Sie einen Augenblick auf!«

– Tony Buddenbrook ward von den Hagenströms kalt, von der übrigen Gesellschaft mit großer Herzlichkeit empfangen. Selbst Konsul Fritsche kam eilfertig die Stufen des Pavillons

692

von dem Einfluß seiner Persönlichkeit auf seinen Sohn erhoffte! Unbefangenheit vielmehr, Rücksichtslosigkeit und einen einfachen Sinn für das praktische Leben in ihm zu erwecken, auf nichts Anderes waren all seine Gedanken gerichtet.

»Du scheinst gern gut zu leben, mein Lieber«, sagte er, wenn Hanno eine zweite Portion Dessert oder eine halbe Tasse Kaffee nach dem Essen erbat … »Da mußt du ein tüchtiger Kaufmann werden und viel Geld verdienen! Willst du das?« Und der kleine Johann antwortete:

»Ja.«

Dann und wann, wenn die Familie beim Senator zu Tische gebeten war, und Tante Antonie oder Onkel Christian nach alter Gewohnheit sich über die arme Tante Klothhilde lustig zu machen und in der ihr eigenen langgedehnten und demütig-freundlichen Sprache mit ihr zu reden begannen, so konnte es geschehen, daß Hanno, unter der Einwirkung des unalltäglich schweren Rotweines, einen Augenblick auch seinerseits in diesen Ton geriet und sich mit irgend einer Moquerie an Tante Klothhilde wandte. Dann lachte Thomas Buddenbrook – ein lautes, herzliches, ermunterndes, fast dankbares Lachen, wie ein Mensch, dem eine hoch erfreuliche, heitere Genugthuung zuteil geworden ist, ja, er fing an, seinen Sohn zu unterstützen und selbst in die Neckerei einzustimmen: Und doch hatte er sich eigentlich seit Jahr und Tag dieses Tones gegen die arme Verwandte begeben. Es war so billig, so gänzlich gefahrlos, seine Überlegenheit über die beschränkte, demütige, magere und immer hungrige Klothhilde geltend zu machen, daß er es trotz aller Harmlosigkeit, die dabei herrschte, als gemein empfand. Mit Widerstreben empfand er es so, mit jenem verzweifelten Widerstreben, das er alltäglich im praktischen Leben seiner skrupulösen Natur entgegensetzen mußte, wenn er es wieder einmal nicht fassen, nicht darüber hinweg kommen konnte, wie es möglich sei, eine Situation zu erkennen, zu

693

durchschauen und sie dennoch ohne Schamempfindung auszunutzen … Aber die Situation ohne Schamgefühl auszunutzen, sagte er sich, das ist Lebenstüchtigkeit!

Ach, wie froh, wie glücklich, wie hoffnungsvoll entzückt er über jedes geringste Anzeichen dieser Lebenstüchtigkeit war, das der kleine Johann an den Tag legte!

3.

Seit manchem Jahr hatten Buddenbrooks sich der weiteren sommerlichen Reisen entwöhnt, die ehemals üblich gewesen waren, und selbst, als im vorigen Frühling die Senatorin dem Wunsche gefolgt war, ihren alten Vater in Amsterdam zu besuchen und nach so langer Zeit einmal wieder ein paar Duos mit ihm zu geigen, hatte ihr Gatte nur in ziemlich wortkarger Weise seine Einwilligung gegeben. Daß aber Gerda, der kleine Johann und Fräulein Jungmann alljährlich für die Dauer der Sommerferien ins Kurhaus von Travemünde übersiedelten, war hauptsächlich Hannos Gesundheit wegen die Regel geblieben …

Sommerferien an der See! Begriff wohl irgend Jemand weit und breit, was für ein Glück das bedeutete? Nach dem schwerflüssigen und sorgenvollen Einerlei unzähliger Schultage vier Wochen lang eine friedliche und kummerlose Abgeschiedenheit, erfüllt von Tanggeruch und dem Rauschen der sanften Brandung … Vier Wochen, eine Zeit, die an ihrem Beginne nicht zu übersehen und ermessen war, an deren Ende zu glauben unmöglich und von deren Ende zu sprechen eine lästerliche Rohheit war. Niemals verstand es der kleine Johann, wie dieser oder jener Lehrer es über sich gewann, am Schlusse des Unterrichtes Redewendungen laut werden zu lassen, wie etwa: »Hier werden wir nach den Ferien fortfahren und zu Dem und Dem übergehen …« Nach den Ferien! Er schien sich noch

184

»Und du? … Und du? …«

»Das weiß Gott, Anna, wie die Dinge gehen werden! Man bleibt nicht immer jung … du bist ein kluges Mädchen, du hast niemals etwas von Heiraten gesagt und dergleichen …«

»Nein, behüte! … daß ich das von dir verlange …«

»Man wird getragen, siehst du … Wenn ich am Leben bin, werde ich das Geschäft übernehmen, werde eine Partie machen … ja, ich bin offen gegen dich, beim Abschied … Und auch du … das wird so gehen … Ich wünsche dir alles Glück, meine liebe, gute, kleine Anna! Aber wirf dich nicht weg, hörst du? … Denn bis jetzt hast du dich *nicht* weggeworfen, das sage ich dir …!«

Hier drinnen war es warm. Ein feuchter Duft von Erde und Blumen lag in dem kleinen Laden. Draußen schickte schon die Wintersonne sich an, unterzugehen. Ein zartes, reines und wie auf Porzellan gemalt blasses Abendrot schmückte jenseits des Flusses den Himmel. Das Kinn in die aufgeschlagenen Kragen ihrer Überzieher versteckt, eilten die Leute am Schaufenster vorüber und sahen nichts von den Beiden, die in dem Winkel des kleinen Blumenladens von einander Abschied nahmen.

185

VIERTER TEIL.

1.

d. 30. April 1846.

Meine liebe Mama,

tausend Dank für Deinen Brief, in welchem Du mir Armgard von Schillings Verlobung mit Herrn von Maiboom auf Pöppenrade mitteiltest. Armgard selbst hat mir ebenfalls eine Anzeige geschickt (sehr vornehm, Goldrand) und dazu einen Brief geschrieben, in dem sie sich äußerst entzückt über den Bräutigam ausläßt. Es soll ein bildschöner Mann sein und von vornehmem Wesen. Wie glücklich sie sein muß! Alles heiratet; auch aus München habe ich eine Anzeige von Eva Ewers. Sie bekömmt einen Brauerei-Direktor.

Aber nun muß ich Dich Eines fragen, liebe Mama: warum nämlich noch immer nichts über einen Besuch von Konsul Buddenbrooks hierselbst verlautet! Wartet Ihr vielleicht auf eine offizielle Einladung Grünlichs? Das wäre nicht nötig, denn er denkt, glaube ich, gar nicht daran, und wenn ich ihn erinnere, so sagt er: Ja, ja, Kind, Dein Vater hat Anderes zu thun. Oder glaubt Ihr vielleicht, Ihr stört mich? Ach nein, nicht im Allergeringsten! Oder glaubt Ihr vielleicht, Ihr macht mir nur wieder Heimweh? Du lieber Gott, ich bin doch eine verständige Frau, ich stehe mitten im Leben und bin gereift.

Soeben war ich zum Kaffee bei Madame Käselau, in der Nähe; es sind angenehme Leute, und auch unsere Nachbarn linker Hand, Namens Gußmann (aber die Häuser liegen ziemlich weit von einander) sind umgängliche Menschen. Wir haben ein paar gute Hausfreunde, die beide ebenfalls hier draußen wohnen: den Doktor Klaaßen (von welchem ich Dir nachher noch werde erzählen müssen) und den Banquier Kesselmeyer, Grünlichs intimen Freund. Du glaubst nicht, was für ein komischer alter Herr das ist! Er hat einen weißen, geschorenen Backenbart

Legende auf S. 201.

Caption on p. 201.

## Biografische Notizen

Geboren am 8. Juni 1933 in St. Gallen. 1952–1954 Kunstgewerbeschule St. Gallen, Ausbildung zum Gebrauchsgrafiker. 1954–1955 Volontär bei Rudolf Hostettler in der Druckerei Zollikofer & Co. AG, St. Gallen. 1955–1958 Lehre als Schriftsetzer bei Zollikofer und an der Setzerfachklasse der Kunstgewerbeschule Zürich. 1958–1959 Ecole Estienne, Paris (Kurse bei Adrian Frutiger).

Seit 1959 eigenes Atelier für Gebrauchsgrafik (Schwerpunkt Industrie- und institutionelle Grafik) und Buchgestaltung in St. Gallen. 1979 Mitgründer der Genossenschaft VGS Verlagsgemeinschaft St. Gallen; seither Präsident und Gestalter dieses Kleinverlages.

*Unterrichtstätigkeit:* 1967–1980 als Nachfolger von Walter Käch nebenamtlicher Lehrer für Schrift, später auch für formale Basisausbildung von Grafikern an der Kunstgewerbeschule (Schule für Gestaltung) Zürich, 1968 unterbrochen von einem halbjährigen Studienaufenthalt in England. 1980–1996 nebenamtlicher Lehrer für Schrift an der Schule für Gestaltung in St. Gallen und Leiter des berufsbegleitenden Weiterbildungskurses ‹Typografischer Gestalter›. Seit 1976 Vorträge und Seminare im In- und Ausland. 1988 Berufung als Professor für Schrift, im speziellen Typografie, an die Universität-Gesamthochschule Essen; Nichtannahme der Berufung.

*Ausstellungen:* 1983 im Stadtmuseum München, Ignaz-Günther-Haus (mit Gerrit Noordzij), 1989/90 in Warschau, Krakau, Thorn und Posen, 1991 Stuttgart, 1996 London, 1997 St. Gallen, 1998 Mainz (Ausstellung der Typotron-Hefte im Gutenberg-Museum), 1999 Leipzig. Kurator und Gestalter der Ausstellung ‹Buchgestaltung in der Schweiz›, 1993, die in verschiedenen Ländern Europas und in den USA und Kanada gezeigt wurde.

*Auszeichnungen:* Icograda-Ehrenpreis an der Internationalen Buchkunstausstellung IBA 1989 in Leipzig. Gutenberg-Preis der Stadt Leipzig 1999. Zahlreiche prämierte Bücher an den Wettbewerben ‹Schönste Schweizer Bücher› und ‹Schönste Bücher aus aller Welt›.

Mitglied der Association Typographique Internationale (ATypI). Ehrenmitglied des Double Crown Club, London. Honorary Fellow International Society of Typographic Designers (HonFSTD).

## Biographical notes

Born 8 June 1933, in St. Gallen. 1952–1954 Kunstgewerbeschule St. Gallen, training as graphic designer. 1954–1955 work experience with Rudolf Hostettler at the Druckerei Zollikofer & Co. AG, St. Gallen. 1955–1958 training as compositor at Zollikofer and in the composition class at the Kunstgewerbeschule Zürich. 1958–1959 Ecole Estienne, Paris (course with Adrian Frutiger).

Since 1959, own studio for graphic design (focus on industrial and institutional graphic design) and book design, in St. Gallen. 1979 co-founder of the VGS Verlagsgemeinschaft St. Gallen; since then president and designer of this small publisher.

*Teaching:* 1967–1980 as successor to Walter Käch, also taught lettering and subsequently basic formal training of graphic designers at the Kunstgewerbeschule (Schule für Gestaltung), Zürich, with six-month break in 1968 for study in England. 1980–1996 also taught lettering at the Schule für Gestaltung, St. Gallen and ran the 'Typographical Designer' day-release course. Since 1976, lectures and seminars in Switzerland and abroad. 1988 appointment as Professor for Lettering, with focus on typography, at the Universtät-Gesamthochschule Essen; appointment not accepted.

*Exhibitions:* 1983 (with Gerrit Noordzij) in the Ignaz-Günther-Haus, Stadtmuseum München, 1989/90 in Warsaw, Cracow, Thorn and Poznan, 1991 in Stuttgart, 1996 in London, 1997 in St. Gallen, 1998 in Mainz (exhibition of the Typotron booklets at the Gutenberg-Museum), 1999 in Leipzig. In 1993, curator and designer of the exhibition 'Book Design in Switzerland', shown in various countries in Europe and in the USA and Canada.

*Awards:* Icograda prize of honour at the IBA international book art exhibition, Leipzig, 1989. Gutenberg prize of the city of Leipzig, 1999. Numerous books selected for the 'Schönste Schweizer Bücher' and 'Schönste Bücher aus aller Welt' exhibitions.

Member of the Association Typographique Internationale (ATypI). Honorary member of the Double Crown Club, London. Honorary Fellow of the International Society of Typographic Designers (HonFSTD).

## Bibliografie/Bibliography

### Veröffentlichungen von J.H./Publications by J.H.

*Selbständige Veröffentlichungen/Books*


*Schriften, in holz geschnitten.* Mappe mit sieben in Buchenholz geschnittenen Tafeln, davon eine doppelseitig. Mit einem Geleitwort von Philipp Luidl. (Titel, Geleitwort und Impressum in gemäßigter Kleinschreibung.) St.Gallen: VGS, 1980.

*Punkt, Cicero und Kaviar.* Zum hundertsten Geburtstag von Henry Tschudy. St.Gallen: VGS, 1982.

*Epitaph für Rudolf Hostettler.* Nr. 1 der Reihe Typotron. St.Gallen: VGS, 1983, $^{2}$1993, $^{3}$2000. – (Englisch von Andrew Bluhm:) *In Memory of Rudolf Hostettler.* VGS, 1983.

*Die Vogelkäfige des Alfons J. Keller, Sammler und Antiquar.* Nr. 3 der Reihe Typotron. St.Gallen: VGS, 1985, $^{2}$1993. – (Englisch von Andrew Bluhm:) *Bird Cages. A Selection by Alfons J. Keller, Collector and Antiquary.* VGS, 1985.

*Hefte zur Paläographie des 13. bis 20. Jahrhunderts aus dem Stadtarchiv (Vadiana) St. Gallen* (zusammen mit Ernst Ziegler). Rorschach: E. Löpfe-Benz, 1985–1989.

*Das Detail in der Typografie.* Wilmington (Mass.): Compugraphic, 1987. – (Englisch von Ruari McLean:) *Detail in typography.* Compugraphic, 1987. – (Französisch von Fernand Baudin:) *Les détails de la typographie.* Compugraphic, 1987. – (Holländisch von Huib van Krimpen:) *Het detail in de typografie.* Compugraphic, 1987. – (Spanisch von RML/Martin:) *El detalle en la tipografía.* Compugraphic, 1987. – (Italienisch von Graziella Girardello:) *Il particolare nella progettazione grafica.* Compugraphic, 1988. – (Schwedisch von Saga Hellberg:) *Detaljernas betydelse inom typografin.* Compugraphic, 1988.

*Willi Baus, Grafiker, 1909–1985.* Nr. 6 der Reihe Typotron. St.Gallen: VGS, 1988. – (Englisch von Andrew Bluhm:) *Willi Baus, Graphic Designer, 1909–1985.* VGS, 1988.

*Bücher machen.* Eine Einführung in die Buchgestaltung, im besonderen in die Buchtypografie. Wilmington (Mass.): Agfa, 1989. – (Französisch von Fernand Baudin:) *Comment faire un livre.* Agfa, 1989. – (Italienisch ohne Angabe des Übersetzers:) *Come si fa un libro.* Agfa, 1989. – (Englisch von Ruari McLean:) *Designing Books.* Agfa, 1990. – (Holländisch von Huib van Krimpen:) *Boeken maken.* Agfa, 1990. – (Schwedisch von Horst Sturmhoefel:) *Att göra böcker.* Agfa, 1990. – (Spanisch von Angel Artola:) *Cómo se diseñan los libros.* Agfa, 1992.

*Das Detail in der Typografie.* (Im Inhalt praktisch identisch mit der Ausgabe von Compugraphic 1987, im Format etwas kleiner und nur ein- statt zweifarbig und auf anderem Papier.) München/Berlin: Deutscher Kunstverlag, 1990.

*Bücher machen.* (Im Inhalt praktisch identisch mit der Ausgabe von Agfa 1989, im Format etwas kleiner und nur einstatt zweifarbig und auf anderem Papier.) München/Berlin: Deutscher Kunstverlag, 1990.

*Jost Hochuli's Alphabugs.* Wilmington (Mass.): Agfa, 1990. (Veröffentlicht zum Kongress ‹Type'90›, Oxford 1990.)

*Christian Leuthold, Schreiner und Möbelentwerfer.* Nr. 9 der Reihe Typotron. St.Gallen: VGS, 1991. – (Englisch von Andrew Bluhm:) *Christian Leuthold, Cabinet-Maker and Furniture Designer.* VGS, 1991.

*Buchgestaltung als Denkschule.* Stuttgart: Edition Typografie, 1991.

*Kleine Geschichte der geschriebenen Schrift.* St.Gallen: Verlag Typophil, 1991.

*Freude an schöpferischer Arbeit.* Nr. 10 der Reihe Typotron. St.Gallen: VGS, 1992. – (Englisch von Andrew Bluhm:) *Joy in Creative Work.* VGS, 1992. – (Französisch von Fernand Baudin:) *Créer dans la joie.* VGS, 1992.

*Freude an Schriften/Joy in Type.* (Zweisprachige Ausgabe deutsch/englisch.) Nr. 11 der Reihe Typotron. St.Gallen: VGS, 1993.

*Buchgestaltung in der Schweiz.* Zürich: Pro Helvetia, 1993, $^{2}$1998. – (Englisch von Charles Whitehouse:) *Book Design in Switzerland.* Pro Helvetia, 1993. – (Französisch von Etienne Barilier:) *L'art du livre en Suisse.* Pro Helvetia, 1993.

*Josy Schildknecht, Marktfahrer.* Nr. 13 der Reihe Typotron. St.Gallen: VGS, 1995. – (Englisch von Andrew Bluhm:) *Josy Schildknecht, Street Trader.* VGS, 1995.

*Farbige Kugeln, silberne Sterne* (zusammen mit Michael Rast). Nr. 14 der Reihe Typotron. St.Gallen: VGS, 1996. – (Englisch von Andrew Bluhm:) *Coloured Balls, Silver Stars.* VGS, 1996.

*Bücher machen: Praxis und Theorie* (zusammen mit Robin Kinross). St.Gallen: VGS, 1996. – (Englisch von Robin Kinross:) *Designing books: practice and theory.* London: Hyphen Press, o.J. [1997].

*Typografisches Allerlei – und allerlei anderes (mäßig gepfeffert).* Nr. 15 der Reihe Typotron. St.Gallen: VGS, 1997.

*Karl Uelligers Schüürlilüt* (zusammen mit Michael Rast und mit Texten von Karl Uelliger). Nr. 16 der Reihe Typotron. St.Gallen: VGS, 1997. – (Englisch von Andrew Bluhm:) *Karl Uelliger's Schüürlilüt.* VGS, 1997.

*Andalusien im Appenzellerland · Ein Fest auf dem Äußeren Sommersberg* (zusammen mit Mäddel Fuchs und José María Jiménez). Nr. 17 der Reihe Typotron. St.Gallen: Typotron, 1998. – (Englisch von Andrew Bluhm:) *With Andalusians in the Appenzeller Alps · A Celebration on Summer Hill.* Typotron, 1998.

*Aufsätze/Articles*

‹Walter Käch›. *Typografische Monatsblätter, TM,* St.Gallen, 85/4, 1966, 289–290.

‹Sabon-Antiqua, eine neue Schrift von Jan Tschichold›. *TM,* 88/2, 1969, 114–128.

‹The Origin of the Serif (Der ursprung der serife)›. *TM,* 90/11, 1971, 801–808. [Buchbesprechung: Edward M. Catich: *The Origin of the Serif.*] Auf Englisch: *Visible Language,* Cleveland (Ohio), 7/1, 1973, 73–91.

‹Zeit und Werk›. In: *Walter Käch: Schriftgrafiker und Lehrer.* Zürich: Kunstgewerbemuseum der Stadt Zürich, 1973, 17–21. [‹Konzeption der Ausstellung, Redaktion des Kataloges, grafische Gestaltung des Kataloges und des Plakates: J.H.›]

‹Die schrift in der ausbildung des grafikers›. *TM,* 94/6–7, 1975, 415–438.

‹Biographisches›. In: *Jan Tschichold. Typograph und Schriftentwerfer 1902–1974. Das Lebenswerk.* Zürich: Kunstgewerbemuseum der Stadt Zürich, 1976, 11. [‹Konzept der ausstellung, redaktion und gestaltung der wegleitung sowie entwurf des plakats und der einladungskarte: J.H.›]

‹Leben und Werk des Typographen Jan Tschichold›. *TM,* 97/1, 1978, 34–35. [Buchbesprechung]

‹Ein systematischer schriftunterricht, Magdeburg, 1926–1932›. *TM,* 97/2, 1978, 81–96.

‹Nicolas Barker: The Oxford University Press and the Spread of Learning, 1478–1978›. *TM,* 98/6, 1979, 346. [Buchbesprechung]

‹Jan Tschichold: Meisterbuch der Schrift›. *TM,* 98/6, 1979, 347. [Buchbesprechung]

‹Gewerbliche Berufsschule St.Gallen, Schule für Gestaltung. «Typografischer Gestalter», ein neuer Kurs auf Weiterbildungsstufe›. *TM,* 99/3, 1980, 147–150.

‹Zum Andenken Rudolf Hostettler›. *TM,* 100/2, 1981, 25.

‹Dank an Henry Tschudy (1882–1961). Freund der Künstler – Freund der Leser›. *Librarium,* Zürich, 25/2, 1982, 146–151.

‹Hellmut Gutzwiller: Die Entwicklung der Schrift vom 12. bis ins 19. Jahrhundert. *Mitteilungen der Vereinigung Schweizerischer Archivare,* Bern, 34, 1982, 41–42. [Buchbesprechung]

‹Gerrit Noordzij: The stroke of the pen›. *TM,* 102/3, 1983, 28–30. [Buchbesprechung]

‹Über das Detail in der Buchtypografie›. In: *Imprimatur,* NF 11, Frankfurt a.M.: Gesellschaft der Bibliophilen, 1984, 269–292.

‹Rudolf Hostettler, 1919–1981›. *TM,* 102/6, 1983, 1–24.

‹Braucht es neue typografische Regeln für DTP?› In: *Fachsymposium Typo ade!?* Winterthur: abc-Winterthur, 1991, Referate Teil 2, 47–57.

‹Uwagi projektanta ksiazek›. [Text eines Vortrags, den J.H. 1989 anlässlich seiner Ausstellung in Warschau hielt], *proTypo,* Warschau, 2, 1991, 18–31.

‹«Form follows function». Sullivans missverstandener Satz›. *Hamburger Satzspiegel,* Hamburg, 1992/1, 28–31.

‹Diener der Schrift: Der Schriftgestalter Adrian Frutiger›. *St.Galler Tagblatt,* St.Gallen, 14. Januar 1994.

‹Die Typotron-Hefte 1–11, 1983–1993›. *TM,* Zürich, 62/5, 1994, 1–24.

‹Adrian Frutiger›. In: *Adrian Frutiger: Denken und Schaffen einer Typografie.* Villeurbanne: Maison du Livre, 1994, 5–7.

‹Heute und Damals›. In: *Alfons J. Keller: Unternehmer, Sammler, Kunstförderer, Galerist und Künstler zum siebzigsten Geburtstag.* St.Gallen: Kunstverein, 1994, 25.

‹Vorwort›. In: Franz Zeier: *Buch und Bucheinband.* Aufsätze und Bemerkungen. St.Gallen: VGS, 1995, 5.

‹Ansprache zur Eröffnung der Ausstellung «Buch und Bucheinband: Einbände von Franz Zeier und Bücher aus seiner Sammlung» am Gewerbemuseum Winterthur, 14. Juni 1995›. *TM,* 63/4, 1995, 29–30.

‹Glausers neue Kleider›. *Hochparterre,* Glattbrugg, 9/4, 1996, 30–31.

‹Book Design in Switzerland›. *Baseline,* East Malling (Kent), 22, 1996, 29–36.

‹Svejtsisk bogkunst› [gleicher Text wie in *Baseline*], *Bogvennen* 1997. Stil & smag. Form & funktion. Kopenhagen: Forening for Boghaandværk, 1997, 35–60.

‹Richtig und heiter. Bucheinbände von Franz Zeier›. *Librarium,* Cologny-Genève, 40/1, 1997, 33–40.

‹Schwarzes Feld, weiße Schrift›. *Hochparterre,* Zürich, 1997/5, 40–41. [Taschenbücher des Unionsverlags, Zürich]

‹Fred Smeijers: Counterpunch: making type in the sixteenth century, designing typefaces now›. *TM,* 66/1, 1998, 29–30. [Buchbesprechung]

‹L'art du livre, une école de pensée›. *Revue suisse de l'imprimerie,* 76/1, 1998, 1–16.

‹«Form follows function» – Sullivans missverstandener Satz›. In: Peter Rück (Hg.): *Methoden der Schriftbeschreibung,* [Historische Hilfswissenschaften, Bd. 4]. Stuttgart: Jan Thorbecke Verlag, 1999, 263–271. [Praktisch identisch mit dem Aufsatz im *Hamburger Satzspiegel,* 1992/1.]

‹L'architettura del libro. La terza via›. *Casabella,* Mailand, 679, 2000, 80–87.

‹Tom Kemp: Formal Brush Writing›. *TM,* 68/5, 2000, 14–15. [Buchbesprechung]

‹Die neuen Kirchengesangbücher für die Deutschschweiz, gestaltet von Max Caflisch, und ein Vergleich mit zwei deutschen Kirchengesangbüchern›. *TM,* 69/1, 2001, 13–20.

‹Robin Kinross (Hg.): Anthony Froshaug, Typography & texts; Anthony Froshaug, Documents of a life›. *TM,* 69/5–6, 2001, 56–59. [Buchbesprechung]

‹Zum Gruß ein Dank aus der Schweiz›. In: *Die schönsten deutschen Bücher 2000.* Stiftung Buchkunst: Frankfurt a.M./Leipzig, 2001, 10–12.

**Veröffentlichungen über J.H./Publications about J.H.**

*Buch/Book*

Julia Blume, Günter K. Bose (Hg.): *Jost Hochuli.* Reihe Gutenberg-Galaxie, 1. Leipzig: Institut für Buchkunst, 2000.

*Aufsätze/Articles*

‹Jost Hochuli, Grafiker SWB. VSG, St. Gallen›. *TM,* 84/1, 1965, [12 S.]

‹Modern Packaging Design. Interview mit Jost Hochuli VSG/SWB›. *Verpackung + Transport,* Zürich, 1996/10, 345.

‹Das Schriftmusterbuch der Typotron AG›. *TM,* 97/6, 1978, 355–373.

Philipp Luidl: ‹Das Messer, Werkzeug und Argument. Zu den Schriftholzschnitten Jost Hochulis›. In: *Imprimatur,* NF 9. Frankfurt a.M.: Gesellschaft der Bibliophilen, 1980, 37–52.

Michael Guggenheimer: ‹Wo die inneren Proportionen stimmen: Buchgestalter Jost Hochuli legt eine Mappe mit Holzschnitten auf›. *St. Galler Tagblatt,* St. Gallen, 20. Juni 1980.

Michael Guggenheimer: ‹Schriften, von Hand bearbeitet›. In: *Rorschacher Neujahrsblatt 1981.* Rorschach: E. Löpfe-Benz, 1981, 3–12.

Philipp Luidl: ‹4. ATypI-Seminar 1981. Schriftform und Werkzeug. Jost Hochuli›. Der Polygraph, Frankfurt a.M., 35/10, 1982, 901–902.

Hans Peter Willberg: ‹Jost Hochuli. Schrift- und Buchgrafiker/Lettering artist and book designer›. *TM,* 104/5, 1985, 1–16.

Hans-Peter Kaeser: ‹Ernst Ziegler und Jost Hochuli: Hefte zur Paläographie des 13. bis 20. Jahrhunderts aus dem Stadtarchiv (Vadiana) St. Gallen›. *TM,* 105/2, 1986, 30. [Buchbesprechung]

Hermann Pfeiffer: ‹Das Buch: ein Körper›. *Der Druckspiegel,* Heusenstamm, 41/6, 1986, 875, 877–880. [‹Ein Gedankenaustausch aus Anlass des Wettbewerbs «Die schönsten Bücher der Bundesrepublik Deutschland 1985»›.]

Hermann Pfeiffer: ‹Hochuli – eine typografische Bastion in der Schweiz›. *Der Druckspiegel,* Heusenstamm, 41/11, 1986, 1356–1360.

Michael Guggenheimer: ‹Jost Hochuli, Architekt gedruckter Worte›. *Passagen,* Zürich, 8, 1990, 18–20. – ‹Jost Hochuli architecte des mots›. *Passages,* Zürich, 8, 1990, 18–20. – ‹Jost Hochuli, Architect of the Printed Word›. *Passages,* Zürich, 8, 1990, 18–20.

‹Fragen zur Typografie. Der Druckspiegel im Gespräch mit Jost Hochuli›. *Der Druckspiegel,* Heusenstamm, 45/9, 1990, 1228–1231.

‹Ein Akt der Aufklärung›. *Der Druckspiegel,* Heusenstamm, 46/4, 1991, 340, 341–343. [Bericht über ‹Buchgestaltung als Denkschule›, Akademie der Bildenden Künste, Stuttgart, 8. Februar 1991.]

Jost Hochuli: ‹Uwagi projektanta ksiazek›. *pro Typo,* Warschau, 2, 1991, 18–31. [Einführung von Roman Tomaszewski zum Vortragstext über Buchgestaltung, den J.H. 1989 anlässlich seiner Ausstellung in Warschau hielt]

Andreas Weber: ‹Kreativität und Präzision›. *Page,* Hamburg, 6/7, 1991, 54–55.

Andreas Weber: ‹Kreativität und Präzision›. *Hamburger Satzspiegel,* Hamburg, 1991/3, 24–25.

Andreas Weber: ‹Broschüren von Jost Hochuli›. *TM,* 111/1, 1992, 24–26.

Beda Hanimann: ‹Jost Hochuli und die Schönheit der Bücher›. *Die Ostschweiz,* St.Gallen, 20. März 1992.

Roger Chatelain: ‹La typographie du livre en Suisse›. *Print,* Zürich, 1993/21–22, 46, 48. [Ausstellungs- und Buchbesprechung]

Georg Ramseger: ‹Buchgestaltung in der Schweiz›. *Aus dem Antiquariat,* München, 1994/8, A306–310. [Ausstellungs- und Buchbesprechung]

Hans Jürg Hunziker, Hans Dieter Reichert, Clemens Schedler, Robin Kinross, Gunilla Jonsson: ‹Die Typotron-Hefte 1–11, 1983–1993›. *TM,* 62/5, 1994, 3–23.

Antje Krausch: ‹Jost Hochuli – ein Typosoph›. *Visual,* Zürich/Genève, 1995/2–3, 32–41.

Andrew Bluhm: ‹Unity in Diversity›. *Printing World,* London, 25 March 1996, 38. [STD-Vortrag in London]

Pascale Müller: ‹«Heute gibt es zuviel Kunst und zuwenig Handwerk». Buchgestalter Jost Hochuli, St. Gallen. Ein Portrait›. *Der Schweizer Buchhandel,* Zürich, 54/15, 1996, 14–15.

‹Bücher machen›. *Hochparterre,* Zürich, 9/11, 1996, 41.

‹9 Fragen über Buchgestaltung an Hans Rudolf Bosshard, Hans Peter Willberg, Jost Hochuli›. *TM,* 65/1, 1997, 22–27.

HM: ‹Jost Hochuli: Buchgestaltung aus 20 Jahren›. *Bindetechnik/Reliure,* Stäfa, 19/7–8, 1997, 111–112.

‹Mit den Typotron-Heften zur «Schule der Typografie»›. *Deutscher Drucker,* Ostfildern, 43/46, 1998, g34.

Hans Baier: ‹Dem Leser und dem Thema verpflichtet. Der Gutenberg-Preisträger der Stadt Leipzig 1999›. *Marginalien,* Wiesbaden, 154, 1999, 79–81.

HM: ‹Jubiläum einer ungewöhnlichen Institution. 20 Jahre VGS Verlagsgemeinschaft St.Gallen›. *Bindereport,* Hannover, 112/7, 1999, 19.

‹Jost Hochuli – ein Typograf aus St.Gallen›. *Viscom,* St.Gallen, 14–15, 1999, 33–36.

Hermann Pfeiffer: ‹Mit dem Bücherschiff CLAUBO unterwegs›. *Deutscher Drucker,* Ostfildern, 37/36, 2001, 31–38 [Mitgeheftete Beilage]

Nach den Angaben von Jost Hochuli gesetzt von Peter Renn, TypoRenn, Niederteufen AR. Schriften: Futura Bold von Linotype Library und Bembo Roman und Semibold von Monotype. Fotos von Peter Heider, Amriswil. Repros (Adrian Gabathuler) und Druck von Heer Druck AG, Sulgen. Papiere: Inhalt und Überzug der Deckel 130 gm² Munken Lynx von Fischer Papier, St.Gallen; Vorsatz und Rücken 120 gm² f-color pariserblau von Gebr. Schabert, Strullendorf (BRD). Bindearbeiten von Buchbinderei Burkhardt AG, Mönchaltorf.